Gruber | Neumann

Erfolg im Mathe-Abi 2023

Band 2: Prüfungsaufgaben
Berufliche Gymnasien
Baden-Württemberg

Übungsbuch mit Tipps und Lösungen

Helmut Gruber, geb. 1968, studierte Mathematik und Physik in Konstanz und Freiburg und ist seit 1995 Mathematiklehrer in der Oberstufe.

Robert Neumann, geb. 1970, studierte Mathematik und Physik in Freiburg und unterrichtet Mathematik in der Oberstufe seit 1999.

umweltfreundliche Bücher aus Wertstoffkreisläufen
49/001/003/22
www.books-for-future.de

Dieses Label bürgt für Umweltschutz im Buchprodukt
Papier aus nachhaltiger Forstwirtschaft,
schadstofffreie Druckfarben, schadstofffreier Schutzlack, schadstofffreier Buchleim
Kunststoffreduzierung in und um das Buchprodukt, komplett recyclingfähig.

©2022 Freiburger Verlag GmbH, Freiburg im Breisgau
7. Auflage. Alle Rechte vorbehalten
Printed in EU
www.freiburger-verlag.de

Inhaltsverzeichnis

Erfolg im Mathe-Abi	**4**
1. Abitur 2018	**6**
Teil 1 ohne Hilfsmittel	6
Teil 2 Analysis	9
Teil 3 Stochastik	13
Teil 4 Lineare Algebra	16
2. Abitur 2019	**18**
Teil 1 ohne Hilfsmittel	18
Teil 2 Analysis	21
Teil 3 Stochastik	25
Teil 4 Lineare Algebra	27
3. Abitur 2020	**29**
Teil 1 ohne Hilfsmittel	29
Teil 2 Analysis	32
Teil 3 Stochastik	36
Teil 4 Lineare Algebra	38
4. Abitur 2021	**40**
Teil 1 ohne Hilfsmittel	40
Teil 2 Analysis	46
Teil 3 Stochastik	50
Teil 4 Lineare Algebra	53
5. Abitur 2022	**58**
Teil 1 ohne Hilfsmittel	58
Teil 2 Analysis	65
Teil 3 Stochastik	69
Teil 4 Lineare Algebra	72
Tipps	**76**
Lösungen	**123**
Stichwortverzeichnis	**287**

Erfolg von Anfang an

... ist das Geheimnis eines guten Abiturs.

Das vorliegende Übungsbuch ist speziell auf die Anforderungen des Mathematik-Abiturs an Beruflichen Gymnasien in Baden-Württemberg abgestimmt, welches sich seit 2017 grundlegend geändert hat: Neben einem hilfsmittelfreien Teil, in dem kleinere Aufgaben ohne viel Rechenaufwand zu lösen sind, gibt es einen Teil mit Hilfsmitteln, in dem eine spezielle Merkhilfe und ein wissenschaftlicher Taschenrechner verwendet werden dürfen. Dieses Übungsbuch umfasst die drei großen Themenbereiche Analysis, Stochastik und Lineare Algebra (Vektorgeometrie und Matrizen) sowie die Original-Abituraufgaben seit 2018 und ist für alle beruflichen Gymnasien geeignet. Daneben gibt es vom Freiburger Verlag noch ein Übungsbuch für das grundlegende Wissen für den hilfsmittelfreien Teil sowie Lernkarten, um die wesentlichen Begriffe und Rechenverfahren auf sinnvolle und effektive Art und Weise zu lernen. Die Übungsbücher fördern das Grundwissen und die Grundkompetenzen in Mathematik, vom einfachen Rechnen bis hin zum Verstehen von gedanklichen Zusammenhängen. Die Übungsbücher sind eine Hilfe zum Selbstlernen (learning by doing) und bieten die Möglichkeit, sich intensiv auf die Prüfungen vorzubereiten und gezielt Themen zu vertiefen. Hat man Erfolg bei den grundlegenden Aufgaben, machen Mathematik und das Lernen mehr Spaß.

Bei einigen Aufgaben ist es nötig, den Taschenrechner zu benutzen. Nicht bei allen Rechnerfunktionen ist gleich klar, wie sie aufgerufen werden.

Daher befinden sich im Buch QR-Codes für die entsprechenden Videos, in denen die Funktionen des Tachenrechners kurz erklärt werden. Der QR-Code kann mit einer entsprechenden App gescannt werden. Alternativ lässt sich auch der Link unter dem Code benutzen.

Der Code neben diesem Text verweist beispielsweise auf ein Video zum Bestimmen der kumulierten Binomialverteilung.

frv.tv/df

Der blaue Tippteil

Hat man keine Idee, wie man eine Aufgabe angehen soll, hilft der blaue Tippteil zwischen Aufgaben und Lösungen weiter: Zu jeder Aufgabe gibt es Tipps, die helfen, einen Ansatz zu finden, ohne die Lösung vorwegzunehmen.

Der Ablauf der Abiturprüfung

Die Prüfung dauert 270 Minuten, also 4,5 Stunden.
Zu Beginn der Prüfung erhalten die Schülerinnen und Schüler alle Aufgaben.
Nach der Abgabe des hilfsmittelfreien Teils erhalten die Schülerinnen und Schüler die zugelassenen Hilfsmittel, z.B. die Merkhilfe und den Taschenrechner ausgehändigt.

Die Abiturprüfung besteht aus **vier Teilen:**

- Teil 1: Hilfsmittelfreier Teil,
- Teil 2: Analysis,
- Teil 3: Stochastik,
- Teil 4: Lineare Algebra (Vektorgeometrie oder Matrizen).

Der hilfsmittelfreie Teil sowie eine innermathematische Aufgabe aus Teil 2 ist von allen Schülerinnen und Schülern zu bearbeiten, eine anwendungsbezogene Aufgabe aus Teil 2 können die Schüler:innen selbst wählen. Die Lehrkraft wählt entweder zwei Stochastik-Aufgaben (Teil 3) **oder** zwei Aufgaben der Linearen Algebra aus (Teil 4).
Insgesamt können 90 Punkte erreicht werden.

	Punkte	Aufgabe	Wahlmöglichkeiten
Teil 1	30	Hilfsmittelfreier Teil Analysis (50%), Stochastik (25%), Vektorgeometrie oder Matrizen (25%)	Lehrkraft (seit 2021)
Teil 2	20	Analysis	keine
	10	Anwendungsorientierte Analysis	Schüler:in wählt eine aus drei vorgelegten Aufgaben aus
Teil 3	15	Stochastik	Schüler:in wählt eine aus zwei vorgelegten Aufgaben aus
Teil 4	15	Lineare Algebra: Vektorgeometrie oder Matrizen	Schüler:in wählt eine aus zwei vorgelegten Aufgaben aus

Allen Schülerinnen und Schülern, die sich auf das Abitur vorbereiten, wünschen wir viel Erfolg.
Helmut Gruber, Robert Neumann

1 Abitur 2018

Tipps ab Seite 77, Lösungen ab Seite 123

Abitur 2018 – Teil 1 ohne Hilfsmittel

1 Analysis

1.1 Die Abbildung zeigt einen Ausschnitt des Schaubilds K_f einer Funktion f.

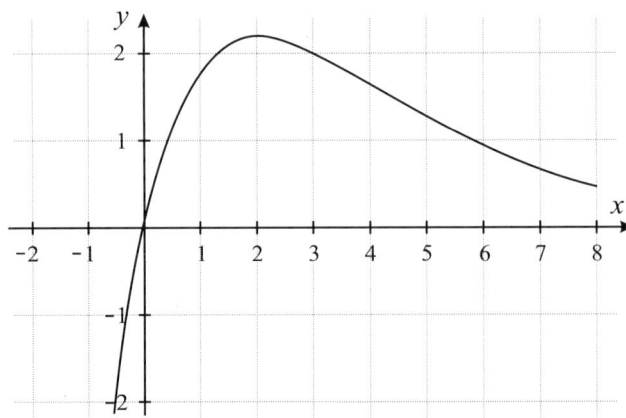

Welche der folgenden Aussagen sind wahr bzw. falsch? Begründen Sie.

(1) Es gilt: $f''(1) < 0$.

(2) Die Steigung von f an der Stelle $x = 0$ ist kleiner als die durchschnittliche Änderungsrate von f im Intervall $[0; 3]$.

(3) Das Schaubild jeder Stammfunktion F von f hat an der Stelle $x = 0$ einen Tiefpunkt.

1.2 Berechnen Sie die erste Ableitung g' für die jeweilige Funktion g.

(1) $g(x) = (2x+1)^2$

(2) $g(x) = (x+1) \cdot e^x$

1.3 Gegeben ist die Funktion h durch $h(x) = \cos(\pi \cdot x) + 1$ mit $x \in \mathbb{R}$.

1.3.1 Skizzieren Sie das Schaubild von h für $0 \leq x \leq 4$.

1.3.2 Berechnen Sie: $\int_0^2 h(x)\,dx$.

2 Stochastik

2 In der norwegischen Stadt Oslo ist jeder zehnte PKW ein Elektroauto.

2.1 Auf einem kommunalen Parkplatz in Oslo beträgt die Parkgebühr für PKW fünf norwegische Kronen. Elektroautos parken kostenlos. Pro Tag wird der Parkplatz von 300 PKW genutzt.
Bestimmen Sie die Höhe der Einnahmen, die man erwarten kann.

2.2 Im Folgenden werden in Oslo zufällig vorbeifahrende PKW betrachtet.

2.2.1 Drei PKW fahren vorbei.

Berechnen Sie die Wahrscheinlichkeiten folgender Ereignisse:
A: Unter diesen PKW ist genau ein Elektroauto.
B: Unter diesen PKW ist mindestens ein Elektroauto.

2.2.2 Definieren Sie die Zufallsvariable X und formulieren Sie im Sachzusammenhang ein Ereignis, dessen Wahrscheinlichkeit wie folgt berechnet werden kann:

$$P(X \leqslant 2) = 0{,}9^{100} + 100 \cdot 0{,}1 \cdot 0{,}9^{99} + \binom{100}{2} \cdot 0{,}1^2 \cdot 0{,}9^{98}$$

3 Lineare Algebra: Wahlgebiet Vektorgeometrie (AG, BTG, SGG, TG, WG)

3.1 Bestimmen Sie die Lösungsmenge des folgenden linearen Gleichungssystems:

$$\begin{aligned} x_1 + x_2 + x_3 &= 4 \\ 2x_1 - x_2 + 3x_3 &= 3 \\ 3x_2 - x_3 &= 5 \end{aligned}$$

3.2 Die Vektoren $\vec{a} = \begin{pmatrix} 0 \\ 2 \\ 0 \end{pmatrix}$ und $\vec{b} = \begin{pmatrix} -3 \\ 2 \\ 4 \end{pmatrix}$ spannen ein Parallelogramm auf.

Zeigen Sie, dass die Vektoren $\vec{b} - \vec{a}$ und $\vec{a}$ zueinander orthogonal sind.
Berechnen Sie den Flächeninhalt des Parallelogramms.

4 Lineare Algebra: Wahlgebiet Mathematische Beschreibung von Prozessen durch Matrizen (AG, BTG, SGG, WG)

4.1 Bestimmen Sie die Lösungsmenge des folgenden linearen Gleichungssystems:

$$\begin{aligned} x_1 + x_2 + x_3 &= 4 \\ 2x_1 - x_2 + 3x_3 &= 3 \\ 3x_2 - x_3 &= 5 \end{aligned}$$

4.2 Im Folgenden sind alle vorliegenden (nxn)- Matrizen invertierbar.
E ist die Einheitsmatrix.

Lösen Sie die Matrizengleichung
$(B + A) \cdot (E - A) = (X - B) \cdot A$
nach X auf und vereinfachen Sie soweit wie möglich.

Abitur 2018 Teil 2 mit Hilfsmitteln
Aufgabe 1 Analysis

1.1 Gegeben ist die Funktion f mit $f(x) = \frac{1}{18}x^3 - \frac{1}{2}x^2 + 6$; $x \in \mathbb{R}$.
Die folgende Abbildung zeigt einen Ausschnitt des Schaubilds K von f.

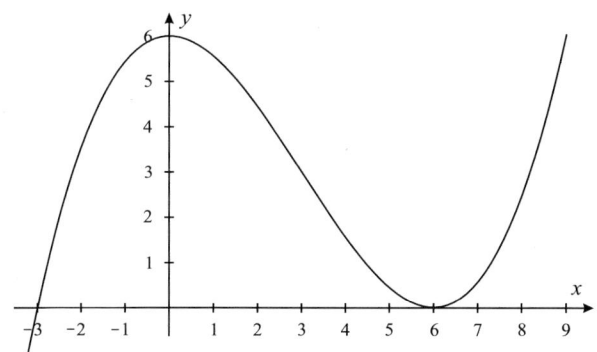

1.1.1 Bestimmen Sie die reellen Werte von a, b und c, sodass gilt:
$f(x) = a \cdot (x-b) \cdot (x-c)^2$; $x \in \mathbb{R}$.

1.1.2 Berechnen Sie die Koordinaten des Wendepunkts von K und zeigen Sie, dass dieser auf der ersten Winkelhalbierenden liegt.

1.1.3 Das Schaubild K schließt mit der x-Achse eine Fläche A ein, die von der y-Achse in zwei Flächen unterteilt wird. Bestimmen Sie den prozentualen Anteil des Inhalts der kleineren Fläche am Inhalt von A.

1.1.4 Geben Sie jeweils die Gleichung einer Geraden durch den Punkt $(0\,|\,6)$ an, die mit K
(1) genau einen Punkt
(2) genau drei Punkte
gemeinsam hat.
Die Gerade mit der Gleichung $y = m \cdot x + 6$ soll mit K genau zwei gemeinsame Punkte haben. Bestimmen Sie die beiden Werte für die Steigung m.

1.2 Die Funktion g ist gegeben durch
$$\int_1^{x^2+1} \sin(2t)\,dt \text{ mit } x \in \mathbb{R}.$$
Gabi behauptet, dass die erste Ableitung der Funktion g wie folgt lautet:
$g'(x) = \sin(2x^2 + 2) - \sin(2)$. Beurteilen Sie diese Behauptung.

Abitur 2018 Teil 2 mit Hilfsmitteln
Aufgabe 2 Anwendungsorientierte Analysis
(Wahlaufgabe 1 von 3)

2 Um Zugvögel beim Fliegen zu beobachten setzen Forscher spezielle, sehr leichte Drohnen ein. Die Drohne startet vom Boden aus und fliegt nach starker Beschleunigung hinter den Vögeln her. Die Geschwindigkeit der Drohne kann modellhaft durch die Funktion v mit

$$v(t) = 25 - 25 \cdot e^{-0{,}0322 \cdot t}\,;\ t \geq 0$$

beschrieben werden. Dabei ist t die Zeit in Sekunden (s) seit dem Start der Drohne ($t = 0$), $v(t)$ gibt die Geschwindigkeit in Meter pro Sekunde $\left(\frac{m}{s}\right)$ zum Zeitpunkt t an.

2.1 Zeichnen Sie das Schaubild von v für $0 \leq t \leq 100$.

Bestimmen Sie die Geschwindigkeit in Kilometer pro Stunde, an die sich die Geschwindigkeit der Drohne nach diesem Modell annähert.

2.2 Berechnen Sie $\int_0^{50} v(t)\,dt$.

Interpretieren Sie das Integral im Sachzusammenhang.

2.3 Die momentane Änderungsrate der Geschwindigkeit entspricht der Beschleunigung dieser Drohne.

Begründen Sie, dass die Drohne beim Start die größte Beschleunigung hat.

Bestimmen Sie den Zeitpunkt, ab dem die Beschleunigung geringer als $0{,}5\,\frac{m}{s^2}$ ist.

Tipps ab Seite 80, Lösungen ab Seite 135

Abitur 2018 Teil 2 mit Hilfsmitteln
Aufgabe 3 Anwendungsorientierte Analysis
(Wahlaufgabe 2 von 3)

3 Für eine Gartenschau sollen verschiedene Pflanzkübel mit einer Höhe von jeweils 2 Meter aus Kunststoff gegossen werden. Die Abbildung unten zeigt beispielhaft den halben Querschnitt eines um 90° gekippten Pflanzenkübels mit seinem Pflanzeinsatz. Der Kübel wird durch Rotation der schwarzen Fläche um die x-Achse beschrieben. Die Mantelfläche des Kübels wird hierbei mit Hilfe des Schaubilds K_f der Funktion f erzeugt (in der Abbildung gepunktet). Analog wird die Mantelfläche des Pflanzeinsatzes mit Hilfe des Schaubildes K_g der Funktion g erzeugt (in der Abbildung gestrichelt). Alle Angaben sind in Meter (m).

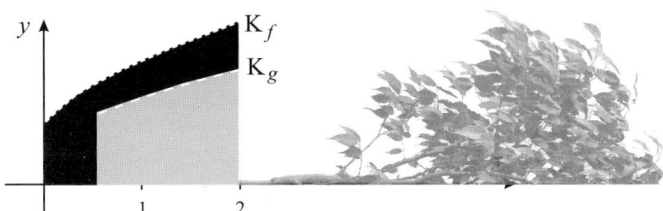

3.1 Zur Modellierung eines bestimmten Pflanzenkübels werden die Funktionen f und g mit $f(x) = \sqrt{x+1}$; $0 \leqslant x \leqslant 2$ und $g(x) = \sqrt{0{,}5 \cdot x + 0{,}5}$; $0{,}5 \leqslant x \leqslant 2$ verwendet.
Dieser Pflanzenkübel wird aus Kunststoff der Dichte 0,9 Tonnen pro Kubikmeter gefertigt.
Berechnen Sie die Masse dieses Pflanzenkübels in Tonnen.

3.2 Für einen anderen Pflanzenkübel wird die Funktion f mit $f(x) = a \cdot x^3 + b \cdot x^2 + 1$; $0 \leqslant x \leqslant 2$ verwendet.
Prüfen Sie, ob es Werte für a und b gibt, sodass in einer Höhe von 2 m der Radius des Pflanzenkübels 1,5 m ist und der kleinste Radius in einer Höhe von 1 m vorliegt.

Abitur 2018 Teil 2 mit Hilfsmitteln
Aufgabe 4 Anwendungsorientierte Analysis
(Wahlaufgabe 3 von 3)

4 Ein Wetterballon startet auf Meereshöhe und sendet mit ansteigender Höhe Daten des entsprechenden Luftdrucks. Bei seinem Flug wird der vom Ballon gemessene Luftdruck p in hPa (Hektopascal) in Abhängigkeit von der Höhe h (in km) näherungsweise durch die Funktion p mit

$$p(h) = 1013 \cdot e^{-0{,}126 \cdot h} \, ; \; 0 \leqslant h \leqslant 11$$

modelliert.

4.1 Bestimmen Sie den Luftdruck auf Meereshöhe.
Ermitteln Sie die Höhe, bei der ein Luftdruck von 787 hPa gemessen wird. (3)

4.2 Bestimmen Sie die prozentuale Abnahme des Luftdrucks, wenn die Höhe um einen Kilometer zunimmt. (2)

4.3 Berechnen Sie den mittleren Wert des Luftdrucks, dem der Ballon bei seinem Aufstieg von Meereshöhe bis auf 11 km Höhe ausgesetzt ist. (3)

4.4 Interpretieren Sie die folgende Näherungsformel im Sachzusammenhang: (2)

$$p(h+5{,}5) \approx \frac{p(h)}{2} \, ; \; 0 \leqslant h \leqslant 5{,}5$$

10

Tipps ab Seite 81, Lösungen ab Seite 140

Abitur 2018 Teil 3 mit Hilfsmitteln – Stochastik Aufgabe 1
(Wahlaufgabe 1 von 2)

1. Bei einem 10 km Lauf werden die Läufer auf halber Strecke an einem Stand versorgt. Die Organisatoren bieten jedem Läufer jeweils genau einen Becher Wasser und ein Stück Obst als Versorgung an.
Aufgrund der Erfahrung aus früheren Wettbewerben nimmt man folgende Wahrscheinlichkeiten an:

   - 80% der Läufer nehmen einen Becher Wasser
   - 30% der Läufer nehmen ein Stück Obst
   - 5% der Läufer nehmen nur ein Stück Obst und kein Wasser

1.1 Berechnen Sie die Wahrscheinlichkeit für die folgenden Ereignisse: 7
A: Von fünf Läufern nehmen genau vier Läufer einen Becher Wasser.
B: Von sechs Läufern nehmen mindestens zwei Läufer ein Stück Obst.
C: Ein Läufer nimmt nur einen Becher Wasser und kein Obst.

1.2 Beurteilen Sie folgende Aussage: 3
«Wenn ein Läufer einen Becher Wasser zu sich nimmt, so beträgt die Wahrscheinlichkeit, dass er dann auch ein Stück Obst zu sich nimmt, mehr als 30%.»

1.3 Insgesamt nehmen an dem Lauf 2500 Läufer teil.

1.3.1 Bestimmen Sie die Wahrscheinlichkeit, dass mehr als 2050 Läufer einen 2
Becher Wasser nehmen.

1.3.2 Nach dem Lauf sollen die Wahrscheinlichkeiten überprüft werden, die aus der 3
Erfahrung der früheren Wettbewerbe resultierten.
Tatsächlich haben genau 1950 Läufer einen Becher Wasser genommen. Fassen Sie dieses Ergebnis als Stichprobe auf.
Prüfen Sie, ob die ursprünglich angenommene Wahrscheinlichkeit von 80% in dem zugehörigen Vertrauensintervall mit Vertrauenswahrscheinlichkeit 99% liegt, das sich aus der Stichprobe ergibt.

15

Tipps ab Seite 82, Lösungen ab Seite 142

Abitur 2018 Teil 3 mit Hilfsmitteln – Stochastik Aufgabe 2
(Wahlaufgabe 2 von 2)

2 Der Mineralwasserproduzent «Sauberwasser» muss zurückgegebene PET-Pfandflaschen vor einer erneuten Befüllung auf nicht entfernbare Rückstände sowie auf Defekte (wie Risse) untersuchen und gegebenenfalls direkt nach der jeweiligen Kontrolle aussortieren. Der Prozessablauf, den jede einzelne Flasche durchläuft, ist im Folgenden dargestellt:

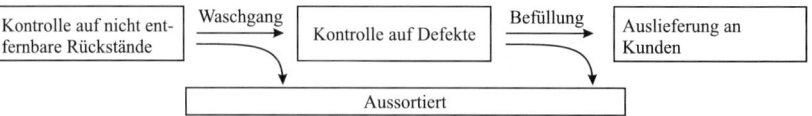

2.1 Beim Produzenten Sauberwasser weiß man:
- 99% aller Flaschen durchlaufen den Waschgang.
- 96% aller Flaschen werden befüllt, haben also weder nicht entfernbare Rückstände noch einen Defekt.

2.1.1 Berechnen Sie die Wahrscheinlichkeit folgender Ereignisse: 7
E1: Von 5 Flaschen werden 5 befüllt.
E2: Von 15 Flaschen wird genau eine Flasche nicht befüllt.
E3: Eine Flasche, die gewaschen wurde, wird auch befüllt.
E4: Eine Flasche, die nicht befüllt wird, wurde nicht gewaschen.

2.1.2 Bestimmen Sie, wie viele Flaschen mindestens kontrolliert werden müssen, 3
um mit einer Wahrscheinlichkeit von mehr als 90% mindestens eine Flasche vorzufinden, die nicht befüllt wird.

2.2 Trotz aller Qualitätskontrollen können nicht alle fehlerhaften Flaschen erkannt 5
werden. Erfahrungsgemäß sind 0,5% aller ausgelieferten Flaschen fehlerhaft. Der Produzent Sauberwasser kontrolliert vor der Auslieferung an die Kunden bei einer Stichprobe 500 Flaschen auf Fehler.
Berechnen Sie den Erwartungswert und die Standardabweichung für die Anzahl X der fehlerhaften Flaschen dieser Stichprobe.

Im Diagramm ist die Wahrscheinlichkeitsverteilung von X dargestellt.

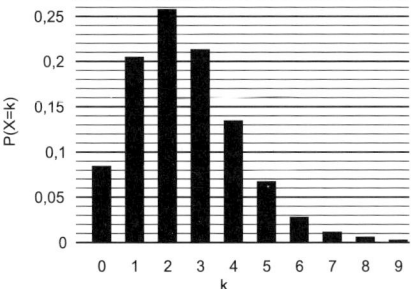

Bestimmen Sie damit näherungsweise die Wahrscheinlichkeit, dass die Anzahl der fehlerhaften Flaschen im σ-Intervall des Erwartungswerts liegt.

Nennen Sie einen Grund für die Abweichung von der Wahrscheinlichkeit aus der entsprechenden Sigma-Regel.

1. Abitur 2018

Tipps ab Seite 83, Lösungen ab Seite 144

Abitur 2018 Teil 4 mit Hilfsmitteln
Lineare Algebra: Vektorgeometrie (AG, BTG, EG, SGG, TG, WG)

1 Ein Flugzeug fliegt auf seiner Route über zwei verschiedene Länder hinweg. Ein Abschnitt der Flugroute kann modellhaft dargestellt werden durch g mit

$$g: \vec{x} = \begin{pmatrix} -20 \\ -60 \\ 11 \end{pmatrix} + t \cdot \begin{pmatrix} 2 \\ 6 \\ -0{,}5 \end{pmatrix}; \quad 0 \leqslant t \leqslant 20,$$

wobei t die Zeit in Minuten ist. Zu Beginn ($t = 0$) befindet sich das Flugzeug am Punkt $P(-20 \mid -60 \mid 11)$. Die x_3-Koordinate ist die Flughöhe über dem Meeresspiegel. Die Längeneinheit ist Kilometer (km). Die Luftraumgrenze der Länder wird durch die Ebene E mit $E: 3 \cdot x_1 + 2 \cdot x_2 = 0$ modelliert.

1.1 Bestimmen Sie den Ort des Flugzeugs fünf Minuten nach Beginn. Berechnen Sie die Geschwindigkeit des Flugzeugs in Kilometer pro Stunde. Begründen Sie, dass die Flughöhe in diesem Abschnitt ständig abnimmt.   4

1.2 Nehmen Sie Stellung zu folgender Aussage: 4
«Zu Beginn beträgt der minimale Abstand des Flugzeugs zur Luftraumgrenze der Länder weniger als 50 Kilometer».

1.3 Ermitteln Sie den Zeitpunkt, an dem das Flugzeug die Luftraumgrenze der Länder durchstößt.   3
Bestimmen Sie die Höhe, in der sich das Flugzeug dann befindet.

1.4 Ein anderes Flugzeug ist gleichzeitig auf einer anderen Route unterwegs.   4
Diese Route wird durch h mit

$$h: \vec{x} = \begin{pmatrix} 20 \\ -56 \\ 8{,}5 \end{pmatrix} + t \cdot \begin{pmatrix} -2 \\ 6 \\ -0{,}25 \end{pmatrix}; \quad 0 \leqslant t \leqslant 20,$$

modelliert. Bestimmen Sie die kleinste Entfernung der beiden Flugzeuge zueinander innerhalb des zwanzigminütigen Flugabschnitts.

15

Tipps ab Seite 83, Lösungen ab Seite 147

Abitur 2018 Teil 4 mit Hilfsmitteln
Lineare Algebra: Mathematische Beschreibung von Prozessen durch Matrizen
(AG, BTG, EG, SGG, WG)

2   In einer Simulation wird vereinfachend davon ausgegangen, dass die Heimspiele einer Fußballmannschaft regelmäßig von jeweils genau 50 000 Zuschauern besucht werden. Die Zuschauer reisen ausschließlich mit dem Auto (A), mit dem Bus bzw. der Bahn (B) oder zu Fuß bzw. dem Fahrrad (F) an.
Mit einem Auto können mehrere Zuschauer befördert werden. Die Zuschauer bilden also hinsichtlich der Anreise drei verschiedene Typen.
In der Simulation gilt das Wechselverhalten der Zuschauertypen von einem Spieltag zum nächsten:

- Von A wechseln 25 % zu B.
- Von B wechseln 5 % zu F und 20 % zu A.
- Von F wechseln jeweils 10 % zu A und zu B.
  Die restlichen Zuschauer wechseln nicht.

2.1 Stellen Sie dieses Wechselverhalten in einem Übergangsdiagramm dar. 5
Ermitteln Sie die jeweilige Anzahl der Zuschauertypen am zweiten Heimspieltag, wenn man bei der Simulation annimmt, dass am ersten Heimspieltag alle Zuschauer zu Fuß bzw. mit dem Fahrrad kommen.

2.2 Bestimmen Sie die prozentualen Anteile der verschiedenen Zuschauertypen, 4
sodass sich diese Anteile an zwei aufeinander folgenden Heimspieltagen nicht verändern.

2.3 Nun geht man in der Simulation davon aus, dass am zweiten Heimspieltag 27 000 Zuschauer vom Typ B und 3 000 Zuschauer vom Typ F kommen.
Pro Auto reisen zudem immer durchschnittlich 2,5 Zuschauer an.

2.3.1 Zeigen Sie, dass hierbei 8000 Parkplätze am dritten Spieltag nicht ausreichen würden. 3

2.3.2 In der Simulation wird nun das Wechselverhalten der Autofahrer nach dem 3
zweiten Heimspieltag so angepasst, dass die 8000 Parkplätze am dritten Heimspieltag genau ausreichen. Das Wechselverhalten der anderen Zuschauertypen B und F ändert sich dabei nicht.
Ermitteln Sie den veränderten Prozentsatz von Zuschauern vom Typ A, die dann wieder mit dem Auto kommen.

15

2 Abitur 2019

Tipps ab Seite 85, Lösungen ab Seite 151

Abitur 2019 – Teil 1 ohne Hilfsmittel

1 Analysis (AG, BTG, EG, SGG, TG, WG)

1.1 Die folgende Abbildung zeigt einen Ausschnitt des Schaubilds einer Funktion f.

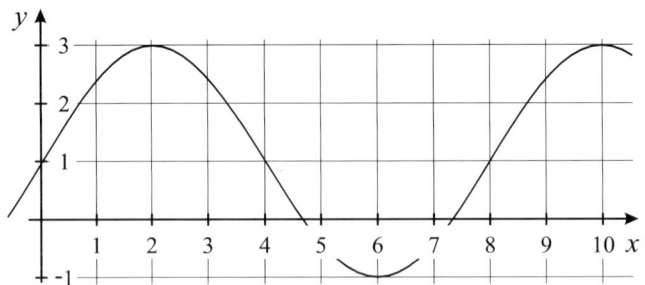

1.1.1 Begründen Sie anhand der Abbildung, welche der folgenden Aussagen wahr oder falsch sind.

(1) $f'(1) > 0$.

(2) $\int_1^3 f(x)\,dx \geq 6$

(3) Für jede Stammfunktion F von f gilt: $F(4) = F(0)$.

1.1.2 Ermitteln Sie einen Funktionsterm einer trigonometrischen Funktion, die zu diesem Schaubild passt.

1.2 Bilden Sie die erste Ableitung der Funktion g mit $g(x) = 3x^2 - x + \frac{1}{x}$ für $x \neq 0$.

1.3 Berechnen Sie den Wert des Integrals $\int_{-1}^{1} \left(\sqrt{2}\cdot x\right)^2 dx$.

1.4 Im Folgenden ist e die Eulersche Zahl und h die Funktion mit $e^{h(x)} = x$ für $x > 0$. Zeigen Sie mit Hilfe der Kettenregel: $h'(x) = \frac{1}{x}$ für $x > 0$.

2 Stochastik (AG, BTG, EG, SGG, TG, WG)

2 Laut Statistik fahren 70% aller Besucher eines Freizeitparks mit der extrem schnellen Super-Achterbahn. Von den Fahrern sind 10% über 50 Jahre alt.
Die Besucher, die nicht mit dieser Achterbahn fahren, sind zu 80% über 50 Jahre alt.

2.1 Stellen Sie den Sachverhalt in einem Baumdiagramm dar und tragen Sie die genannten Wahrscheinlichkeiten ein. 3

2.2 Berechnen Sie die Wahrscheinlichkeit, dass ein Besucher des Freizeitparks über 50 Jahre alt ist. 2

2.3 Geben Sie im Sachzusammenhang eine Fragestellung an, die mithilfe des Terms $0,7^{12} + 12 \cdot 0,3 \cdot 0,7^{11}$ beantwortet werden kann. 2

7

3 Lineare Algebra: Wahlgebiet Vektorgeometrie (AG, BTG, EG, SGG, TG, WG)

3.1 Bestimmen Sie die Lösungsmenge des folgenden linearen Gleichungssystems:

$$\begin{aligned}(1) \quad x + y &= \tfrac{5}{3} \\ (2) \quad y - 2z &= 1 \\ (3) \quad y + z &= 2\end{aligned}$$

3.2 Gegeben ist die Gerade g mit $g: \vec{x} = \begin{pmatrix} 5 \\ 1 \\ 1 \end{pmatrix} + r \cdot \begin{pmatrix} 2 \\ 0 \\ 3 \end{pmatrix}$; $r \in \mathbb{R}$.

3.2.1 Begründen Sie, dass g parallel zur $x_1 x_3$-Ebene ist.

Geben Sie eine Gerade an, die parallel zur Geraden g ist und von dieser den Abstand 5 Längeneinheiten hat.

3.2.2 Berechnen Sie den Abstand, den der Punkt $P(0\,|\,0\,|\,0)$ zu g hat.

3 Lineare Algebra: Wahlgebiet Mathematische Beschreibung von Prozessen durch Matrizen (AG, BTG, EG, SGG, WG)

3.1 Bestimmen Sie die Lösungsmenge des folgenden linearen Gleichungssystems:

$$\begin{aligned}(1) \quad x + y &= \tfrac{5}{3} \\ (2) \quad y - 2z &= 1 \\ (3) \quad y + z &= 2\end{aligned}$$

3.2 Im Folgenden ist $E = \begin{pmatrix} 1 & 0 \\ 0 & 1 \end{pmatrix}$ die Einheitsmatrix und A eine Matrix mit $A \cdot A = E$.

3.2.1 Berechnen Sie die Werte für a und b, falls $A = \begin{pmatrix} a & 2 \\ b & 0 \end{pmatrix}$.

3.2.2 Lösen Sie die folgende Matrizengleichung nach der 2x2-Matrix X auf:
$(A^2 - 2X)\,A = 2XA$.

Abitur 2019 Teil 2 mit Hilfsmitteln
Aufgabe 1 Analysis

1.1 Eine Polynomfunktion p ist gegeben durch $p(x) = a \cdot x^3 + b \cdot x^2$ für $x \in \mathbb{R}$, wobei $a \neq 0$ ist.

1.1.1 Bestimmen Sie die Werte von a und b, sodass die Punkte $P(-1 \mid 1)$ und $Q(1 \mid 0)$ auf dem Schaubild von p liegen.

1.1.2 Nun gilt: $b = -a$. Untersuchen Sie, ob es eine negative Nullstelle von p gibt.

1.2 Gegeben ist die Funktion f mit $f(x) = x - 1 + e^{-x}$ für $x \in \mathbb{R}$. Die folgende Abbildung zeigt das Schaubild K von f, sowie dessen Asymptote g mit der Gleichung $y = x - 1$.

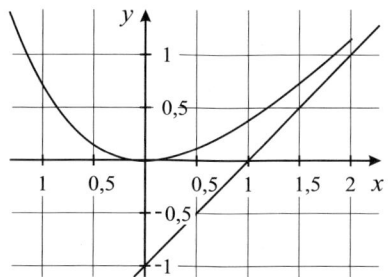

1.2.1 Geben Sie den Punkt auf g an, der den kleinsten Abstand zum Tiefpunkt $T(0 \mid f(0))$ von K hat, und ermitteln Sie diesen Abstand.

1.2.2 Das Schaubild H einer Funktion h entsteht durch Verschiebung von K. Der Tiefpunkt von H liegt bei $(1 \mid -1)$. Berechnen Sie einen Funktionsterm von h.

1.2.3 Begründen Sie, dass die folgenden Aussagen wahr sind:

   (1) K besitzt keinen Wendepunkt.

   (2) Im Intervall $[1,841; 1,842]$ liegt ein x_0, sodass $f(x_0) = 1$ gilt.

   (3) Es gibt keine Normale an K, die g senkrecht schneidet.

1.2.4 Das Schaubild K, die beiden Geraden mit der Gleichung $x = -c$ bzw. $x = c$ mit $c > 0$, und die Gerade g umschließen eine Fläche. Bestimmen Sie c, sodass der Inhalt dieser Fläche den Wert 2 hat.

Abitur 2019 Teil 2 mit Hilfsmitteln
Aufgabe 2 Anwendungsorientierte Analysis
(Wahlaufgabe 1 von 3)

2 Ein großer Anteil des Stickstoffdioxids (NO_2) in der Luft wird durch Verbrennungsmotoren im Straßenverkehr erzeugt.

An einer Messstation in einer süddeutschen Stadt wird die NO_2-Konzentration in der Luft täglich aufgezeichnet. Die Abbildung zeigt die, an einem Werktag im Herbst zwischen 5 Uhr morgens und 21 Uhr abends gemessenen, NO_2-Datenwerte in Mikrogramm pro Kubikmeter Luft $\left(\frac{\mu g}{m^3}\right)$.

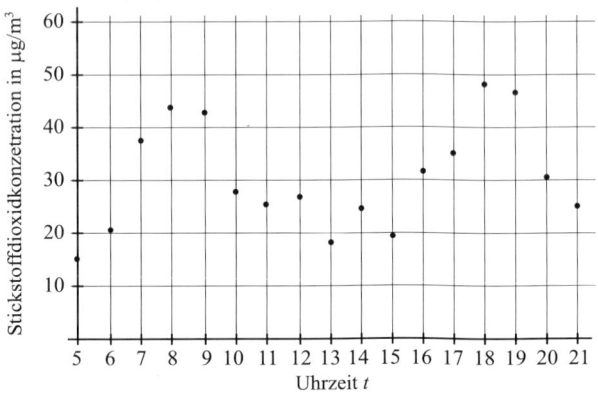

2.1 Beschreiben Sie die Entwicklung der NO_2-Konzentration im Tagesverlauf und interpretieren Sie dies im Sachzusammenhang.

2.2 Die Funktion f mit $f(t) = 15 \cdot \sin\left(\frac{\pi}{5} \cdot \left(t - \frac{11}{2}\right)\right) + 30$; $5 \leqslant t \leqslant 21$ modelliert den Wert der NO_2-Konzentration $f(t)$ in $\frac{\mu g}{m^3}$ zum Zeitpunkt t dieses Tages.

2.2.1 Beurteilen Sie folgende Aussage: «Das Maximum von f weicht vom tatsächlich gemessenen maximalen Wert der NO_2-Konzentration um mehr als 10% ab.»

2.2.2 Bestimmen Sie unter Verwendung des Modells f die beiden Zeitpunkte, an denen die Zunahme der NO_2-Konzentration am größten ist.

2.2.3 Zum Zeitpunkt der Messung galt für die NO_2-Konzentration in der Luft der Grenzwert $40 \frac{\mu g}{m^3}$.
Bestimmen Sie mit Hilfe von f die Uhrzeit auf die Minute genau, zu der dieser Grenzwert erstmals erreicht wurde.

Abitur 2019 Teil 2 mit Hilfsmitteln
Aufgabe 3 Anwendungsorientierte Analysis
(Wahlaufgabe 2 von 3)

3 Ein Ingenieurbüro plant den Bau eines 15 Meter (m) langen, geraden Kanals, der einen gleichbleibenden Querschnitt aufweist. Das Koordinatensystem wird im Modell so gelegt, dass T(0 | 0) den tiefsten Punkt des Querschnitts darstellt (siehe Abbildung). Die Randkurve des Querschnitts wird beschrieben durch die Funktion f mit

$$f(x) = -\frac{1}{16}x^4 + \frac{3}{4}x^2,$$

wobei x im Bereich der Breite des Kanals liegt und ebenso wie $f(x)$ in Meter gemessen wird. Die Abbildung stellt eine nicht maßstabsgetreue Skizze des Schaubilds von f dar.

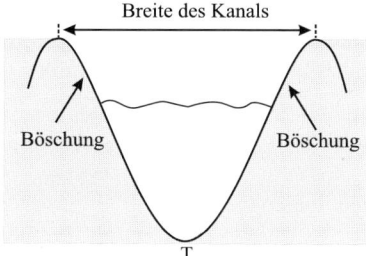

3.1 Berechnen Sie den höchstmöglichen Wasserstand und die Breite des Kanals. 3

3.2 Das Wasser steht im Kanal 2m hoch.

3.2.1 Zeigen Sie, dass der Wasserspiegel eine Breite von genau 4 m einnimmt. 1

3.2.2 Berechnen Sie den Wert von $15 \cdot \int_{-2}^{2} (2 - f(x))\,dx$. 3
Deuten Sie diesen Term und den berechneten Wert im Sachzusammenhang.

3.3 Ein Laser in der Position T wird so eingestellt, dass er einen Lichtstrahl erzeugt, 3
der in der Ebene des Kanalquerschnitts verläuft
und dabei die rechte Böschung an einem Punkt
$B(u \mid f(u))$ mit $u > 0$ berührt.
Bestimmen Sie die Steigung a der Geraden mit der
Gleichung $y = a \cdot x$, die diesen Lichtstrahl modelliert.

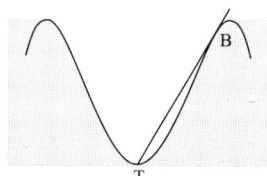

10

Abitur 2019 Teil 2 mit Hilfsmitteln
Aufgabe 4 Anwendungsorientierte Analysis
(Wahlaufgabe 3 von 3)

4 Ein Unternehmen bietet seinen Kunden für eine kurze Testphase ein neues Produkt an. Für den nächsten Produktionszeitraum sind maximal 9 Mengeneinheiten (ME) des Produkts geplant.
Der Verkaufspreis je Mengeneinheit wird mit 10 Geldeinheiten (GE) kalkuliert.
Der erzielte Erlös ist das Produkt aus dem Verkaufspreis und der Menge.
Die Gesamtkosten können durch die Funktion K mit der Funktionsgleichung

$$K(x) = 0,2x^3 - x^2 + 4x + 8$$

beschrieben werden, mit x in ME, K in GE.
Der Gewinn wird berechnet als Differenz aus dem Erlös und den Gesamtkosten.

4.1 Zeichnen Sie das Schaubild der Erlös- und Gesamtkostenfunktion in ein gemeinsames Koordinatensystem. Markieren Sie darin die Gewinnzone, d.h. die Produktionsmengen, für die kein Verlust gemacht wird. 4

4.2 Berechnen Sie den maximalen Gewinn. 4

4.3 Claus stellt fest, dass an der Stelle $x_1 = \frac{5}{3}$ folgende Bedingungen erfüllt sind: 2

(1) $K''(x_1) = 0 \quad \wedge \quad K'''(x_1) > 0$

(2) $K'(x_1) = \frac{7}{3}$.

Interpretieren Sie diese Bedingungen im Sachzusammenhang.

10

Tipps ab Seite 90, Lösungen ab Seite 167

Abitur 2019 Teil 3 mit Hilfsmitteln – Stochastik Aufgabe 1
(Wahlaufgabe 1 von 2)

1 In Baden-Württemberg tragen 3,5% aller Zecken FSME-Viren in sich.
  Diese Viren werden durch Bisse der Zecken auf den Menschen übertragen.

1.1 Berechnen Sie die Wahrscheinlichkeiten der folgenden Ereignisse: 6
   E_1: Von 20 zufällig ausgewählten Zecken trägt keine einzige FSME-Viren in sich.
   E_2: Von 50 zufällig ausgewählten Zecken trägt höchstens eine FSME-Viren in sich.
   E_3: Von 100 zufällig ausgewählten Zecken tragen mindestens vier FSME-Viren in sich.

1.2 Prüfen Sie, ob folgende Aussage wahr ist: Das Risiko einer Übertragung der   3
   FSME-Viren auf den Menschen übersteigt in Baden-Württemberg erst dann
   60%, wenn man dort von mindestens 25 Zecken gebissen wird.

1.3 Die angegebene Wahrscheinlichkeit von 3,5%, mit der die Zecke FSME-Viren in sich
   trägt, stellt einen Durchschnittswert für ganz Baden-Württemberg dar. In allen Regionen
   wurden Stichproben genommen und die dortigen relativen Häufigkeiten berechnet. Je dunkler die Region in der Karte dargestellt ist, desto höher sind die relativen Häufigkeiten dafür, dass die Zecken FSME-Viren in sich tragen.
   Für die Regionen A und B wurde jeweils ein 95%-Vertrauensintervall für die unbekannten Wahrscheinlichkeiten, mit der eine Zecke dort FSME-Viren in sich trägt, bestimmt. Für die Stichprobe in der Region A ist bekannt, dass 2000 Zecken getestet wurden.

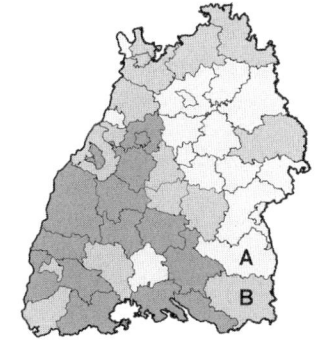

1.3.1 Bei der Stichprobe in der Region A stellte man fest, dass 58 Zecken FSME-Viren   3
   in sich tragen. Geben Sie das näherungsweise bestimmte 95%-Vertrauensintervall
   für die unbekannte Wahrscheinlichkeit an.
   Interpretieren Sie Ihr Ergebnis im Sachzusammenhang.

1.3.2 Bei der Prüfung der Stichproben wird festgestellt, dass die Längen   3
   der Vertrauensintervalle für die beiden Regionen A und B übereinstimmen, in
   Region B jedoch eine größere relative Häufigkeit als in Region A vorliegt
   (siehe Karte).
   Erläutern Sie, was dies für den Umfang der Stichprobe in Region B bedeutet.

15

Abitur 2019 Teil 3 mit Hilfsmitteln – Stochastik Aufgabe 2
(Wahlaufgabe 2 von 2)

2 Das abgebildete Glücksrad besteht aus sechs gleich großen Sektoren. Wird das Glücksrad gedreht, so zeigt der Pfeil beim Stillstand auf genau einen Sektor.
Bei einem Fest wird folgendes Spiel angeboten: Zeigt der Pfeil auf Sonne oder Mond, dreht man ein weiteres Mal. Das Spiel endet, wenn der Pfeil auf Wolke zeigt oder der Spieler das Rad schon dreimal gedreht hat.
Jeder Spieler darf das Spiel nur einmal spielen.

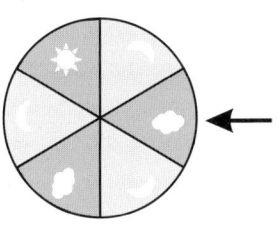

2.1 Berechnen Sie jeweils die Wahrscheinlichkeit für die folgenden Ereignisse:
A: Der Spieler dreht dreimal das Glücksrad.
B: Der Spieler dreht das Glücksrad höchstens zweimal auf Mond.

2.2 Ein Spiel endet mit Wolke.
Berechnen Sie die Wahrscheinlichkeit, dass der Spieler dann keinmal Sonne gedreht hat.

2.3 Der Besitzer des Glücksrads nimmt vor jedem Spiel einen Euro Einsatz vom Spieler. Immer dann, wenn der Spieler Sonne dreht, bekommt er einen Euro ausgezahlt. Ansonsten geht er leer aus.
Die Frau des Besitzers hat einige Wahrscheinlichkeiten richtig berechnet und auf einen Zettel geschrieben.

$P(\text{"genau einmal Sonne"}) = \frac{17}{72}$
$P(\text{"genau zweimal Sonne"}) = \frac{11}{216}$

2.3.1 Berechnen Sie den Gewinn pro Spiel, den der Besitzer langfristig im Mittel erwarten kann.

2.3.2 Der Besitzer des Glücksrads fragt sich, wie viele Spieler genau einen Euro ausgezahlt bekommen, wenn genau 140 Spieler das Spiel spielen.
Die Frau des Besitzers meint, es wären mehr als 30, aber weniger als 40.
Ermitteln Sie die Wahrscheinlichkeit, dass die Frau des Besitzers recht hat.

Abitur 2019 Teil 4 mit Hilfsmitteln
Lineare Algebra: Vektorgeometrie (AG, BTG, EG, SGG, TG, WG)

1 Die Grundfläche eines Hauptbahnhofs (Hbf) wird durch ein Viereck mit den Eckpunkten $B_1(0 \mid 1 \mid 0)$, $B_2(3 \mid 0 \mid 0)$, $B_3(5 \mid 6 \mid 0)$ und $B_4(2 \mid 7 \mid 0)$ modelliert.
Ein Tunnel startet im Punkt $A(0 \mid -11 \mid 0)$ und endet im Punkt $S(2,5 \mid 3,5 \mid -0,5)$.
Eine Längeneinheit entspricht 100 Meter (m). Die Modellierung ist in der folgenden (nicht maßstabsgetreuen) Skizze veranschaulicht.

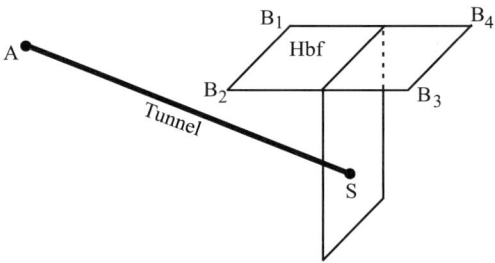

1.1 Zeigen Sie, dass die Grundfläche des Hbf ein Rechteck ist.   4
Berechnen Sie den Inhalt der Grundfläche in Quadratkilometer.

1.2 Der Tunnel von A nach S wird modelliert durch die Strecke g mit

$$g: \vec{x} = \begin{pmatrix} 0 \\ -11 \\ 0 \end{pmatrix} + r \cdot \begin{pmatrix} 2,5 \\ 14,5 \\ -0,5 \end{pmatrix} ; \quad 0 \leqslant r \leqslant 1.$$

1.2.1 Der Tunnel schließt mit der Ebene, in der die Grundfläche des Hbf liegt, einen Winkel ein. Berechnen Sie diesen Winkel.   2

1.2.2 Untersuchen Sie, ob für jeden Punkt des Tunnels der Sicherheitsabstand von mindestens 20 Meter zur Seite $\overline{B_1 B_2}$ der Grundfläche des Hbf eingehalten wird.   4

1.3 Eine Ebene besitzt die Darstellung $E: \begin{pmatrix} 1 \\ 3 \\ 0 \end{pmatrix} \cdot \vec{x} = 13$.

1.3.1 Prüfen Sie, ob der Punkt S in der Ebene E liegt.   1

1.3.2 Geben Sie eine Gleichung der Geraden k durch A an, die orthogonal zu E ist.   4
Zur Planung eines weiteren Tunnels möchte man wissen, wo sich der Punkt A' ($\neq A$) auf k befindet, der denselben Abstand zu E hat wie der Punkt A.
Bestimmen Sie die Koordinaten von A'.

   15

Abitur 2019 Teil 4 mit Hilfsmitteln
Lineare Algebra: Mathematische Beschreibung von Prozessen durch Matrizen
(AG, BTG, EG, SGG, WG)

1 In den Skigebieten A, B und C verbringen jährlich immer die gleichen 200 000 Gäste ihren Skiurlaub. Die Übergangstabelle bzw. die Übergangsmatrix M legen modellhaft die Veränderung der Gästeverteilung auf die drei Skigebiete von einem zum nächsten Jahr fest.

zu\von	A	B	C
A	0,9	0,15	0,2
B	0,06	0,8	0,2
C	0,04	0,05	0,6

$$M = \begin{pmatrix} 0,9 & 0,15 & 0,2 \\ 0,06 & 0,8 & 0,2 \\ 0,04 & 0,05 & 0,6 \end{pmatrix}$$

1.1 Geben Sie ein Übergangsdiagramm an und interpretieren Sie den Wert 0,04 in M. 4

1.2 In A verbringen 60%, in B 30% und in C 10% der Gäste ihren Skiurlaub. 4
Ermitteln Sie für das folgende Jahr die jeweilige Anzahl der Gäste.
Bestimmen Sie das Skigebiet, in dem der größte prozentuale Unterschied entsteht.

1.3 In einer Simulation wird angenommen, dass im Jahr 2020 die Anzahl der Gäste 4
in A mit der Summe der Anzahl der Gäste in B und C übereinstimmt. Man geht zudem davon aus, dass im Jahr 2021 in B genau 63 500 Gäste ihren Skiurlaub verbringen werden.
Bestimmen Sie die Anzahl der Gäste von Skigebiet A, B und C im Jahr 2020.

1.4 Berechnen Sie die prozentuale Gästeverteilung, die von Jahr zu Jahr gleich bleibt. 3

15

3 Abitur 2020

Tipps ab Seite 94, Lösungen ab Seite 179

Abitur 2020 – Teil 1 ohne Hilfsmittel

1 Analysis (AG, BTG, EG, SGG, TG, WG)

1.1 Geben Sie die Nullstellen des Polynoms p mit $p(x) = x^3 - 100x$; $x \in \mathbb{R}$ an.   4
Erstellen Sie ohne weitere Rechnung eine Skizze des Schaubilds von p.

1.2 Die folgende Tabelle enthält Funktionswerte und Werte der ersten beiden   6
Ableitungen einer Polynomfunktion h vom Grad 4. Das Schaubild von h ist K.

x	$-1,5$	-1	$-0,5$	0	$0,5$	1	$1,5$
$h(x)$	2,375	-2	$-1,625$	-1	$-1,625$	-2	2,375
$h'(x)$	-18	-2	2	0	-2	2	18
$h''(x)$	48	18	0	-6	0	18	48

Entscheiden Sie, ob folgende Aussagen wahr oder falsch sind und begründen
Sie Ihre Entscheidungen ohne Funktionsterme zu berechnen.
(1) $P(-1 \mid 2)$ liegt auf K.
(2) K besitzt zwei Wendepunkte.
(3) K besitzt drei Punkte mit waagrechter Tangente.

1.3 Gegeben ist die Funktion f mit $f(x) = 3 \cdot \sin\left(2 \cdot \left(x + \frac{\pi}{12}\right)\right)$; $x \in \mathbb{R}$.

1.3.1 Geben Sie zwei benachbarte Wendepunkte des Schaubilds von f an.   3

1.3.2 Ermitteln Sie einen Wert für $b > 10$, für den gilt: $\int_1^b f(x)\,dx = 0$.   2

15

2 Stochastik (AG, BTG, EG, SGG, TG, WG)

2 Ein Glücksrad besteht aus drei Sektoren unterschiedlicher Größe.

Der rote Sektor nimmt die Hälfte des Glücksrads ein, der weiße Sektor ein Drittel und der grüne Sektor den Rest.

Dreht man das Glücksrad, so zeigt beim Stillstand ein Pfeil auf genau einen der drei Sektoren.

2.1 Berechnen Sie die Wahrscheinlichkeit des folgenden Ereignisses: 2
A: Bei viermaligem Drehen zeigt der Pfeil genau einmal auf den weißen Sektor.

2.2 Geben Sie im Sachzusammenhang ein Ereignis B mit der Wahrscheinlichkeit 2
$$P(B) = 3 \cdot \left(\frac{1}{6}\right)^2 \cdot \left(\frac{5}{6}\right)^2$$
an.

2.3 Bei einem Spiel wird das Glücksrad einmal gedreht. Der Einsatz beträgt 2 Euro. 3

Zeigt der Pfeil auf den roten Sektor, erhält man keine Auszahlung.
Zeigt der Pfeil auf einen weißen Sektor, so beträgt die Auszahlung 2 Euro.
Zeigt der Pfeil auf den grünen Sektor erhält man den Hauptgewinn.

Bestimmen Sie, wie hoch beim Hauptgewinn die Auszahlung sein muss, damit es sich um ein faires Spiel handelt.

___
7

3 Lineare Algebra: Wahlgebiet Vektorgeometrie (AG, BTG, EG, SGG, TG, WG)

3 Gegeben sind die Punkte A(1 | −1 | 2) und B(−1 | −3 | 4), sowie der Punkt M(0 | −2 | 3), der auf der Geraden g durch A und B liegt.
Die Ebene E ist gegeben durch E: $-x_1 - x_2 + x_3 = 5$.

3.1 Zeigen Sie, dass E den Punkt M enthält und dass E orthogonal zu g ist.   3

3.2 Vom Punkt C(3 | 1 | 0) ist bekannt, dass er auf g liegt.   2

Bestimmen Sie den Punkt D auf g (mit D ≠ C), der von M den gleichen Abstand wie C hat.

3.3 Begründen Sie, dass für jeden Punkt P von E gilt: $|\overrightarrow{PA}| = |\overrightarrow{PB}|$.   3

—
8

3 Lineare Algebra: Wahlgebiet Mathematische Beschreibung von Prozessen durch Matrizen (AG, BTG, EG, SGG, WG)

3.1 Betrachtet werden die Matrizen A, B, C und D.   2
A hat 3 Zeilen und 7 Spalten, d.h. das Format ist 3 × 7.
B hat das Format 7 × 2 und D = A · B · C hat das Format 3 × 4.

Geben Sie das Format der Matrix C an.

3.2 Betrachtet wird eine Matrix Q und ihre Inverse $R = Q^{-1}$.   2

Vereinfachen Sie den Term

$(R \cdot Q \cdot (4 \cdot Q) - 2 \cdot Q \cdot R \cdot Q) \cdot R$

so weit wie möglich.

3.3 Gegeben sind die Matrizen   4

$$X = \begin{pmatrix} 1 & 0 & 2 \\ 3 & 2 & c \end{pmatrix} \; ; \; Y = \begin{pmatrix} 3 & 2 \\ a(a-1) & 2 \\ 3 & 1 \end{pmatrix} \; ; \; Z = \begin{pmatrix} 9 & b^2 \\ 12 & 11 \end{pmatrix}$$

mit $a, b, c \in \mathbb{R}$.
Es gilt: $Z = X \cdot Y$.
Bestimmen Sie alle möglichen Werte für a, b und c.
Geben Sie die Anzahl der Lösungen der Form (a; b; c) an.

—
8

Abitur 2020 Teil 2 mit Hilfsmitteln
Aufgabe 1 Analysis

1.1 Die Funktion f ist gegeben durch $f(x) = 10 \cdot x \cdot e^{-x}$; $x \in \mathbb{R}$. Das Schaubild von f ist K_f.
Die erste Ableitung f' von f ist $f'(x) = 10 \cdot (1-x) \cdot e^{-x}$; $x \in \mathbb{R}$ und die zweite Ableitung f'' von f ist $f''(x) = 10 \cdot (x-2) \cdot e^{-x}$; $x \in \mathbb{R}$.

1.1.1 Weisen Sie nach, dass $\left(1 \mid \frac{10}{e}\right)$ der Hochpunkt von K_f ist. 4
Geben Sie eine Gleichung der Asymptote von K_f an.

1.1.2 Zeichnen Sie K_f für $0 \leq x \leq 6$. 3

1.1.3 Zeigen Sie, dass F mit $F(x) = -10 \cdot (x+1) \cdot e^{-x}$; $x \in \mathbb{R}$ eine Stammfunktion von f ist. 5
Bestimmen Sie den Wert von a in der Gleichung: $\int_1^2 f(x)\,\mathrm{d}x = \dfrac{a \cdot e - 30}{e^2}$.

1.2 Für $x \geq 0$ sind die Funktionen g mit $g(x) = \frac{1}{4}x^2$ und h mit $h(x) = 2\sqrt{x}$ gegeben. Die Abbildung zeigt die Schaubilder K_g von g und K_h von h.

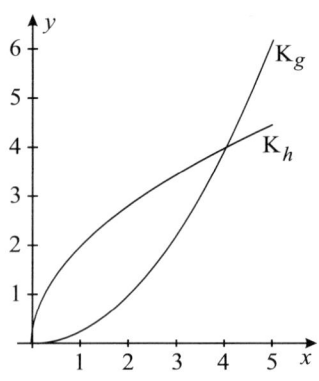

1.2.1 Prüfen Sie die folgende Aussage: 4
«Die Gerade durch die beiden Punkte $P(1 \mid h(1))$ und $Q(2 \mid g(2))$ ist sowohl die Normale von K_h in P als auch die Normale von K_g in Q.»

1.2.2 Die y-Achse, K_h und die Parallele zur x-Achse mit der Gleichung $y = c$, mit $c > 0$, begrenzen eine Fläche. Durch Rotation dieser Fläche um die x-Achse entsteht ein Rotationskörper. 4
Bestimmen Sie den Wert von c, sodass dessen Volumen 32π beträgt.

20

Tipps ab Seite 96, Lösungen ab Seite 190

Abitur 2020 Teil 2 mit Hilfsmitteln
Aufgabe 2 Anwendungsorientierte Analysis
(Wahlaufgabe 1 von 3)

2 Der Wasserzufluss bzw. der Wasserabfluss eines Staubeckens wird über 24 Stunden hinweg beobachtet und durch die Funktion v mit
$v(t) = \frac{1}{4}(t^2 - 36)(t - 20);\ 0 \leq t \leq 24$,
modelliert.
Hierbei gibt t die Zeit seit Beginn der Beobachtung ($t = 0$) in Stunden an. $v(t)$ wird in Kubikmeter pro Stunde $\left(\frac{m^3}{h}\right)$ gemessen. Bei Wasserzufluss ist $v(t)$ positiv und bei Wasserabfluss ist $v(t)$ negativ.
Die Abbildung zeigt das Schaubild von v.

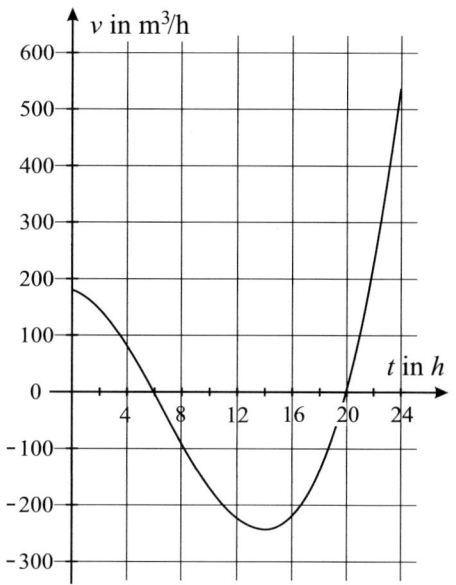

2.1 Nehmen Sie Stellung zu folgender Aussage: 3
«Es gibt einen Zeitpunkt, an dem 280 $\frac{m^3}{h}$ abfließen.»
Geben Sie den maximalen Wasserzufluss und den dazugehörigen Zeitpunkt an.

2.2 Berechnen Sie den Wert des Wasserzuflusses zu Beginn der Beobachtung und 4
wie viele Minuten vergehen, bis v diesen Wert erneut erreicht.

2.3 20 Stunden nach Beobachtungsbeginn befinden sich noch 1000 m³ Wasser 3
im Becken.
Erläutern Sie, wie man die Wassermenge im Staubecken zum Zeitpunkt $t = 0$ ermitteln kann und geben Sie diese Wassermenge näherungsweise an.

10

Abitur 2020 Teil 2 mit Hilfsmitteln
Aufgabe 3 Anwendungsorientierte Analysis
(Wahlaufgabe 2 von 3)

3 Das Training einer Schwimmerin wird mit Videos ausgewertet. Abbildung 1 zeigt modellhaft die Geschwindigkeit v der Schwimmerin in Metern (m) pro Sekunde (s) in Abhängigkeit von der Zeit t in s.
Ein Armzyklus dauert 1,2 s.

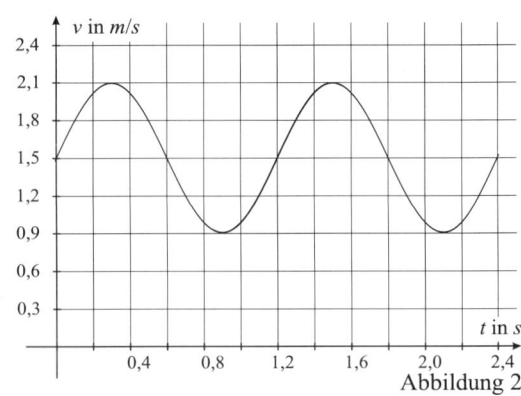

3.1 Begründen Sie mithilfe von Abbildung 1, dass die Geschwindigkeit v ab dem Beobachtungsbeginn ($t = 0$) durch die Funktionsgleichung

$$v(t) = 1{,}5 + 0{,}6 \cdot \sin\left(\frac{5\pi}{3} \cdot t\right)$$

beschrieben werden kann.

3.2 Ermitteln Sie die Länge der Strecke, die gemäß des Modells während eines Armzyklus zurückgelegt wird.
Bestimmen Sie damit die Zeit, die die Schwimmerin für 36 m benötigt.

3.3 Zum Zeitpunkt $t = 24$ beginnt die Schwimmerin ihren Endspurt. Dabei erhöht sich ihre Geschwindigkeit pro Sekunde zusätzlich um $0{,}05 \frac{m}{s}$.
Die Geschwindigkeit der Schwimmerin ist in Abbildung 2 dargestellt und wird ab $t = 24$ durch eine Funktion v_E modelliert.

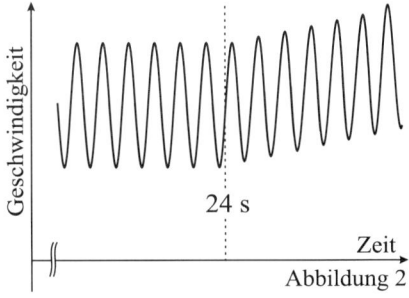

Abbildung 2

3.3.1 Interpretieren Sie den Ansatz $\int_{24}^{24+u} v_E(t)\,dt = 14$ im Sachzusammenhang.

3.3.2 Geben Sie einen Funktionsterm für die Funktion v_E an.

3. Abitur 2020

Tipps ab Seite 97, Lösungen ab Seite 194

Abitur 2020 Teil 2 mit Hilfsmitteln
Aufgabe 4 Anwendungsorientierte Analysis
(Wahlaufgabe 3 von 3)

4 Die Abbildung zeigt die Aufsprungbahn einer Skisprungschanze.
Der obere Teil der Aufsprungbahn wird durch f mit
$$f(x) = 0{,}000012 \cdot x^3 - 0{,}00378 \cdot x^2 - 0{,}27 \cdot x + 76$$
für $0 \leqslant x \leqslant 120$ modelliert.
Der untere Teil der Aufsprungbahn dient als Auslauf. Alle Angaben sind in Meter.

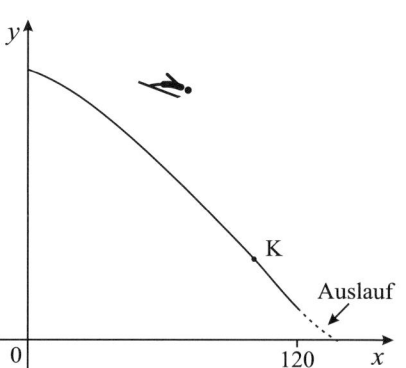

4.1 Die Aufsprungbahn hat im kritischen Punkt K ihr größtes Gefälle.   5
Weisen Sie nach, dass die x-Koordinate von K den Wert 105 besitzt und berechnen Sie den Winkel, den die Aufsprungbahn in K mit der Horizontalen einschließt.

4.2 Die Flugbahn eines Skispringers wird durch die Parabel mit der Gleichung   3
$$y = -0{,}00132 \cdot x^2 - 0{,}436 \cdot x + 80$$
modelliert.
Prüfen Sie, ob die Flugbahn an der Stelle $x = 100$ tangential in die Aufsprungbahn übergeht.

4.3 Erläutern Sie im Sachkontext, welche Größe durch die Berechnung   2
$$\sqrt{(f(0)-f(40))^2 + 1600} + \sqrt{(f(40)-f(80))^2 + 1600} + \sqrt{(f(80)-f(120))^2 + 1600} \approx 137{,}5$$
näherungsweise bestimmt wird.

         10

Tipps ab Seite 98, Lösungen ab Seite 196

Abitur 2020 Teil 3 mit Hilfsmitteln – Stochastik Aufgabe 1
(Wahlaufgabe 1 von 2)

1 Bei einem Festival können Teilnehmer zwischen zwei verschiedenen Veranstaltungen wählen. Erfahrungsgemäß besuchen 36% aller Teilnehmer die Beachparty, während alle anderen zum Rockkonzert gehen.
Die Tickets für das Festival kann man entweder online oder an der Abendkasse kaufen. Langjährige Erfahrungswerte zeigen, dass die Teilnehmer der Beachparty zu 70% ihr Ticket online erwerben. Außerdem weiß man, dass insgesamt 26,8% aller Teilnehmer ihr Ticket an der Abendkasse kaufen.

1.1 Berechnen Sie jeweils die Wahrscheinlichkeit für folgende Ereignisse:

E_1: Von 5 zufällig ausgewählten Teilnehmern besuchen alle die Beachparty.

E_2: Von 30 zufällig ausgewählten Teilnehmern gehen mindestens 20 zur Beachparty.

E_3: Von 1000 Teilnehmern des Festivals besuchen mindestens 380, jedoch höchstens 390 Leute die Beachparty.

1.2 Berechnen Sie die Wahrscheinlichkeit, dass ein Teilnehmer das Rockkonzert besucht und sein Ticket online erwirbt.

Ein Teilnehmer hat sein Ticket online erworben.
Berechnen Sie die Wahrscheinlichkeit, dass er dann Teilnehmer der Beachparty ist.

1.3 Für die Beachparty im Sommer 2020 stehen 1500 Tickets zur Verfügung. Mit einer Wahrscheinlichkeit von mindestens 99% sollen alle der am Festival Interessierten, die zur Beachparty gehen möchten, tatsächlich ein Ticket für die Beachparty erhalten.
Ein Schüler behauptet, dass somit die Anzahl n aller am Festival Interessierten unter 3980 liegen muss.
Überprüfen Sie diese Behauptung und ermitteln Sie den maximalen Wert für n.

Tipps ab Seite 98, Lösungen ab Seite 199

Abitur 2020 Teil 3 mit Hilfsmitteln – Stochastik Aufgabe 2
(Wahlaufgabe 2 von 2)

2 Bei einer großen Feier werden ein Hauptgericht mit Fleisch, ein vegetarisches Hauptgericht, sowie anschließend eine Nachspeise angeboten.
Die Planer greifen auf langjährige Erfahrungswerte ihrer Vorgänger zurück, bei denen alle Gäste genau ein Hauptgericht wählen, jedoch nur 85% der Gäste eine Nachspeise nehmen. 30% aller Gäste entscheiden sich für das vegetarische Hauptgericht. Von den Gästen, die sich für ein vegetarisches Hauptgericht entschieden haben, nehmen anschließend 75% auch eine Nachspeise.

2.1 Bestimmen Sie die Wahrscheinlichkeit, dass ein zufällig ausgewählter Gast ein Hauptgericht mit Fleisch wählt und eine Nachspeise nimmt.

Beziehen Sie Stellung zu folgender Aussage: «Von denjenigen Gästen, die eine Nachspeise nehmen, ist der Anteil der Gäste, die auch ein vegetarisches Hauptgericht wählen, größer als 27%».

2.2 Eine Planung geht zunächst von 800 Gästen aus.

Bestimmen Sie für folgende Ereignisse jeweils die Wahrscheinlichkeit:
A: Genau 240 Gäste wählen das vegetarische Hauptgericht.
B: Höchstens 250 Gäste wählen das vegetarische Hauptgericht.
C: Mehr als 220, aber höchstens 250 Gäste wählen das vegetarische Hauptgericht.

2.3 Bei einem Stichprobenumfang von 80 Gästen gaben 30 an, dass sie ein vegetarisches Hauptgericht wählen werden.
Beurteilen Sie auf der Basis eines 95%-Vertrauensintervalls, ob die Planer dem oben genannten langjährigen Erfahrungswert vertrauen können.

Tipps ab Seite 99, Lösungen ab Seite 201

Abitur 2020 Teil 4 mit Hilfsmitteln
Lineare Algebra: Vektorgeometrie (AG, BTG, EG, SGG, TG, WG)

1 Ein Architekt plant ein modernes Museum.
Im Modell hat das Museum eine rechteckige Grundfläche mit den Eckpunkten
$A_1(0 \mid 0 \mid 0)$, $B_1(10 \mid 0 \mid 0)$, $C_1(10 \mid 5 \mid 0)$, $D_1(0 \mid 5 \mid 0)$
und ein Dach, das aus den vier Eckpunkten
$A_2(0 \mid 0 \mid 2)$, $B_2(10 \mid 0 \mid 2)$, $C_2(10 \mid 6 \mid 2)$, $D_2(0 \mid 5{,}5 \mid 2{,}5)$
gebildet wird. Die von der Grundfläche zum Dach verlaufenden Kanten des Modells verbinden Punkte gleichen Buchstabens, z.B. ist A_1 mit A_2 verbunden.
Eine Längeneinheit im Modell entspricht 10 Metern (m).

1.1 Zeichnen Sie das Modell in ein geeignetes Koordinatensystem.   4

1.2 Die Vorderseite des Modells (d.h. der Schnitt mit der Ebene $x_1 = 10$) bildet ein Trapez. Diese Fläche soll zu 80% aus einem Spezialglas bestehen, das 400 Euro pro m² kostet.
Berechnen Sie die hierfür zu kalkulierenden Kosten.   3

1.3 Die Kante $\overline{A_2 C_2}$ teilt das Dach in zwei dreieckige Flächen.
Bestimmen Sie den Winkel, den diese beiden Flächen im Innern des Modells bilden.   4

1.4 Im Punkt C_2 soll ein Laser installiert werden, der den Laserstrahl in Richtung $\overline{C_1 C_2}$ geradlinig in den Himmel schickt. Entsprechend soll im Punkt D_2 ein weiterer Laser mit Laserstrahl in Richtung $\overline{D_1 D_2}$ installiert werden.

1.4.1 Geben Sie für jeden dieser Laserstrahlen eine Gleichung der entsprechenden Geraden an.   2

1.4.2 Bestimmen Sie die Höhe über der Grundfläche, in der diese beiden Laserstrahlen genau 212,5 m voneinander entfernt sind.   2

15

Abitur 2020 Teil 4 mit Hilfsmitteln
Lineare Algebra: Mathematische Beschreibung von Prozessen durch Matrizen
(AG, BTG, EG, SGG, WG)

1 Eine Nudelmanufaktur stellt aus Wasser, Grieß und Spinat weiße und grüne Nudeln her, die in zwei verschiedenen Packungen «Pur» und «Mix» angeboten werden. Die folgenden Tabellen zeigen die verwendeten Mengen in Kilogramm (kg). Dabei geht man davon aus, dass 1 Liter (l) Wasser einem kg entspricht.

	grüne Nudeln	weiße Nudeln
Wasser	0,2	b
Grieß	a	0,8
Spinat	0,3	0

	„Pur"	„Mix"
grüne Nudeln	0,5	c
weiße Nudeln	0	c

	„Pur"	„Mix"
Wasser	0,1	0,1
Grieß	0,25	0,325
Spinat	0,15	0,075

1.1 Berechnen Sie den jeweiligen Wert für a, b und c.   3

1.2 Ein Auftrag besteht aus 2000 Packungen «Pur» und 1000 Packungen «Mix».

1.2.1 Bestimmen Sie jeweils, wie viel kg Grieß bzw. Spinat für den Auftrag benötigt werden.   2

1.2.2 Die auf den Auftrag bezogenen Fixkosten betragen 200 Euro. Die variablen Herstellungskosten pro Packung «Pur» betragen 50 Cent (ct), pro Packung «Mix» 40 ct. Der Preis pro Packung «Pur» soll 50% höher sein als der Preis für «Mix». Bestimmen Sie jeweils den Preis für eine Packung «Pur» bzw. «Mix», sodass der Verkaufserlös um 25% höher ist als die Gesamtkosten.   4

1.3 Durch eine neue Rezeptur verändert sich der Bedarf für die Herstellung der beiden Nudelsorten wie folgt: 6

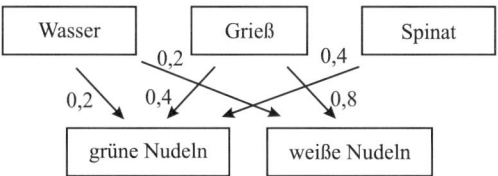

Im Lager befinden sich 2000 kg Grieß, die vollständig nach der neuen Rezeptur verarbeitet werden sollen. Mindestens 40% der hergestellten Nudeln sollen dabei grün sein.
Ermitteln Sie alle möglichen Wassermengen, die hierbei verbraucht werden.

15

4 Abitur 2021

Bemerkung zur Auswahl 2021 in Teil 1: In Teil 1 wählt die Fachlehrerin/der Fachlehrer zum Pflichtteil Analysis jeweils eine Aufgabe aus dem Pflichtteil Stochastik und eine Aufgabe aus dem unterrichteten Wahlgebiet aus. Es sind **alle drei** vorgelegten Aufgaben zu bearbeiten.

Tipps ab Seite 101, Lösungen ab Seite 208

Abitur 2021 – Teil 1 ohne Hilfsmittel

1 Analysis (AG, BTG, EG, SGG, TG, WG)

1.1 Die Funktion f ist gegeben durch $f(x) = -\frac{1}{2}x^3 + \frac{3}{2}x^2$; $x \in \mathbb{R}$
Das Schaubild von f ist K_f.

1.1.1 Bestimmen Sie die Nullstellen von f und skizzieren Sie K_f ohne weitere Rechnung.   4

1.1.2 Ermitteln Sie die x-Koordinate des Punktes, in dem K_f die Steigung $\frac{3}{2}$ hat.   2

1.2 Die Abbildung zeigt einen Ausschnitt des Schaubilds einer Funktion s.   5

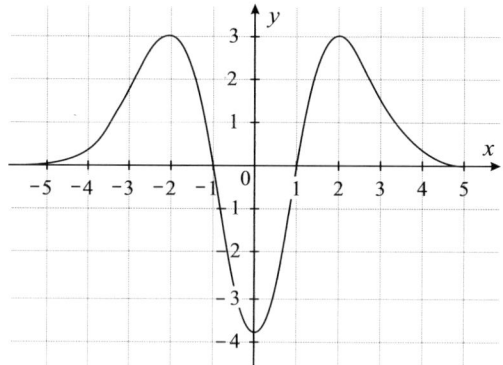

Entscheiden Sie, ob folgende Aussagen wahr oder falsch sind. Begründen Sie.

(1) Es gilt: $s''(4) < 0$.

(2) Das Schaubild der Ableitungsfunktion s' von s besitzt für $0 < x < 2$ einen Hochpunkt.

(3) Der Wert von $\int_0^4 s(x)\,dx$ ist größer als 0.

1.3 Die Funktion d ist für $x > 0$ gegeben durch $d(x) = \frac{1}{x^2} + x^2$ und D ist eine Stammfunktion von d. Zeigen Sie: 4

(1) D ist für $x > 0$ monoton wachsend.

(2) Die Stelle $x = 1$ ist die einzige Wendestelle von D.

   15

2 Stochastik A (AG, BTG, EG, SGG, TG, WG)

2.1 Eine Fußballmannschaft gewinnt jedes ihrer Spiele mit einer Wahrscheinlichkeit von $\frac{2}{3}$.

2.1.1 Das Ereignis A hat die folgende Wahrscheinlichkeit:

$$P(A) = 10 \cdot \left(\frac{2}{3}\right)^9 \cdot \left(\frac{1}{3}\right)$$

Geben Sie eine Formulierung für das Ereignis A im Sachzusammenhang an.

2.1.2 Berechnen Sie die Wahrscheinlichkeit, dass die Mannschaft von vier Spielen genau zwei Spiele gewinnt und diese aufeinander folgen.

2.2 Eine andere Mannschaft wird von ihren Misserfolgen demotiviert. Die Mannschaft gewinnt das erste Spiel mit einer Wahrscheinlichkeit p. Gewinnt sie das erste Spiel nicht, so ist die Wahrscheinlichkeit, dann das zweite Spiel zu gewinnen, $\frac{1}{2}p$.
Die Wahrscheinlichkeit, dass die Mannschaft mindestens eines der beiden Spiele gewinnt, beträgt $\frac{4}{9}$.
Begründen Sie, dass durch Lösen der Gleichung

$$1 - (1-p) \cdot \left(1 - \frac{1}{2}p\right) = \frac{4}{9}$$

die Wahrscheinlichkeit p ermittelt werden kann.

2 Stochastik B (AG, BTG, EG, SGG, TG, WG)

2 In einer Urne befinden sich zunächst neun Kugeln.
Vier Kugeln haben die Farbe blau, zwei sind weiß und drei sind grün.

2.1 Zwei Kugeln werden nacheinander aus der Urne ohne Zurücklegen gezogen.
Berechnen Sie die Wahrscheinlichkeit der folgenden Ereignisse:

    A: Die beiden gezogenen Kugeln sind weiß.

    B: Unter den beiden gezogenen Kugeln befindet sich mindestens eine weiße Kugel.

    C: Eine der beiden gezogenen Kugeln ist weiß und die andere blau.

2.2 Es wird nun eine unbekannte Anzahl x von grünen Kugeln der Urne hinzugefügt, sodass bei zweimaligem Ziehen ohne Zurücklegen die Wahrscheinlichkeit, zwei grüne Kugeln zu ziehen, genau 50% ist.
Ermitteln Sie eine Gleichung, mit der x berechnet werden kann.

3 Lineare Algebra: Wahlgebiet Vektorgeometrie A (AG, BTG, EG, SGG, TG, WG)

3 Die Punkte $A(5 \mid 1 \mid 0)$, B, C und D liegen in einer gemeinsamen Ebene und es gilt: $\overrightarrow{AC} = \begin{pmatrix} -6 \\ 6 \\ 0 \end{pmatrix}$ und $\overrightarrow{BD} = \begin{pmatrix} -2 \\ -2 \\ 8 \end{pmatrix}$.

Der Schnittpunkt von $\overline{AC}$ und $\overline{BD}$ liegt in der Mitte von A und C.

3.1 Begründen Sie, dass $\overrightarrow{AC}$ und $\overrightarrow{BD}$ einen rechten Winkel einschließen und den gleichen Betrag haben.

3.2 Fertigen Sie eine geeignete zweidimensionale Skizze an, die zeigt, dass das Viereck ABCD kein Quadrat sein muss.

3.3 Ermitteln Sie für den Fall, dass das Viereck ABCD ein Quadrat ist, die Koordinaten der Eckpunkte B und D.

3 Lineare Algebra: Wahlgebiet Vektorgeometrie B (AG, BTG, EG, SGG, TG, WG)

3.1 Berechnen Sie die Lösungsmenge des linearen Gleichungssystems: 3

$$\begin{aligned} x_1 + 2 \cdot x_2 - x_3 &= -4 \\ -x_1 + 2 \cdot x_2 &= -3 \\ x_2 + x_3 &= 2 \end{aligned}$$

3.2 Gegeben sind die Geraden g und h mit

$$g: \vec{x} = \begin{pmatrix} 1 \\ -1 \\ 2 \end{pmatrix} + r \cdot \begin{pmatrix} 1 \\ 2 \\ -1 \end{pmatrix} \; ; r \in \mathbb{R} \text{ und } h: \vec{x} = \begin{pmatrix} 2 \\ 0 \\ 1 \end{pmatrix} + s \cdot \begin{pmatrix} -1 \\ -2 \\ 1 \end{pmatrix} \; ; s \in \mathbb{R}.$$

3.2.1 Zeigen Sie, dass g und h parallel, aber nicht identisch sind. 2

3.2.2 Bestimmen Sie einen Punkt P, der von g und h den gleichen Abstand hat. 2

7

3 Lineare Algebra: Wahlgebiet Mathematische Beschreibung von Prozessen durch Matrizen A (AG, BTG, EG, SGG, WG)

3.1 Gegeben sind die Matrizen A und B. Die Matrix A hat 2 Zeilen und 3 Spalten, d.h. A hat das Format 2×3. B hat das Format 3×2.
Geben Sie an, welche der folgenden Berechnungen möglich ist:

(1) $3 \cdot A + 2 \cdot B$

(2) $\quad A \cdot B$

Bestimmen Sie das Format der Ergebnismatrix.

3.2 Für jede Matrix $A = \begin{pmatrix} a_{11} & a_{12} \\ a_{21} & a_{22} \end{pmatrix}$ bezeichnet $A^T = \begin{pmatrix} a_{11} & a_{21} \\ a_{12} & a_{22} \end{pmatrix}$ die transponierte Matrix von A.

Eine Matrix heißt orthogonal falls $A \cdot A^T = \begin{pmatrix} 1 & 0 \\ 0 & 1 \end{pmatrix}$.

3.2.1 Prüfen Sie, ob die Matrix

$$\frac{1}{13} \cdot \begin{pmatrix} 5 & -12 \\ 12 & 5 \end{pmatrix}$$

orthogonal ist.

3.2.2 Zeigen Sie, dass $\begin{pmatrix} 0 & -1 \\ -1 & 0 \end{pmatrix}^5$ orthogonal ist.

3 Lineare Algebra: Wahlgebiet Mathematische Beschreibung von Prozessen durch Matrizen B (AG, BTG, EG, SGG, WG)

3.1 Berechnen Sie den Lösungsvektor des linearen Gleichungssystems, das durch die folgende erweiterte Koeffizientenmatrix gegeben ist:

$$\left(\begin{array}{ccc|c} 1 & 2 & -1 & -4 \\ -1 & 2 & 0 & -3 \\ 0 & 1 & 1 & 2 \end{array}\right)$$

3.2 Gegeben sind die Matrizen $A = \begin{pmatrix} 1 & -3 \\ 2 & 1 \end{pmatrix}$ und $B = \begin{pmatrix} 0 & -3 \\ 2 & 1 \end{pmatrix}$

3.2.1 Zeigen Sie, dass die Matrizenmultiplikation von A und B nicht kommutativ ist, das heißt $A \cdot B \neq B \cdot A$.

3.2.2 Durch Abänderung genau eines Koeffizienten der Matrix B lässt sich eine Matrix $\widetilde{B}$ erzeugen, die die folgenden beiden Eigenschaften hat:

a) $\widetilde{B} \neq A$.

b) Die Matrizenmultiplikation von A und $\widetilde{B}$ ist kommutativ.

Geben Sie eine mögliche Matrix $\widetilde{B}$ an.

Abitur 2021 Teil 2 mit Hilfsmitteln
Aufgabe 1 Analysis

1 Gegeben ist die Funktion f mit $f(x) = -e^{2x} + 4e^x$; $x \in \mathbb{R}$.
Das Schaubild von f ist K.

1.1 K besitzt mit den Koordinatenachsen jeweils genau einen Schnittpunkt.
Überprüfen Sie, ob dies die Punkte $S_y(0 \mid 3)$ und $N(\ln(4) \mid 0)$ sind.

1.2 Zeigen Sie, dass für die erste Ableitung f' von f gilt: $f'(x) = 2e^x \cdot (2 - e^x)$.
Ermitteln Sie die Koordinaten und die Art des Extrempunktes von K.

1.3 Zeichnen Sie K für $-5 \leqslant x \leqslant 1{,}5$.

1.4 Prüfen Sie, ob die folgende Aussage wahr oder falsch ist:
«Der Inhalt der Fläche, die K mit den Koordinatenachsen im 1. Quadranten einschließt, ist das Doppelte des Mittelwertes von f auf dem Intervall $[0; \ln(4)]$.»

1.5 Die Gerade mit der Gleichung $y = c$ schneidet K in zwei Punkten $P(x_P \mid c)$ und $Q(x_Q \mid c)$ mit $x_P < 0$ und $x_Q > 0$.

1.5.1 Geben Sie alle möglichen Werte für c an.

1.5.2 Es gilt nun $c = 1$.
Zeigen Sie, dass dann die y-Achse die Strecke PQ halbiert.

1.6 Untersuchen Sie, ob das Schaubild der auf $\mathbb{R}$ definierten Funktion g mit $g(x) = f(x) + f(-x)$ symmetrisch ist.
Geben Sie gegebenenfalls die Art der Symmetrie an.

Tipps ab Seite 104, Lösungen ab Seite 223

Abitur 2021 Teil 2 mit Hilfsmitteln
Aufgabe 2 Anwendungsorientierte Analysis
(Wahlaufgabe 1 von 3)

2 Bei der Untersuchung einer Gletscherspalte eines Alpengletschers wurden im Jahr 2012 im Gletschereis nur wenige Zentimeter über dem Grund des Gletschers Ausrüstungsteile gefunden, die im Jahr 1950 von Bergsteigern im Gletschereis zurückgelassen wurden. Im Laufe der Zeit hatten sich die Ausrüstungsteile mit dem Gletscher talwärts bis zur Fundstelle bewegt. Durch eine dort in den Gesteinsboden verankerte Eisenstange wurde der Fundort der Ausrüstungsteile markiert.

Ein Ort, an dem der Gletscher talwärts endet, lag 2012 noch 7 Kilometer (km) vom Fundort der Ausrüstungsteile entfernt. Aufgrund der Klimaerwärmung der letzten Jahrzehnte zieht sich das Gletscherende zurück. Es bewegt sich um durchschnittlich 200 Meter (m) pro Jahr in Richtung des Fundorts.

2.1 Betrachtet wird der Abstand des Gletscherendes zum Fundort der Ausrüstung. Begründen Sie, dass dieser Abstand bezogen auf das Jahr 2012 durch die Gerade mit der Gleichung $y = -0{,}2 \cdot x + 7$ beschrieben werden kann.
Geben Sie die Bedeutung von x im Sachkontext an. 2

2.2 Die Funktion v mit
$v(t) = 7{,}56 \cdot 10^{-6} \cdot t^2 - 2{,}27 \cdot 10^{-4} \cdot t + 0{,}11; t \geq 0$,
modelliert die Geschwindigkeit (in km pro Jahr) des Gletschers bei seiner Bewegung talwärts.
Hier entspricht $t = 0$ dem Jahr 1950.
Das Schaubild von v ist in der Abbildung dargestellt.

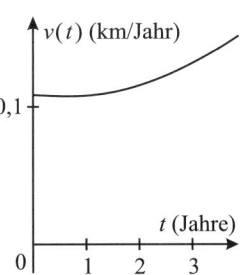

2.2.1 Bestimmen Sie $v(71)$ und interpretieren Sie das Ergebnis im Sachkontext. 2

2.2.2 Prüfen Sie, ob mithilfe von v belegbar ist, dass der Gletscher sich von 1950 bis 2021 um durchschnittlich etwa 115 m pro Jahr talwärts bewegt hat. 3

2.2.3 Bei der Bergung der Ausrüstungsteile wurden kleine Ausrüstungsteile übersehen, sodass diese im Eis zurückblieben.
Formulieren Sie eine Frage im Sachkontext, die durch Lösen der Gleichung
$\int_{62}^{62+x} v(t)\,\mathrm{d}t = -0{,}2 \cdot x + 7$ mit $x > 0$ beantwortet werden kann. 3

10

Tipps ab Seite 104, Lösungen ab Seite 224

Abitur 2021 Teil 2 mit Hilfsmitteln
Aufgabe 3 Anwendungsorientierte Analysis
(Wahlaufgabe 2 von 3)

3 Ein Fadenpendel besteht aus einem Faden, an dessen unterem Ende eine Kugel befestigt ist.
Das Pendel wird in Position P1 gebracht und zum Zeitpunkt $t = 0$ losgelassen.
Anschließend führt es eine Schwingung aus.

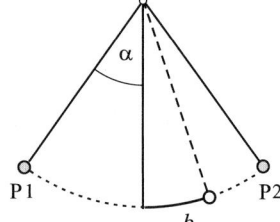

Die Geschwindigkeit der Kugel wird modelliert durch v mit $v(t) = 0{,}5 \cdot \sin(5t)$; $t \geq 0$.
Dabei ist t die Zeit in Sekunden (s) und $v(t)$ wird in Meter pro Sekunde $\left(\frac{m}{s}\right)$ angegeben.

3.1 Bestimmen Sie die Zeit, die vom Zeitpunkt des Loslassens an vergeht, bis die Kugel zum ersten Mal den Umkehrpunkt P2 erreicht.   2

3.2 Die Beschleunigung der Kugel ist die Änderungsrate der Geschwindigkeit.   3
Bestimmen Sie die momentane Beschleunigung der Kugel 0,2 Sekunden nach dem Loslassen sowie die durchschnittliche Beschleunigung innerhalb der ersten 0,2 Sekunden.

3.3 Die Funktion b mit $b(t) = -0{,}1 \cdot \cos(5t)$; $t \geq 0$ modelliert die Auslenkung des Pendels, wobei $b(t)$ die «Länge» des Bogens vom tiefsten Punkt bis zur Position der Kugel zum Zeitpunkt t ist (siehe Abbildung).
Negative Werte von $b(t)$ bedeuten dabei Auslenkungen nach links (in Richtung von P1), positive Werte bedeuten Auslenkungen nach rechts.

3.3.1 Zeigen Sie, wie man ausgehend von v auf die Funktion b gelangt.   3

3.3.2 Die Länge des Fadenpendels ist $0{,}4\,\text{m}$.   2
Berechnen Sie den Auslenkungswinkel α zum Zeitpunkt des Loslassens (siehe Abbildung).

10

Abitur 2021 Teil 2 mit Hilfsmitteln
Aufgabe 4 Anwendungsorientierte Analysis
(Wahlaufgabe 3 von 3)

4 Marie und Pierre Curie entdeckten 1898 gemeinsam das radioaktive Isotop Radium 226. Für dieses ist bekannt, dass die Halbwertszeit etwa 1600 Jahre beträgt. Die Halbwertszeit gibt an, wie viel Zeit vergeht, bis von einer gegebenen Menge eines zerfallenden Stoffes nur noch die Hälfte vorhanden ist.

Die Kerne von Radium zerfallen und geben dabei die sogenannte α-Strahlung ab. Der Zerfall der Radiumkerne kann mit der Funktion f mit $f(t) = c \cdot e^{k \cdot t}$; $t \geq 0$, beschrieben werden. Dabei sind $c > 0$ und $k < 0$ geeignete Konstanten und $f(t)$ ist die zum Zeitpunkt t in Jahren nach Beobachtungsbeginn $t = 0$ vorhandene Masse von Radium 226 in Gramm (g).

4.1 Ermitteln Sie den Wert von k sowie die Masse einer Probe zu Beobachtungsbeginn, falls 20 Jahre danach noch 99,14 g Radium vorhanden sind.

4.2 Erläutern Sie im Sachkontext, welcher Zeitpunkt t mit dem Ansatz

$$\frac{f(0) - f(t)}{f(0)} = 0,9$$

bestimmt werden kann.

4.3 Es wird nun eine andere Probe betrachtet. Für die Modellierung von deren Zerfall gelten: $c = 150$ und $k = -4,332 \cdot 10^{-4}$.

4.3.1 Geben Sie den Zeitpunkt an, an dem am meisten Radium zerfällt und bestimmen Sie zu diesem Zeitpunkt die Änderungsrate von f.

4.3.2 Beweisen Sie, dass die folgende Aussage wahr ist:
«Zu jedem beliebigen Zeitpunkt t gilt: Der Anteil, der a Jahre später von der Masse $f(t)$ noch vorhanden ist, hängt nur von a ab.»

Abitur 2021 Teil 3 mit Hilfsmitteln – Stochastik Aufgabe 1
(Wahlaufgabe 1 von 2)

1 Eine Firma stellt Holzspielzeuge her. Abbildung 1 illustriert die Funktionsweise eines sogenannten Galton-Bretts.

Bei diesem Spielzeug werden Kugeln von oben in einen Schacht gegeben und diese prallen dann auf runde Stifte, die sie jeweils entweder links oder rechts passieren, bevor sie in einem der unteren Fächer aufgefangen werden. Das in Abbildung 1 dargestellte Galton-Brett hat die Länge vier, da jede Kugel an vier Stiften abprallt, bevor sie in einem der fünf Fächer landet. Ist ein ideales Galton-Brett waagerecht aufgestellt, so prallt jede Kugel von jedem Stift mit einer Wahrscheinlichkeit von 0,5 nach jeweils einer der beiden Seiten ab.

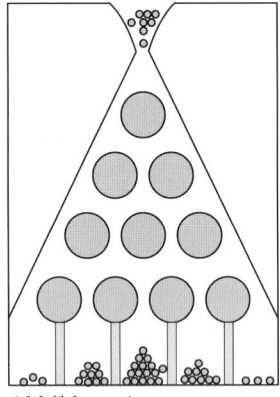
Abbildung 1

1.1 Eine Kugel wird in das Galton-Brett gegeben.

1.1.1 Erläutern Sie, warum der Pfad der Kugel durch eine Bernoulli-Kette beschrieben werden kann.

Definieren Sie in diesem Zusammenhang eine binomialverteilte Zufallsvariable X und geben Sie die möglichen Werte für X für ein Galton-Brett der Länge vier an.

1.1.2 Berechnen Sie für ein Galton-Brett der Länge vier jeweils die Wahrscheinlichkeit der folgenden Ereignisse:

  A: Die Kugel landet in einem der beiden Fächer rechts vom mittleren Fach.

  B: Die Kugel landet nicht in einem der beiden äußeren Fächer.

1.2 Erfahrungsgemäß fallen 5 % der produzierten Galton-Bretter bei der Qualitätskontrolle durch. Diese werden als mangelhaft bezeichnet.
Prüfen Sie, ob die folgende Aussage wahr oder falsch ist:
«Mindestens 46 Galton-Bretter müssen überprüft werden, um mit einer Wahrscheinlichkeit von mehr als 90 % mindestens ein mangelhaftes Brett zu finden.»

1.3 Jemand stellt ein Galton-Brett der Länge acht schräg auf (vgl. Abbildung 2).
Die Schrägstellung ist so, dass die Wahrscheinlichkeit, dass eine Kugel im mittleren Fach landet, den Wert 0,1 hat.
Eine Kugel wird in das Galton-Brett gegeben.
Ermitteln Sie die Wahrscheinlichkeit, dass die Kugel an den Stiften nach links abprallt.

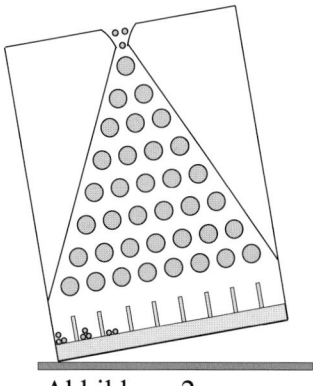

Abbildung 2

Tipps ab Seite 106, Lösungen ab Seite 230

Abitur 2021 Teil 3 mit Hilfsmitteln – Stochastik Aufgabe 2
(Wahlaufgabe 2 von 2)

2 Bei einer Wahl betrug die Wahlbeteiligung 76 %.

2.1 Nach der Wahl werden zufällig Wahlberechtigte befragt, ob sie an der Wahl teilgenommen haben.
Bestimmen Sie jeweils die Wahrscheinlichkeit der folgenden Ereignisse:

A: Von fünf Wahlberechtigten haben nur die ersten beiden gewählt.

B: Von vier Wahlberechtigten haben höchstens drei gewählt.

C: Von 20 Wahlberechtigten haben mehr als 11 aber weniger als 18 gewählt.

2.2 Insgesamt wurden 136 Wahlberechtigte zufällig befragt.
Berechnen Sie die Wahrscheinlichkeit, dass dabei die Anzahl der Wähler genau dreimal so groß wie die Anzahl der Nichtwähler ist.

2.3 Es haben 29 % der Wähler per Briefwahl abgestimmt.
Die Partei M erlangte 26% aller Wählerstimmen.
Lediglich 8 % der Briefwähler wählten die Partei M.

2.3.1 Ermitteln Sie die Wahrscheinlichkeit, dass ein zufällig ausgewählter Wähler der Partei M nicht per Briefwahl abgestimmt hat.

2.3.2 Entscheiden Sie, ob die folgende Aussage wahr oder falsch ist, und begründen Sie: «Würde sich der Anteil der Wähler von Partei M unter den Briefwählern erhöhen, während der Anteil der Briefwähler sowie der Anteil der Wählerstimmen für Partei M mit 29% bzw. 26% gleich blieben, so könnte der Anteil der Wähler von Partei M unter den Wählern, die nicht per Briefwahl abgestimmt hätten, genau 30% betragen.»

Abitur 2021 Teil 4 mit Hilfsmitteln Aufgabe 1
Lineare Algebra: Vektorgeometrie (AG, BTG, EG, SGG, TG, WG)

1 In einem Museum gibt es einen quaderförmigen Raum, in dem ein Kunstwerk in Pyramidenform ausgestellt wird. Die Seitenflächen der Pyramide sind undurchsichtig. Im Modell liegt der Boden des Raums in einem Teil der x_1x_2-Ebene mit $x_2 \geq 0$.
Die quadratische Grundfläche ABCD der Pyramide hat die Eckpunkte $A(0|4|0)$, $B(4|4|0)$, $C(4|8|0)$ und D. Die Spitze S der Pyramide liegt vier Längeneinheiten senkrecht über dem Schnittpunkt der beiden Diagonalen der Grundfläche.
Eine Längeneinheit entspricht einem Meter (m).

1.1 Begründen Sie, dass die Spitze der Pyramide im Punkt $S(2|6|4)$ liegt.

1.2 Zeichnen Sie die Pyramide in ein räumliches Koordinatensystem ein.

1.3 Die Seitenflächen der Pyramide werden mit einem Material beschichtet, das 1500 Euro pro Quadratmeter kostet.
Ermitteln Sie die Kosten dieser Beschichtung.

1.4 Der Raum wird nach einer Seite hin durch eine fensterlose Wand begrenzt, die Teil der x_1x_3-Ebene mit $x_3 \geq 0$ ist. Die gegenüberliegende Wand besteht aus Glas.
Vormittags tritt Sonnenlicht durch die Glaswand ein. Das Sonnenlicht verläuft in Richtung des Vektors $\vec{r} = \begin{pmatrix} 2 \\ -10 \\ -8 \end{pmatrix}$
und verursacht einen Schatten der gesamten Pyramide.
Untersuchen Sie, ob dieser Schatten auf die fensterlose Wand trifft.

1.5 Im Punkt $K(0|9|3)$ ist eine Überwachungskamera angebracht, wobei die Pyramide die Überwachung des gesamten Raumes verhindert.
Ein punktförmiges Objekt bewegt sich vom Punkt $P(5|4|2)$ aus in Richtung des Vektors $\overrightarrow{AC}$.
Bestimmen Sie die Koordinaten des Punktes Q, an dem das Objekt von der Kamera erstmalig erfasst werden kann.

Abitur 2021 Teil 4 mit Hilfsmitteln Aufgabe 2
Lineare Algebra: Vektorgeometrie (AG, BTG, EG, SGG, TG, WG)

2 Ein Flugzeug befindet sich im Landeanflug. Dieser wird modelliert durch g mit

$$g: \vec{x} = \begin{pmatrix} -48 \\ -48 \\ 3,1 \end{pmatrix} + t \cdot \begin{pmatrix} 4 \\ 4 \\ -0,2 \end{pmatrix} \; ; \; 0 \leqslant t \leqslant 15.$$

Hierbei ist t die Zeit in Minuten ($t = 0$ ist der Beginn des Landeanflugs) und die Längeneinheit ist Kilometer (km).
Die x_3-Koordinate ist die Flughöhe über dem Meeresspiegel.

2.1 Die Spitze des Flughafenturms befindet sich in S(11 | 14 | 0,13).
Berechnen Sie, wie weit das Flugzeug eine Minute nach Beginn des Landeanflugs von der Spitze des Flughafenturms entfernt ist.

2.2 In einem Flugraum ist ständig mit anderen Flugzeugen zu rechnen. Dieser Flugraum wird zylinderförmig modelliert, wobei der Radius 0,8 km ist und die Rotationsachse durch die Gerade h mit $h: \vec{x} = \begin{pmatrix} -40 \\ -40 \\ 3,6 \end{pmatrix} + s \cdot \begin{pmatrix} 0 \\ 1 \\ 0 \end{pmatrix} \; ; \; s \in \mathbb{R}$
beschrieben wird.
Untersuchen Sie, ob das Flugzeug während seines Landeanflugs in diesen Flugraum eintritt.

2.3 Die horizontale Landebahn befindet sich auf 100 Meter Höhe über dem Meeresspiegel.
Ermitteln Sie den Landepunkt und den Winkel, unter dem das Flugzeug auf der Landebahn aufsetzt.

2.4 Vor der Landung wurde eine Stadt überflogen.
Diese Stadt wird modelliert durch das Rechteck ABCD. Es sind A(0 | 0 | 0,2) und C(11 | 4 | 0,2). Das Rechteck liegt in der Ebene mit der Gleichung $x_3 = 0,2$ und seine Seiten sind parallel zur x_1-Achse bzw. x_2-Achse.

2.4.1 Geben Sie die Koordinaten der Punkte B und D an.

2.4.2 Aus Sicherheitsgründen muss das Flugzeug stets mindestens 300 m über der Stadt fliegen (siehe Abbildung).
Prüfen Sie, ob das Flugzeug diese Mindesthöhe über der Stadt einhält.

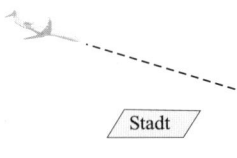

Abitur 2021 Teil 4 mit Hilfsmitteln
Lineare Algebra: Mathematische Beschreibung von Prozessen durch Matrizen
Aufgabe 1 (AG, BTG, EG, SGG, WG)

1 Ein Betrieb produziert in einem ersten Schritt aus den Rohstoffen R_1, R_2 und R_3 die Zwischenprodukte Z_1, Z_2 und Z_3. Daraus werden in einem zweiten Schritt die Endprodukte E_1, E_2 und E_3 gefertigt.
Der Materialfluss in Mengeneinheiten (ME) wird durch die nachfolgende Tabelle sowie das Verflechtungsdiagramm beschrieben.

Tabelle:

	E_1	E_2	E_3
R_1	7	5	2
R_2	6	4	1
R_3	2	6	6

Verflechtungsdiagramm:

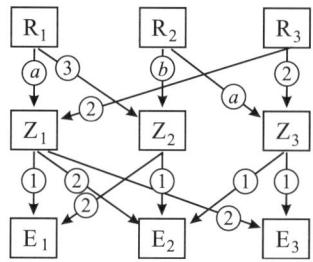

1.1 Interpretieren Sie den Wert 5 in der Tabelle und berechnen Sie, wie viele ME der Rohstoffe benötigt werden, um jeweils 10 ME der Endprodukte zu produzieren.

1.2 Ermitteln Sie die Werte von a und b im Verflechtungsdiagramm.

1.3 Um einen reibungslosen Produktionsablauf zu gewährleisten, muss im Lager ein Mindestbestand an Rohstoffen von jeweils 50 ME vorhanden sein. Von R_1 sind noch 345 ME, von R_2 noch 285 ME und von R_3 noch 330 ME im Lager.
Es sollen nun 25 ME von E_2 hergestellt werden.
Ermitteln Sie die hergestellten Mengen von E_1 und E_3, falls der Lagerbestand an Rohstoffen bis auf den Mindestbestand vollständig verarbeitet werden soll.

1.4 Ein Kunde erteilt einen Auftrag über 10 ME von E_1 und jeweils 20 ME von E_2 und E_3. Die variablen Herstellungskosten in € pro ME der Endprodukte sind durch $\vec{k_V} = (30 \quad 15 \quad 45)$ gegeben. Die Fixkosten betragen 500 Euro.
Berechnen Sie, wie hoch die Verkaufspreise der einzelnen Endprodukte sein müssen, damit der Gewinn 10 % der Gesamtkosten beträgt und die Preise im selben Verhältnis wie die variablen Herstellungskosten stehen.

Abitur 2021 Teil 4 mit Hilfsmitteln B
Lineare Algebra: Mathematische Beschreibung von Prozessen durch Matrizen
Aufgabe 2 (AG, BTG, EG, SGG, WG)

2 Drei verschiedene Fitnessketten A, B und C konkurrieren in einer Region um die insgesamt 10 000 Kunden. Die Kunden sind entweder ohne Vertrag oder sie sind als Mitglied bei genau einer Fitnesskette für ein Jahr angemeldet.

Jedes Jahr melden sich einige Kunden ohne Vertrag neu an, manche wechseln die Fitnesskette, manche bleiben bei ihrer Fitnesskette, einige scheiden aus und sind dann ohne Vertrag. Die Entwicklung von einem Jahr zum nächsten lässt sich modellhaft durch die Gleichung $M \cdot \vec{v_n} = \vec{v_{n+1}}$ mit

$$M = \begin{pmatrix} 0,8 & 0,1 & 0 & 0 \\ 0,1 & 0,85 & 0,14 & 0,01 \\ 0 & 0,05 & 0,81 & 0,015 \\ 0,1 & 0 & 0,05 & 0,975 \end{pmatrix} \text{ und } \vec{v_n} = \begin{pmatrix} A \\ B \\ C \\ O \end{pmatrix}$$

beschreiben. Hierbei wird die Anzahl der Mitglieder der Fitnessketten ebenfalls mit A, B und C bezeichnet. O ist die Anzahl der Kunden ohne Vertrag.

2.1 Vervollständigen Sie den Übergangsgraphen auf dem beiliegenden Arbeitsblatt. 3

2.2 Interpretieren Sie den Eintrag 0,14 im Sachzusammenhang. 2
Nennen Sie die Fitnesskette, zu der ausschließlich Kunden kommen, die schon zuvor bei einer Kette angemeldet waren.

2.3 Im Jahr 2020 waren jeweils 1400 Mitglieder in den drei Ketten angemeldet. 3
Bestimmen Sie die Anzahl der Mitglieder der drei Ketten im Jahr 2021.

2.4 Langfristig werden 10 % der Kunden bei der Fitnesskette A angemeldet sein 3
und 60 % der Kunden ohne Vertrag bleiben.
Ermitteln Sie die Verteilung aller Kunden, die von einem Jahr auf das nächste unverändert bleibt.

2.5 In einem Jahr hat die Fitnesskette A die doppelte Anzahl von Mitgliedern, 4
wie jede der beiden anderen Ketten. Außerdem hat die Fitnesskette C
dann ein Jahr später 950 Mitglieder.
Ermitteln Sie die prozentuale Zunahme der Kunden ohne Vertrag.

15

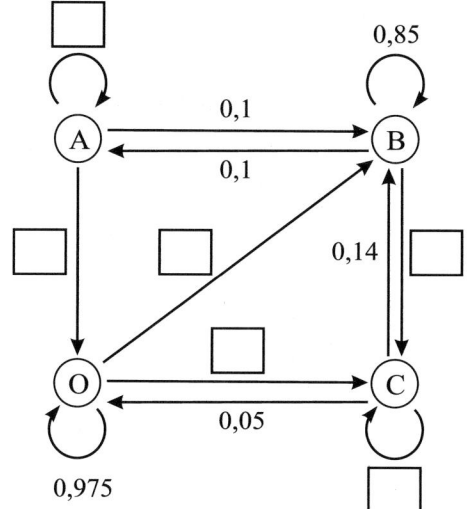

5 Abitur 2022

Bemerkung zur Auswahl in Teil 1: In Teil 1 wählt die Fachlehrerin/der Fachlehrer zum Pflichtteil Analysis jeweils eine Aufgabe aus dem Pflichtteil Stochastik und eine Aufgabe aus dem unterrichteten Wahlgebiet aus. Es sind **alle drei** vorgelegten Aufgaben zu bearbeiten.

Tipps ab Seite 111, Lösungen ab Seite 246

Abitur 2022 – Teil 1 ohne Hilfsmittel

1 Analysis (AG, BTG, EG, SGG, TG, WG)

1.1 Die in $\mathbb{R}$ definierte Funktion f ist gegeben durch $f(x) = 2 \cdot e^x$.   4

Ordnen Sie die Werte $f(0)$, $f'(1)$ und $\int_0^1 f(x)\,dx$ nach deren Größe in aufsteigender Reihenfolge.

1.2 Die Funktion g ist gegeben durch
$g(x) = x \cdot \sin(x); \; -1 \leq x \leq 10$
Die Abbildung zeigt das Schaubild K_g von g.

1.2.1 Bestimmen Sie die gemeinsamen Punkte von K_g mit der ersten Winkelhalbierenden $y = x$. Geben Sie die Anzahl der Berührpunkte an.   3

1.2.2 Zeigen Sie, dass die Funktion G mit   3
$G(x) = -x \cdot \cos(x) + \sin(x); \; -1 \leq x \leq 10$,
eine Stammfunktion von g ist.
Geben Sie zudem die Stammfunktion von g an, deren Schaubild den Punkt $(0 \mid 7)$ enthält.

1.3 Ermitteln Sie eine Gleichung der quadratischen Funktion h, die die beiden folgenden Eigenschaften hat: 5

a) Der Graph von h schneidet die Gerade mit der Gleichung $y = \frac{1}{4}x + 1$ im Punkt $(0 \mid 1)$ unter einem rechten Winkel.

b) Die x- und die y-Koordinate des Extrempunkts des Graphen von h stimmen überein.

    15

2 Stochastik A (AG, BTG, EG, SGG, TG, WG)

2 Eine ideale Münze zeigt nach jedem Wurf entweder Kopf oder Zahl an.

2.1 Man wirft die Münze solange bis sie Zahl zeigt, jedoch höchstens dreimal.

2.1.1 Zeichnen Sie ein Baumdiagramm, das dieses Zufallsexperiment vollständig beschreibt.   2

2.1.2 Bestimmen Sie, wie oft man die Münze im Mittel wirft.   2

2.2 Entscheiden Sie, ob folgende Aussagen wahr oder falsch sind. Begründen Sie.   4

     a) Wird die Münze fünfmal hintereinander geworfen, so ist die Wahrscheinlichkeit für das Ereignis: «genau einmal Zahl» größer als $\frac{1}{8}$.

     b) Es gibt eine Anzahl von Würfen, für die Folgendes gilt: Die Wahrscheinlichkeit für das Ereignis «genau dreimal Zahl» ist gleich der Wahrscheinlichkeit für das Ereignis «genau zweimal Zahl».

8

2 Stochastik B (AG, BTG, EG, SGG, TG, WG)

2 Ein Stapel besteht aus sechs zufällig angeordneten Karten. Davon zeigen zwei Karten das Bild «Bube», zwei das Bild «Dame» und zwei das Bild «König». Die oberste Karte des Stapels wird von einem Spieler gezogen und deren Bild wird notiert. Vor dem nächsten Zug wird die Karte wieder in der Stapel zurückgelegt und dieser neu gemischt.
Der Spieler zieht dreimal nacheinander die oberste Karte des Stapels.

2.1 Berechnen Sie die Wahrscheinlichkeit der folgenden Ereignisse:

a) E_1: Der Spieler hat drei verschiedene Bilder gezogen.

b) E_2: Der Spieler hat genau einmal einen Buben gezogen.

c) E_3: Der Spieler hat mindestens einmal einen Buben oder mindestens zweimal einen König gezogen.

2.2 Im Folgenden beträgt der Einsatz 5 Euro.
Der Spieler erhält nur dann eine Auszahlung, falls mindestens zweimal das gleiche Bild gezogen wird. Die Auszahlung beträgt 18 Euro, falls der Spieler dreimal das gleiche Bild zieht.
Ermitteln Sie die Auszahlung, die der Spieler im verbleibenden Fall erhalten muss, damit es sich um ein faires Spiel handelt.

3 Lineare Algebra: Wahlgebiet Vektorgeometrie A (AG, BTG, EG, SGG, TG, WG)

3 Für ein Viereck ABCD mit den Eckpunkten A, B, C und D gilt:

$$\overrightarrow{AB} = \begin{pmatrix} 1 \\ 2 \\ -2 \end{pmatrix}, \overrightarrow{BC} = \begin{pmatrix} 2 \\ 0 \\ 1 \end{pmatrix}, \overrightarrow{CD} = \begin{pmatrix} -1 \\ -2 \\ 2 \end{pmatrix}.$$

3.1 Bestimmen Sie den Vektor $\overrightarrow{DA}$.
Weisen Sie nach, dass dieses Viereck ein Rechteck ist.

3.2 Berechnen Sie die Koordinaten des Punktes A, sodass sich die Diagonalen des Vierecks ABCD in (3,5 | 4 | 1,5) schneiden.

3.3 Durch Streckung des Vierecks ABCD wird dessen Flächeninhalt um den Faktor 5 vergrößert. Die Seitenverhältnisse bleiben dabei unverändert. Berechnen Sie eine Seitenlänge des entstehenden, vergrößerten Vierecks.

3 Lineare Algebra: Wahlgebiet Vektorgeometrie B (AG, BTG, EG, SGG, TG, WG)

3 Die Gerade g geht durch die Punkte A$(2 \mid -2 \mid 2)$ und B$(2 \mid 4 \mid 5)$.

3.1 Begründen Sie, dass g parallel zur x_2x_3-Koordinatenebene ist, aber nicht in dieser Ebene liegt.   2

3.2 Bestimmen Sie einen Punkt P auf g, sodass 2:1 das Verhältnis der Streckenlänge $\overline{AP} : \overline{BP}$ ist.   2

3.3 C$(4 \mid 2 \mid 1,5)$ ist ein weiterer Punkt und M$(2 \mid 1 \mid 3,5)$ ein Punkt auf g. Weisen Sie nach, dass die Vektoren $\overrightarrow{AB}$ und $\overrightarrow{MC}$ zueinander orthogonal sind. Berechnen Sie den Abstand von C zur Geraden g.   3

    7

3 Lineare Algebra: Wahlgebiet Mathematische Beschreibung von Prozessen durch Matrizen A (AG, BTG, EG, SGG, WG)

3 Die Matrix S ist gegeben durch

$$S = \begin{pmatrix} \frac{1}{4} & \frac{1}{2} \\ \frac{3}{4} & \frac{1}{2} \end{pmatrix}.$$

E bezeichnet die Einheitsmatrix vom Format 2x2.

3.1 Im Folgenden ist $\vec{x}$ mit $\vec{x} \neq 0$ ein Vektor, sodass $S \cdot \vec{x} = \vec{x}$ gilt.

3.1.1 Vereinfachen Sie den Ausdruck

$$\left(S^4 + S^3 + S^2 + S - E\right) \cdot \vec{x}$$

so weit wie möglich.

3.1.2 Bestimmen Sie einen solchen Vektor $\vec{x}$.

3.2 Eine quadratische Matrix heißt stochastische Matrix, falls alle ihre Elemente nicht negativ sind und für jede Spalte die Summe der Elemente den Wert 1 hat.
Somit ist S eine solche stochastische Matrix.
Beurteilen Sie, ob die folgende Aussage wahr oder falsch ist:
«Ist M eine beliebige stochastische Matrix vom Format 2x2, so ist $S \cdot M$ eine stochastische Matrix.»

3 Lineare Algebra: Wahlgebiet Mathematische Beschreibung von Prozessen durch Matrizen B (AG, BTG, EG, SGG, WG)

3 Gegeben sind die Matrizen $A = \begin{pmatrix} 4 & 2 & 3 \\ 0 & 2 & 0 \\ 0 & 0 & 1 \end{pmatrix}$ und $B = \begin{pmatrix} 5 & 7 & 6 \\ 4 & 2 & 1 \\ 4 & 2 & 1 \end{pmatrix}$.

3.1 Berechnen Sie die Inverse von A. 2

3.2 Begründen Sie, dass die Gleichung $B \cdot \vec{x} = A \cdot \vec{y}$ für jede Wahl von 2

$$\vec{y} = \begin{pmatrix} y_1 \\ y_2 \\ y_3 \end{pmatrix}$$

keine eindeutige Lösung $\vec{x}$ besitzt.

3.3 Untersuchen Sie, ob die Matrizengleichung 3

$$A^2 - B^2 = (A+B) \cdot (A-B)$$

gilt, ohne eine der vier Matrizen
A^2, B^2, $A+B$ und $A-B$
dabei zu berechnen.

7

Abitur 2022 Teil 2 mit Hilfsmitteln
Aufgabe 1 Analysis

1 Gegeben sind die Punkte $T_1(-2\,|\,2)$, $T_2(2\,|\,2)$ und $H(0\,|\,4)$

1.1 Bestimmen Sie einen Funktionsterm der Polynomfunktion vom Grad 4, deren Schaubild K die folgenden drei Eigenschaften hat:

- K ist symmetrisch zur y-Achse.
- K schneidet die y-Achse im Punkt H.
- K hat einen Extrempunkt in T_1.

1.2 Gegeben ist die Funktion f mit
$f(x) = \frac{1}{8}x^4 - x^2 + 4$; $-3 \leqslant x \leqslant 3$.
Das Schaubild von f ist K_f
(siehe Abbildung).

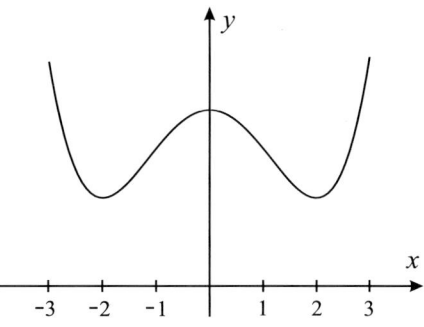

1.2.1 Die Funktionsgleichung von f lässt sich in der Form
$f(x) = a(x+b)^2(x+c)^2 + 2$
darstellen. Geben Sie passende Werte für a, b und c an.

1.2.2 Eine nach unten geöffnete Parabel, die H als Scheitelpunkt hat, schneidet K_f in einem Punkt $S(x_0\,|\,f(x_0))$ mit $x_0 > 0$. Begründen Sie, dass $x_0 < 2\sqrt{2}$ gilt.

1.2.3 Ermitteln Sie den größten Wert der ersten Ableitung von f für $-3 \leqslant x \leqslant 3$.

1.3 Das Schaubild der Funktion g mit $g(x) = \cos(u \cdot x) + v$; $-3 \leqslant x \leqslant 3$ hat nur die drei Extrempunkte T_1, H und T_2.

1.3.1 Bestimmen Sie die Werte von u und v.

1.3.2 Skizzieren Sie das Schaubild der Stammfunktion G von g mit $G(-3) = 0$.
Begründen Sie, dass die folgenden beiden Aussagen wahr sind:
(1) Jede Stammfunktion von g besitzt eine Umkehrfunktion.
(2) Der Definitionsbereich einer solchen Umkehrfunktion ist ein Intervall der Länge $\int_{-3}^{3} g(x)\,dx$.

Tipps ab Seite 115, Lösungen ab Seite 263

Abitur 2021 Teil 2 mit Hilfsmitteln
Aufgabe 2 Anwendungsorientierte Analysis
(Wahlaufgabe 1 von 3)

2 Forscher gehen davon aus, dass bei der Herstellung von Zement im Zeitraum von Beginn des Jahres 1950 bis einschließlich 2010 weltweit rund $3 \cdot 10^{10}$ Tonnen Kohlendioxid (CO_2) freigesetzt wurden, d.h. pro Jahr wurden durchschnittlich etwa $4,9 \cdot 10^8$ Tonnen CO_2 freigesetzt.

2.1 Ein Quadratkilometer (km^2) Regenwald absorbiert jährlich rund 400 Tonnen CO_2 aus der Atmosphäre.
Ermitteln Sie, wie viele Quadratkilometer Regenwald nötig wären, um die durchschnittlich pro Jahr so freigesetze Menge an CO_2 zu absorbieren.
Geben Sie an, um wie viel Prozent diese Regenwaldfläche von der Fläche Deutschlands (circa $357000\,km^2$) abweicht.   3

2.2 Andererseits absorbiert Zement, falls dieser zum Beispiel zu Beton verarbeitet wurde, im Laufe der Zeit wieder einen Teil des zuvor freigesetzen CO_2. In der Tabelle sind die von den Forschern ermittelten Mengen an CO_2 aufgelistet, die weltweit in den betrachteten Jahren durch den verarbeiteten Zement absorbiert wurden.

Jahr	1950	1970	1990	2010
CO_2 in Tonnen	$3,7 \cdot 10^7$	$9,7 \cdot 10^7$	$25,5 \cdot 10^7$	$67,2 \cdot 10^7$

Beispielsweise wurden im Jahr 1990 weltweit 255 Millionen Tonnen CO_2 durch den verarbeiteten Zement absorbiert.

2.2.1 Die vom Zement absorbierte Menge an CO_2 ist im dargestellten Zeitraum exponentiell angewachsen. Erläutern Sie, wie dies aus den Daten hervorgeht.   2

2.2.2 Die Funktion m mit $m(t) = 3,7 \cdot 10^7 \cdot e^{k \cdot t}$ und $t \geq 0$ modelliert die jährlich absorbierte Menge an CO_2 in Tonnen. Dabei wird t in Jahren gemessen und $t = 0$ entspricht dem Beginn des Jahres 1950.

2.2.2.1 Zeigen Sie, dass die Wachstumskonstante k etwa den Wert $0,048$ hat.   2

2.2.2.2 Ermitteln Sie für den Zeitraum von Beginn des Jahres 1950 bis einschließlich 2010, wie viel Prozent der bei der Herstellung von Zement freigesetzten CO_2-Menge im selben Zeitraum wieder absorbiert wurden.   3

                                                                                      10

Tipps ab Seite 115, Lösungen ab Seite 265

Abitur 2022 Teil 2 mit Hilfsmitteln
Aufgabe 3 Anwendungsorientierte Analysis
(Wahlaufgabe 2 von 3)

3 Ein Marktforschungsinstitut ermittelt zu Beginn des Jahres 2021 einen Marktanteil von 6% der rein elektrisch angetriebenen Autos (E-Autos) unter allen neu zugelassenen Autos.

Die zukünftige Entwicklung dieses Marktanteils zum Zeitpunkt t wird im Folgenden durch die Funktion f mit $f(t) = 0{,}06 \cdot e^{0{,}04 \cdot t}$; $t \geqslant 0$ modelliert, wobei t in Monaten ab Beginn des Jahres 2021 gemessen wird.

Beispielsweise ist $f(1)$ der Marktanteil, den man zu Beginn des Monats Februar im Jahr 2021 für die E-Auto Neuzulassungen erwartet.

3.1 Beurteilen Sie, ob die folgenden Aussagen wahr oder falsch sind.

(1) Zu Beginn des Monats Februar 2023 wird etwa jedes sechste neu zugelassene Auto ein E-Auto sein.

(2) Der Marktanteil der E-Autos wird im Jahr 2025 erstmalig 50 % übersteigen.

3.2 Begründen Sie, dass der Marktanteil der neu zugelassenen E-Autos um mehr als 60 % pro Jahr zunimmt.

3.3 Ermitteln Sie den durchschnittlichen Marktanteil der E-Autos unter allen neu zugelassenen Autos von Beginn des Jahres 2021 bis einschließlich 2025.

3.4 Im Folgenden wird mit der Funktion $g : t \mapsto g(t)$ mit $t \geqslant 0$ die gesamte Anzahl der monatlich neu zugelassenen Autos zum Zeitpunkt t modelliert, wobei t die vergangene Zeit in Monaten ab Beginn des Jahres 2021 ist.

Formulieren Sie eine Frage im Sachzusammenhang, die durch die Bestimmung des Werts des Integrals

$$\int_3^{39} (f(t) \cdot g(t)) \, dt$$

beantwortet werden kann.

Abitur 2022 Teil 2 mit Hilfsmitteln
Aufgabe 4 Anwendungsorientierte Analysis
(Wahlaufgabe 3 von 3)

4 Die Mantelfläche einer ein Meter hohen Vase wird durch Rotation des Schaubilds der Funktion f mit $f(x) = 0{,}014 \cdot x^3 - 0{,}2 \cdot x^2 + 0{,}625 \cdot x + 1{,}7;\ 0 \leqslant x \leqslant 10$, um die x-Achse modelliert. Dabei entspricht eine Längeneinheit einem Dezimeter (dm) in der Realität. Die Dicke des Vasenbodens und die Wandstärke der Vase werden vernachlässigt.

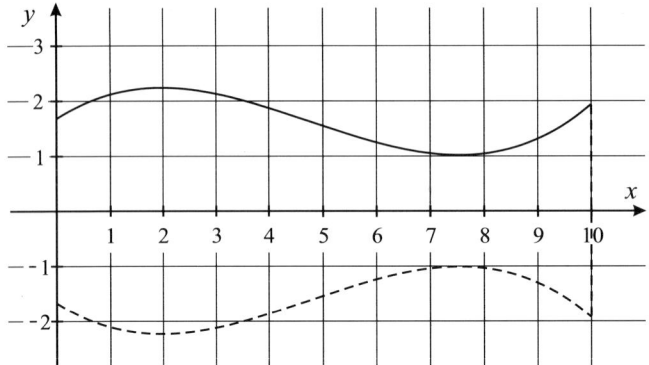

Abb. 1: Modellierung der Vasenkontur mit f.
Das Schaubild von f ist als durchgezogene Kurve dargestellt **Abb. 2:** Vase

4.1 Bestimmen Sie den Wert des Flächeninhalts des Bodens der Vase. 2
Berechnen Sie die Differenz aus dem Durchmesser der Vasenöffnung und dem Durchmesser des Vasenbodens.

4.2 Beurteilen Sie, ob die folgende Aussage wahr oder falsch ist: 3
«Der größte Durchmesser der Vase ist größer als 4,4 dm»

4.3 Es gilt $\pi \cdot \int_0^5 |(f(x))|^2\, dx \approx 65{,}57$. 5

Das Design der Vase soll nun geändert werden. Bis zu einer Höhe von 5 dm soll dabei das Modell f beibehalten werden. Ab dieser Höhe wird eine Gerade verwendet, die sich knickfrei an das Schaubild von f anschließt.
Bestimmen Sie die Höhe der derart veränderten Vase, falls deren Fassungsvermögen insgesamt 70 Liter betragen soll.

10

Tipps ab Seite 117, Lösungen ab Seite 270

Abitur 2022 Teil 3 mit Hilfsmitteln – Stochastik Aufgabe 1
(Wahlaufgabe 1 von 2)

1 Ein Institut untersucht im Auftrag eines Streamingdienstes das Medienverhalten von Bürgern einer Großstadt.

1.1 Eine statistische Erhebung unter 1000 zufällig ausgewählten Teilnehmern hat das Folgende ergeben:
450 Teilnehmer sind jugendlich und nutzen einen Streamingdienst. Insgesamt nutzen 800 Teilnehmer einen Streamingdienst. Die Ergebnisse der Erhebung sind in der nicht vollständig ausgefüllten Tabelle dargestellt.

	S	$\bar{S}$	
J	450		
$\bar{J}$		150	
	800		1000

Dabei bezeichnen J und S die folgenden Ereignisse:
J: Teilnehmer ist jugendlich.   S: Teilnehmer nutzt einen Streamingdienst.

1.1.1 Geben Sie an, mit welcher Wahrscheinlichkeit ein Teilnehmer der Erhebung jugendlich ist und einen Streamingdienst nutzt.
Beurteilen Sie, ob die Ereignisse J und S stochastisch unabhängig sind.   3

1.1.2 Erläutern Sie die Bedeutung des Wertes $P_J(S)$ im Sachzusammenhang.   2

1.2 Dem Institut ist bekannt, dass 70 % der Nutzer von Streamingdiensten den Anbieter A, 40 % den Anbieter B und 35 % beide Anbieter A und B verwenden.
Bestimmen Sie die Wahrscheinlichkeit, dass ein Nutzer von Streamingdiensten keinen dieser beiden Anbieter verwendet.   3

1.3 An einer vom Institut organisierten Umfrage nimmt erfahrungsgemäß nur jede fünfte angesprochene Person teil.

1.3.1 Es werden 5000 zufällig ausgewählte Personen angesprochen. Die binomialverteilte Zufallsgröße X beschreibt die Anzahl der Personen, die an der Umfrage teilnehmen.
Berechnen Sie den Erwartungswert μ und die Standardabweichung σ von X.
Bestimmen Sie die kleinste natürliche Zahl k, für die gilt:

$$P(\mu - k \leqslant X \leqslant \mu + k) \geqslant 0{,}9$$

1.3.2 Ermitteln Sie die Anzahl der Personen, die mindestens angesprochen werden müssen, um mit einer Wahrscheinlichkeit von mindestens 95% mindestens 1000 Personen für die Umfrage zu gewinnen.

Abitur 2022 Teil 3 mit Hilfsmitteln – Stochastik Aufgabe 2
(Wahlaufgabe 2 von 2)

2.1 In einer Urne befinden sich 100 Kugeln.
20 Kugeln sind rot, 30 gelb und 50 blau.

Aus dieser wird immer ohne Zurücklegen gezogen.

2.1.1 Zunächst werden nacheinander drei Kugeln gezogen.

2.1.1.1 Berechnen Sie jeweils die Wahrscheinlichkeit der folgenden Ereignisse:

A: Die ersten beiden Kugeln sind blau und die dritte Kugel ist rot.

B: Mindestens zwei Kugeln sind rot.

C: Die dritte Kugel ist gelb.

2.1.1.2 Für die Wahrscheinlichkeit eines Ereignisses D gilt:

$$P(D) = 3! \cdot \frac{20}{100} \cdot \frac{30}{99} \cdot \frac{50}{98}$$

Formulieren Sie ein zugehöriges Ereignis D im Sachzusammenhang.

2.1.2 Es werden nun sechs Kugeln gezogen. Jemand behauptet:
«Die Wahrscheinlichkeit, dass dabei genau vier rote Kugeln gezogen werden, kann durch $\binom{6}{4} \cdot 0{,}2^4 \cdot 0{,}8^2$ berechnet werden.»
Begründen Sie, warum diese Behauptung falsch ist, und geben Sie einen richtigen Lösungsansatz an.

2.2 In einer anderen Urne befinden sich ebenfalls nur rote, gelbe und blaue Kugeln. Von jeder Farbe sind jedoch jeweils gleich viele Kugeln in dieser Urne. Die Wahrscheinlichkeit, dass bei dreimaligem Ziehen ohne Zurücklegen nur Kugeln gleicher Farbe gezogen werden ist mindestens 10 %.
Ermitteln Sie die Anzahl der Kugeln, die in dieser Urne mindestens erhalten sein müssen.

Abitur 2022 Teil 4 mit Hilfsmitteln Aufgabe 1
Lineare Algebra: Vektorgeometrie (AG, BTG, EG, SGG, TG, WG)

1 Betrachtet wird das Abtauchen eines U-Boots (siehe Abbildung).
Die Meeresoberfläche wird durch die x_1x_2-Ebene dargestellt. Das punktförmige Modell des U-Boots bewegt sich zu Beginn mit konstanter Geschwindigkeit vom Start im Ursprung $O(0\,|\,0\,|\,0)$ innerhalb einer Minute geradlinig zum Punkt $(60\,|\,60\,|\,-8)$.

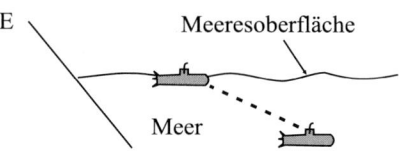

Abbildung: Abtauchen des U-Boots

Danach behält das U-Boot die Richtung und zunächst auch die Geschwindigkeit bei. Eine Längeneinheit entspricht einem Meter (m) in der Realität.
Die Ebene E mit E: $x_1 + x_2 + 10 \cdot x_3 + 200 = 0$ modelliert für $x_3 \leq 0$ die Grenze zwischen dem Meer und dem unter Wasser liegenden Land.

1.1 Geben Sie den Punkt P an, an dem sich das U-Boot nach 2 Minuten befindet.   2
Nennen Sie die zugehörige Tiefe und berechnen Sie den Abstand von P zu O.

1.2 Berechnen Sie, wie viele Kilometer das U-Boot in einer   2
Stunde zurücklegen würde.

1.3 Ermitteln Sie die Schnittgerade von E mit der x_1x_2-Ebene.   3
Beschreiben Sie deren Bedeutung im Sachkontext.

1.4 Ab einer Tiefe von 120 m beschreibt der Vektor $\vec{v_1} = \begin{pmatrix} 15 \\ 15 \\ -2 \end{pmatrix}$

die Geschwindigkeit des U-Boots (in Meter pro Minute) beim Abtauchen in den anschließenden 60 Minuten. Danach ist das Abtauchen des U-Boots beendet.

1.4.1 Begründen Sie, dass die folgenden Aussagen wahr sind: 2
(1) «Der Betrag der Geschwindigkeit reduziert sich ab 120 m Tiefe um 75 %.»
(2) «Die Geschwindigkeit ändert sich 15 Minuten nach Beginn des Abtauchens.»

1.4.2 Zeigen Sie, dass sich der Abstand des U-Boots zu E mit zunehmender Tiefe   3
vergrößert.

1.4.3 Ermitteln Sie den mittleren Abstand des U-Boots zu der durch E   3
modellierten Grenze während der letzten 60 Minuten des Abtauchens.

   15

Abitur 2022 Teil 4 mit Hilfsmitteln Aufgabe 2
Lineare Algebra: Vektorgeometrie (AG, BTG, EG, SGG, TG, WG)

2 Betrachtet wird das Modell einer Kirche. Der Kirchturm besteht aus einem Quader mit aufgesetzter Pyramide.

Einer Bauzeichnung kann man Folgendes entnehmen: Die Punkte A (2 | 0 | 0), B (2 | 2 | 0), C (0 | 2 | 0) und D (0 | 0 | 0) bilden die Grundfläche. Das Dach hat die vier Eckpunkte E (2 | 0 | 6), F (2 | 2 | 6), G (0 | 2 | 6), H (0 | 0 | 6) und die Turmspitze S (1 | 1 | 8).

Eine Längeneinheit entspricht 10 Meter (m).

2.1 Zeichnen Sie das Modell des Kirchturmes in ein geeignetes Koordinatensystem.

2.2 Das Dach des Kirchturmes soll vollständig gedeckt werden. Hierfür werden Ziegel verwendet, die pro Ziegel $0,12\,m^2$ abdecken. Die Ziegel werden auf Paletten mit jeweils 200 Ziegeln geliefert.
Bestimmen Sie die kleinstmögliche Anzahl von Paletten, die geliefert werden müssten.

2.3 Der Vektor $\begin{pmatrix} 1 \\ 2 \\ -4 \end{pmatrix}$ modelliert zu einem bestimmten Zeitpunkt die Richtung des einfallenden Sonnenlichtes.

2.3.1 Berechnen Sie den Winkel, unter dem das Sonnenlicht auf den Boden (d.h. $x_1 x_2$-Ebene) trifft.

2.3.2 Auf der Turmspitze S befindet sich ein senkrecht stehendes Kreuz der Höhe h. Der Kirchturm und das Kreuz werfen einen Schatten. Der Schattenpunkt des höchsten Punktes ist P (3,1 | 5,2 | 0). Bestimmen Sie die Höhe h.

2.4 Im Kirchturm soll eine Glocke eingebaut werden. Die Position der Glocke wird im Modell mit Q bezeichnet. Der Abstand von Q zu den Eckpunkten E, F, G und H des Daches soll jeweils dreimal so groß sein wie der Abstand von Q zur Turmspitze S.
Ermitteln Sie die Koordinaten des Punktes Q.

5. Abitur 2022

Tipps ab Seite 120, Lösungen ab Seite 280

Abitur 2021 Teil 4 mit Hilfsmitteln
Lineare Algebra: Mathematische Beschreibung von Prozessen durch Matrizen
Aufgabe 1 (AG, BTG, EG, SGG, WG)

1 Vier verschiedene Stromanbieter A, B, C und D konkurrieren in einer Stadt um die dortigen 25 200 Haushalte. Die Anzahl der Haushalte bleibt konstant. Jeder Haushalt ist an genau einen dieser Anbieter vertraglich gebunden. Verträge sind jeweils ein Jahr lang gültig. Die aktuelle Entwicklung des Wechselverhaltens der Haushalte bei den Stromanbietern lässt sich von einem Jahr zum nächsten modellhaft durch die Gleichung $M \cdot \vec{v_n} = \vec{v_{n+1}}$ mit

$$M = \begin{pmatrix} 0,8 & 0,05 & 0 & 0,05 \\ 0,15 & 0,8 & 0,05 & 0 \\ 0 & 0,15 & 0,7 & 0,15 \\ 0,05 & 0 & 0,25 & 0,8 \end{pmatrix} \text{ und } \vec{v_n} = \begin{pmatrix} A \\ B \\ C \\ D \end{pmatrix}$$

beschreiben. Hierbei wird die Anzahl der Haushalte, die einen Vertrag mit dem entsprechenden Stromanbieter haben, ebenfalls mit A, B, C und D bezeichnet.

1.1 Interpretieren Sie den Eintrag $0,25$ im Sachzusammenhang.   4
Für zwei mögliche Paare von Stromanbietern wechseln untereinander keinerlei Haushalte. Nennen Sie diese Paare.
Geben Sie den Stromanbieter an, dessen vertraglich gebundene Haushalte am wenigsten zufrieden sind.

1.2 Im Jahr 2021 waren 3000 Haushalte an Stromanbieter A, 5000   3
Haushalte an B und 7000 Haushalte an C vertraglich gebunden.
Bestimmen Sie für jeden Stromanbieter die zu erwartende Anzahl von Haushalten, die im Jahr 2022 an den Anbieter gebunden sein werden.

1.3 Eine Verteilung $\vec{v}$ bleibt von einem auf das nächste Jahr unverändert und Stromanbieter C bindet doppelt so viele Haushalte vertraglich an sich wie Anbieter A. Berechnen Sie hierfür die Verteilung aller Haushalte   4

1.4 Anbieter B und C haben jeweils gleich viele Haushalte vertraglich   4
an sich gebunden. Anbieter A möchte die Entwicklung beeinflussen, um langfristig ebenso viele Haushalte wie Anbieter B, bzw. Anbieter C an sich zu binden. Eine Werbeaktion von Anbieter A zielt daher darauf ab, den Anteil der alljährlichen Wechsel der Haushalten von B und D zu A um den selben Prozentsatz zu erhöhen. Im selben Maße soll sich dann der Anteil der alljährlichen Wechsel von B und D zu C verringern.
Ansonsten soll das Wechselverhalten aber unverändert bleiben.
Beurteilen Sie, ob dies möglich ist und ermitteln Sie gegebenenfalls, wie viel Prozent der Haushalte dabei von Anbieter B zu C wechseln würden.

15

Abitur 2022 Teil 4 mit Hilfsmitteln
Lineare Algebra: Mathematische Beschreibung von Prozessen durch Matrizen
Aufgabe 2 (AG, BTG, EG, SGG, WG)

2 Ein Betrieb stellt aus den Rohstoffen R_1, R_2 und R_3 die Zwischenprodukte Z_1, Z_2 und Z_3 her. Aus diesen Zwischenprodukten werden die Endprodukte E_1, E_2 und E_3 hergestellt. Der Materialfluss in Mengeneinheiten (ME) ist den folgenden Tabellen zu entnehmen.

	E_1	E_2	E_3
Z_1	2	1	2
Z_2	3	0	1
Z_3	1	4	2

	E_1	E_2	E_3
R_1	43	36	33
R_2	30	15	19
R_3	37	14	20

2.1 Für einen Auftrag sollen 400 ME von E_1, 600 ME von E_2 und 500 ME von E_3 hergestellt werden.

2.1.1 Berechnen Sie, wie viele ME der drei Rohstoffe dafür benötigt werden.   2

2.1.2 Für diesen Auftrag betragen die Fixkosten 2050 €, die gesamten   5
Rohstoffkosten 400 € und die gesamten Fertigungskosten der Endprodukte betragen 1850 €. Die Fertigungskosten pro ME für Z_2 sind 2,5 mal so hoch wie für Z_1. Für Z_3 sind diese Kosten 1,25 mal so hoch wie für Z_1.
Die Verkaufspreise pro ME der Endprodukte betragen 20 € für E_1 und jeweils 35 € für E_2 und E_3. Es wird ein Gewinn von 8000 € erwirtschaftet.
Bestimmen Sie die Fertigungskosten pro ME der drei Zwischenprodukte.

2.2 Für einen weiteren Auftrag werden 4600 ME des Zwischenprodukts Z_1,   3
3800 ME von Z_2 und 6250 ME von Z_3 hergestellt. Die Zwischenprodukte sollen für den Auftrag vollständig zu Endprodukten weiterverarbeitet werden, wobei 950 ME von E_1 produziert werden sollen.
Beurteilen Sie, ob dieser Auftrag ausführbar ist.

2.3 Das Endprodukt E_3 wird zukünftig nicht mehr produziert.   5
Im Lager befinden sich noch 30 000 ME des Rohstoffs R_2, die vollständig aufgebraucht werden müssen. Es sollen zudem nicht mehr als 1 000 ME von E_1 produziert werden.
Ermitteln Sie, wie viele ME der Rohstoffe R_1 und R_3 mindestens bzw. höchstens im Lager vorhanden sein müssen.

15

Tipps

Das Vektorprodukt

Wenn man einen Vektor $\vec{n}$ sucht, der senkrecht auf zwei gegebenen Vektoren $\vec{a}$ und $\vec{b}$ steht (der Normalenvektor), geschieht dies einfach und schnell mit dem Vektorprodukt:

$$\vec{n} = (\vec{a} \times \vec{b}) = \begin{pmatrix} a_2 b_3 - a_3 b_2 \\ a_3 b_1 - a_1 b_3 \\ a_1 b_2 - a_2 b_1 \end{pmatrix}$$

Die Merkhilfe dazu:

1. Beide Vektoren werden je zweimal untereinandergeschrieben, dann werden die erste und die letzte Zeile gestrichen.
2. Anschließend wird «über Kreuz» multipliziert. Dabei erhalten die abwärts gerichteten Pfeile ein positives und die aufwärts gerichteten Pfeile ein negatives Vorzeichen.
3. Die einzelnen Komponenten werden subtrahiert – fertig!

$$\begin{array}{cc} \cancel{a_1} & \cancel{b_1} \\ a_2 & b_2 \\ a_3 & b_3 \\ a_1 & b_1 \\ a_2 & b_2 \\ \cancel{a_3} & \cancel{b_3} \end{array} \quad \begin{array}{cc} a_2 & b_2 \\ a_3 & b_3 \\ a_1 & b_1 \\ a_2 & b_2 \end{array} \Rightarrow \begin{pmatrix} a_2 b_3 - a_3 b_2 \\ a_3 b_1 - a_1 b_3 \\ a_1 b_2 - a_2 b_1 \end{pmatrix}$$

Anmerkung: Der Betrag des senkrecht stehenden Vektors entspricht genau der Flächenmaßzahl des Parallelogramms, das von den beiden Vektoren aufgespannt wird.

Beispiel: Sind $\vec{a} = \begin{pmatrix} 1 \\ 3 \\ 2 \end{pmatrix}$ und $\vec{b} = \begin{pmatrix} -1 \\ 4 \\ 0 \end{pmatrix}$, ergibt sich für den gesuchten Vektor:

$$\begin{array}{cc} \cancel{1} & \cancel{-1} \\ 3 & 4 \\ 2 & 0 \\ 1 & -1 \\ 3 & 4 \\ \cancel{2} & \cancel{0} \end{array} \Rightarrow \begin{array}{cc} 3 & 4 \\ 2 & 0 \\ 1 & -1 \\ 3 & 4 \end{array} \Rightarrow \begin{pmatrix} 3 \cdot 0 - 2 \cdot 4 \\ 2 \cdot (-1) - 1 \cdot 0 \\ 1 \cdot 4 - 3 \cdot (-1) \end{pmatrix} = \begin{pmatrix} -8 \\ -2 \\ 7 \end{pmatrix}$$

1 Abitur 2018

Teil 1 ohne Hilfsmittel

1 Analysis

1.1 Für Aussage (1) beachten Sie die Krümmung von K_f im Punkt $(1 \mid f(1))$.
Für Aussage (2) bestimmen Sie die Steigung bei $x = 0$ und die durchschnittliche Änderungsrate von f im Intervall $[0; 3]$ als Steigung zwischen den Punkten $(0 \mid 0)$ und $(3 \mid 2)$.
Für Aussage (3) prüfen Sie, ob das Schaubild von $F' = f$ bei $x = 0$ eine Nullstelle mit Vorzeichenwechsel von $-$ nach $+$ hat.

1.2 (1) Die erste Ableitung von $g(x) = (2x+1)^2$ erhalten Sie mit der Kettenregel («äußere Ableitung mal innere Ableitung»).

(2) Die erste Ableitung von $g(x) = (x+1) \cdot e^x$ erhalten Sie mit der Produktregel: $(u \cdot v)' = u' \cdot v + u \cdot v'$.

1.3.1 Überlegen Sie, wie das Schaubild von h aus dem Schaubild der Funktion $\cos(x)$ hervorgegangen ist. Bestimmen Sie die Mittellinie und die Periode p von h durch $p = \frac{2\pi}{b}$.

1.3.2 Den Wert des Integrals erhalten Sie mit Hilfe des Hauptsatzes der Differential- und Integralrechnung: $\int_a^b f(x)\,dx = F(b) - F(a)$.

2 Stochastik

2.1 Bestimmen Sie die Anzahl der PKW, die auf dem Parkplatz bezahlen müssen.

2.2.1 Legen Sie X als binomialverteilte Zufallsvariable für die Anzahl der Elektroautos mit den Parametern n und p fest.
Die Wahrscheinlichkeit des Ereignisses A erhalten Sie mit Hilfe der Bernoulli-Formel $P(X = k) = \binom{n}{k} \cdot p^k \cdot (1-p)^{n-k}$.
Die Wahrscheinlichkeit des Ereignisses B erhalten Sie mit Hilfe der Wahrscheinlichkeit des Gegenereignisses und der Bernoulli-Formel. Alternativ können Sie auch die Pfadregeln verwenden. Bezeichnen Sie mit E: Elektroauto und mit $\overline{E}$: kein Elektroauto und berechnen Sie $P(A) = P\left(E\overline{E}\,\overline{E}\right) + P\left(\overline{E}E\overline{E}\right) + P\left(\overline{E}\,\overline{E}E\right)$ und $P(B) = 1 - P\left(\overline{E}\,\overline{E}\,\overline{E}\right)$ mit $P(E) = 0,1$ und $P\left(\overline{E}\right) = 1 - 0,1 = 0,9$.

2.2.2 Legen Sie X als binomialverteilte Zufallsvariable für die Anzahl der Elektroautos bei 100 vorbeifahrenden PKW mit den Parametern $n = 100$ und $p = 0,1$ fest. Überlegen Sie mit Hilfe der Bernoulli-Formel, was mit dem gegebenen Term bestimmt wird.

1. Abitur 2018 — Tipps

3 Lineare Algebra: Wahlgebiet Vektorgeometrie (AG, BTG, SGG, TG, WG)

3.1 Lösen Sie das gegebene Gleichungssystem mit Hilfe des Gaußschen Eliminierungsverfahrens. Falls eine wahre Aussage entsteht, wählen Sie beispielsweise $x_2 = t$ und bestimmen Sie die übrigen Unbekannten in Abhängigkeit von t.

3.2 Um zu zeigen, dass die Vektoren $\vec{b} - \vec{a}$ und $\vec{a}$ zueinander orthogonal sind, berechnen Sie das Skalarprodukt der beiden Vektoren. Falls das Skalarprodukt Null ergibt, sind die Vektoren $\vec{b} - \vec{a}$ und $\vec{a}$ zueinander orthogonal.
Skizzieren Sie das zugehörige Parallelogramm. Den Flächeninhalt A des Parallelogramms erhalten Sie mit der Formel $A = g \cdot h$.
Bestimmen Sie die Grundseite g des Parallelogramms, indem Sie die Länge des Vektors $\vec{a}$ berechnen und die Höhe h des Parallelogramms, indem Sie die Länge des Vektors $\vec{b} - \vec{a}$ berechnen.

4 Lineare Algebra: Wahlgebiet Matrizen (AG, BTG, SGG, WG)

4.1 Lösen Sie das gegebene Gleichungssystem mit Hilfe des Gaußschen Eliminierungsverfahrens. Falls eine wahre Aussage entsteht, wählen Sie beispielsweise $x_2 = t$ und bestimmen Sie die übrigen Unbekannten in Abhängigkeit von t.

4.2 Bei der gegebenen Matrizengleichung lösen Sie zuerst die Klammern auf, vereinfachen die Gleichung und multiplizieren anschließend mit einer invertierten Matrix A^{-1}. Beachten Sie, dass $A \cdot A^{-1} = E$ ergibt.

Teil 2 Aufgabe 1

1.1.1 Bestimmen Sie die Nullstellen des Schaubilds K von f und beachten Sie, dass es eine einfache und eine doppelte Nullstelle gibt. Damit erhalten Sie mit Hilfe des Nullstellenansatzes b und c. Setzen Sie diese sowie die Koordinaten des Schnittpunktes P von K mit der y-Achse in den gegebenen Ansatz ein, stellen Sie eine Gleichung auf und lösen Sie diese nach a auf.

1.1.2 Die Koordinaten des Wendepunkts von K erhalten Sie mit der 2. und 3. Ableitung von f. Als notwendige Bedingung lösen Sie die Gleichung $f''(x) = 0$ nach x auf. Prüfen Sie, ob $f'''(x) \neq 0$ ist, so dass es sich um eine Wendestelle handelt.
Den zugehörigen y-Wert erhalten Sie, indem Sie den x-Wert in $f(x)$ einsetzen. Beachten Sie, dass ein Punkt auf der ersten Winkelhalbierenden liegt, wenn der x- und der y-Wert übereinstimmen.

1.1.3 Bestimmen Sie den Flächeninhalt A der Fläche, den das Schaubild K mit der x-Achse einschließt, mit Hilfe eines Integrals und des Hauptsatzes der Differential- und Integralrechnung: $\int_a^b f(x)\,dx = \Big[F(x)\Big]_a^b = F(b) - F(a)$, wobei F eine Stammfunktion von f ist. Den

Flächeninhalt A_1 der kleineren Fläche berechnen Sie ebenfalls mit Hilfe eines Integrals. Den prozentualen Anteil des Inhalts der kleineren Fläche A_1 am Inhalt von A erhalten Sie, indem Sie A_1 durch A teilen.

1.1.4 Als Ansatz verwenden Sie $y = m \cdot x + 6$, da die Gerade durch den Punkt $(0 \mid 6)$ geht. Überlegen Sie, welche Steigung die Geraden jeweils haben können, damit sie mit K genau einen Punkt oder drei Punkte gemeinsam haben. Bestimmen Sie dazu gegebenenfalls einen weiteren Punkt.
Beachten Sie, dass die Parallele zur x-Achse durch den Punkt $(0 \mid 6)$ K in genau zwei Punkten schneidet, so dass Sie m_1 erhalten.
Die gemeinsamen Punkte der Geraden mit der Gleichung $y = m \cdot x + 6$ und K erhalten Sie durch Gleichsetzen. Lösen Sie die Gleichung mit Hilfe des Satzes vom Nullprodukt und der *abc*-Formel. Beachten Sie, dass es eine weitere Lösung gibt, wenn der Term unter der Wurzel Null ergibt. Stellen Sie eine Gleichung auf und lösen Sie diese nach m auf.

1.2 Um $g(x)$ integralfrei zu bestimmen, verwenden Sie den Hauptsatz der Differential- und Integralrechnung: $\int_a^b f(x)dx = \left[F(x)\right]_a^b = F(b) - F(a)$. Die erste Ableitung der Funktion $g(x)$ erhalten Sie mit Hilfe der Kettenregel («äußere mal innere Ableitung»). Vergleichen Sie ihr Ergebnis mit der Behauptung.

Teil 2 Aufgabe 2

2.1 Um das Schaubild von v zu zeichnen, erstellen Sie eine Wertetabelle. Beachten Sie, dass e^{-t} für $t \to \infty$ gegen Null geht.
Die Geschwindigkeit in Kilometer pro Stunde erhalten Sie, indem Sie mit 3600 erweitern:

2.2 Das gegebene Integral berechnen Sie mit Hilfe des Hauptsatzes der Differential- und Integralrechnung: $\int_a^b f(x)dx = \left[F(x)\right]_a^b = F(b) - F(a)$. Beachten Sie, dass mit Hilfe des Integrals der zurückgelegte Weg berechnet wird.

2.3 Die momentane Änderungsrate der Geschwindigkeit (Beschleunigung) erhalten Sie mit Hilfe der ersten Ableitung von v, die Sie mit der Kettenregel bestimmen. Um zu begründen, dass die Drohne beim Start die größte Beschleunigung hat, weisen Sie nach, dass $v'(t)$ streng monoton fallend ist. Verwenden Sie dazu beispielsweise das Verhalten von e^{-t} für größer werdende t-Werte oder $v''(t)$, die Sie mit der Kettenregel bestimmen.
Falls $v''(t) < 0$ ist $v'(t)$ streng monoton fallend.
Den Zeitpunkt, ab dem die Beschleunigung geringer als $0,5 \frac{m}{s^2}$ ist, erhalten Sie, indem Sie die Gleichung $v'(t) = 0,5$ durch Logarithmieren nach t auflösen.

1. Abitur 2018 — Tipps

Teil 2 Aufgabe 3

3.1 Das Volumen V eines Pflanzenkübels erhalten Sie, indem Sie das Volumen des Rotationskörpers berechnen, welcher entsteht, wenn die schwarze Fläche um die *x*-Achse rotiert. Das Volumen V_1 für das äußere Volumen erhalten Sie, wenn das Schaubild von f im Intervall $[0;2]$ um die *x*-Achse rotiert. Das Volumen V_2 für das innere Volumen erhalten Sie, wenn das Schaubild von g im Intervall $[0,5;2]$ um die *x*-Achse rotiert. Verwenden Sie die Formel $V_{rot} = \pi \cdot \int_a^b (f(x))^2 \, dx$ sowie den Hauptsatz der Differential- und Integralrechnung: $\int_a^b f(x) dx = \Big[F(x)\Big]_a^b = F(b) - F(a)$, wobei F eine Stammfunktion von f ist. Bestimmen Sie anschließend $V = V_1 - V_2$.
Die Masse M des Pflanzenkübels erhalten Sie, indem Sie das Volumen mit der Dichte multiplizieren.

3.2 Verwenden Sie als Ansatz $f(x) = a \cdot x^3 + b \cdot x^2 + 1$; $0 \leq x \leq 2$ mit $f'(x) = 3a \cdot x^2 + 2b \cdot x$. Stellen Sie anhand der gegebenen Daten zwei Gleichungen mit zwei Unbekannten auf und lösen Sie das zugehörige lineare Gleichungssystem. Bestimmen Sie damit die Funktionsgleichung von f und prüfen Sie, ob bei $x = 1$ tatsächlich ein Minimum vorliegt, indem Sie $x = 1$ in die 2. Ableitung von f einsetzen. Um zu prüfen, ob ein absolutes Minimum vorliegt, überprüfen Sie noch die Randwerte des Intervalls $[0;2]$, indem Sie die *x*-Werte in $f(x)$ einsetzen.

Teil 2 Aufgabe 4

4.1 Den Luftdruck auf Meereshöhe erhalten Sie, indem Sie $h = 0$ in $p(h)$ einsetzen.
Die Höhe, bei der ein Luftdruck von 787 hPa gemessen wird, erhalten Sie, indem Sie die Gleichung $p(h) = 787$ durch Logarithmieren nach h auflösen.

4.2 Die prozentuale Abnahme des Luftdrucks, wenn die Höhe um einen Kilometer zunimmt, erhalten Sie, indem Sie $p(h+1)$ durch $p(h)$ teilen und von $100\,\%$ subtrahieren.

4.3 Den mittleren Wert des Luftdrucks $\overline{p}$, dem der Ballon bei seinem Aufstieg von Meereshöhe bis auf 11 km Höhe ausgesetzt ist, erhalten Sie mit Hilfe eines Integrals:
$\overline{m} = \dfrac{1}{b-a} \cdot \int_a^b f(x) dx$.

4.4 Beachten Sie, dass $p(h+5,5)$ den Luftdruck 5,5 km oberhalb von h beschreibt.

Tipps   *1. Abitur 2018*

Teil 3 Aufgabe 1

1.1 Legen Sie X als binomialverteilte Zufallsvariable für die Anzahl der Läufer, die einen Becher Wasser nehmen, mit den Parametern n und p fest. Die Wahrscheinlichkeit für das Ereignis A erhalten Sie mit Hilfe der Binomialverteilung. Legen Sie Y als binomialverteilte Zufallsvariable für die Anzahl der Läufer, die ein Stück Obst nehmen, mit den Parametern n und p fest. Die Wahrscheinlichkeit für das Ereignis B erhalten Sie mit Hilfe der kumulierten Binomialverteilung und der Wahrscheinlichkeit des Gegenereignisses.

Zur Bestimmung der Wahrscheinlichkeit des Ereignisses C erstellen Sie eine Vierfeldertafel. Bezeichnen Sie mit W: der Läufer nimmt Wasser, mit $\overline{W}$: der Läufer nimmt kein Wasser, mit O: der Läufer nimmt Obst und mit $\overline{O}$: der Läufer nimmt kein Obst, tragen Sie die gegebenen Daten in eine Vierfeldertafel ein und vervollständigen Sie diese durch Differenzen- und Summenbildung. Damit erhalten Sie $P(C) = P(W \cap \overline{O})$.

1.2 Die Wahrscheinlichkeit für das gesuchte Ereignis erhalten Sie mit Hilfe der bedingten Wahrscheinlichkeit: $P_W(O) = \frac{P(W \cap O)}{P(W)}$. Prüfen Sie, ob das Ergebnis größer als $30\% = 0,3$ ist.

1.3.1 Legen Sie Z als binomialverteilte Zufallsvariable für die Anzahl der Läufer, die einen Becher Wasser nehmen, mit den Parametern n und p fest. Die Wahrscheinlichkeit, dass mehr als 2050 Läufer einen Becher Wasser nehmen, erhalten Sie mit Hilfe der kumulierten Binomialverteilung und der Wahrscheinlichkeit des Gegenereignisses.

1.3.2 Bestimmen Sie die relative Häufigkeit h für das Nehmen eines Bechers Wasser, indem Sie die Anzahl der Läufer, die einen Becher Wasser genommen haben, durch die Gesamtzahl n der Läufer teilen. Das Vertrauensintervall I mit Vertrauenswahrscheinlichkeit 99% erhalten Sie mit der Formel:

$$I = \left[h - 2,58 \cdot \sqrt{\frac{h \cdot (1-h)}{n}} \; ; \; h + 2,58 \cdot \sqrt{\frac{h \cdot (1-h)}{n}} \right]$$

Prüfen Sie, ob $80\% = 0,8$ in I liegt.

Teil 3 Aufgabe 2

2.1.1 Die Wahrscheinlichkeit des Ereignisses E1 erhalten Sie mit Hilfe der Pfadregeln.
Legen Sie X als binomialverteilte Zufallsvariable für die Anzahl der Flaschen, die nicht befüllt werden, mit den Parametern n und p fest. Die Wahrscheinlichkeit für das Ereignis E2 erhalten Sie mit Hilfe der Binomialverteilung.
Zur Bestimmung der Wahrscheinlichkeiten von E3 und E4 erstellen Sie eine Vierfeldertafel. Bezeichnen Sie mit W: Flasche wird gewaschen, mit $\overline{W}$: Flasche wird nicht gewaschen, mit B: Flasche wird befüllt und mit $\overline{B}$: Flasche wird nicht befüllt, tragen Sie die gegebenen Daten in eine Vierfeldertafel ein und vervollständigen Sie diese durch Differenzen- und Summenbildung. Die Wahrscheinlichkeit des Ereignisses E3 erhalten Sie mit Hilfe der bedingten Wahrscheinlichkeit: $P(E3) = P_W(B) = \frac{P(W \cap B)}{P(W)}$. Die Wahrscheinlichkeit des Ereignisses E4 erhalten Sie ebenfalls mit Hilfe der bedingten Wahrscheinlichkeit: $P(E4) = P_{\overline{B}}(\overline{W}) = \frac{P(B \cap \overline{W})}{P(\overline{B})}$.

2.1.2 Legen Sie X als binomialverteilte Zufallsvariable für die Anzahl der Flaschen, die nicht befüllt werden, mit den Parametern n (unbekannt) und p fest. Stellen Sie eine Ungleichung auf und lösen Sie diese mit Hilfe der Wahrscheinlichkeit des Gegenereignisses und der Binomialverteilung unter Verwendung des Taschenrechners.

2.2 Legen Sie X als binomialverteilte Zufallsvariable für die Anzahl der fehlerhaften Flaschen mit den Parametern n und p fest. Den Erwartungswert E von X erhalten Sie durch $E(X) = \mu = n \cdot p$. Die dazugehörige Standardabweichung σ von X erhalten Sie durch $\sigma(X) = \sqrt{n \cdot p \cdot (1-p)}$. Die 1σ-Umgebung um den Erwartungswert μ können Sie wie folgt bestimmen: $[\mu - 1 \cdot \sigma \,;\, \mu + 1 \cdot \sigma]$, die zugehörige Wahrscheinlichkeit beträgt 68 % (Sigma-Regel). Bestimmen Sie anhand der Abbildung die entsprechende Wahrscheinlichkeit. Beachten Sie als Grund für die Abweichung die Laplace-Bedingung.

Teil 4 Lineare Algebra: Vektorgeometrie

1.1 Den Ort Q des Flugzeugs fünf Minuten nach Beginn erhalten Sie, indem Sie $t = 5$ in g einsetzen. Die Geschwindigkeit v des Flugzeugs in Kilometer pro Stunde erhalten Sie, indem Sie den zurückgelegten Weg s durch die benötigte Zeit t teilen. Den Weg s erhalten Sie, indem Sie die Länge des Verbindungsvektors von P zu Q berechnen. Beachten Sie, dass 5 Minuten $\frac{5}{60}$ h sind. Betrachten Sie die x_3-Koordinate des Richtungsvektors von g, da die x_3-Koordinate von g die Flughöhe über dem Meeresspiegel angibt.

1.2 Den Abstand des Flugzeugs zur Luftraumgrenze erhalten Sie, indem Sie den Abstand d des Punktes P zur Ebene E mit Hilfe der Abstandsformel $d = \left| \frac{n_1 p_1 + n_2 p_2 + n_3 p_3 - b}{\sqrt{n_1^2 + n_2^2 + n_3^2}} \right|$ berechnen, wobei $\vec{n} = \begin{pmatrix} n_1 \\ n_2 \\ n_3 \end{pmatrix}$ ein Normalenvektor der Ebene E ist. Vergleichen Sie Ihr Ergebnis mit der Aussage.

1.3 Den Zeitpunkt, an dem das Flugzeug die Luftraumgrenze der Länder durchstößt, erhalten Sie, indem Sie den Schnittpunkt S von g und E berechnen. Dazu setzen Sie den allgemeinen Punkt P_t von g in die Gleichung von E ein und lösen die Gleichung nach t auf. Beachten Sie, dass die x_3-Koordinate von S die Höhe h angibt.

1.4 Die Entfernung $d(t)$ der beiden Flugzeuge zueinander erhalten Sie, indem Sie den Abstand des allgemeinen Punktes P_t von g zum allgemeinen Punkt Q_t von h bestimmen. Hierzu berechnen Sie den Betrag des zugehörigen Verbindungsvektors in Abhängigkeit von t. Die kleinste Entfernung der beiden Flugzeuge zueinander erhalten Sie, indem Sie das Minimum von $d(t)$ berechnen. Dazu genügt es, das Minimum der Funktion $f(t)$ (Term unter der Wurzel) mit Hilfe der 1. und 2. Ableitung zu berechnen. Als notwendige Bedingung lösen Sie die Gleichung $f'(t) = 0$ nach t auf. Falls $f''(t) > 0$ ist, handelt es sich um ein Minimum. Beachten Sie, dass der Graph von f eine Parabel ist und überlegen Sie, welche Bedeutung dies für das Minimum hat. Setzen Sie den erhaltenen t-Wert in $d(t)$ ein, um die minimale Entfernung zu erhalten.

Teil 4 Lineare Algebra: Matrizen

2.1 Erstellen Sie anhand der gegebenen Daten das Übergangsdiagramm und auch eine Tabelle, die das Wechselverhalten angibt. Beachten Sie, dass die Übergänge von «Spalten zu Zeilen» stattfinden. Schreiben Sie die Tabelle in eine Übergangsmatrix M um. Bestimmen Sie den Zustandsvektor $\vec{x}_1$ für den ersten Heimspieltag. Beachten Sie, dass die erste Zeile die Anzahl der Zuschauer, die mit dem Auto kommen, die zweite Zeile die Anzahl der Zuschauer, die mit dem Bus bzw. der Bahn kommen und die dritte Zeile die Anzahl der Zuschauer, die zu Fuß bzw. mit dem Fahrrad kommen, angibt. Die jeweilige Anzahl der

1. Abitur 2018   *Tipps*

Zuschauertypen am zweiten Heimspieltag erhalten Sie, indem Sie die Matrix M mit dem Zustandsvektor $\vec{x}_1$ multiplizieren.

2.2 Bezeichnen Sie mit x den prozentualen Anteil der Zuschauer, die mit dem Auto kommen, mit y den prozentualen Anteil der Zuschauer, die mit dem Bus bzw. der Bahn kommen und mit z den prozentualen Anteil z der Zuschauer, die zu Fuß bzw. mit dem Fahrrad kommen. Bestimmen Sie z in Abhängigkeit von x und y und daraus den Verteilungsvektor $\vec{x} = \begin{pmatrix} x \\ y \\ z \end{pmatrix}$. Da sich die prozentualen Anteile der verschiedenen Zuschauertypen an zwei aufeinander folgenden Heimspieltagen nicht verändern sollen, stellen Sie die Gleichung $M \cdot \vec{x} = \vec{x}$ auf und lösen das zugehörige lineare Gleichungssystem.

2.3.1 Bestimmen Sie den Zustandsvektor $\vec{x}_2$ des zweiten Heimspieltags. Sie erhalten die jeweilige Anzahl der Zuschauertypen am dritten Heimspieltag, indem Sie die Matrix M mit dem Zustandsvektor $\vec{x}_2$ multiplizieren. Die Anzahl der Zuschauer, die mit dem Auto kommen erhalten Sie also, indem Sie die erste Zeile der Matrix M mit dem Zustandsvektor $\vec{x}_2$ multiplizieren. Die Anzahl P der nötigen Parkplätze erhalten Sie, indem Sie die Zuschauerzahl von Typ A am dritten Heimspieltag durch 2,5 teilen.

2.3.2 Bestimmen Sie die Anzahl der Zuschauer, die am dritten Heimspieltag mit dem Auto kommen, so dass die 8000 Parkplätze genau ausreichen. Da sich das Wechselverhalten der anderen Zuschauertypen B und F nicht ändert, verwenden Sie als Ansatz für die erste Zeile der Matrix $M = \begin{pmatrix} a & 0,2 & 0,1 \\ \dots & \dots & \dots \\ \dots & \dots & \dots \end{pmatrix}$, wobei a der veränderte Prozentsatz von Zuschauern vom Typ A ist, die dann wieder mit dem Auto kommen. Multiplizieren Sie die erste Zeile von M mit dem Zustandsvektor $\vec{x}_2$, so erhalten Sie die Anzahl der Zuschauer, die am dritten Heimspieltag mit dem Auto kommen, in Abhängigkeit von a. Stellen Sie eine Gleichung auf und lösen Sie diese nach a auf.

2 Abitur 2019

Teil 1 ohne Hilfsmittel

1 Analysis (AG, BTG, EG, SGG, TG, WG)

1.1.1 (1) Für die Aussage $f'(1) > 0$ betrachten Sie die Steigung der entsprechenden Tangente an der Stelle $x = 1$ oder das Monotonieverhalten von f bei $x = 1$.

(2) Für die Aussage $\int_1^3 f(x)\,dx \geqslant 6$ betrachten Sie den Flächeninhalt der dem Integral sprechenden Fläche zwischen dem Schaubild von f, der x-Achse und den Geraden $x = 1$ und $x = 3$.

(3) Für die Aussage $F(4) = F(0)$ formen Sie die Gleichung zu $F(4) - F(0) = 0$ bzw. $F(4) - F(0) = \int_0^4 f(x)dx$ um und betrachten den Flächeninhalt der dem Integral entsprechenden Fläche zwischen dem Schaubild von f, der x-Achse und den Geraden $x = 0$ und $x = 4$.

1.1.2 Als Ansatz für einen Funktionsterm einer trigonometrischen Funktion verwenden Sie $f(x) = a \cdot \sin(b \cdot (x - c)) + d$. Bestimmen Sie die Amplitude a sowie die Periode p. Berechnen Sie b mit Hilfe von $p = \frac{2\pi}{b}$. Überlegen Sie, ob das Schaubild von f bezüglich des Schaubilds der Funktion $g(x) = \sin(x)$ in x- oder y-Richtung verschoben ist und bestimmen Sie daraus c und d.

1.2 Formen Sie den Bruch um zu einer Potenz mit negativem Exponenten und bilden Sie die 1. Ableitung der Funktion g mit der Potenzregel.

1.3 Den gesuchten Wert des Integrals $\int_{-1}^{1} \left(\sqrt{2} \cdot x\right)^2 dx$ erhalten Sie mit Hilfe des Hauptsatzes der Differential- und Integralrechnung: $\int_a^b f(x)dx = F(b) - F(a)$.

1.4 Die 1. Ableitung der Funktion $e^{h(x)}$ erhalten Sie mit Hilfe der Kettenregel. Setzen Sie $e^{h(x)} = x$ in beide Seiten der Gleichung ein und lösen Sie diese nach $h'(x)$ auf.

2 Stochastik (AG, BTG, EG, SGG, TG, WG)

2.1 Bezeichnen Sie mit F: «Ein Besucher fährt mit der Super-Achterbahn» und mit Ü: «Eine Person ist über 50 Jahre alt» und zeichnen Sie anhand der gegebenen Daten das entsprechende Baumdiagramm.

2.2 Die Wahrscheinlichkeit, dass ein Besucher des Freizeitparks über 50 Jahre alt ist, erhalten Sie mit Hilfe der Pfadregeln: $P(\overline{U}) = P(F \cap \overline{U}) + P(\overline{F} \cap \overline{U})$.

2.3 Überlegen Sie anhand des gegebenen Terms, wie viele Personen ausgewählt werden. Legen Sie X als binomialverteilte Zufallsvariable für die Anzahl der Personen, die nicht mit der Super-Achterbahn fahren, mit den Parametern n = 12 und p = 0,3 fest. Schreiben Sie den gegebenen Term mit Hilfe der Bernoulli-Formel $P(X = k) = \binom{n}{k} \cdot p^k \cdot (1-p)^{n-k}$ um und formulieren Sie die zugehörige Fragestellung.

3 Lineare Algebra: Wahlgebiet Vektorgeometrie (AG, BTG, EG, SGG, TG, WG)

3.1 Lösen Sie das gegebene Gleichungssystem mit Hilfe des Gaußschen Eliminierungsverfahrens.
Subtrahieren Sie Gleichung (2) von Gleichung (3), so erhalten Sie z. Durch Einsetzen ergeben sich y und x.

3.2.1 Um zu begründen, dass die Gerade g parallel zur x_1x_3-Ebene ist, setzen Sie den allgemeinen Punkt P_r von g in die Koordinatengleichung $x_2 = 0$ der x_1x_3-Ebene ein. Bei einem Widerspruch ist g parallel zur x_1x_3-Ebene.
Überlegen Sie, durch welchen Punkt Q, der vom Stützpunkt von g 5 LE entfernt ist, eine zu g parallele Gerade verlaufen könnte. Beachten Sie, dass diese Gerade denselben Richtungsvektor wie g haben kann.

3.2.2 Den Abstand des Punktes P zu g erhalten Sie mit Hilfe des Lotfußpunktverfahrens. Beachten Sie, dass der Verbindungsvektor eines allgemeinen Punktes P_r von g zu Punkt P orthogonal zum Richtungsvektor $\vec{u}$ der Geraden g sein muss, d.h. das Skalarprodukt dieser beiden Vektoren muss Null ergeben. Lösen Sie die entsprechende Gleichung nach r auf und setzen Sie das erhaltene Ergebnis in P_r ein, um den Lotfußpunkt F zu erhalten. Den Abstand d von P zu g erhalten Sie, indem Sie die Länge des Vektors von P zu F berechnen.

3 Lineare Algebra: Wahlgebiet Wahlgebiet Matrizen (AG, BTG, EG, SGG, WG)

3.1 Lösen Sie das gegebene Gleichungssystem mit Hilfe des Gaußschen Eliminierungsverfahrens.
Subtrahieren Sie Gleichung (2) von Gleichung (3), so erhalten Sie z. Durch Einsetzen ergeben sich y und x.

3.2.1 Um die Werte für a und b zu berechnen, bestimmen Sie das Matrizenprodukt $A \cdot A$ und setzen dieses gleich der Einheitsmatrix E. Durch Vergleich der Matrizeneinträge erhalten Sie a und b.

3.2.2 Bei der gegebenen Matrizengleichung verwenden Sie $A \cdot A = E$, lösen die Klammern auf, vereinfachen und multiplizieren anschließend mit A.

Teil 2 Aufgabe 1

1.1.1 Setzen Sie die Koordinaten der Punkte P und Q jeweils in $p(x)$ ein und lösen Sie das zugehörige lineare Gleichungssystem.

1.1.2 Setzen Sie $b = -a$ in $p(x)$ ein. Lösen Sie die Gleichung $p(x) = 0$ durch Ausklammern nach x auf. Verwenden Sie den Satz vom Nullprodukt.

1.2.1 Den y-Wert des Tiefpunkts T von K erhalten Sie, indem Sie $x = 0$ in $f(x)$ einsetzen. Beachten Sie, dass der Punkt Q auf g, der den kleinsten Abstand zum Tiefpunkt T von K hat, der Schnittpunkt des Lots von T auf g mit g ist. Durch Einzeichnen und Ablesen erhalten Sie die Koordinaten von Q. Den Abstand d von Q zu T erhalten Sie mit Hilfe des Satzes des Pythagoras.

1.2.2 Überlegen Sie anhand der Verschiebung des Tiefpunkts, um wie viele Längeneinheiten K in x-Richtung bzw. in y-Richtung verschoben wird. Verwenden Sie $h(x) = f(x-c) + d$, wenn $c > 0$ die Verschiebung nach rechts und $d > 0$ die Verschiebung nach oben beschreibt.

1.2.3 (1) Einen möglichen Wendepunkt von K erhalten Sie mit Hilfe der 2. Ableitung von f. Als notwendige Bedingung lösen Sie die Gleichung $f''(x) = 0$ nach x auf. Falls es keine reelle Lösung gibt, besitzt K keinen Wendepunkt.

(2) Setzen Sie die x-Werte des gegebenen Intervalls in $f(x)$ ein und vergleichen Sie die Ergebnisse in Bezug zu $f(x_0) = 1$.

(3) Bestimmen Sie die Steigung m_n der Normalen an K, die zu g senkrecht steht, und die Steigung m_t der zugehörigen Tangente (negativer Kehrwert der Steigung der Normalen). Um diese Tangente zu bestimmen, lösen Sie die Gleichung $f'(x) = m_t$ nach x auf. Falls es keine reelle Lösung gibt, besitzt K keine Normale, die zu g senkrecht steht.

1.2.4 Den Flächeninhalt A der Fläche, die das Schaubild K, die beiden Geraden mit der Gleichung $x = -c$ bzw. $x = c$ mit $c > 0$ und die Gerade g umschließen, erhalten Sie mit Hilfe eines Integrals in Abhängigkeit von c. Beachten Sie, dass K oberhalb der Geraden g verläuft. Verwenden Sie den Hauptsatz der Differential- und Integralrechnung: $\int_a^b f(x)\,\mathrm{d}x = F(b) - F(a)$, wobei F eine Stammfunktion von f ist. Um c so zu bestimmen, dass der Inhalt dieser Fläche den Wert 2 hat, lösen Sie die Gleichung A = 2 nach c auf. Hierzu multiplizieren Sie die Gleichung mit e^c und substituieren anschließend $e^c = z$. Lösen Sie die entstandene quadratische Gleichung mit Hilfe der abc-Formel nach z auf und resubstituieren Sie wieder. Durch Logarithmieren erhalten Sie eine Lösung für c.

Teil 2 Aufgabe 2

2.1 Beschreiben Sie den Anstieg und den Rückgang der NO$_2$-Konzentration zu verschiedenen Zeiten und überlegen Sie, welche Ursache den Anstieg bewirkt haben könnte.

2.2.1 Beachten Sie, dass die Sinusfunktion maximal den Wert 1 annehmen kann und bestimmen Sie damit das Maximum von f. Lesen Sie den tatsächlich gemessenen maximalen Wert der NO$_2$-Konzentration am Schaubild ab. Bestimmen Sie die Differenz der beiden Werte und teilen Sie das Ergebnis durch den tatsächlich gemessenen Wert.

2.2.2 Die beiden Zeitpunkte, an denen die Zunahme der NO$_2$-Konzentration am größten ist, erhalten Sie, indem Sie die Extremstellen von $f'(t)$ mit positiver Steigung bestimmen, also die Wendestellen von f mit positiver Steigung. Hierzu verwenden Sie die 2. Ableitung von $f(t)$, die Sie mit der Kettenregel erhalten. Als notwendige Bedingung lösen Sie die Gleichung $f''(t) = 0$ nach t auf. Substituieren Sie $\frac{\pi}{5} \cdot (t - \frac{11}{2}) = z$, bestimmen Sie die zugehörigen z-Werte und resubstituieren Sie wieder, um die t-Werte zu erhalten. Setzen Sie die erhaltenen t-Werte in $f'(t)$ ein um zu prüfen, ob die Steigung positiv ist. Bestimmen Sie die zu den entsprechenden t-Werten zugehörigen Uhrzeiten.

2.2.3 Um den Zeitpunkt zu bestimmen, zu der der Grenzwert von $40\,\frac{\mu g}{m^3}$ der NO$_2$-Konzentration erstmals erreicht wurde, lösen Sie die Gleichung $f(t) = 40$ nach t auf. Substituieren Sie $\frac{\pi}{5} \cdot (t - \frac{11}{2}) = z$, bestimmen Sie den zugehörigen z-Wert mit Hilfe des WTR und resubstituieren Sie wieder, um den t-Wert zu erhalten. Überlegen Sie, welche Uhrzeit zum erhaltenen t-Wert gehört.

Teil 2 Aufgabe 3

3.1 Den höchstmöglichen Wasserstand und die Breite des Kanals erhalten Sie, indem Sie die Koordinaten der Hochpunkte des Schaubilds von f berechnen. Hierzu verwenden Sie die 1. und 2. Ableitung von f. Als notwendige Bedingung lösen Sie die Gleichung $f'(x) = 0$ durch Ausklammern mit Hilfe des Satzes vom Nullprodukt nach x auf. Setzen Sie die erhaltenen x-Werte in $f''(x)$ ein. Falls das Ergebnis kleiner als Null ist, handelt es sich um einen Hochpunkt. Die zugehörigen y-Werte erhalten Sie, indem Sie die x-Werte in $f(x)$ einsetzen. Die Breite b des Kanals erhalten Sie, indem Sie die Differenz der x-Werte der Hochpunkte berechnen.

3.2.1 Setzen Sie aus Symmetriegründen $x_1 = -2$ und $x_2 = 2$ in $f(x)$ ein und zeigen Sie damit, dass der Wasserstand bei einer Breite von 4 m genau 2 m hoch ist.

3.2.2 Den Wert des gegebenen Integrals erhalten Sie mit Hilfe des Hauptsatzes der Differential- und Integralrechnung: $\int_a^b f(x)\,dx = \left[F(x)\right]_a^b = F(b) - F(a)$, wobei F eine Stammfunktion von f ist. Überlegen Sie, welche Fläche mit Hilfe des Integrals $\int_{-2}^{2} (2 - f(x))\,dx$ berechnet wird und warum diese mit 15 multipliziert wird.

3.3 Beachten Sie, dass der Lichtstrahl, der die rechte Böschung an einem Punkt B$(u \mid f(u))$ mit $u > 0$ berührt, eine Tangente an das Schaubild von f ist. Die Tangentensteigung $m_t = f'(u)$ in B muss gleich groß sein wie die Steigung zwischen den Punkten T und B. Stellen Sie damit eine Gleichung in Abhängigkeit von u auf und lösen Sie diese durch Ausklammern und mit Hilfe des Satzes vom Nullprodukt nach u auf. Beachten Sie, dass $u > 0$ ist. Die Steigung a der Geraden mit der Gleichung $y = a \cdot x$ erhalten Sie, indem Sie den erhaltenen u-Wert in $m_t = f'(u)$ einsetzen.

Teil 2 Aufgabe 4

4.1 Um das Schaubild der Erlös- und Gesamtkostenfunktion in ein Koordinatensystem zu zeichnen, erstellen Sie mit Hilfe des WTR eine Wertetabelle für die Gesamtkostenfunktion K(x). Stellen Sie eine Gleichung für die Erlösfunktion E(x) auf. Beachten Sie, dass die Gewinnzone derjenige Bereich ist, in welchem die Erlösfunktion oberhalb der Gesamtkostenfunktion verläuft.

4.2 Den maximalen Gewinn erhalten Sie, indem Sie zuerst die Gewinnfunktion G mit G(x) = E(x) − K(x) aufstellen und mit Hilfe der 1. und 2. Ableitung von G das Maximum von G bestimmen. Als notwendige Bedingung lösen Sie die Gleichung G$'(x) = 0$ nach x auf. Verwenden Sie die *abc*-Formel. Beachten Sie, dass $0 \leqslant x \leqslant 9$ ist. Setzen Sie den erhaltenen x-Wert in G$''(x)$ ein. Falls das Ergebnis kleiner als Null ist, handelt es sich um ein Maximum. Den zugehörigen y-Wert erhalten Sie, indem Sie den x-Wert in G(x) einsetzen. Überprüfen Sie mit Hilfe der Wertetabelle die Randwerte bei $x = 0$ und $x = 9$.

4.3 Überlegen Sie, welche Bedeutung die Bedingungen für das Schaubild von K haben und übertragen Sie diese auf den Sachzusammenhang.

Teil 3 Aufgabe 1

1.1 Legen Sie X als binomialverteilte Zufallsvariable für die Anzahl der Zecken mit FSME-Viren mit den Parametern n und p fest. Die Wahrscheinlichkeit für das Ereignis E_1 erhalten Sie mit Hilfe der Binomialverteilung. Legen Sie Y als binomialverteilte Zufallsvariable für die Anzahl der Zecken mit FSME-Viren mit den Parametern n und p fest. Die Wahrscheinlichkeit für das Ereignis E_2 erhalten Sie mit Hilfe der kumulierten Binomialverteilung. Legen Sie Z als binomialverteilte Zufallsvariable für die Anzahl der Zecken mit FSME-Viren mit den Parametern n und p fest. Die Wahrscheinlichkeit für das Ereignis E_3 erhalten Sie mit Hilfe der kumulierten Binomialverteilung und der Wahrscheinlichkeit des Gegenereignisses.

1.2 Um die Aussage zu prüfen, ob das Risiko einer Übertragung der FSME-Viren auf den Menschen erst dann 60% übersteigt, wenn man von mindestens 25 Zecken gebissen wird, berechnen Sie die Wahrscheinlichkeit, dass bei genau 25 Zeckenbissen eine Übertragung der FSME-Viren auf den Menschen stattfindet. Legen Sie X als binomialverteilte Zufallsvariable für die Anzahl der Zecken mit FSME-Viren mit den Parametern n und p fest. Die Wahrscheinlichkeit für das Ereignis E: «Von 25 zufällig ausgewählten Zecken trägt mindestens eine FSME-Viren in sich.» erhalten Sie mit Hilfe der kumulierten Binomialverteilung und der Wahrscheinlichkeit des Gegenereignisses. Vergleichen Sie Ihr Ergebnis mit der Aussage.

1.3.1 Bestimmen Sie die relative Häufigkeit h für die FSME-Viren, indem Sie die Anzahl der Zecken mit FSME-Viren durch die gesamte Anzahl der Zecken teilen. Das 95%-Vertrauensintervall für die unbekannte Wahrscheinlichkeit, dass eine Zecke FSME-Viren in sich trägt, erhalten Sie mit der Formel: $I = \left[h - 1{,}96 \cdot \sqrt{\frac{h \cdot (1-h)}{n}} \,;\, h + 1{,}96 \cdot \sqrt{\frac{h \cdot (1-h)}{n}} \right]$.

1.3.2 Berechnen Sie die Länge L des Vertrauensintervalls, indem Sie die linke Grenze von der rechten Grenze subtrahieren. Überlegen Sie für kleine relative Häufigkeiten (also für Werte von $h < 0{,}5$), wie sich der Term $h \cdot (1-h)$ verändert, wenn h größer wird, und beachten Sie, dass der Term $\sqrt{\frac{h \cdot (1-h)}{n}}$ gleich bleiben soll.

Teil 3 Aufgabe 2

2.1 Bestimmen Sie die Wahrscheinlichkeiten für Sonne (S), Mond (M) und Wolke (W) beim einmaligen Drehen. Die Wahrscheinlichkeit des Ereignisses A erhalten Sie mit Hilfe der Pfadregeln. Beachten Sie, dass bei den ersten beiden Drehungen keine Wolke angezeigt wird. Die Wahrscheinlichkeit des Ereignisses B erhalten Sie mit Hilfe der Wahrscheinlichkeit des Gegenereignisses, nämlich dass der Spieler dreimal Mond dreht. Verwenden Sie die Pfadregeln.

2.2 Bezeichnen Sie mit C das Ereignis, dass ein Spiel mit Wolke endet und mit D das Ereignis, dass keinmal Sonne angezeigt wird. Die Wahrscheinlichkeit des Ereignisses C erhalten Sie mit Hilfe der Pfadregeln. Die Wahrscheinlichkeit $P(C \cap D)$, dass keinmal Sonne angezeigt wird und das Spiel mit Wolke endet, erhalten Sie ebenfalls mit Hilfe der Pfadregeln. Die Wahrscheinlichkeit, dass der Spieler keinmal Sonne gedreht hat, unter der Bedingung, dass das Spiel mit Wolke endet, erhalten Sie mit Hilfe der bedingten Wahrscheinlichkeit: $P_C(D) = \frac{P(C \cap D)}{P(C)}$.

2.3.1 Den Gewinn pro Spiel, den der Besitzer langfristig im Mittel erwarten kann, erhalten Sie, indem Sie den Erwartungswert des Gewinns des Besitzers bestimmen. Dazu multiplizieren Sie die Auszahlungsbeträge mit den entsprechenden Wahrscheinlichkeiten und subtrahieren diese vom Einsatz. Bestimmen Sie noch die Wahrscheinlichkeit, dass dreimal Sonne angezeigt wird, mit Hilfe der Pfadregeln.

2.3.2 Beachten Sie, dass die Wahrscheinlichkeit p, genau einen Euro ausgezahlt zu bekommen, angegeben ist. Legen Sie X als binomialverteilte Zufallsvariable für die Anzahl der Spieler, die genau einen Euro ausbezahlt bekommen, mit den Parametern n und p fest. Die Wahrscheinlichkeit, dass mehr als 30 aber weniger als 40 Spieler genau einen Euro ausbezahlt bekommen, erhalten Sie mit Hilfe der kumulierten Binomialverteilung.

Teil 4 Lineare Algebra: Vektorgeometrie

1.1 Um zu zeigen, dass die Grundfläche des Hbf ein Rechteck ist, bestimmen Sie zuerst die Verbindungsvektoren der Seiten des Vierecks; falls jeweils zwei gegenüberliegende Vektoren gleich sind, handelt es sich um ein Parallelogramm. Um nachzuweisen, dass das Parallelogramm ein Rechteck ist, berechnen Sie das Skalarprodukt zwischen den Vektoren $\overrightarrow{B_1B_2}$ und $\overrightarrow{B_1B_4}$. Falls das Ergebnis Null ist, ist bei B_1 ein rechter Winkel. Aufgrund der Eigenschaften des Parallelogramms müssen die anderen Winkel dann auch rechte Winkel sein und es handelt sich um ein Rechteck. Den Inhalt G der Grundfläche erhalten Sie, indem Sie zuerst die Längen der Verbindungsvektoren $\overrightarrow{B_1B_2}$ und $\overrightarrow{B_1B_4}$ bestimmen und anschließend den Rechtecksinhalt berechnen. Beachten Sie, dass einer Längeneinheit 100 m = 0,1 km entsprechen und bestimmen Sie, wie viel Quadratkilometer einer Flächeneinheit entsprechen.

1.2.1 Den Winkel α, den der Tunnel mit der Ebene, in der die Grundfläche des Hbf liegt, einschließt, erhalten Sie, indem Sie den Winkel zwischen der Geraden g^* (Verlängerung der Strecke g) und der Ebene $x_3 = 0$ mit der Formel $\sin(\alpha) = \frac{|\vec{u} \cdot \vec{n}|}{|\vec{u}| \cdot |\vec{n}|}$ berechnen, wobei $\vec{u}$ der Richtungsvektor von g^* und $\vec{n}$ der Normalenvektor der Ebene $x_3 = 0$ ist.

1.2.2 Den Abstand d des Tunnels zur Seite $\overline{B_1B_2}$ der Grundfläche erhalten Sie, indem Sie den Abstand der windschiefen Geraden g^* und h durch B_1 und B_2 berechnen. Der Abstand der windschiefen Geraden ist der Abstand des Punktes B_1 zur Ebene F, in der die Gerade g^*

liegt, und welche parallel zu h ist. Hierzu benötigen Sie einen Vektor $\vec{n}$, der senkrecht auf den beiden Richtungsvektoren $\vec{u}_1$ und $\vec{u}_2$ von g^* und h steht. Verwenden Sie das Vektorprodukt der beiden Vektoren. Bestimmen Sie d mit der Formel $d = \left|\frac{(\vec{a}-\vec{p})\cdot\vec{n}}{|\vec{n}|}\right|$ für den Abstand eines Punktes zu einer Ebene und vergleichen Sie Ihr Ergebnis mit dem Sicherheitsabstand. Beachten Sie, dass einer Längeneinheit 100 m entsprechen.

1.3.1 Um zu prüfen, ob der Punkt S in der Ebene E liegt, setzen Sie die Koordinaten von S in die Ebenengleichung ein. Bei einer wahren Aussage liegt S in E.

1.3.2 Verwenden Sie als Richtungsvektor von k den Normalenvektor $\vec{n}$ von E. Die Koordinaten des Punktes A' auf k, der denselben Abstand zu E hat wie der Punkt A, erhalten Sie, indem Sie den Punkt A an E spiegeln. Berechnen Sie den Schnittpunkt L von k und E. Dazu setzen Sie die Koordinaten eines allgemeinen Punktes L_r von k in die Gleichung von E ein und lösen die Gleichung nach r auf. Setzen Sie den erhaltenen r-Wert in L_r ein, um L zu erhalten. Die Koordinaten von A' erhalten Sie mit Hilfe einer Vektorkette: $\overrightarrow{OA'} = \overrightarrow{OA} + 2 \cdot \overrightarrow{AL}$.

Teil 4 Lineare Algebra: Matrizen

1.1 Zeichnen Sie anhand der gegebenen Tabelle das Übergangsdiagramm für die Veränderung der Gästeverteilung. Beachten Sie, dass der Wert 0,04 in der Tabelle und in M das Wechselverhalten von A zu C angibt.

1.2 Bestimmen Sie den Zustandsvektor $\vec{x}$ für die Verteilung der Gäste auf die Skigebiete. Dabei gibt die erste Zeile die Anzahl der Gäste des Skigebiets A, die zweite Zeile die Anzahl der Gäste des Skigebiets B und die dritte Zeile die Anzahl der Gäste des Skigebiets C an. Die jeweilige Anzahl der Gäste der Skigebiete A, B und C im folgenden Jahr erhalten Sie, indem Sie die Matrix M mit dem Zustandsvektor $\vec{x}$ multiplizieren. Um zu bestimmen, in welchem Skigebiet der größte prozentuale Unterschied besteht, teilen Sie jeweils die Differenz der Gästezahlen durch die anfänglichen Gästezahlen in jedem Skigebiet.

1.3 Bezeichnen Sie mit a die Anzahl der Gäste in Skigebiet A, mit b die Anzahl der Gäste in Skigebiet B und mit c die Anzahl der Gäste in Skigebiet C im Jahr 2020. Bestimmen Sie damit den Zustandsvektor $\vec{x}$. Beachten Sie, dass im Jahr 2020 die Anzahl der Gäste in A mit der Summe der Anzahl der Gäste in B und C übereinstimmt und bestimmen Sie damit den Zustandsvektor $\vec{x}$ in Abhängigkeit von b und c. Die Anzahl der Gäste in B im Jahr 2021 erhalten Sie, indem Sie die Matrix M mit dem Zustandsvektor $\vec{x}$ multiplizieren. Dabei ist beim Ergebnis nur die zweite Zeile von Bedeutung. Beachten Sie, dass im Jahr 2021 in B genau 63 500 Gäste ihren Skiurlaub verbringen und dass insgesamt 200 000 Gäste vorhanden sind. Stellen Sie zwei Gleichungen auf und lösen Sie das zugehörige lineare Gleichungssystem.

1.4 Bezeichnen Sie mit a den prozentualen Anteil der Gäste in Skigebiet A, mit b den prozentualen Anteil der Gäste in Skigebiet B und mit c den prozentualen Anteil der Gäste in Skigebiet C. Bestimmen Sie c in Abhängigkeit von a und b und daraus den Verteilungsvektor $\vec{x} = \begin{pmatrix} a \\ b \\ c \end{pmatrix}$. Um die prozentuale Gästeverteilung, die von Jahr zu Jahr gleich bleibt, zu berechnen, stellen Sie die Gleichung $M \cdot \vec{x} = \vec{x}$ auf und lösen das zugehörige lineare Gleichungssystem.

3 Abitur 2020

Teil 1 ohne Hilfsmittel

1 Analysis

1.1 Die Nullstellen des Polynoms p erhalten Sie, indem Sie die Gleichung $p(x) = 0$ nach x auflösen. Verwenden Sie den Satz vom Nullprodukt. Beachten Sie, dass der Term von p nur ungerade Exponenten enthält und damit punktsymmetrisch zum Ursprung ist. Beachten Sie auch das Verhalten von $p(x)$ für $x \to -\infty$ und $x \to \infty$, um eine Skizze des Schaubilds von p zu erstellen.

1.2 Lesen Sie anhand der gegebenen Tabelle bestimmte Werte ab, um die Aussagen zu beurteilen.
(1) Bestimmen Sie den Funktionswert zu $x = -1$.
(2) Beachten Sie, dass bei einem Wendepunkt die zweite Ableitung gleich Null ist.
(3) Prüfen Sie anhand der Werte von h', ob h' dreimal das Vorzeichen wechselt.

1.3.1 Überlegen Sie, wie das Schaubild der Funktion f aus dem Schaubild der Sinusfunktion $\sin(x)$ durch Streckungen und Verschiebungen hervorgeht. Bestimmen Sie die Periode p durch $p = \frac{2\pi}{b}$. Skizzieren Sie das Schaubild von f und bestimmen Sie damit benachbarte Wendepunkte W_1 und W_2.

1.3.2 Überlegen Sie, wann das gegebene Integral Null werden kann und beachten Sie die Periode p von f.

2 Stochastik

2.1 Bestimmen Sie die Wahrscheinlichkeit p, dass bei einmaligem Drehen der Pfeil auf den weißen Sektor zeigt.
Legen Sie X als binomialverteilte Zufallsvariable für die Anzahl der weißen Sektoren mit den Parametern n und p fest. Die Wahrscheinlichkeit des Ereignisses A erhalten Sie mithilfe der Bernoulli-Formel: $P(X = k) = \binom{n}{k} \cdot p^k \cdot (1-p)^{n-k}$.

2.2 Überlegen Sie, welches Ereignis zur Wahrscheinlichkeit $\left(\frac{1}{6}\right)^2 \cdot \left(\frac{5}{6}\right)^2$ gehört und verwenden Sie die Pfadregeln, um drei verschiedene Ergebnisse zu erhalten.

2.3 Beachten Sie, dass der Erwartungwert E Null sein muss, damit das Spiel fair ist. Legen Sie x als Auszahlung bei einem Hauptgewinn fest. Den Erwartungswert für den Gewinn des Spielers erhalten Sie, indem Sie die Auszahlungsbeträge mit den entsprechenden Wahrscheinlichkeiten multiplizieren, die Ergebnisse addieren und den Spieleinsatz subtrahieren. Lösen Sie die Gleichung $E = 0$ nach x auf.

3 Lineare Algebra: Wahlgebiet Vektorgeometrie (AG, BTG, EG, SGG, TG, WG)

3.1 Um zu zeigen, dass die Ebene E den Punkt M enthält, setzen Sie die Koordinaten von M in die Gleichung von E ein. Bei einer wahren Aussage liegt M in E. Stellen Sie die Gleichung der Geraden g auf und skizzieren Sie die Problemstellung. Um zu zeigen, dass E orthogonal zu g ist, weisen Sie nach, dass der Normalenvektor $\vec{n}$ von E und der Richtungsvektor $\vec{u}$ von g Vielfache voneinander sind.

3.2 Beachten Sie, dass M und C auf g liegen und skizzieren Sie die Problemstellung. Die Koordinaten des Punktes D, der von M den gleichen Abstand wie C hat, erhalten Sie mithilfe einer Vektorkette.

3.3 Zeigen Sie mithilfe der Mittelpunktsformel, dass M der Mittelpunkt von A und B ist. Skizzieren Sie die Problemstellung. Um zu begründen, dass für jeden Punkt P von E die angegebene Gleichung gilt, verwenden Sie den Satz des Pythagoras.

4 Lineare Algebra: Wahlgebiet Matrizen (AG, BTG, EG, SGG, WG)

3.1 Überlegen Sie, welches Format die Matrix $A \cdot B$ hat und bestimmen Sie damit das Format der Matrix C.

3.2 Verwenden Sie $Q \cdot R = Q \cdot Q^{-1} = E$ und $R \cdot Q = Q^{-1} \cdot Q = E$ (E: Einheitsmatrix), um den gegebenen Term zu vereinfachen.

3.3 Um die Werte für a, b und c zu berechnen, bestimmen Sie zuerst das Matrizenprodukt $X \cdot Y$. Wegen $Z = X \cdot Y$ vergleichen Sie die Einträge der Matrizen. Verwenden Sie den Satz vom Nullprodukt. Geben Sie alle möglichen Lösungen in der Form $(a; b; c)$ an.

Teil 2 Aufgabe 1

1.1.1 Setzen Sie $x = 1$ in $f(x)$, $f'(x)$ und $f''(x)$ ein. Falls $f'(1) = 0$, $f''(1) < 0$ und $f(1) = \frac{10}{e}$ ist der angegebene Punkt der Hochpunkt von K_f. Zur Bestimmung der Gleichung der Asymptote betrachten Sie das Verhalten von $f(x)$ für $x \to \pm\infty$.

1.1.2 Um K_f zu zeichnen, erstellen Sie mithilfe des Taschenrechners eine Wertetabelle.

1.1.3 Um zu zeigen, dass F eine Stammfunktion von f ist, bestimmen Sie die 1. Ableitung von F mithilfe der Produktregel: $(u(x) \cdot v(x))' = u'(x) \cdot v(x) + u(x) \cdot v'(x)$. Falls $F'(x) = f(x)$ ist F eine Stammfunktion von f.
Berechnen Sie das Integral mithilfe der gegebenen Stammfunktion F und des Hauptsatzes der Differential- und Integralrechnung: $\int_a^b f(x)\,dx = \left[F(x)\right]_a^b = F(b) - F(a)$, wobei F eine Stammfunktion von f ist. Um den Wert von a in der gegebenen Gleichung zu bestimmen, formen Sie ihr Ergebnis des Integrals soweit um, dass Sie die Koeffizienten vergleichen können.

1.2.1 Zuerst bestimmen Sie die Koordinaten der Punkte P und Q. Dazu setzen Sie die gegebenen x-Werte in die entsprechenden Funktionsgleichungen ein. Die Steigung m der Geraden durch P und Q erhalten Sie mithilfe der Steigungsformel: $m = \frac{y_2 - y_1}{x_2 - x_1}$. Die Steigungen der Normalen erhalten Sie mithilfe der Ableitungen der Funktionen $g(x)$ und $h(x)$. Setzen Sie dazu die x-Werte von P und Q in die entsprechenden Ableitungen ein, um die Tangentensteigungen m_{t_1} in P und m_{t_2} in Q zu erhalten. Die Normalensteigungen m_{n_1} in P und m_{n_2} in Q erhalten Sie, indem Sie jeweils den negativen Kehrwert der Tangentensteigungen bilden. Falls die Normalensteigungen mit der Geradensteigung übereinstimmen, ist die Aussage wahr.

1.2.2 Um das Volumen des Rotationskörpers zu bestimmen, berechnen Sie zuerst die Schnittstelle von K_h mit der Geraden $y = c$ durch Gleichsetzen und Quadrieren. Das Volumen V des Rotationskörpers erhalten Sie mithilfe eines Integrals. Beachten Sie, dass die Gerade $y = c$ oberhalb von K_h verläuft. Um den Wert von c so zu bestimmen, dass das Volumen des Rotationskörpers 32π beträgt, lösen Sie die Gleichung $V = 32\pi$ durch Wurzelziehen nach c auf.

Teil 2 Aufgabe 2

2.1 Um die Aussage zu beurteilen, bestimmen Sie anhand der gegebenen Abbildung den tiefsten Wert von v. Um den maximalen Wasserzufluss zu erhalten, bestimmen Sie anhand der gegebenen Abbildung den Zeitpunkt t, zu dem v den höchsten Wert erreicht, und setzen Sie diesen t-Wert in $v(t)$ ein.

2.2 Den Wert des Wasserzuflusses zu Beginn der Beobachtung erhalten Sie, indem Sie $t = 0$ in $v(t)$ einsetzen.
Um zu berechnen, wann v diesen Wert erneut erreicht, lösen Sie die Gleichung $v(t) = v(0)$ nach t auf. Verwenden Sie den Satz vom Nullprodukt und die pq- oder abc-Formel. Beachten Sie, dass $t > 0$ sein muss und dass t in Stunden angegeben wird. Multiplizieren Sie den erhaltenen t-Wert mit 60, um die Anzahl der Minuten zu erhalten.

2.3 Beachten Sie, dass $v(t)$ den Wasserzu- bzw. Wasserabfluss beschreibt. Die 20 Stunden nach Beobachtungsbeginn zu- bzw. abgeflossene Wassermenge erhalten Sie also mithilfe eines Integrals. Überlegen Sie anhand Flächenbetrachtungen, ob der Wert dieses Integrals positiv oder negativ ist. Beachten Sie, dass zu Beginn $1000\,\text{m}^3$ Wasser im Becken vorhanden sind. Um die Wassermenge zum Zeitpunkt $t = 0$ näherungsweise anzugeben, bestimmen Sie durch «Kästchenzählen» die zugeflossene und die abgeflossene Wassermenge. Beachten Sie, welcher Wassermenge ein Kästchen entspricht.

Teil 2 Aufgabe 3

3.1 Verwenden Sie als Ansatz eine allg. Sinusfunktion mit $v(t) = a \cdot \sin(b \cdot (t - c)) + d$.
Bestimmen Sie anhand der Abbildung 1 die Mittellinie d, um die das Schaubild von v

oszilliert, die Amplitude a, die Verschiebung c in x-Richtung und mithilfe der Periode p den Wert b durch $p = \frac{2\pi}{b}$.

3.2 Die Länge l der Strecke, die gemäß des Modells während eines Armzyklus zurückgelegt wird, erhalten Sie mithilfe eines Integrals. Verwenden Sie den Hauptsatz der Differential- und Integralrechnung: $\int_a^b f(x)\,dx = \left[F(x)\right]_a^b = F(b) - F(a)$, wobei F eine Stammfunktion von f ist. Alternativ können Sie auch die Durchschnittsgeschwindigkeit mit der Zeitspanne für einen Armzyklus multiplizieren. Die Zeit, die die Schwimmerin für 36 m benötigt, erhalten Sie, indem Sie zuerst die Anzahl z der benötigten Zyklen berechnen. Dazu teilen Sie die Gesamtstrecke durch die Länge der Strecke für einen Armzyklus. Multiplizieren Sie anschließend die Anzahl der Zyklen mit der Dauer eines Zyklus.

3.3.1 Überlegen Sie, welche Strecke mithilfe des Integrals berechnet wird und welche Bedeutung u hat.

3.3.2 Beachten Sie, dass das Schaubild der trigonometrischen Funktion v_E für $t \geqslant 24$ um eine Gerade oszilliert. Bestimmen Sie die Steigung m und einen Punkt der Geraden und stellen Sie die Geradengleichung mit der Hauptform $y = m \cdot t + c$ auf. Den Funktionsterm der Funktion v_E erhalten Sie, indem Sie die Geradengleichung mit dem oszillierenden Anteil der Gleichung von v durch Addition verknüpfen.

Teil 2 Aufgabe 4

4.1 Den x-Wert des Punktes K mit dem größten Gefälle erhalten Sie, indem Sie die Wendestelle von f berechnen. Hierzu benötigen Sie die Ableitungen von f. Als notwendige Bedingung lösen Sie die Gleichung $f''(x) = 0$ nach x auf. Setzen Sie den erhaltenen x-Wert in $f'''(x)$ ein. Falls das Ergebnis ungleich Null ist, handelt es sich um eine Wendestelle. Den Winkel α, den die Aufsprungbahn in K mit der Horizontalen einschließt, erhalten Sie mit der Formel $\tan(\alpha) = m$. Die Steigung m der Tangente in K erhalten Sie, indem Sie den x-Wert von K in $f'(x)$ einsetzen.

4.2 Um zu prüfen, ob die Flugbahn eines Skispringers an der Stelle $x = 100$ tangential in die Aufsprungbahn übergeht, berechnen Sie die Steigungen an der Stelle $x = 100$ für die Aufsprungbahn und die Flugbahn, indem Sie jeweils den x-Wert in die 1. Ableitung einsetzen. Falls die Ableitungswerte gleich sind, geht die Flugbahn eines Skispringers an dieser Stelle tangential in die Aufsprungbahn über.

4.3 Bezeichnen Sie folgende Punkte des Schaubilds der Funktion f: A$(0 \mid f(0))$, B$(40 \mid f(40))$, C$(80 \mid f(80))$ und D$(120 \mid f(120))$ und tragen Sie diese in eine Skizze ein. Überlegen Sie, welche Länge mithilfe der Formel $\sqrt{(f(0) - f(40))^2 + 1600}$ aufgrund des Satzes des Pythagoras berechnet wird. Überlegen Sie, welche weiteren Längen berechnet werden und welche Bedeutung diese für die Aufsprungbahn haben.

Teil 3 Aufgabe 1

1.1 Legen Sie X als binomialverteilte Zufallsvariable für die Anzahl der Besucher der Beachparty mit den Parametern n und p fest. Die Wahrscheinlichkeit für das Ereignis E_1 erhalten Sie mithilfe der Binomialverteilung. Legen Sie Y als binomialverteilte Zufallsvariable für die Anzahl der Besucher der Beachparty mit den Parametern n und p fest. Die Wahrscheinlichkeit für das Ereignis E_2 erhalten Sie mithilfe der kumulierten Binomialverteilung und der Wahrscheinlichkeit des Gegenereignisses. Legen Sie Z als binomialverteilte Zufallsvariable für die Anzahl der Besucher der Beachparty mit den Parametern n und p fest. Die Wahrscheinlichkeit für das Ereignis E_3 erhalten Sie mithilfe der kumulierten Binomialverteilung.

1.2 Bezeichnen Sie mit B: Teilnehmer besucht die Beachparty, R: Teilnehmer geht zum Rockkonzert, O: Ticket wird online gekauft und A: Ticket wird an der Abendkasse gekauft. Bestimmen Sie anhand der gegebenen Daten folgende Wahrscheinlichkeiten: P(B) und damit $P(R) = 1 - P(B)$, P(A) und damit $P(O) = 1 - P(A)$ sowie $P(B \cap O)$. Diese Wahrscheinlichkeiten können Sie in eine Vierfeldertafel eintragen und durch Summen- und Differenzbildung ergänzen. Die Wahrscheinlichkeit, dass ein Teilnehmer das Rockkonzert besucht und sein Ticket online erwirbt, ergibt sich aus der Vierfeldertafel: $P(R \cap O)$. Die Wahrscheinlichkeit, dass ein Teilnehmer sein Ticket online erworben hat und dann Teilnehmer der Beachparty ist, erhalten Sie mithilfe der bedingten Wahrscheinlichkeit: $P_O(B) = \frac{P(B \cap O)}{P(O)}$.

1.3 Legen Sie X als binomialverteilte Zufallsvariable für die Anzahl der Besucher der Beachparty mit den Parametern n und p fest. Berechnen Sie mithilfe der kumulierten Binomialverteilung $P(X \leq 1500)$. Vergleichen Sie das erhaltene Ergebnis mit 99% und überlegen Sie, ob die Anzahl n kleiner sein muss. Legen Sie Y als binomialverteilte Zufallsvariable für die Anzahl der Besucher der Beachparty mit den Parametern n (unbekannt) und p fest. Stellen Sie eine Ungleichung auf und lösen Sie diese durch Ausprobieren mithilfe der kumulierten Binomialverteilung unter Verwendung des Taschenrechners.

Teil 3 Aufgabe 2

2.1 Bezeichnen Sie mit F: Gast wählt Hauptgericht mit Fleisch, mit V: Gast wählt vegetarisches Hauptgericht, mit N: Gast nimmt eine Nachspeise und mit $\overline{N}$: Gast wählt keine Nachspeise. Bestimmen Sie anhand der gegebenen Daten folgende Wahrscheinlichkeiten: P(N) und damit $P(\overline{N}) = 1 - P(N)$, P(V) und damit $P(F) = 1 - P(V)$ sowie $P(V \cap N)$. Tragen Sie diese Wahrscheinlichkeiten in eine Vierfeldertafel ein und ergänzen Sie diese durch Summen- und Differenzbildung. Die Wahrscheinlichkeit, dass ein zufällig ausgewählter Gast ein Hauptgericht mit Fleisch wählt und eine Nachspeise nimmt, ergibt sich aus der Vierfeldertafel: $P(F \cap N)$. Die Wahrscheinlichkeit, dass ein Gast, der eine Nach-

Tipps   3. *Abitur 2020*

speise nimmt, auch ein vegetarisches Hauptgericht wählt, erhalten Sie mithilfe der bedingten Wahrscheinlichkeit: $P_N(V) = \frac{P(V \cap N)}{P(N)}$. Beurteilen Sie damit die Aussage.

2.2 Legen Sie X als binomialverteilte Zufallsvariable für die Anzahl der Gäste, die das vegetarische Hauptgericht wählen, mit den Parametern n und p fest. Die Wahrscheinlichkeit für das Ereignis A erhalten Sie mithilfe der Binomialverteilung. Die Wahrscheinlichkeit für das Ereignis B erhalten Sie mithilfe der kumulierten Binomialverteilung. Die Wahrscheinlichkeit für das Ereignis C erhalten Sie ebenfalls mithilfe der kumulierten Binomialverteilung.

2.3 Bestimmen Sie die relative Häufigkeit h für die Wahl eines vegetarischen Hauptgerichts, indem Sie die Anzahl der Gäste, die angeben, dass sie ein vegetarisches Hauptgericht wählen werden, durch die gesamte Anzahl der Gäste teilen. Das 95%-Vertrauensintervall für die unbekannte Wahrscheinlichkeit, dass ein Gast ein vegetarisches Hauptgericht wählt, erhalten Sie mit der Formel: $I = \left[h - 1{,}96 \cdot \sqrt{\frac{h \cdot (1-h)}{n}} \; ; \; h + 1{,}96 \cdot \sqrt{\frac{h \cdot (1-h)}{n}} \right]$. Prüfen Sie, ob der langjährige Erfahrungswert der Planer innerhalb des 95%-Vertrauensintervalls liegt und beurteilen Sie damit, ob die Planer dem langjährigen Erfahrungswert vertrauen können.

Teil 4 Lineare Algebra: Vektorgeometrie

1.1 Tragen Sie die gegebenen Eckpunkte der Grundfläche und der Dachfläche in ein Koordinatensystem ein und verbinden Sie entsprechende Punkte.

1.2 Den Flächeninhalt A des Trapezes $B_1C_1C_2B_2$ erhalten Sie mit der Formel $A = \frac{a+c}{2} \cdot h$. Beachten Sie, dass die beiden parallelen Seiten $a = \overline{B_1C_1}$ und $c = \overline{B_2C_2}$ sind, die zugehörige Höhe ist $h = \overline{B_1B_2}$. Beachten Sie, dass einer Längeneinheit im Modell 10 Meter in der Realität entsprechen, und bestimmen Sie die Fläche, welche einer Flächeneinheit entspricht. Bestimmen Sie 80% der berechneten Fläche und multiplizieren Sie das Ergebnis mit dem Preis pro m².

1.3 Beachten Sie, dass die Kante $\overline{A_2C_2}$ das Dach in zwei dreieckige Flächen, $\overline{A_2B_2C_2}$ und $\overline{A_2C_2D_2}$ teilt. Den Winkel α, den diese beiden Flächen im Innern des Modells bilden, erhalten Sie, indem Sie den Winkel zwischen den beiden Ebenen, in denen diese Dreiecke liegen, berechnen. Hierzu verwenden Sie die Formel $\cos(\beta) = \frac{\vec{n}_1 \cdot \vec{n}_2}{|\vec{n}_1| \cdot |\vec{n}_2|}$, wobei $\vec{n}_1$ und $\vec{n}_2$ die Normalenvektoren der entsprechenden Ebenen sind. Beachten Sie, dass das Dreieck $\overline{A_2B_2C_2}$ in einer parallelen Ebene E_1 zur x_1x_2-Ebene liegt und bestimmen Sie den Normalenvektor $\vec{n}_1$. Den Normalenvektor $\vec{n}_2$ der Ebene E_2, in der das Dreieck $\overline{A_2C_2D_2}$ liegt, erhalten Sie mithilfe des Vektorprodukts der Vektoren $\overrightarrow{A_2D_2}$ und $\overrightarrow{A_2C_2}$.

1.4.1 Verwenden Sie C_2 als Stützpunkt und den Vektor $\overrightarrow{C_1C_2}$ als Richtungsvektor, um die Gleichung der Geraden g aufzustellen. Verwenden Sie D_2 als Stützpunkt und den Vektor $\overrightarrow{D_1D_2}$

als Richtungsvektor, um die Gleichung der Geraden h aufzustellen. Beachten Sie, welche Werte die Parameter der Geraden annehmen dürfen.

1.4.2 Bestimmen Sie die Koordinaten eines allgemeinen Punktes P_r der Geraden g und eines allgemeinen Punktes Q_s der Geraden h. Da die Punkte der beiden Laserstrahlen auf gleicher Höhe über der Grundfläche sein sollen, setzen Sie die x_3-Koordinaten der Punkte P_r und Q_s gleich und stellen r in Abhängigkeit von s dar. Setzen Sie den erhaltenen r-Wert in P_r ein, um P_s zu erhalten. Stellen Sie den Vektor $\overrightarrow{Q_sP_s}$ auf und lösen Sie die Gleichung $\left|\overrightarrow{Q_sP_s}\right| = 21,25$ nach s auf. Verwenden Sie die pq- oder abc-Formel und überlegen Sie, welcher Wert von s als Lösung in Frage kommt. Setzen Sie den erhaltenen s-Wert in die x_3- Koordinate von P_s oder Q_s ein, um die Höhe zu erhalten. Beachten Sie, dass einer Längeneinheit 10 m entsprechen.

Teil 4 Lineare Algebra: Matrizen

1.1 Bestimmen Sie anhand der gegebenen Tabellen die entsprechenden Matrizen A, B und C. Um den jeweiligen Wert für a, b und c zu berechnen, berechnen Sie zuerst mithilfe des Matrizenprodukts A · B und beachten Sie, dass A · B = C ist. Vergleichen Sie die Einträge der Matrizen, stellen Sie entsprechende Gleichungen auf und lösen Sie diese.

1.2.1 Multiplizieren Sie Matrix C mit dem Zustandsvektor $\vec{x}$, der aus den Endprodukten besteht. Verwenden Sie das Matrix-Vektor-Produkt.

1.2.2 Die Gesamtkosten G für den Auftrag erhalten Sie, indem Sie zu den Fixkosten die variablen Herstellungskosten addieren. Beachten Sie dabei die Anzahl der hergestellten Packungen und die Kosten pro Packung. Legen Sie x für den Preis pro Packung «Mix» fest und bestimmen Sie den Preis y für eine Packung «Pur» in Abhängigkeit von x. Bestimmen Sie den Verkaufserlös V, indem Sie G mit 1,25 multiplizieren. Stellen Sie eine Gleichung auf und lösen Sie diese nach x auf. Bestimmen Sie anschließend y.

1.3 Bestimmen Sie anhand des Diagramms die zugehörige Matrix D. Bezeichnen Sie mit z_1 die herzustellende Menge grüner Nudeln und mit z_2 die herzustellende Menge weißer Nudeln. Den Bedarf an Wasser (r_1), Grieß (2000 kg) und Spinat (r_3) erhalten Sie durch die Matrizengleichung $D \cdot \vec{z} = \vec{r}$. Durch Vergleich der Einträge bestimmen Sie z_2 in Abhängigkeit von z_1. Beachten Sie, dass $z_2 \geq 0$ ist und bestimmen Sie damit den Maximalwert für z_1. Beachten Sie, dass mindestens 40% der hergestellten Nudeln grün sein sollen, so dass gilt: $z_1 \geq 0,40 \cdot (z_1 + z_2)$. Setzen Sie $z_2 = 2500 - 0,5 z_1$ ein und bestimmen Sie damit den Mindestwert für z_1. Bestimmen Sie schließlich den Bedarf an Wasser in Abhängigkeit von z_1 und daraus den Mindestbedarf und den Maximalbedarf an Wasser.

4 Abitur 2021

1 Analysis

1.1.1 Die Nullstellen von f erhalten Sie, indem Sie die Gleichung $f(x) = 0$ nach x auflösen. Verwenden Sie den Satz vom Nullprodukt. Beachten Sie, dass f eine doppelte Nullstelle und damit eine Extremstelle hat und beachten Sie auch das Verhalten von $f(x)$ für $x \to -\infty$ und $x \to \infty$, um die Skizze des Schaubilds von f zu erstellen.

1.1.2 Die Steigung an einer Stelle des Schaubilds K_f wird durch die 1. Ableitung von f beschrieben, die Sie mit der Potenzregel bestimmen. Die x-Koordinate des Punktes, in dem K_f die Steigung $\frac{3}{2}$ hat, erhalten Sie, indem Sie die Gleichung $f'(x) = \frac{3}{2}$ nach x auflösen. Verwenden Sie die *abc*- oder *pq*-Formel zur Lösung der quadratischen Gleichung.

1.2 (1) Überlegen Sie, ob das Schaubild von s bei $x = 4$ linksgekrümmt oder rechtsgekrümmt ist.

(2) Beachten Sie, dass das Schaubild von s bei $x = 1$ eine Wendestelle besitzt und beachten Sie den Wechsel des Krümmungsverhaltens.

(3) Betrachten Sie die Flächeninhalte der Flächen oberhalb und unterhalb der x-Achse im gegebenen Intervall.

1.3 (1) Um zu zeigen, dass D für $x > 0$ monoton wachsend ist, betrachten Sie die 1. Ableitung von D, welche durch d gegeben ist. Überlegen Sie, ob die Terme von d kleiner oder größer als Null sind. Beachten Sie, dass $x > 0$ ist. Falls $D'(x) > 0$ ist, ist D für $x > 0$ monoton wachsend.

(2) Um zu zeigen, dass die Stelle $x = 1$ die einzige Wendestelle von D ist, bestimmen Sie zuerst die 1., 2. und 3. Ableitung von D mit der Potenzregel. Schreiben Sie den Bruch jeweils als Potenz mit negativem Exponenten. Als notwendige Bedingung lösen Sie die Gleichung $D''(x) = 0$ nach x auf. Beachten Sie, dass wegen $x > 0$ nur ein x-Wert als Lösung in Frage kommt. Setzen Sie diesen x-Wert in $D'''(x)$ ein. Falls $D'''(x) \neq 0$, handelt es sich um eine Wendestelle.

2 Stochastik A

2.1.1 Legen Sie X als binomialverteilte Zufallsgröße für die Anzahl der gewonnenen Spiele mit den Parametern n und p fest. Formen Sie den angegebenen Term mithilfe der Bernoulli-Formel $P(X = k) = \binom{n}{k} \cdot p^k \cdot (1-p)^{n-k}$ um.

2.1.2 Die Wahrscheinlichkeit des Ereignisses B, dass die Mannschaft von vier Spielen genau zwei Spiele gewinnt und diese aufeinander folgen, erhalten Sie mithilfe der Pfadregeln. Bezeichnen Sie mit g: Spiel wird gewonnen und mit $\overline{g}$: Spiel wird verloren.

4. Abitur 2021 *Tipps*

2.2 Um den Zusammenhang zu veranschaulichen, zeichnen Sie ein Baumdiagramm. Bezeichnen Sie mit g: Spiel wird gewonnen und mit $\bar{g}$: Spiel wird verloren, und bestimmen Sie die Wahrscheinlichkeiten auf den einzelnen Ästen. Überlegen Sie, welche Wahrscheinlichkeit durch den Term $(1-p) \cdot \left(1 - \frac{1}{2}p\right)$ bzw. durch den Term $1 - (1-p) \cdot \left(1 - \frac{1}{2}p\right)$ berechnet wird.

2 Stochastik B

2.1 Bezeichnen Sie mit w: weiß und mit $\bar{w}$: nicht weiß, und zeichnen Sie ein Baumdiagramm. Beachten Sie, dass es sich um Ziehen ohne Zurücklegen handelt, d.h. die Wahrscheinlichkeiten ändern sich bei jedem Zug. Die Wahrscheinlichkeit der Ereignisse A und B erhalten Sie mithilfe der Pfadregeln. Alternativ können Sie die Wahrscheinlichkeit des Ereignisses B auch mit der Wahrscheinlichkeit des Gegenereignisses («keine weiße Kugel») bestimmen: $P(B) = 1 - P(\bar{B})$. Bezeichnen Sie mit w: weiß, mit b: blau und mit g: grün, und zeichnen Sie ein Baumdiagramm. Die Wahrscheinlichkeit des Ereignisses C erhalten Sie ebenfalls mithilfe der Pfadregeln.

2.2 Bestimmen Sie die Anzahl der Kugeln insgesamt und die Anzahl der grünen Kugeln zu Beginn der Ziehung und nach dem ersten Zug. Bestimmen Sie die Wahrscheinlichkeit für das Ereignis D: «Es werden zwei grüne Kugeln gezogen.» mithilfe der Pfadregeln in Abhängigkeit von x. Stellen Sie anschließend die gesuchte Gleichung auf.

3 Lineare Algebra: Wahlgebiet Vektorgeometrie A (AG, BTG, EG, SGG, TG, WG)

3.1 Um zu begründen, dass $\overrightarrow{AC}$ und $\overrightarrow{BD}$ einen rechten Winkel einschließen, berechnen Sie das Skalarprodukt der beiden Vektoren. Falls $\overrightarrow{AC} \cdot \overrightarrow{BD} = 0$ ist, schließen $\overrightarrow{AC}$ und $\overrightarrow{BD}$ einen rechten Winkel ein. Um zu begründen, dass $\overrightarrow{AC}$ und $\overrightarrow{BD}$ den gleichen Betrag haben, berechnen Sie diesen jeweils.

3.2 Beachten Sie, dass sich die gleich langen Diagonalen des Vierecks ABCD in der Mitte von AC orthogonal schneiden, aber nicht unbedingt in der Mitte von BD.

3.3 Beachten Sie, dass der Mittelpunkt M von AC auch der Mittelpunkt von BD ist, wenn das Viereck ABCD ein Quadrat ist. Skizzieren Sie das Quadrat ABCD. Die Koordinaten der Punkte B und D erhalten Sie mithilfe von Vektorketten.

3 Lineare Algebra: Wahlgebiet Vektorgeometrie B (AG, BTG, EG, SGG, TG, WG)

3.1 Die Lösungsmenge des LGS erhalten Sie mithilfe des Gauß-Verfahrens.

3.2.1 Um zu zeigen, dass g und h parallel sind, betrachten Sie die Richtungsvektoren $\vec{u}$ von g und $\vec{v}$ von h. Falls $\vec{u}$ und $\vec{v}$ Vielfache voneinander sind, sind g und h parallel zueinander. Um zu zeigen, dass g und h parallel, aber nicht identisch sind, setzen Sie die Koordinaten des Stützpunktes (Aufpunktes) von g in die Gleichung von h ein (Punktprobe) und lösen

Tipps   4. Abitur 2021

das Gleichungssystem. Bei einem Widerspruch liegt der Stützpunkt von *g* nicht auf der Geraden *h* und *g* und *h* sind nicht identisch.

3.2.2 Bestimmen Sie den Mittelpunkt P der beiden Stützpunkte von *g* und von *h* mit der Mittelpunktsformel $\overrightarrow{OP} = \frac{1}{2} \cdot \left(\overrightarrow{OA} + \overrightarrow{OB} \right)$.

3 Lineare Algebra: Wahlgebiet Matrizen A (AG, BTG, EG, SGG, WG)

3.1 Beachten Sie, dass bei der Addition von Matrizen alle Matrizen das gleiche Format haben müssen. Beachten Sie, dass bei der Multiplikation von Matrizen der Formate $m \times n$ und $n \times p$ eine Matrix mit dem Format $m \times p$ entsteht.

3.2.1 Um zu prüfen, ob die gegebene Matrix A orthogonal ist, bilden Sie zuerst die transponierte Matrix A^T von A. Anschließend berechnen Sie das Matrizenprodukt $A \cdot A^T$. Falls $A \cdot A^T = \begin{pmatrix} 1 & 0 \\ 0 & 1 \end{pmatrix}$ ist, ist die Matrix A orthogonal.

3.2.2 Um zu zeigen, dass die gegebene Matrix B orthogonal ist, bestimmen Sie zuerst die Matrix B in vereinfachter Form durch Ausmultiplizieren. Anschließend bestimmen Sie die transponierte Matrix B^T von B sowie das Matrizenprodukt $B \cdot B^T$. Falls $B \cdot B^T = \begin{pmatrix} 1 & 0 \\ 0 & 1 \end{pmatrix}$ ist, ist die Matrix B orthogonal.

3 Lineare Algebra: Wahlgebiet Matrizen B (AG, BTG, EG, SGG, WG)

3.1 Den Lösungsvektor des linearen Gleichungssystems erhalten Sie mithilfe des Gauß-Verfahrens.

3.2.1 Um zu zeigen, dass die Matrizenmultiplikation von A und B nicht kommutativ ist, berechnen Sie die Matrizenprodukte $A \cdot B$ und $B \cdot A$.

3.2.2 Setzen Sie bei der Matrix B die Komponente $b_{22} = 0$, um die Matrix $\widetilde{B}$ zu erhalten. Berechnen Sie anschließend die Matrizenprodukte $A \cdot \widetilde{B}$ und $\widetilde{B} \cdot A$. Falls $A \cdot \widetilde{B} = \widetilde{B} \cdot A$ ist, sind A und $\widetilde{B}$ kommutativ.

Teil 2 Aufgabe 1

1.1 Die Koordinaten des Schnittpunkts S_y von K mit der *y*-Achse erhalten Sie, indem Sie $x = 0$ in $f(x)$ einsetzen. Um zu prüfen, ob N der Schnittpunkt von K mit der *x*-Achse ist, setzen Sie den *x*-Wert von N in $f(x)$ ein.

1.2 Die erste Ableitung f' von f erhalten Sie mit der Kettenregel. Klammern Sie anschließend $2e^x$ aus. Die Koordinaten des Extrempunkts von K erhalten Sie mithilfe der 1. und 2. Ableitung von f. Als notwendige Bedingung lösen Sie die Gleichung $f'(x) = 0$ nach x auf. Beachten Sie, dass $e^x \neq 0$ ist. Den zugehörigen *y*-Wert erhalten Sie, indem Sie den erhaltenen *x*-Wert in $f(x)$ einsetzen. Um die Art des Extrempunkts zu bestimmen, setzen Sie den *x*-Wert in $f''(x)$ ein. Falls $f''(x) < 0$, handelt es sich um einen Hochpunkt.

4. Abitur 2021 — Tipps

1.3 Erstellen Sie mithilfe des Taschenrechners eine Wertetabelle und zeichnen Sie damit K.

1.4 Den Inhalt A der Fläche, die K mit den Koordinatenachsen im 1. Quadranten einschließt, erhalten Sie mithilfe eines Integrals, welches Sie nicht ausrechnen müssen. Den Mittelwert $\overline{m}$ von f auf dem Intervall $[0; \ln(4)]$ erhalten Sie ebenfalls mithilfe eines Integrals, das Sie nicht ausrechnen müssen. Prüfen Sie, ob $A = 2 \cdot \overline{m}$ gilt.

1.5.1 Beachten Sie, dass die Gerade mit der Gleichung $y = c$ eine Parallele zur x-Achse ist und die x-Werte der Punkte P und Q verschiedene Vorzeichen haben.

1.5.2 Lösen Sie die Gleichung $f(x) = 1$ nach x auf. Substituieren Sie $e^x = z$ und lösen Sie die quadratische Gleichung mithilfe der pq- oder abc-Formel. Durch Resubstitution erhalten Sie die Koordinaten von P und Q. Vergleichen Sie die x-Werte von P und Q.

1.6 Um zu untersuchen, ob das Schaubild der Funktion g symmetrisch ist, bestimmen Sie zuerst einen Funktionsterm von g. Setzen Sie $-x$ in $g(x)$ ein. Alternativ können Sie auch $-x$ direkt in $g(x) = f(x) + f(-x)$ einsetzen. Falls $g(-x) = g(x)$ gilt, ist das Schaubild von g achsensymmetrisch zur y-Achse.

Teil 2 Aufgabe 2

2.1 Bezeichnen Sie mit x die Anzahl der Jahre ab 2012 ($x = 0$ entspricht dem Jahr 2012). Überlegen Sie, wie groß der Abstand des Gletscherendes zum Fundort der Ausrüstung im Jahr 2012 war und wie sich dieser pro Jahr verringert.

2.2.1 Setzen Sie $t = 71$ in $v(t)$ ein. Beachten Sie, dass $v(t)$ die Geschwindigkeit des Gletschers in km pro Jahr angibt und $t = 0$ dem Jahr 1950 entspricht.

2.2.2 Die durchschnittliche Geschwindigkeit $\overline{v}$ des Gletschers erhalten Sie mithilfe eines Integrals: $\overline{v} = \dfrac{1}{b-a} \cdot \int_a^b v(t)\,\mathrm{d}t$. Verwenden Sie den Hauptsatz der Differential- und Integralrechnung: $\int_a^b f(x)\,\mathrm{d}x = \Big[F(x)\Big]_a^b = F(b) - F(a)$, wobei F eine Stammfunktion von f ist. Beachten Sie, dass $v(t)$ in km pro Jahr ab 1950 angegeben wird.

2.2.3 Bezeichnen Sie mit x die Anzahl der Jahre ab 2012 ($x = 0$ entspricht dem Jahr 2012), und überlegen Sie, was mithilfe des Integrals $\int_{62}^{62+x} v(t)\,\mathrm{d}t$ und mithilfe der Gleichung $y = -0{,}2 \cdot x + 7$ berechnet wird. Formulieren Sie damit die gesuchte Frage.

Teil 2 Aufgabe 3

3.1 Die Zeit T, die vom Zeitpunkt des Loslassens an vergeht, bis die Kugel zum ersten Mal den Umkehrpunkt P2 erreicht, erhalten Sie, indem Sie die Hälfte der Periode p berechnen. Verwenden Sie $p = \frac{2\pi}{b}$.

3.2 Die Beschleunigung $a(t)$ der Kugel ist die Änderungsrate der Geschwindigkeit. Dazu bilden Sie die 1. Ableitung von v mithilfe der Kettenregel. Die momentane Beschleunigung der Kugel 0,2 Sekunden nach dem Loslassen erhalten Sie, indem Sie $t = 0,2$ in $v'(t)$ einsetzen. Die durchschnittliche Beschleunigung innerhalb der ersten 0,2 Sekunden erhalten Sie mithilfe eines Integrals: $\bar{a} = \dfrac{1}{b-a} \cdot \int_a^b a(t)\,\mathrm{d}t$. Verwenden Sie den Hauptsatz der Differential- und Integralrechnung: $\int_a^b f(x)\,\mathrm{d}x = \Big[\mathrm{F}(x)\Big]_a^b = \mathrm{F}(b) - \mathrm{F}(a)$, wobei F eine Stammfunktion von f ist.

3.3.1 Beachten Sie, dass die Geschwindigkeit v die momentane Änderungsrate der zurückgelegten Wegstrecke b ist. Bestimmen Sie eine allgemeine Stammfunktion von v und berechnen Sie den Wert von c mithilfe der Bedingung, dass bei $t = \frac{p}{4}$ gilt: $b = 0$.

3.3.2 Bestimmen Sie den Umfang U des gesamten Kreises durch $\mathrm{U} = 2 \cdot \pi \cdot l$, wobei l die Länge des Fadenpendels ist. Die Bogenlänge b der maximalen Auslenkung erhalten Sie, indem Sie $t = 0$ in $b(t)$ einsetzen. Stellen Sie eine Verhältnisgleichung auf und lösen Sie diese nach α auf.

Teil 2 Aufgabe 4

4.1 Den Wert von k erhalten Sie mithilfe der gegebenen Halbwertszeit von 1600 Jahren. Lösen Sie dazu die Gleichung $f(1600) = \frac{1}{2} \cdot f(0)$ nach k auf. Bestimmen Sie c, indem Sie die Gleichung $f(20) = 99,14$ nach c auflösen.

4.2 Überlegen Sie, was durch $f(0)$ und $f(t)$ und damit durch $f(0) - f(t)$ beschrieben wird. Betrachten Sie anschließend die umgeformte Gleichung $f(0) - f(t) = 0,9 \cdot f(0)$, um den Sachzusammenhang zu beschreiben.

4.3.1 Bestimmen Sie $f(t)$. Um den Zeitpunkt zu bestimmen, an dem am meisten Radium zerfällt, verwenden Sie die 1. Ableitung von f, die Sie mit der Kettenregel erhalten. Überlegen Sie, ob f streng monoton wachsend oder fallend ist. Bestimmen Sie damit den gesuchten t-Wert. Die Änderungsrate von f zu diesem Zeitpunkt erhalten Sie, indem Sie den t-Wert in $f'(t)$ einsetzen.

4.3.2 Um zu zeigen, dass zu jedem beliebigen Zeitpunkt t der Anteil, der a Jahre später von der Masse $f(t)$ noch vorhanden ist, nur von a abhängt, formen Sie das Verhältnis $\dfrac{f(t+a)}{f(t)}$ mithilfe der Potenzgesetze um.

Teil 3 Aufgabe 1

1.1.1 Beachten Sie, dass es sich um eine Bernoulli-Kette handelt, wenn es genau zwei Ausgänge gibt und die Wahrscheinlichkeit für einen Ausgang immer gleich groß ist. Legen Sie X als Zufallsvariable für die Anzahl der Stifte, bei denen die Kugel nach rechts abgelenkt wird, fest, und überlegen Sie, wie oft die Kugel nach rechts abgelenkt werden kann.

1.1.2 Legen Sie X als binomialverteilte Zufallsvariable für die Anzahl der Stifte, bei denen die Kugel nach rechts abgelenkt wird, mit den Parametern n und p fest. Überlegen Sie, wie oft die Kugel beim Ereignis A nach rechts abgelenkt werden muss. Die Wahrscheinlichkeit für das Ereignis A erhalten Sie mithilfe der kumulierten Binomialverteilung und der Wahrscheinlichkeit des Gegenereignisses.

Überlegen Sie, wie oft die Kugel beim Ereignis B nach rechts bzw. nicht nach rechts abgelenkt werden muss. Die Wahrscheinlichkeit für das Ereignis B erhalten Sie mithilfe der Binomialverteilung und der Wahrscheinlichkeit des Gegenereignisses.

1.2 Legen Sie Y als binomialverteilte Zufallsvariable für die Anzahl der mangelhaften Galton-Bretter mit den Parametern n (unbekannt) und p fest. Um die Anzahl der Galton-Bretter zu bestimmen, die mindestens überprüft werden müssen, um mit einer Wahrscheinlichkeit von mehr als 90 % mindestens ein mangelhaftes Brett zu finden, stellen Sie eine Ungleichung auf und lösen diese mithilfe der Binomialverteilung durch Ausprobieren mit dem Taschenrechner.

1.3 Legen Sie Z als binomialverteilte Zufallsvariable für die Anzahl der Stifte, bei denen die Kugel nach links abprallt, mit den Parametern n und p (unbekannt) fest. Beachten Sie, dass die Kugel genau viermal nach links abgelenkt worden sein muss, damit sie im mittleren Fach landet. Stellen Sie eine Gleichung auf und lösen Sie diese mithilfe der Binomialverteilung durch Ausprobieren mit dem Taschenrechner. Alternativ können Sie auch die Bernoulli-Formel verwenden und die Gleichung durch Wurzelziehen nach p auflösen. Verwenden Sie zusätzlich die *pq*- oder *abc*-Formel zur Lösung der entstandenen quadratischen Gleichung. Beachten Sie, dass $p > 0,5$ sein muss.

Teil 3 Aufgabe 2

2.1 Bezeichnen Sie mit W: Wahlberechtigter hat gewählt und mit $\overline{W}$: Wahlberechtigter hat nicht gewählt und bestimmen Sie $P(W)$ und $P(\overline{W}) = 1 - P(W)$. Die Wahrscheinlichkeit des Ereignisses A erhalten Sie mithilfe der Pfadregeln. Die Wahrscheinlichkeit des Ereignisses B erhalten Sie mithilfe der Pfadregeln und der Wahrscheinlichkeit des Gegenereignisses. Alternativ legen Sie X als binomialverteilte Zufallsgröße für die Anzahl der Wähler mit den Parametern n und p fest. Die Wahrscheinlichkeit des Ereignisses B erhalten Sie dann mithilfe der kumulierten Binomialverteilung. Für das Ereignis C legen Sie Y als binomialverteilte Zufallsvariable für die Anzahl der Wähler mit den Parametern n und p fest. Die Wahrscheinlichkeit des Ereignisses B erhalten Sie mithilfe der kumulierten Binomialverteilung.

2.2 Wenn bei 136 Wahlberechtigten die Anzahl der Wähler genau dreimal so groß wie die Anzahl der Nichtwähler ist, bestimmen sie zuerst die Anzahl der Wähler und die Anzahl der Nichtwähler, indem Sie $\frac{3}{4}$ bzw. $\frac{1}{4}$ von 136 berechnen. Legen Sie Z als binomialverteilte Zufallsvariable für die Anzahl der Wähler mit den Parametern n und p fest. Die Wahrscheinlichkeit für das Ereignis D: « Die Anzahl der Wähler ist genau dreimal so groß wie die Anzahl der Nichtwähler.» erhalten Sie mithilfe der Binomialverteilung.

2.3.1 Bezeichnen Sie mit B: Briefwahl und mit M: Partei M wurde gewählt, und bestimmen Sie anhand der gegebenen Daten folgende Wahrscheinlichkeiten: P(B) und damit $P(\overline{B}) = 1 - P(B)$, P(M) und damit $P(\overline{M}) = 1 - P(M)$. Aus $P_B(M)$ können Sie durch Umformen mithilfe der Formel $P_B(M) = \frac{P(B \cap M)}{P(B)}$ die Wahrscheinlichkeit $P(B \cap M)$ bestimmen. Diese Wahrscheinlichkeiten können Sie in eine Vierfeldertafel eintragen und durch Summen- und Differenzbildung ergänzen. Die Wahrscheinlichkeit, dass ein zufällig ausgewählter Wähler der Partei M nicht per Briefwahl abgestimmt hat, erhalten Sie mithilfe der bedingten Wahrscheinlichkeit: $P_M(\overline{B}) = \frac{P(M \cap \overline{B})}{P(M)}$.

2.3.2 Bestimmen Sie aus $P_{\overline{B}}(M) = 0,3$ und $P_{\overline{B}}(M) = \frac{P(M \cap \overline{B})}{P(\overline{B})}$ die Wahrscheinlichkeit $P(M \cap \overline{B})$. Damit erhalten Sie mithilfe der Vierfeldertafel $P(B \cap M) = P(M) - P(M \cap \overline{B})$. Aus $P(B \cap M) = P_B(M) \cdot P(B)$ ergibt sich $P_B(M)$. Überprüfen Sie damit die Aussage.

Teil 4 Lineare Algebra: Vektorgeometrie A

1.1 Bestimmen Sie die Koordinaten des Punktes D. Die Koordinaten des Mittelpunkts M der Grundfläche ABCD erhalten Sie, indem Sie den Mittelpunkt der Strecke AC mit der Mittelpunktsformel $M_{AC}\left(\frac{a_1+c_1}{2} \mid \frac{a_2+c_2}{2} \mid \frac{a_3+c_3}{2}\right)$ bestimmen. Damit können Sie die Koordinaten der Spitze S der Pyramide angeben.

1.2 Mithilfe der ermittelten Punkte können Sie die Pyramide in ein räumliches Koordinatensystem einzeichnen.

1.3 Den Flächeninhalt F der Seitenwände der Pyramide erhalten Sie, indem Sie beispielsweise zuerst den Flächeninhalt der vorderen Seitenwand BCS berechnen. Diesen erhalten Sie, indem Sie den Flächeninhalt A des gleichschenkligen Dreiecks BCS mit der Formel $A = \frac{1}{2} \cdot g \cdot h$ berechnen. Dazu bestimmen Sie zuerst die Koordinaten des Mittelpunkts M_{BC} der Seite BC mit der Mittelpunktsformel $M_{BC}\left(\frac{b_1+c_1}{2} \mid \frac{b_2+c_2}{2} \mid \frac{b_3+c_3}{2}\right)$. Die Länge der Grundseite $g = \overline{BC}$ erhalten Sie, indem Sie den Betrag des Vektors $\overrightarrow{BC}$ bestimmen. Die zugehörige Höhe $h = \overline{M_{BC}S}$ erhalten Sie, indem Sie den Betrag des Vektors $\overrightarrow{M_{BC}S}$ bestimmen. Den Flächeninhalt F aller Seitenflächen erhalten Sie dann durch $F = 4 \cdot A$. Die Kosten des Materials erhalten Sie, indem Sie den errechneten Flächeninhalt mit dem Preis pro Quadratmeter multiplizieren.

1.4 Den Schattenpunkt S* der Spitze S der Pyramide erhalten Sie, indem Sie eine Gerade g durch S mit dem Richtungsvektor $\vec{r}$ aufstellen und mit der x_1x_3-Ebene schneiden. Bestimmen Sie die Gleichung von g, setzen Sie die Koordinaten eines allgemeinen Punktes P_t von g in die Gleichung $x_2 = 0$ der x_1x_3-Ebene ein und lösen Sie die entstandene Gleichung nach t auf. Setzen Sie den erhaltenen t-Wert in P_t ein. Prüfen Sie anhand der x_3-Koordinate von S*, ob der Schatten der gesamten Pyramide auf die fensterlose Wand treffen kann.

4. Abitur 2021 — Tipps

1.5 Beachten Sie, dass das Objekt, das sich auf einer Geraden h bewegt, von der Kamera erstmalig erfasst werden kann, wenn es die Ebene E, in der die Punkte K, C und S liegen, durchstößt. Verwenden Sie für die Parametergleichung der Ebene E, in der die Punkte K, C und S liegen, beispielsweise den Stützpunkt K und die Spannvektoren $\overrightarrow{KC}$ und $\overrightarrow{KS}$. Einen Normalenvektor $\vec{n}$ von E erhalten Sie mithilfe des Vektorprodukts (siehe Seite 76) der Spannvektoren. Eine Koordinatengleichung von E erhalten Sie mithilfe der Punkt-Normalenform: $\left(\vec{x}-\vec{k}\right)\cdot\vec{n}=0$. Alternativ können Sie auch die Koordinaten des Punktes K in den Ansatz $ax_1 + bx_2 + cx_3 = d$ einsetzen, wobei $\vec{n}=\begin{pmatrix}a\\b\\c\end{pmatrix}$ ist. Die Gerade h, auf der sich das Objekt bewegt, enthält den Punkt P und hat den Richtungsvektor $\overrightarrow{AC}$. Bestimmen Sie damit eine Gleichung von h. Die Koordinaten des Punktes Q, an dem das Objekt von der Kameras erstmalig erfasst werden kann, erhalten Sie, indem Sie die Gerade h mit der Ebene E schneiden. Dazu setzen Sie die Koordinaten eines allgemeinen Punktes P_s von h in die Gleichung von E ein und lösen die entstandene Gleichung nach s auf. Setzen Sie den erhaltenen s-Wert in P_s ein.

Teil 4 Lineare Algebra: Vektorgeometrie B

2.1 Setzen Sie $t=1$ in g ein, so erhalten Sie die Koordinaten des Punktes P, an dem sich das Flugzeug eine Minute nach Beginn des Landeanflugs befindet. Die Entfernung d von diesem Punkt P zur Spitze S des Flughafenturms erhalten Sie, indem Sie den Betrag des zugehörigen Verbindungsvektors berechnen.

2.2 Um zu untersuchen, ob das Flugzeug während seines Landeanflugs in den zylindrischen Flugraum eintritt, berechnen Sie den Abstand d der windschiefen Geraden g und h mithilfe der Formel $d = \frac{|(\vec{b}-\vec{a})\cdot\vec{n}|}{|\vec{n}|}$, wobei $\vec{n}$ orthogonal auf die beiden Richutngsvektoren $\vec{u}$ von g und $\vec{v}$ von h steht und $\vec{b}-\vec{a}$ der Verbindungsvektor der beiden Stützpunkte der Geraden g und h ist. Den Vektor $\vec{n}$ erhalten Sie mithilfe des Vektorprodukts (siehe Seite 76) der Vektoren $\vec{u}$ und $\vec{v}$. Vergleichen Sie d mit dem Radius des Zylinders.

2.3 Bestimmen Sie die Gleichung der Ebene E, in der sich die horizontale Landebahn befindet. Beachten Sie, dass eine Längeneinheit 1 km entspricht. Die Koordinaten des Landepunkts L erhalten Sie, indem Sie die Gerade g mit der Ebene E schneiden. Dazu setzen Sie die Koordinaten eines allgemeinen Punktes P_t von g in die Gleichung von E ein und lösen die entstandene Gleichung nach t auf. Setzen Sie den erhaltenen t-Wert in P_t ein. Den Winkel α, unter dem das Flugzeug auf der Landebahn aufsetzt, erhalten Sie, indem Sie den Winkel zwischen E und g mithilfe der Formel $\sin(\alpha)=\frac{|\vec{u}\cdot\vec{n}|}{|\vec{u}|\cdot|\vec{n}|}$ berechnen. Dabei ist $\vec{u}$ der Richtungsvektor von g und $\vec{n}$ ein Normalenvektor von E.

2.4.1 Bestimmen Sie anhand der Punkte A und C die Koordinaten von B und D.

2.4.2 Beachten Sie, dass sich das Flugzeug beim Landeanflug im Sinkflug befindet. Bestimmen Sie den Zeitpunkt t, zu dem sich das Flugzeug 300 m über der Stadt, also insgesamt 500 m über dem Erdboden befindet, indem Sie die Gerade g mit der Ebene F, die sich 0,5 km über dem Erdboden befindet, schneiden. Dazu setzen Sie die Koordinaten eines allgemeinen Punktes P_t von g in die Gleichung von F ein und lösen die entstandene Gleichung nach t auf. Überlegen Sie, wo sich das Flugzeug zu diesem Zeitpunkt in Bezug auf das Viereck ABCD befindet. Setzen Sie auch $t = 12$ in P_t ein und überlegen Sie, wo sich das Flugzeug in Bezug auf das Viereck ABCD befindet.

Teil 4 Lineare Algebra: Matrizen A

1.1 Bestimmen Sie anhand der gegebenen Tabelle die Rohstoff-Endprodukte-Matrix C. Überlegen Sie, welche Bedeutung der Wert c_{12} hat. Beachten Sie, dass gilt: $\vec{r} = C \cdot \vec{p}$, falls $\vec{r}$ der Rohstoffvektor, $\vec{p}$ der Endproduktvektor und C die Rohstoff-Endprodukte-Matrix ist. Bestimmen Sie $\vec{p}$ und verwenden Sie das Matrix-Vektor-Produkt.

1.2 Anhand des Verflechtungsdiagramms können Sie zuerst die Rohstoff-Zwischenprodukte-Matrix A und die Zwischenprodukte-Endprodukte-Matrix B in Abhängigkeit von a und b ermitteln. Bestimmen Sie das Matrizenprodukt $A \cdot B$ und vergleichen Sie wegen $A \cdot B = C$ das Ergebnis mit Matrix C koeffizientenweise, um a und b zu erhalten.

1.3 Bestimmen Sie den Rohstoffvektor $\vec{r}$ und beachten Sie, dass noch Rohstoffe im Lager verbleiben sollen. Bestimmen Sie den Endproduktevektor $\vec{p}$ in Abhängigkeit von zwei Unbekannten x (Menge Endprodukt E_1) und y (Menge Endprodukt E_3). Verwenden Sie $\vec{r} = C \cdot \vec{p}$, stellen Sie eine Gleichung auf und lösen Sie das zugehörige Gleichungssystem.

1.4 Legen Sie x für den Preis von 1 ME Endprodukt E_1 fest und bestimmen Sie die Preise für 1 ME von E_2 und 1 ME von E_3 in Abhängigkeit von x im Verhältnis zu den variablen Kosten. Die Herstellungskosten K für den Auftrag erhalten Sie, indem Sie die Mengen der einzelnen Endprodukte mit den entsprechenden variablen Kosten multiplizieren und die Fixkosten addieren. Alternativ können Sie auch den Endproduktevektor $\vec{p}$ mit dem variablen Kostenvektor $\vec{k_V}$ multiplizieren und die Fixkosten addieren. Die Einnahmen E erhalten Sie, indem Sie die Mengen mit den entsprechenden Preisen multiplizieren. Wenn der Gewinn G genau 10% der Gesamtkosten betragen soll, so muss gelten: $G = 0{,}1 \cdot K$ bzw. $E - K = 0{,}1 \cdot K$. Stellen Sie eine Gleichung auf und lösen Sie diese nach x auf. Bestimmen Sie damit die Preise für die einzelnen Endprodukte.

Teil 4 Lineare Algebra: Matrizen B

2.1 Anhand der gegebenen Matrix können Sie den Übergangsgraphen vervollständigen.

2.2 Beachten Sie, dass der Eintrag 0,14 der Matrix M angibt, dass Mitglieder von Fitnesskette C innerhalb eines Jahres zur Fitnesskette B wechseln. Beachten Sie, dass jede Zeile angibt, wie viele Menschen von den verschiedenen Fitnessketten zu einer bestimmten Kette wechseln.

2.3 Bestimmen Sie den Zustandsvektor $\vec{v}$ anhand der gegebenen Daten. Beachten Sie, dass es insgesamt 10 000 Mitglieder gibt. Die Anzahl der Mitglieder der drei Ketten im Jahr 2021 erhalten Sie, indem Sie die Matrix M mit dem Zustandsvektor $\vec{v}$ multiplizieren.

2.4 Bestimmen Sie den Verteilungsvektor $\vec{x}$ in Abhängigkeit von Parametern und beachten Sie, dass die Summe aller Einträge 1 ergeben muss. Beachten Sie, dass aufgrund der langfristig stabilen Verteilung gilt: $M \cdot \vec{x} = \vec{x}$. Berechnen Sie das zugehörige Matrix-Vektor-Produkt und bestimmen Sie die Unbekannte durch Koeffizientenvergleich. Bestimmen Sie anschließend den Verteilungsvektor $\vec{x}$ und damit den Stabilitätsvektor $\vec{v}$ der stationären Verteilung, indem Sie alle Einträge von $\vec{x}$ mit 10 000 multiplizieren.

2.5 Legen Sie x für die Anzahl der Mitglieder von Kette B bzw. Kette C fest, und bestimmen Sie die Anzahl der Mitglieder von Kette A und die Anzahl der Mitglieder ohne Vertrag. Damit erhalten Sie einen Zustandsvektor $\vec{v}_0$ in Abhängigkeit von x. Die Anzahl der Mitglieder $\vec{v}_1$ des Folgejahres erhalten Sie, indem Sie die Matrix M mit $\vec{v}_0$ multiplizieren. Da die Fitnesskette C ein Jahr später 950 Mitglieder hat, stellen Sie damit eine Gleichung auf und lösen diese nach x auf. Setzen Sie den erhaltenen x-Wert in $\vec{v}_0$ und $\vec{v}_1$ ein. Bestimmen Sie damit die Anzahl der Kunden ohne Vertrag zu Beginn und ein Jahr später. Die prozentuale Zunahme p der Kunden ohne Vertrag erhalten Sie, indem Sie die Differenz der beiden Anzahlen durch die Anzahl zu Beginn teilen.

5 Abitur 2022

1 Analysis

1.1 Setzen Sie $x = 0$ in $f(x)$ ein. Bestimmen Sie die 1. Ableitung von f und setzen Sie $x = 1$ ein. Das Integral erhalten Sie mithilfe des Hauptsatzes der Differential- und Integralrechnung: $\int_a^b f(x)dx = \Big[F(x)\Big]_a^b = F(b) - F(a)$, wobei F eine Stammfunktion von f ist.

1.2.1 Die gemeinsamen Punkte von K_g mit der ersten Winkelhalbierenden $y = x$ erhalten Sie durch Gleichsetzen. Lösen Sie die Gleichung, indem Sie x ausklammern. Verwenden Sie den Satz vom Nullprodukt und geeignete Sinuswerte. Anhand des gegebenen Schaubildes K_g können Sie erkennen, wie viele Berührpunkte es gibt.

1.2.2 Um zu zeigen, dass die Funktion G eine Stammfunktion von g ist, bestimmen Sie die erste Ableitung von G mit der Produktregel. Falls $G'(x) = g(x)$ gilt, ist G eine Stammfunktion von g. Bestimmen Sie eine allgemeine Stammfunktion G_C von g, indem Sie C zu $G(x)$ addieren. Um diejenige Stammfunktion von g zu bestimmen, deren Schaubild den Punkt $(0 \mid 7)$ enthält, setzen Sie die Koordinaten dieses Punktes in $G_C(x)$ ein, um C zu erhalten.

1.3 Als Ansatz für die Gleichung einer quadratischen Funktion h verwenden Sie $h(x) = ax^2 + bx + c$ mit $h'(x) = 2ax + b$.
Da der Graph von h die Gerade mit der Gleichung $y = \frac{1}{4}x + 1$ im Punkt $P(0 \mid 1)$ unter einem rechten Winkel schneidet, erhalten Sie zwei Bedingungen, aus denen sich b und c ergeben. Die Koordinaten des Extrempunktes E_a des Graphen von h erhalten Sie, indem Sie die Gleichung $h'(x) = 0$ nach x auflösen. Bestimmen Sie den zugehörigen y-Wert, indem Sie den erhaltenen x-Wert in $h(x)$ einsetzen. Lösen Sie die Gleichung $x = y$ nach a auf.

2 Stochastik A

2.1.1 Bezeichnen Sie mit K: Kopf und mit Z: Zahl. Bestimmen Sie die Wahrscheinlichkeit für Kopf bzw. Zahl bei einem Wurf. Beachten Sie, dass es bei einer geworfenen Zahl im Baumdiagramm nicht mehr weiter geht.

2.1.2 Um zu bestimmen, wie oft man die Münze im Mittel wirft, berechnen Sie zuerst die Wahrscheinlichkeiten für die Anzahl der Würfe mithilfe der Pfadregeln. Legen Sie dazu X als Zufallsgröße für die Anzahl der Würfe fest. Den Erwartungswert E von X erhalten Sie, indem Sie die Anzahl der Würfe mit den entsprechenden Wahrscheinlicheiten multiplizieren und die Ergebnisse addieren.

2.2 Bestimmen Sie die Wahrscheinlichkeit für das Ereignis: «genau einmal Zahl» mithilfe der Pfadregeln. Überlegen Sie, ob das erhaltene Ergebnis größer als $\frac{1}{8}$ ist. Überlegen Sie, ob Aussage (2) bei fünf Würfen stimmt, ohne zu rechnen.

2 Stochastik B

2.1 Bezeichnen Sie mit B: Bube, mit D: Dame und mit K: König. Beachten Sie, dass es sich um Ziehen mit Zurücklegen handelt und bestimmen Sie die Wahrscheinlichkeiten, dass ein Bube, eine Dame oder ein König gezogen wird. Die Wahrscheinlichkeit für das Ereignis E_1 erhalten Sie mithilfe der Pfadregeln. Bezeichnen Sie mit B: Bube und mit $\overline{B}$: kein Bube. Bestimmen Sie die Wahrscheinlichkeiten, dass ein Bube oder dass kein Bube gezogen wird. Die Wahrscheinlichkeit für das Ereignis E_2 erhalten Sie ebenfalls mithilfe der Pfadregeln.

Die Wahrscheinlichkeit, mindestens einmal einen Buben zu ziehen, erhalten Sie mit der Wahrscheinlichkeit des Gegenereignisses und der Pfadregeln. Die Wahrscheinlichkeit, mindestens zweimal einen König zu ziehen, ohne einen Buben zu ziehen, erhalten Sie ebenfalls mithilfe der Pfadregeln. Die Wahrscheinlichkeit für das Ereignis E_3 erhalten Sie, indem Sie die beiden Wahrscheinlichkeiten addierten.

2.2 Die Wahrscheinlichkeit, dass genau zweimal Bube gezogen wird, erhalten Sie mithilfe der Pfadregeln. Entsprechend erhalten Sie die Wahrscheinlichkeiten für genau zweimal Dame und für genau zweimal König. Die Wahrscheinlichkeit, dass genau zweimal das gleiche Bild gezogen wird, erhalten Sie, indem Sie die Wahrscheinlichkeiten addieren. Die Wahrscheinlichkeit, genau dreimal das gleiche Bild zu ziehen, erhalten Sie mithilfe der Pfadregeln. Legen Sie x für die Auszahlung für genau zwei gleiche Bilder fest. Sie erhalten so den Erwartungswert E für den Gewinn des Spielers, indem Sie die Auszahlungsbeträge mit den entsprechenden Wahrscheinlichkeiten multiplizieren, die Ergebnisse addieren und den Einsatz subtrahieren. Damit das Spiel fair ist, lösen Sie die Gleichung $E = 0$ nach x auf.

3 Lineare Algebra: Wahlgebiet Vektorgeometrie A (AG, BTG, EG, SGG, TG, WG)

3.1 Skizzieren Sie ein Viereck ABCD und zeichnen Sie die gegebenen Vektoren ein. Um den Vektor $\overrightarrow{DA}$ zu bestimmen, verwenden Sie eine Vektorkette. Um nachzuweisen, dass das Viereck ABCD ein Rechteck ist, zeigen Sie, dass gegenüberliegende Vektoren gleich sind und bei einer Ecke ein rechter Winkel ist. Bestimmen Sie dazu die Vektoren $\overrightarrow{DC}$ und $\overrightarrow{AD}$. Um zu zeigen, dass beispielsweise bei A ein rechter Winkel ist, verwenden Sie das Skalarprodukt der Vektoren $\overrightarrow{AB}$ und $\overrightarrow{AD}$. Falls $\overrightarrow{AB} \cdot \overrightarrow{AD} = 0$ gilt, ist bei A ein rechter Winkel.

3.2 Skizzieren Sie ein Rechteck ABCD mit Diagonalenschnittpunkt S und zeichnen Sie die gegebenen Vektoren ein. Um die Koordinaten des Punktes A zu berechnen, verwenden Sie eine geeignete Vektorkette.

3.3 Skizzieren Sie das Rechteck ABCD und eine Streckung beispielsweise vom Punkt A aus, so dass sich das gestreckte Viereck ABʹCʹDʹ ergibt. Überlegen Sie, um welchen Faktor jede Seite gestreckt wird, wenn sich der Flächeninhalt des Vierecks ABCD um den Faktor 5

| Tipps | 5. Abitur 2022 |

vergrößert. Berechnen Sie die Länge der Seite AB, indem Sie den Betrag des entsprechenden Verbindungsvektors bestimmen. Alternativ können Sie entsprechend auch die Länge der Seite AD bestimmen.

3 Lineare Algebra: Wahlgebiet Vektorgeometrie B (AG, BTG, EG, SGG, TG, WG)

3.1 Skizzieren Sie eine Gerade g, die parallel zu einer Ebene E ist, und zeichnen Sie den Richtungsvektor und den Normalenvektor ein. Um zu begründen, dass g parallel zur x_2x_3-Koordinatenebene ist, berechnen Sie das Skalarprodukt zwischen dem Richtungsvektor $\vec{u} = \overrightarrow{AB}$ von g und dem Normalenvektor $\vec{n} = \begin{pmatrix} 1 \\ 0 \\ 0 \end{pmatrix}$ der x_2x_3-Koordinatenebene. Falls $\vec{u} \cdot \vec{n} = 0$ gilt, ist g parallel zur x_2x_3-Koordinatenebene. Um nachzuweisen, dass g nicht in der x_2x_3-Koordinatenebene mit der Gleichung $x_1 = 0$ liegt, setzen Sie beispielsweise die Koordinaten des Punktes A in die Ebenengleichung ein. Bei einem Widerspruch liegt A und damit auch g nicht in der x_2x_3-Koordinatenebene.

3.2 Skizzieren Sie die entsprechende Anordnung. Um einen Punkt P auf g zu bestimmen, sodass 2:1 das Verhältnis der Streckenlänge $\overline{AP} : \overline{BP}$ ist, verwenden Sie eine geeignete Vektorkette.

3.3 Um nachzuweisen, dass die Vektoren $\overrightarrow{AB}$ und $\overrightarrow{MC}$ zueinander orthogonal sind, berechnen Sie das Skalarprodukt der beiden Vektoren. Falls $\overrightarrow{AB} \cdot \overrightarrow{MC} = 0$ ist, sind die Vektoren $\overrightarrow{AB}$ und $\overrightarrow{MC}$ zueinander orthogonal. Skizzieren Sie die Problemstellung. Den Abstand d von C zur Geraden g erhalten Sie, indem Sie den Betrag des Verbindungsvektors von C zu M berechnen.

3 Lineare Algebra: Wahlgebiet Matrizen A (AG, BTG, EG, SGG, WG)

3.1.1 Um den gegebenen Ausdruck zu vereinfachen, verwenden Sie $S^n = S^{n-1} \cdot S$ und $S \cdot \vec{x} = \vec{x}$ sowie $E \cdot \vec{x} = \vec{x}$.

3.1.2 Um einen Vektor $\vec{x}$ so zu bestimmen, dass $S \cdot \vec{x} = \vec{x}$ gilt, verwenden Sie das Matrix-Vektor-Produkt. Legen Sie einen Vektor $\vec{x} = \begin{pmatrix} x \\ y \end{pmatrix}$ fest, stellen Sie eine Gleichung auf und lösen Sie das zugehörige Gleichungssystem. Beachten Sie, dass es unendlich viele Lösungen gibt, so dass Sie eine wählen können.

3.2 Legen Sie M als beliebige stochastische Matrix mit $M = \begin{pmatrix} a & b \\ c & d \end{pmatrix}$ fest. Beachten Sie, dass dann a, b, c und d nicht negativ sind und es gilt: $a + c = 1$ und $b + d = 1$. Um zu prüfen, ob $S \cdot M$ eine stochastische Matrix ist, verwenden Sie das Matrizenprodukt. Überlegen Sie, ob alle Elemente von M nicht negativ sind und ob die Summe der Spalten jeweils 1 ergibt.

3 Lineare Algebra: Wahlgebiet Matrizen B (AG, BTG, EG, SGG, WG)

3.1 Die Inverse A^{-1} von A erhalten Sie, wenn Sie links die Matrix A aufschreiben und rechts daneben die Einheitsmatrix. Dann formen Sie beide Matrizen gleichzeitig mithilfe von elementaren Umformungen so lange um, bis links die Einheitsmatrix steht. Rechts steht dann die inverse Matrix.

3.2 Beachten Sie, dass B zwei übereinstimmende Zeilen hat, so dass B nicht invertierbar ist. Damit besitzt das lineare Gleichungssystem $B \cdot \vec{x} = \vec{z}$ für alle Vektoren $\vec{z}$ keine eindeutige Lösung $\vec{x}$. Beachten Sie, dass $A \cdot \vec{y}$ einen Vektor ergibt.

3.3 Um zu untersuchen, ob die gegebene Matrizengleichung gilt, multiplizieren Sie die Klammern aus. Beachten Sie, dass dann $A \cdot B = B \cdot A$ gelten müsste. Bestimmen Sie von $A \cdot B$ und $B \cdot A$ jeweils das erste Element durch Matrizenmultiplikation.

Teil 2 Aufgabe 1

1.1 Als Ansatz für einen Term der Polynomfunktion f vom Grad 4, deren Schaubild K symmetrisch zur y-Achse ist, verwenden Sie $f(x) = ax^4 + bx^2 + c$ mit $f'(x) = 4ax^3 + 2bx$. Stellen Sie mit Hilfe der gegebenen Daten drei Bedingungen auf und lösen Sie das zugehörige Gleichungssystem.

1.2.1 Formen Sie die beiden Funktionsgleichungen so um, dass Sie durch Koeffizientenvergleich die Werte von a, b und c angeben können.

1.2.2 Als Ansatz für eine nach unten geöffnete Parabel p, die ihren Scheitel auf der y-Achse hat, verwenden Sie die Gleichung $p(x) = ax^2 + c$. Bestimmen Sie c, indem Sie die Koordinaten von H einsetzen. Die Schnittstellen von p und K_f erhalten Sie durch Gleichsetzen von $f(x)$ und $p(x)$. Lösen Sie die entstandene Gleichung nach x auf. Verwenden Sie dazu den Satz vom Nullprodukt. Überlegen Sie, welche Lösung in Frage kommt. Schätzen Sie den erhaltenen x-Wert ab, da $a < 0$ gilt.

1.2.3 Den größten Wert der ersten Ableitung von f erhalten Sie mit Hilfe der ersten drei Ableitungen von f. Als notwendige Bedingung lösen Sie die Gleichung $f''(x) = 0$ nach x auf. Setzen Sie die erhaltenen x-Werte in $f'''(x)$ ein. Ist das Ergebnis negativ, handelt es sich um ein lokales Maximum. Den zugehörigen Funktionswert erhalten Sie, indem Sie den x-Wert in $f'(x)$ einsetzen. Um zu prüfen, ob das lokale Maximum das absolute Maximum ist, betrachten Sie die Randwerte des gegebenen Intervalls.

1.3.1 Bestimmen Sie die Mittellinie v, die in der Mitte zwischen den y-Werten der Tiefpunkte und des Hochpunkts verläuft. Bestimmen Sie die Periode p (Differenz der x-Werte der beiden Tiefpunkte) und damit $u = \frac{2\pi}{p}$.

1.3.2 Beachten Sie, dass gilt: $G'(x) = g(x)$ und dies bedeutet, dass die Steigung von G an einer Stelle dem y-Wert von g an dieser Stelle entspricht. Bestimmen Sie damit verschiedene

Steigungswerte von G. Mit $G(-3) = 0$ und den Steigungen können Sie das Schaubild der Stammfunktion G von g skizzieren. Um zu begründen, dass Aussage (1) wahr ist, beachten Sie, dass für jede beliebige Stammfunktion G^* von g gilt: $G^{*\prime}(x) = g(x)$. Überlegen Sie, welche Werte g annimmt, und bestimmen Sie damit das Monotonieverhalten von G^*. Ist G^* streng monoton wachsend oder fallend, so besitzt G^* eine Umkehrfunktion $\overline{G^*}$. Um zu begründen, dass Aussage (2) wahr ist, beachten Sie, dass der Definitionsbereich einer Umkehrfunktion $\overline{G^*}$ von G^* der Wertebereich von G^* ist. Beachten Sie, dass der Wertebereich von G^* ein Intervall der Länge $G^*(3) - G^*(-3)$. ist. Verwenden Sie $G^*(x) = G(x) + C$ und bestimmen Sie damit $G^*(3) - G^*(-3)$. Verwenden Sie den Hauptsatz der Differential- und Integralrechnung, um das gegebene Integral umzuschreiben.

Teil 2 Aufgabe 2

2.1 Um zu ermitteln, wie viele Quadratkilometer Regenwald nötig wären, um die durchschnittlich pro Jahr so freigesetze Menge an CO_2 zu absorbieren, teilen Sie die durch Zement freigesetzte Menge durch die vom Regenwald pro km^2 absorbierte Menge. Um anzugeben, um wie viel Prozent diese Regenwaldfläche von der Fläche Deutschlands abweicht, teilen Sie die Regenwaldfläche durch die Fläche Deutschlands.

2.2.1 Um zu erläutern, dass die vom Zement absorbierte Menge an CO_2 im dargestellten Zeitraum exponentiell angewachsen ist, teilen Sie aufeinanderfolgende Mengen in gleichen zeitlichen Abständen (20 Jahre) jeweils durcheinander. Wenn die Verhältnisse aufeinanderfolgender Mengen in etwa gleich groß sind, ist die absorbierte Menge exponentiell angewachsen.

2.2.2.1 Um zu zeigen, dass die Wachstumskonstante k etwa den Wert $0,048$ hat, verwenden Sie den Wert im Jahre 2010 ($t = 60$). Stellen Sie eine Gleichung auf und lösen Sie diese durch Logarithmieren nach k auf.

2.2.2.2 Die absorbierte Menge M erhalten Sie mit Hilfe eines Integrals. Verwenden Sie den Hauptsatz der Differential- und Integralrechnung: $\int_a^b f(x) dx = \Big[F(x)\Big]_a^b = F(b) - F(a)$, wobei F eine Stammfunktion von f ist. Um zu bestimmen, wie viel Prozent der bei der Herstellung von Zement freigesetzten CO_2-Menge im selben Zeitraum wieder absorbiert wurden, teilen Sie die absorbierte Menge durch die freigesetzte Menge.

Teil 2 Aufgabe 3

3.1 Den Marktanteil der E-Autos zu Beginn des Monats Februar 2023 erhalten Sie, indem Sie $t = 25$ in $f(t)$ einsetzen. Den Marktanteil der E-Autos ab Beginn des Monats Januar 2025 erhalten Sie, indem Sie eine Wertetabelle ab $t = 48$ erstellen. Beachten Sie, dass die Funktion f streng monoton wachsend ist. Bestimmen Sie den Zeitpunkt, ab dem der Marktanteil von 50% erstmalig überstiegen wird.

3.2 Um zu begründen, dass der Marktanteil der neu zugelassenen E-Autos um mehr als 60 % pro Jahr zunimmt, können Sie aufgrund des exponentiellen Wachstums die Werte, die im Abstand von einem Jahr auftreten, bestimmen, z.B. $f(1)$ und $f(13)$. Teilen Sie die beiden Werte durcheinander und bestimmen Sie damit das prozentuale Wachstum pro Jahr.

3.3 Den durchschnittlichen Marktanteil $\overline{m}$ der E-Autos unter allen neu zugelassenen Autos von Beginn des Jahres 2021 bis einschließlich 2025 erhalten Sie mithilfe eines Integrals: $\overline{m} = \frac{1}{b-a} \cdot \int_a^b f(t)\mathrm{d}t$. Verwenden Sie den Hauptsatz der Differential- und Integralrechnung: $\int_a^b f(x)\mathrm{d}x = \Big[\mathrm{F}(x)\Big]_a^b = \mathrm{F}(b) - \mathrm{F}(a)$, wobei F eine Stammfunktion von f ist.

3.4 Überlegen Sie anhand von $f(t)$ (Marktanteil der E-Autos) und $g(t)$ (Anzahl der monatlich neu zugelassenen Autos), was die Funktion $f(t) \cdot g(t)$ beschreibt. Überlegen Sie, welchen Zeitpunkten $t = 3$ und $t = 39$ entsprechen. Beachten Sie, dass durch das Integral eine Summe gebildet wird und formulieren Sie die zugehörige Frage.

Teil 2 Aufgabe 4

4.1 Um den Wert des Flächeninhalts A des Bodens der Vase zu bestimmen, berechnen Sie zuerst den Radius r_1, indem Sie $x = 0$ in $f(x)$ einsetzen. Den Flächeninhalt eines Kreises erhalten Sie mit der Formel $A = \pi \cdot r^2$. Bestimmen Sie den Durchmesser d_1 des Vasenbodens. Den Radius r_2 der Vasenöffnung erhalten Sie, indem Sie $x = 10$ in $f(x)$ einsetzten. Bestimmen Sie damit den Durchmesser d_2 der Vasenöffnung sowie die Differenz d der beiden Durchmesser: $d = d_2 - d_1$.

4.2 Den größten Radius r_{max} der Vase erhalten Sie, indem Sie die Koordinaten des Hochpunkts des Schaubilds von f berechnen. Dazu verwenden Sie die 1. und 2. Ableitung von f, die Sie mit der Potenzregel bestimmen. Als notwendige Bedingung lösen Sie die Gleichung $f'(x) = 0$ nach x auf. Verwenden Sie die *abc*-Formel. Überlegen Sie anhand der gegebenen Abbildung, welcher x-Wert als Maximalstelle infrage kommt. Setzen Sie diesen x-Wert in $f''(x)$ ein. Falls das Ergebnis negativ ist, handelt es sich um ein Maximum. Den zugehörigen y-Wert erhalten Sie, indem Sie den x-Wert in $f(x)$ einsetzen. Damit erhalten Sie den größten Radius r_{max} und den größten Durchmesser d_{max} der Vase.

4.3 Die Gleichung der Geraden (Tangente t), die sich knickfrei an das Schaubild von f bei $x = 5$ anschließt, erhalten Sie mithilfe der Tangentengleichung $y = f'(u) \cdot (x - u) + f(u)$. Setzen Sie $x = 5$ in $f(x)$ ein. Die Steigung von t erhalten Sie, indem Sie $x = 5$ in $f'(x)$ einsetzen. Bestimmen Sie damit die Gleichung von t. Skizzieren Sie die Problemstellung. Beachten Sie, dass ein Kegelstumpf ergänzt wird. Bestimmen Sie mithilfe des gegebenen Integrals das Volumen V_1 des Kegelstumpfs. Das Volumen V des gesamten Kegels erhalten Sie mit der Formel $V = \frac{1}{3} \cdot \pi \cdot r^2 \cdot h$. Bestimmen Sie den Radius $r = f(5)$ des gesamten Kegels. Die Höhe h des gesamten Kegels erhalten Sie, indem Sie zuerst die Schnittstelle der Tangente t mit der x-Achse berechnen. Dazu lösen Sie die Gleichung $y = 0$ nach x

auf. Bestimmen Sie damit die Höhe h des gesamten Kegels sowie das Volumen V des gesamten Kegels. Bestimmen Sie das Volumen V_2 des abgeschnittenen Kegels. Die Höhe h_2 des abgeschnittenen Kegels erhalten Sie mit der Formel $V = \frac{1}{3} \cdot \pi \cdot r_2^2 \cdot h_2$. Verwenden Sie $\frac{r_2}{r} = \frac{h_2}{h}$, stellen Sie eine Gleichung auf und lösen Sie diese durch Wurzelziehen nach h_2 auf. Damit erhalten Sie die Höhe h_v der veränderten Vase.

Teil 3 Aufgabe 1

1.1.1 Bezeichnen Sie mit J: Teilnehmer ist jugendlich und mit S: Teilnehmer nutzt einen Streamingdienst. Durch Differenzen- und Summenbildung können Sie die Vierfeldertafel vervollständigen. Die Wahrscheinlichkeit, dass ein Teilnehmer der Erhebung jugendlich ist und einen Streamingdienst nutzt, erhalten Sie, indem Sie die entsprechende Anzahl durch die Gesamtanzahl der Teilnehmer teilen. Um zu beurteilen, ob die Ereignisse J und S stochastisch unabhängig sind, berechnen Sie $P(J \cap S)$, $P(J)$ und $P(S)$, indem Sie die entsprechende Anzahl durch die Gesamtanzahl der Teilnehmer teilen. Berechnen Sie anschließend $P(J) \cdot P(S)$. Falls $P(J) \cdot P(S) = P(J \cap S)$ ist, sind die Ereignisse J und S stochastisch unabhängig.

1.1.2 Beachten Sie, dass der Wert $P_J(S)$ eine bedingte Wahrscheinlichkeit angibt.

1.2 Erstellen Sie anhand der gegebenen Daten durch Differenzen- und Summenbildung eine Vierfeldertafel und lesen Sie daraus die gesuchte Wahrscheinlichkeit ab.

1.3.1 Legen Sie X als binomialverteilte Zufallsgröße für die Anzahl der Personen, die an der Umfrage teilnehmen, mit den Parametern n und p fest. Den Erwartungswert μ von X erhalten Sie mit der Formel $\mu = n \cdot p$. Die Standardabweichung σ von X erhalten Sie mit der Formel $\sigma = \sqrt{n \cdot p \cdot (1-p)}$. Die kleinste natürliche Zahl k, für die die angegebene Wahrscheinlichkeit gilt, erhalten Sie mithilfe der kumulierten Binomialverteilung durch Ausprobieren mit dem Taschenrechner.

1.3.2 Um die Anzahl n der Personen, die mindestens angesprochen werden müssen, um mit einer Wahrscheinlichkeit von mindestens 95% mindestens 1000 Personen für die Umfrage zu gewinnen, zu ermitteln, stellen Sie eine Ungleichung auf und lösen diese mithilfe der kumulierten Binomialverteilung durch Ausprobieren mit dem Taschenrechner.

5. Abitur 2022 — Tipps

Teil 3 Aufgabe 2

2.1.1.1 Bezeichnen Sie mit r: rot, g: gelb und b: blau und beachten Sie, dass dreimal ohne Zurücklegen gezogen wird, d.h. die gesamte Anzahl der Kugeln, aus denen gezogen wird, ändert sich bei jedem Zug. Die Wahrscheinlichkeit des Ereignisses A erhalten Sie mithilfe der Pfadregeln. Bezeichnen Sie mit r: rot und mit $\bar{r}$: nicht rot. Die Wahrscheinlichkeit des Ereignisses B erhalten Sie ebenfalls mithilfe der Pfadregeln. Bezeichnen Sie mit g: gelb und mit $\bar{g}$: nicht gelb. Die Wahrscheinlichkeit des Ereignisses C erhalten Sie auch mithilfe der Pfadregeln. Alternativ können Sie sich auch überlegen, dass die Wahrscheinlichkeit, dass die dritte gezogene Kugel gelb ist, genau so groß ist wie die Wahrscheinlichkeit, dass die erste gezogene Kugel gelb ist.

2.1.1.2 Überlegen Sie, welche Farben bei dreimaligem Ziehen ohne Zurücklegen gezogen werden.

2.1.2 Beachten Sie, dass es sich um Ziehen ohne Zurücklegen handelt und die angegebene Formel nur für eine Binomialverteilung Anwendung findet. Überlegen Sie, wie viele Möglichkeiten es für die Reihenfolge der Ziehungen gibt, wenn bei sechs Kugeln genau vier gleicher Farbe gezogen werden.

2.2 Legen Sie k jeweils für die Anzahl roter, gelber und blauer Kugeln fest und bestimmen Sie die gesamte Anzahl der Kugeln. Beachten Sie, dass dreimal ohne Zurücklegen gezogen wird. Die Wahrscheinlichkeit, dass nur Kugeln gleicher Farbe gezogen werden, erhalten Sie mithilfe der Pfadregeln in Abhängigkeit von k. Stellen Sie eine Ungleichung auf und lösen Sie die zugehörige Gleichung mit der *pq*-Formel. Überlegen Sie, welcher Wert nur in Frage kommen kann.

1.1 Bestimmen Sie mithilfe der gegebenen Punkte eine Gleichung der Geraden g, auf der das U-Boot sich bewegt. Die Koordinaten des Punktes P, an dem sich das U-Boot nach 2 Minuten befindet, erhalten Sie, indem Sie $t = 2$ in g einsetzen. Zur Bestimmung der Tiefe verwenden Sie den x_3-Wert von P. Den Abstand von P zu O erhalten Sie, indem Sie den Betrag des zugehörigen Verbindungsvektors berechnen.

1.2 Beachten Sie, dass das U-Boot in 2 Minuten die Strecke von O zu P zurücklegt, so dass es in einer Stunde die 30-fache Strecke zurücklegt.

1.3 Die Gleichung der Schnittgeraden s von E mit der x_1x_2-Ebene ($x_3 = 0$) erhalten Sie, indem Sie $x_3 = 0$ in die Gleichung von E einsetzen. Wählen Sie $x_1 = t$ und berechnen Sie x_2 in Abhängigkeit von t. Überlegen Sie, welche Grenzlinie die Schnittgerade s beschreibt.

1.4.1 Den Betrag v der Geschwindigkeit bis 120 m Tiefe erhalten Sie, indem Sie die Länge des Richtungsvektors $\vec{u}$ von g berechnen. Den Betrag v_1 der Geschwindigkeit ab 120 m Tiefe erhalten Sie, indem Sie die Länge des gegebenen Vektors $\overrightarrow{v_1}$ berechnen. Bestimmen Sie damit die Reduktion der Geschwindigkeit und teilen Sie diese durch die Geschwindigkeit v, um die prozentuale Reduktion zu erhalten. Bestimmen Sie die Koordinaten des Punktes Q, an dem sich das U-Boot nach 15 Minuten befindet, indem Sie $t = 15$ in g einsetzen. Bestimmen Sie anhand des x_3-Werts von Q die Tiefe.

1.4.2 Um zu zeigen, dass sich der Abstand des U-Boots zu E mit zunehmender Tiefe vergrößert, können Sie sich überlegen, wie sich das U-Boot im Verhältnis zur Ebene E bewegt. Dazu verwenden Sie die Gleichung der Geraden g und schneiden diese mit E. Den Schnittpunkt S von g mit E erhalten Sie, indem Sie einen allgemeinen Punkt P_t von g in die Gleichung von E einsetzen und die entstandene Gleichung nach t auflösen. Setzen Sie den erhaltenen t-Wert in P_t ein oder überlegen Sie, wo sich der Schnittpunkt befindet.

1.4.3 Beachten Sie, dass sich das U-Boot nach 15 Minuten in einer Tiefe von 120 m im Punkt Q befindet. Bestimmen Sie die Gleichung der Geraden h, auf der sich das U-Boot anschließend bewegt. Die Koordinaten des Punktes Z am Ende des Abtauchens erhalten Sie, indem Sie $r = 60$ in h einsetzen. Um den mittleren Abstand des U-Boots zu der durch E modellierten Grenze während der letzten 60 Minuten des Abtauchens zu ermitteln, bestimmen Sie aufgrund der geradlinigen Bewegung des U-Boots zuerst den Mittelpunkt M von Q und Z mit der Mittelpunktsformel: $M_{QZ}\left(\frac{q_1+z_1}{2} \mid \frac{q_2+z_2}{2} \mid \frac{q_3+z_3}{2}\right)$. Den Abstand d von $M(m_1 \mid m_2 \mid m_3)$ zu E erhalten Sie mithilfe der Abstandsformel: $d = \left|\frac{n_1 \cdot m_1 + n_2 \cdot m_2 + n_3 \cdot m_3 - b}{\sqrt{n_1^2 + n_2^2 + n_3^2}}\right|$, wobei die Ebene die Gleichung $n_1 x_1 + n_2 x_2 + n_3 x_3 = b$ hat.

Teil 4 Lineare Algebra: Vektorgeometrie Aufgabe 2

2.1 Anhand der gegebenen Punkte können Sie das Modell des Kirchturmes in ein Koordinatensystem einzeichnen.

2.2 Den Flächeninhalt A_{Dach} der Dachfläche erhalten Sie, indem Sie beispielsweise zuerst den Flächeninhalt A_{EFS} des vorderen Dreiecks EFS mithilfe des Vektorprodukts berechnen: $A_{EFS} = \frac{1}{2} \cdot \left|\overrightarrow{EF} \times \overrightarrow{ES}\right|$. Die Dachfläche besteht aus vier inhaltsgleichen Dreiecken. Beachten Sie, dass einer Längeneinheit 10 Meter entsprechen, so dass einer Flächeneinheit $100\,m^2$ entspricht. Die Anzahl Z der Ziegel erhalten Sie, indem Sie die Dachfläche durch die Abdeckungsfläche teilen. Die Anzahl P der Paletten erhalten Sie, indem Sie die Anzahl der Ziegel durch 200 teilen.

2.3.1 Den Winkel α, unter dem das Sonnenlicht auf den Boden (d.h. die $x_1 x_2$-Ebene) trifft, erhalten Sie mithilfe der Formel $\sin(\alpha) = \frac{|\vec{v} \cdot \vec{n}|}{|\vec{v}| \cdot |\vec{n}|}$. Dabei ist $\vec{v}$ der Richtungsvektor des Sonnenlichts und $\vec{n} = \begin{pmatrix} 0 \\ 0 \\ 1 \end{pmatrix}$ ein Normalenvektor der $x_1 x_2$-Ebene.

2.3.2 Verwenden Sie als Ansatz für die Koordinaten des höchsten Punktes K des Kreuzes K(1 | 1 | 8 + x). Da der Schattenpunkt des höchsten Punktes P ist, liegt K auf der Geraden g durch P mit dem Richtungsvektor $\vec{v}$. Stellen Sie mit P und $\vec{v}$ eine Gleichung von g auf. Setzen Sie die Koordinaten von K in die Gleichung von g ein und lösen Sie das zugehörige lineare Gleichungssystem. Beachten Sie, dass einer Längeneinheit 10 Meter entsprechen.

2.4 Da der Abstand von Q zu den Eckpunkten E, F, G und H des Daches jeweils gleich groß ist, verwenden Sie als Ansatz für Q die Koordinaten Q(1 | 1 | z) mit $0 \leqslant z \leqslant 8$. Den Abstand von Q zu H bzw. Q zu S erhalten Sie, indem Sie den Betrag des entsprechenden Verbindungsvektors berechnen. Da der Abstand von Q zu den Eckpunkten E, F, G und H des Daches jeweils dreimal so groß sein soll wie der Abstand von Q zur Turmspitze S, lösen Sie die Gleichung $\overline{HQ} = 3 \cdot \overline{SQ}$ nach z durch Quadrieren auf. Verwenden Sie die pq-Formel und überlegen Sie, welche Lösung in Frage kommt.

Teil 4 Lineare Algebra: Matrizen Aufgabe 1

1.1 Beachten Sie, dass der Eintrag 0,25 der Matrix M angibt, wie viel Prozent der Haushalte, die bei C einen Vertrag haben, innerhalb eines Jahres zu D wechseln.
Um die Paare zu ermitteln, die untereinander keinerlei Haushalte wechseln, verwenden Sie die Einträge der Matrix M, die jeweils Null sind. Um den Stromanbieter zu bestimmen, bei dem die vertraglich gebundenen Haushalte am wenigsten zufrieden sind, verwenden Sie die Einträge der Diagonalen der Matrix M.

1.2 Bestimmen Sie die Anzahl der Haushalte, die im Jahr 2021 an Stromanbieter D gebunden waren und damit den Zustandsvektor $\vec{v}$. Die für jeden Stromanbieter zu erwartende Anzahl von Haushalten, die im Jahr 2022 an den Anbieter gebunden sein werden, erhalten Sie, indem Sie die Matrix M mit dem Zustandsvektor $\vec{v}$ multiplizieren.

1.3 Bestimmen Sie den Zustandsvektor $\vec{v}$ in Abhängigkeit der Anzahlen a und b der Stromanbieter A und B. Wenn eine Verteilung $\vec{v}$ von einem auf das nächste Jahr unverändert bleibt, muss gelten: $M \cdot \vec{v} = \vec{v}$. Stellen Sie damit eine Gleichung auf und lösen Sie diese durch Koeffizientenvergleich. Bestimmen Sie anschließend den konkreten Zustandsvektor $\vec{v}$.

1.4 Bestimmen Sie den Zustandsvektor $\vec{v}$ in Abhängigkeit der Anzahl a des Stromanbieters A. Legen Sie p für den Prozentsatz der Wechsel der Haushalte von B und D zu A und von B und D zu C fest. Bestimmen Sie damit die Wechselmatrix M. Da langfristig die Verteilung $\vec{v}$ angestrebt wird, muss gelten: $M \cdot \vec{v} = \vec{v}$. Stellen Sie damit eine Gleichung auf und lösen Sie diese durch Koeffizientenvergleich. Bei einer eindeutigen Lösung ist eine solche Verteilung möglich. Bestimmen Sie schließlich die Matrix M und damit den Prozentsatz, zu dem Haushalte von Anbieter B zu C wechseln.

Tipps 5. *Abitur 2022*

Teil 4 Lineare Algebra: Matrizen Aufgabe 2

2 Bestimmen Sie anhand der Tabellen die Zwischenprodukt-Endprodukte-Matrix A und die Rohstoff-Endprodukte-Matrix B.

2.1.1 Um zu berechnen, wie viele ME der Rohstoffe benötigt werden, um die angegebenen Endprodukte zu produzieren, verwenden Sie das Matrix-Vektor-Produkt. Ist $\vec{r}$ der Rohstoffvektor und $\vec{p}$ der Endproduktvektor, so berechnen Sie $\vec{r} = B \cdot \vec{p}$.

2.1.2 Bestimmen Sie die gesamten Kosten K für diesen Auftrag, die sich aus den Fixkosten, den gesamten Rohstoffkosten, den gesamten Fertigungskosten der Endprodukte und den Fertigungskosten der Zwischenprodukte zusammensetzen. Um zu berechnen, wie viele ME der Zwischenprodukte benötigt werden, um die angegebenen Endprodukte zu produzieren, verwenden Sie das Matrix-Vektor-Produkt. Ist $\vec{z}$ der Zwischenproduktvektor und $\vec{p}$ der Endproduktvektor, so berechnen Sie: $\vec{z} = A \cdot \vec{p}$. Legen Sie x für die Fertigungskosten einer ME Z_1 fest und bestimmen Sie aufgrund der Angaben die Fertigungskosten pro ME für Z_2 und pro ME für Z_3 in Abhängigkeit von x. Damit erhalten Sie die Kosten K_Z für die Zwischenprodukte und die gesamten Kosten K in Abhängigkeit von x. Die Einnahmen E erhalten Sie, indem Sie die Mengen mit den entsprechenden Preisen multiplizieren. Den Gewinn G erhalten Sie, indem Sie die Kosten K von den Einnahmen E subtrahieren. Lösen Sie damit die Gleichung G = 8000 nach x auf. Schließlich bestimmen Sie die Fertigungskosten für die einzelnen Zwischenprodukte.

2.2 Bestimmen Sie anhand der Angaben den Zwischenproduktvektor $\vec{z}$. Als Ansatz für den Endproduktvektor verwenden Sie $\vec{p} = \begin{pmatrix} 950 \\ x \\ y \end{pmatrix}$.

Ist $\vec{z}$ der Zwischenproduktvektor und $\vec{p}$ der Endproduktvektor, so gilt: $\vec{z} = A \cdot \vec{p}$. Stellen Sie damit eine Gleichung auf und versuchen Sie, das zugehörige Gleichungssystem zu lösen. Bei einem Widerspruch ist der Auftrag nicht ausführbar.

2.3 Da das Endprodukt E_3 zukünftig nicht mehr produziert wird, verwenden Sie als Ansatz für den Endproduktvektor $\vec{p} = \begin{pmatrix} x \\ y \\ 0 \end{pmatrix}$. Da sich im Lager noch 30000 ME des Rohstoffs R_2 befinden, verwenden Sie als Ansatz den Rohstoffvektor $\vec{r} = \begin{pmatrix} a \\ 30000 \\ c \end{pmatrix}$. Ist $\vec{r}$ der Rohstoffvektor und $\vec{p}$ der Endproduktvektor, so gilt: $\vec{r} = B \cdot \vec{p}$.

Stellen Sie damit eine Gleichung auf und lösen Sie das zugehörige Gleichungssystem. Berechnen Sie y in Abhängigkeit von x. Da nicht mehr als 1000 ME von E_1 produziert werden sollen, beachten Sie, dass gilt: $0 \leqslant x \leqslant 1000$. Bestimmen Sie zunächst y für die

Randwerte dieses Intervalls, also für $x = 0$ und für $x = 1000$. Anschließend können Sie damit die Rohstoffmengen eingrenzen, indem Sie jeweils die x- und y-Werte der Intervallränder einsetzen und a bzw. c berechnen.

1 Abitur 2018

Teil 1 ohne Hilfsmittel

1 Analysis

1.1 Die Aussage (1), dass gilt: $f''(1) < 0$, ist wahr, da das Schaubild K_f im Punkt $(1 \mid f(1))$ rechtsgekrümmt ist, weil die Steigung von f abnimmt: Bei $x = 1$ ist die Steigung positiv, bei $x = 2$ ist sie Null.

Die Aussage (2), dass die Steigung von f an der Stelle $x = 0$ kleiner als die durchschnittliche Änderungsrate von f im Intervall $[0;3]$ ist, ist falsch, da die Steigung der Tangente bei $x = 0$ größer ist als die Steigung zwischen den Punkten $(0 \mid 0)$ und $(3 \mid 2)$: Die durchschnittliche Änderungsrate von f im Intervall $[0;3]$ beträgt etwa $\frac{2}{3}$, während die Tangentensteigung bei $x = 0$ etwa $m_t = 2$ ist (siehe Schaubild).

Die Aussage (3), dass das Schaubild jeder Stammfunktion F von f an der Stelle $x = 0$ einen Tiefpunkt hat, ist wahr, da das Schaubild von $F' = f$ bei $x = 0$ eine Nullstelle mit Vorzeichenwechsel von $-$ nach $+$ hat.

1.2 (1) Die erste Ableitung von $g(x) = (2x+1)^2$ erhält man mit der Kettenregel:

$$g'(x) = 2 \cdot (2x+1)^1 \cdot 2 = 4 \cdot (2x+1) = 8x+4$$

(2) Die erste Ableitung von $g(x) = (x+1) \cdot e^x$ erhält man mit der Produktregel:

$$g'(x) = 1 \cdot e^x + (x+1) \cdot e^x = (x+2) \cdot e^x$$

1.3.1 Um das Schaubild von $h(x) = \cos(\pi \cdot x) + 1$ für $0 \leqslant x \leqslant 4$ zu skizzieren, überlegt man sich, wie das Schaubild von h aus dem Schaubild der Funktion $\cos(x)$ hervorgegangen ist: Das Schaubild von $\cos(x)$ wurde um eine LE nach oben verschoben (wegen $+1$), d.h. die Mittellinie ist $y = 1$. Außerdem wurde es in x-Richtung mit dem Faktor $\frac{1}{\pi}$ gestreckt: Die Periode p von h erhält man durch $p = \frac{2\pi}{b} = \frac{2\pi}{\pi} = 2$.

Damit ergibt sich:

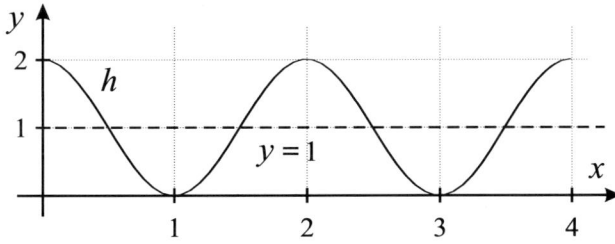

1.3.2 Den Wert des Integrals $\int_0^2 h(x)\,dx$ erhält man mit Hilfe des Hauptsatzes der Differential- und Integralrechnung:

$$\begin{aligned}
\int_0^2 h(x)\,dx &= \int_0^2 (\cos(\pi \cdot x) + 1)\,dx \\
&= \left[\frac{\sin(\pi \cdot x)}{\pi} + x\right]_0^2 \\
&= \frac{\sin(\pi \cdot 2)}{\pi} + 2 - \left(\frac{\sin(\pi \cdot 0)}{\pi} + 0\right) \\
&= \frac{0}{\pi} + 2 - \left(\frac{0}{\pi} + 0\right) \\
&= 2
\end{aligned}$$

2 Stochastik

2.1 Da 10% der PKW Elektroautos sind, stehen auf dem Parkplatz durchschnittlich $300 \cdot 0,1 = 30$ PKW, die nichts bezahlen. Die restlichen 270 PKW bezahlen jeweils fünf norwegische Kronen. Damit erhält man die Höhe der Einnahmen E folgendermaßen:

$$E = 30 \cdot 0 + 270 \cdot 5 = 1350$$

Man kann Einnahmen in Höhe von 1350 norwegischen Kronen erwarten.

2.2.1 Legt man X als Zufallsvariable für die Anzahl der Elektroautos fest, so ist X binomialverteilt mit den Parametern n = 3 und p = 0,1 (p ist die Wahrscheinlichkeit, dass ein Elektroauto vorbei fährt).
Die Wahrscheinlichkeit des Ereignisses A: «Unter diesen PKW ist genau ein Elektroauto.» erhält man mit Hilfe der Binomialverteilung und der Bernoulli-Formel:

$$P(A) = P(X = 1) = \binom{3}{1} \cdot 0,1^1 \cdot 0,9^{3-1} = 3 \cdot 0,1 \cdot 0,9^2 = 0,3 \cdot 0,81 = 0,243$$

Die Wahrscheinlichkeit des Ereignisses B: «Unter diesen PKW ist mindestens ein Elektroauto» erhält man mit Hilfe der Wahrscheinlichkeit des Gegenereignisses (also dass kein Elektroauto vorbei fährt) und der Bernoulli-Formel:

$$\begin{aligned}
P(B) &= P(X \geq 1) \\
&= 1 - P(X = 0) \\
&= 1 - \binom{3}{0} \cdot 0,1^0 \cdot 0,9^{3-0} \\
&= 1 - 1 \cdot 1 \cdot 0,9^3 \\
&= 1 - 0,729 \\
&= 0,271
\end{aligned}$$

Alternativ kann man auch die Pfadregeln verwenden. Bezeichnet man mit E: Elektroauto und mit $\overline{E}$: kein Elektroauto, so gilt: $P(E) = 0,1$ und $P(\overline{E}) = 1 - 0,1 = 0,9$.

Für die Wahrscheinlichkeit des Ereignisses A gilt:

$$\begin{aligned}P(A) &= P(E\overline{E}\overline{E}) + P(\overline{E}E\overline{E}) + P(\overline{E}\overline{E}E) \\ &= 0,1 \cdot 0,9 \cdot 0,9 + 0,9 \cdot 0,1 \cdot 0,9 + 0,9 \cdot 0,9 \cdot 0,1 \\ &= 3 \cdot 0,1 \cdot 0,9^2 \\ &= 0,243\end{aligned}$$

Für die Wahrscheinlichkeit des Ereignisses B gilt:

$$\begin{aligned}P(B) &= 1 - P(\overline{E}\overline{E}\overline{E}) \\ &= 1 - 0,9 \cdot 0,9 \cdot 0,9 \\ &= 1 - 0,729 \\ &= 0,271\end{aligned}$$

Die Wahrscheinlichkeit des Ereignisses A beträgt 24,3%, die Wahrscheinlichkeit des Ereignisses B beträgt 27,1%.

2.2.2 Legt man X als Zufallsvariable für die Anzahl der Elektroautos bei 100 vorbeifahrenden PKW fest, so ist X binomialverteilt mit den Parametern $n = 100$ und $p = 0,1$. Damit wird mit dem Term

$$P(X \leqslant 2) = 0,9^{100} + 100 \cdot 0,1 \cdot 0,9^{99} + \binom{100}{2} \cdot 0,1^2 \cdot 0,9^{98}$$

die Wahrscheinlichkeit berechnet, dass von 100 PKW höchstens 2 Elektroautos vorbeifahren.

3 Lineare Algebra: Wahlgebiet Vektorgeometrie (AG, BTG, SGG, TG, WG)

3.1 Gegeben ist das Gleichungssystem:

$$\begin{aligned}\text{I} \quad & x_1 + x_2 + x_3 = 4 \\ \text{II} \quad & 2x_1 - x_2 + 3x_3 = 3 \\ \text{III} \quad & \phantom{2x_1 -{}} 3x_2 - x_3 = 5\end{aligned}$$

Die Lösungsmenge des linearen Gleichungssystems erhält man mit Hilfe des Gaußschen Eliminierungsverfahrens.

Subtrahiert man Gleichung II vom 2-fachen von Gleichung I, ergibt sich:

$$\begin{aligned}\text{I} \quad & x_1 + x_2 + x_3 = 4 \\ \text{IIa} \quad & \phantom{x_1 +{}} 3x_2 - x_3 = 5 \\ \text{III} \quad & \phantom{x_1 +{}} 3x_2 - x_3 = 5\end{aligned}$$

Subtrahiert man Gleichung III von Gleichung IIa, ergibt sich:

$$
\begin{array}{llrrrrr}
\text{I} & x_1 & + & x_2 & + & x_3 & = & 4 \\
\text{IIa} & & & 3x_2 & - & x_3 & = & 5 \\
\text{IIIa} & & & & & 0 & = & 0
\end{array}
$$

Aufgrund der wahren Aussage in Gleichung IIIa gibt es unendlich viele Lösungen. Daher wählt man beispielsweise $x_2 = t$. Setzt man $x_2 = t$ in Gleichung IIa ein, erhält man:

$$3t - x_3 = 5 \Rightarrow x_3 = -5 + 3t$$

Setzt man $x_2 = t$ und $x_3 = -5 + 3t$ in Gleichung I ein, erhält man:

$$x_1 + t + (-5 + 3t) = 4 \Rightarrow x_1 = 9 - 4t$$

Damit erhält man die Lösungsmenge: $L = \{\langle 9 - 4t; t; -5 + 3t\rangle \; ; \; t \in \mathbb{R}\}$.

3.2 Die Vektoren $\vec{a} = \begin{pmatrix} 0 \\ 2 \\ 0 \end{pmatrix}$ und $\vec{b} = \begin{pmatrix} -3 \\ 2 \\ 4 \end{pmatrix}$ spannen ein Parallelogramm auf.

Um zu zeigen, dass die Vektoren $\vec{b} - \vec{a}$ und $\vec{a}$ zueinander orthogonal sind, berechnet man das Skalarprodukt:

$$(\vec{b} - \vec{a}) \cdot \vec{a} = \left(\begin{pmatrix} -3 \\ 2 \\ 4 \end{pmatrix} - \begin{pmatrix} 0 \\ 2 \\ 0 \end{pmatrix}\right) \cdot \begin{pmatrix} 0 \\ 2 \\ 0 \end{pmatrix} = \begin{pmatrix} -3 \\ 0 \\ 4 \end{pmatrix} \cdot \begin{pmatrix} 0 \\ 2 \\ 0 \end{pmatrix} = -3 \cdot 0 + 0 \cdot 2 + 4 \cdot 0 = 0$$

Da das Skalarprodukt Null ergibt, sind die Vektoren $\vec{b} - \vec{a}$ und $\vec{a}$ zueinander orthogonal. Damit ergibt sich folgendes Parallelogramm:

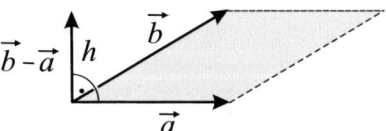

Den Flächeninhalt A des Parallelogramms erhält man mit der Formel $A = g \cdot h$.
Die Grundseite g des Parallelogramms ist die Länge des Vektors $\vec{a}$:

$$g = |\vec{a}| = \left|\begin{pmatrix} 0 \\ 2 \\ 0 \end{pmatrix}\right| = 2$$

Die Höhe h des Parallelogramms ist die Länge des Vektors $\vec{b} - \vec{a}$:

$$h = |\vec{b} - \vec{a}| = \left|\begin{pmatrix} -3 \\ 0 \\ 4 \end{pmatrix}\right| = \sqrt{(-3)^2 + 0^2 + 4^2} = \sqrt{9+16} = \sqrt{25} = 5$$

Damit gilt:
$$A = g \cdot h = 2 \cdot 5 = 10$$

Das Parallelogramm hat einen Flächeninhalt von 10 FE.

4 Lineare Algebra: Wahlgebiet Matrizen (AG, BTG, SGG, WG)

4.1 Gegeben ist das Gleichungssystem:

$$\begin{array}{rrrrrrr} \text{I} & x_1 & + & x_2 & + & x_3 & = 4 \\ \text{II} & 2x_1 & - & x_2 & + & 3x_3 & = 3 \\ \text{III} & & & 3x_2 & - & x_3 & = 5 \end{array}$$

Die Lösungsmenge des linearen Gleichungssystems erhält man mit Hilfe des Gaußschen Eliminierungsverfahrens.

Subtrahiert man Gleichung II vom 2-fachen von Gleichung I, ergibt sich:

$$\begin{array}{rrrrrrr} \text{I} & x_1 & + & x_2 & + & x_3 & = 4 \\ \text{IIa} & & & 3x_2 & - & x_3 & = 5 \\ \text{III} & & & 3x_2 & - & x_3 & = 5 \end{array}$$

Subtrahiert man Gleichung III von Gleichung IIa, ergibt sich:

$$\begin{array}{rrrrrrr} \text{I} & x_1 & + & x_2 & + & x_3 & = 4 \\ \text{IIa} & & & 3x_2 & - & x_3 & = 5 \\ \text{IIIa} & & & & & 0 & = 0 \end{array}$$

Aufgrund der wahren Aussage in Gleichung IIIa gibt es unendlich viele Lösungen. Daher wählt man beispielsweise $x_2 = t$. Setzt man $x_2 = t$ in Gleichung IIa ein, erhält man:

$$3t - x_3 = 5 \Rightarrow x_3 = -5 + 3t$$

Setzt man $x_2 = t$ und $x_3 = -5 + 3t$ in Gleichung I ein, erhält man:

$$x_1 + t + (-5 + 3t) = 4 \Rightarrow x_1 = 9 - 4t$$

Damit erhält man die Lösungsmenge: $L = \{\langle 9 - 4t; t; -5 + 3t \rangle\,;\, t \in \mathbb{R}\}$.

4.2 Bei der Matrizengleichung $(B+A) \cdot (E-A) = (X-B) \cdot A$ löst man zuerst die Klammern auf, vereinfacht und multipliziert anschließend mit einer invertierten Matrix A^{-1}. Wegen $A \cdot A^{-1} = E$ ergibt sich:

$$(B+A) \cdot (E-A) = = (X-B) \cdot A$$
$$B \cdot E - B \cdot A + A \cdot E - A^2 = X \cdot A - B \cdot A$$
$$B + A - A^2 = X \cdot A$$
$$(B + A - A^2) A^{-1} = X \cdot A \cdot A^{-1}$$
$$B \cdot A^{-1} + A \cdot A^{-1} - A^2 \cdot A^{-1} = X$$
$$B \cdot A^{-1} + E - A \cdot A \cdot A^{-1} = X$$
$$B \cdot A^{-1} + E - A = X$$

Teil 2 Aufgabe 1

Es ist $f(x) = \frac{1}{18}x^3 - \frac{1}{2}x^2 + 6$; $x \in \mathbb{R}$ mit Schaubild K.

1.1.1 Das Schaubild K von f hat die Nullstellen $x_1 = -3$ (einfache Nullstelle) und $x_2 = 6$ (doppelte Nullstelle).
Damit ergibt sich mit Hilfe des Nullstellenansatzes:

$$f(x) = a \cdot (x - (-3)) \cdot (x-6)^2 = a \cdot (x+3) \cdot (x-6)^2$$

Somit erhält man: $b = -3$ und $c = 6$.
Da K durch den Punkt P(0 | 6) geht, kann man die Koordinaten von P in $f(x)$ einsetzen (Punktprobe):

$$6 = a \cdot (0+3) \cdot (0-6)^2 \Leftrightarrow 6 = a \cdot 3 \cdot 36 \Rightarrow a = \frac{1}{18}$$

1.1.2 Die Koordinaten des Wendepunkts von K erhält man mit der 2. und 3. Ableitung von f:

$$f'(x) = \frac{1}{6}x^2 - x$$
$$f''(x) = \frac{1}{3}x - 1$$
$$f'''(x) = \frac{1}{3}$$

Als notwendige Bedingung löst man die Gleichung $f''(x) = 0$ nach x auf:

$$\frac{1}{3}x - 1 = 0 \Rightarrow x = 3$$

Wegen $f'''(x) = \frac{1}{3} \neq 0$ handelt es sich um eine Wendestelle.
Den zugehörigen y-Wert erhält man, indem man den x-Wert in $f(x)$ einsetzt:

$$y = f(3) = \frac{1}{18} \cdot 3^3 - \frac{1}{2} \cdot 3^2 + 6 = 3$$

Somit hat der Wendepunkt die Koordinaten W(3 | 3).
Da der x- und der y-Wert von W übereinstimmen, liegt W auf der ersten Winkelhalbierenden.

1.1.3

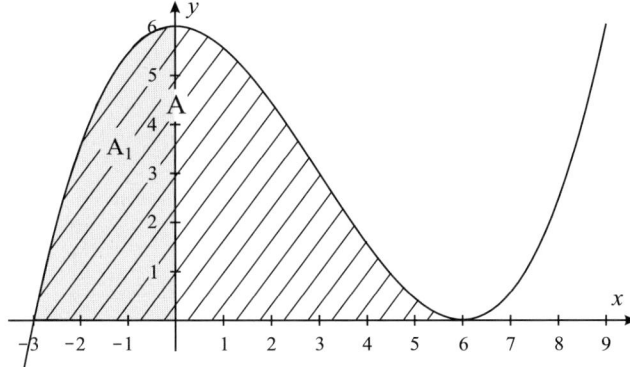

Den Flächeninhalt A der Fläche, den das Schaubild K mit der x-Achse einschließt, erhält man mit Hilfe eines Integrals:

$$\begin{aligned}
A &= \int_{-3}^{6} f(x)\,dx \\
&= \int_{-3}^{6} \left(\frac{1}{18}x^3 - \frac{1}{2}x^2 + 6\right) dx \\
&= \left[\frac{1}{72}x^4 - \frac{1}{6}x^3 + 6x\right]_{-3}^{6} \\
&= \frac{1}{72}\cdot 6^4 - \frac{1}{6}\cdot 6^3 + 6\cdot 6 - \left(\frac{1}{72}\cdot(-3)^4 - \frac{1}{6}\cdot(-3)^3 + 6\cdot(-3)\right) \\
&= \frac{243}{8}
\end{aligned}$$

Den Flächeninhalt A_1 der kleineren Fläche erhält man ebenfalls mit Hilfe eines Integrals:

$$\begin{aligned}
A_1 &= \int_{-3}^{0} f(x)\,dx \\
&= \int_{-3}^{0} \left(\frac{1}{18}x^3 - \frac{1}{2}x^2 + 6\right) dx \\
&= \left[\frac{1}{72}x^4 - \frac{1}{6}x^3 + 6x\right]_{-3}^{0} \\
&= \frac{1}{72}\cdot 0^4 - \frac{1}{6}\cdot 0^3 + 6\cdot 0 - \left(\frac{1}{72}\cdot(-3)^4 - \frac{1}{6}\cdot(-3)^3 + 6\cdot(-3)\right) \\
&= \frac{99}{8}
\end{aligned}$$

Den prozentualen Anteil des Inhalts der kleineren Fläche A_1 am Inhalt von A erhält man, indem man A_1 durch A teilt:

$$\frac{A_1}{A} = \frac{\frac{99}{8}}{\frac{243}{8}} = \frac{11}{27} \approx 0{,}41 = 41\,\%$$

Der prozentuale Anteil beträgt etwa 41 %.

1.1.4 (1) Eine Gerade, die mit K genau einen Punkt gemeinsam hat und durch den Punkt $(0\,|\,6)$ geht, hat z.B. die Gleichung $x = 0$ (y-Achse), oder auch $y = -3x + 6$.

(2) Eine Gerade, die mit K genau drei Punkte gemeinsam hat und durch den Punkt $(0\,|\,6)$ geht, geht beispielsweise noch durch den Punkt $N(6\,|\,0)$ und $W(3\,|\,3)$. Sie hat damit die Steigung $m = -1$ und somit lautet die Gleichung: $y = -x + 6$.

Anhand des Schaubilds kann man erkennen, dass die Parallele zur x-Achse durch den Punkt $(0\,|\,6)$, also die Gerade mit der Gleichung $y = 6$, K in genau zwei Punkten schneidet. Damit erhält man als erste Lösung die Steigung $m_1 = 0$.

Die weitere Steigung, für die die Gerade zwei Schnittpunkte mit K hat, erhält man, indem man die gemeinsamen Punkte der Geraden mit der Gleichung $y = m \cdot x + 6$ und K durch Gleichsetzen bestimmt:

$$\frac{1}{18}x^3 - \frac{1}{2}x^2 + 6 = m \cdot x + 6$$

$$\frac{1}{18}x^3 - \frac{1}{2}x^2 - m \cdot x = 0$$

$$x \cdot \left(\frac{1}{18}x^2 - \frac{1}{2} \cdot x - m\right) = 0$$

Mit Hilfe des Satzes vom Nullprodukt erhält man $x_1 = 0$ und aus $\frac{1}{18}x^2 - \frac{1}{2} \cdot x - m = 0$ bzw. $x^2 - 9x - 18m = 0$ ergibt sich mit Hilfe der *abc*-Formel:

$$x_{2,3} = \frac{9 \pm \sqrt{9^2 - 4 \cdot 1 \cdot (-18m)}}{2 \cdot 1}$$

Wenn die Gerade mit K genau zwei gemeinsame Punkte haben soll, darf es neben $x_1 = 0$ nur noch eine weitere Lösung geben. Daher muss der Term unter der Wurzel Null ergeben:

$$9^2 - 4 \cdot 1 \cdot (-18m) = 0 \Leftrightarrow 81 + 72m = 0 \Rightarrow m_2 = -\frac{9}{8}$$

Somit hat die Gerade mit der Gleichung $y = m \cdot x + 6$ mit K für $m_1 = 0$ und $m_2 = -\frac{9}{8}$ genau zwei Punkte gemeinsam.

1.2 Es ist $g(x) = \int_1^{x^2+1} \sin(2t)\,dt$ mit $x \in \mathbb{R}$.

Mit Hilfe des Hauptsatzes der Differential- und Integralrechnung erhält man:

$$g(x) = \int_1^{x^2+1} \sin(2t)\,dt$$

$$= \left[\frac{1}{2} \cdot (-\cos(2t))\right]_1^{x^2+1}$$

$$= \left[-\frac{1}{2}\cdot\cos(2t)\right]_1^{x^2+1}$$

$$= -\frac{1}{2}\cdot\cos\left(2\cdot(x^2+1)\right) - \left(-\frac{1}{2}\cdot\cos(2\cdot 1)\right)$$

$$= -\frac{1}{2}\cdot\cos(2x^2+2) + \frac{1}{2}\cdot\cos(2)$$

Die erste Ableitung der Funktion $g(x) = -\frac{1}{2}\cdot\cos(2x^2+2) + \frac{1}{2}\cdot\cos(2)$ erhält man mit Hilfe der Kettenregel:

$$g'(x) = -\frac{1}{2}\cdot\left(-\sin(2x^2+2)\right)\cdot 4x = 2x\cdot\sin(2x^2+2)$$

Wegen $g'(x) = 2x\cdot\sin(2x^2+2) \neq \sin(2x^2+2) - \sin(2)$ ist die Behauptung falsch.

Teil 2 Aufgabe 2

Es ist $v(t) = 25 - 25 \cdot e^{-0{,}0322 \cdot t}$; $t \geq 0$ (t in Sekunden seit dem Start, $v(t)$ in $\frac{m}{s}$).

2.1 Um das Schaubild von v zu zeichnen, erstellt man eine Wertetabelle:

t	0	10	20	30	40	50	60	70	80	90	100
$v(t)$	0	6,9	11,9	15,5	18,1	20,0	21,4	22,4	23,1	23,6	24,0

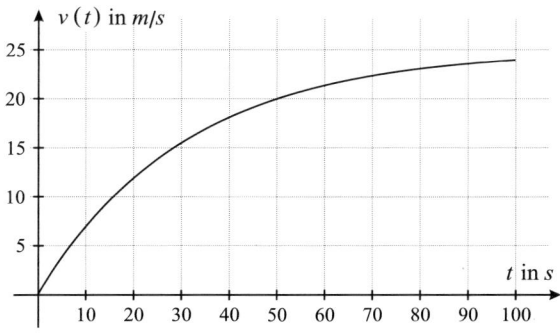

Für $t \to \infty$ geht e^{-t} gegen Null und damit geht auch $25 \cdot e^{-0{,}322 \cdot t}$ gegen Null.
Somit geht $v(t)$ für $t \to \infty$ gegen 25.
Die Geschwindigkeit der Drohne nähert sich $25\,\frac{m}{s}$ an.
Die Geschwindigkeit in Kilometer pro Stunde erhält man, indem man mit 3600 erweitert:

$$v = 25\,\frac{m}{s} = 25\,\frac{3600\,m}{3600\,s} = \frac{90\,000\,m}{h} = 90\,\frac{km}{h}$$

Die Geschwindigkeit der Drohne nähert sich nach diesem Modell $90\,\frac{km}{h}$ an.

2.2 Das Integral $\int_0^{50} v(t)\,dt$ berechnet man mit Hilfe des Hauptsatzes der Differential- und Integralrechnung:

$$\int_0^{50} v(t)\,dt = \int_0^{50} \left(25 - 25 \cdot e^{-0{,}0322 \cdot t}\right) dt$$

$$= \left[25t - \frac{25}{-0{,}0322} \cdot e^{-0{,}0322 \cdot t}\right]_0^{50}$$

$$= \left[25t + \frac{25}{0{,}0322} \cdot e^{-0{,}0322 \cdot t}\right]_0^{50}$$

$$= 25 \cdot 50 + \frac{25}{0{,}0322} \cdot e^{-0{,}0322 \cdot 50} - \left(25 \cdot 0 + \frac{25}{0{,}0322} \cdot e^{-0{,}0322 \cdot 0}\right)$$

$$\approx 628{,}79$$

Mit Hilfe des Integrals berechnet man den von der Drohne in den ersten 50 Sekunden zurückgelegten Weg.
Die Drohne legt also in den ersten 50 Sekunden einen Weg von etwa 629 m zurück.

2.3 Die momentane Änderungsrate der Geschwindigkeit (Beschleunigung) erhält man mit Hilfe der ersten Ableitung von v, die man mit der Kettenregel bestimmt:

$$v'(t) = 0 - 25 \cdot e^{-0,0322 \cdot t} \cdot (-0,0322) = 0,805 \cdot e^{-0,0322 \cdot t}$$

Um zu begründen, dass die Drohne beim Start die größte Beschleunigung hat, kann man sich überlegen, dass die Funktion e^{-t} und damit auch $v'(t) = 0,805 \cdot e^{-0,0322 \cdot t}$ streng monoton fallend ist.

Alternativ kann man auch die zweite Ableitung von v betrachten, die man auch mit der Kettenregel bestimmt:

$$v''(t) = 0,805 \cdot e^{-0,0322 \cdot t} \cdot (-0,0322) = -0,025921 \cdot e^{-0,0322 \cdot t}$$

Wegen $v''(t) < 0$ ist $v'(t)$ streng monoton fallend.

Somit hat $v'(t)$ bei $t = 0$ ihren größten Wert und die Beschleunigung ist zu Beginn am größten.

Den Zeitpunkt, ab dem die Beschleunigung geringer als $0,5 \, \frac{m}{s^2}$ ist, erhält man, indem man die Gleichung $v'(t) = 0,5$ durch Logarithmieren nach t auflöst:

$$v'(t) = 0,5$$
$$0,805 \cdot e^{-0,0322 \cdot t} = 0,5$$
$$e^{-0,0322 \cdot t} = \frac{0,5}{0,805}$$
$$-0,0322 \cdot t = \ln\left(\frac{0,5}{0,805}\right)$$
$$t = \frac{\ln\left(\frac{0,5}{0,805}\right)}{-0,0322}$$
$$t \approx 14,79$$

Somit ist nach etwa 15 Sekunden die Beschleunigung geringer als $0,5 \, \frac{m}{s^2}$.

Teil 2 Aufgabe 3

3.1 Es sind $f(x) = \sqrt{x+1}$; $0 \leqslant x \leqslant 2$ und $g(x) = \sqrt{0,5 \cdot x + 0,5}$; $0,5 \leqslant x \leqslant 2$ gegeben.

Das Volumen V eines Pflanzenkübels erhält man, indem man das Volumen des Rotationskörpers berechnet, welcher entsteht, wenn die schwarze Fläche um die x-Achse rotiert.

Das Volumen V_1 für das äußere Volumen erhält man, wenn das Schaubild von f im Intervall $[0; 2]$ um die x-Achse rotiert:

$$\begin{aligned}
V_1 &= \pi \cdot \int_0^2 (f(x))^2 \, dx \\
&= \pi \cdot \int_0^2 \left(\sqrt{x+1}\right)^2 dx \\
&= \pi \cdot \int_0^2 (x+1) \, dx \\
&= \pi \cdot \left[\frac{1}{2}x^2 + x\right]_0^2 \\
&= \pi \cdot \left(\frac{1}{2} \cdot 2^2 + 2 - \left(\frac{1}{2} \cdot 0^2 + 0\right)\right) \\
&= 4\pi
\end{aligned}$$

Das Volumen V_2 für das innere Volumen erhält man, wenn das Schaubild von g im Intervall $[0,5; 2]$ um die x-Achse rotiert:

$$\begin{aligned}
V_2 &= \pi \cdot \int_{0,5}^2 (g(x))^2 \, dx \\
&= \pi \cdot \int_{0,5}^2 \left(\sqrt{0,5 \cdot x + 0,5}\right)^2 dx \\
&= \pi \cdot \int_{0,5}^2 (0,5 \cdot x + 0,5) \, dx \\
&= \pi \cdot \left[0,25x^2 + 0,5x\right]_{0,5}^2 \\
&= \pi \cdot \left(0,25 \cdot 2^2 + 0,5 \cdot 2 - \left(0,25 \cdot 0,5^2 + 0,5 \cdot 0,5\right)\right) \\
&= \frac{27}{16}\pi
\end{aligned}$$

Damit gilt:
$$V = V_1 - V_2 = 4\pi - \frac{27}{16}\pi = \frac{37}{16}\pi$$

Da ein Pflanzenkübel eine Dichte von 0,9 Tonnen pro Kubikmeter hat, erhält man die Masse M des Pflanzenkübels, indem man das Volumen mit der Dichte multipliziert:

$$M = \frac{37}{16}\pi \cdot 0,9 \approx 6,538$$

Die Masse dieses Pflanzenkübels beträgt etwa 6,5 Tonnen.

3.2 Es ist $f(x) = a \cdot x^3 + b \cdot x^2 + 1$; $0 \leq x \leq 2$ mit $f'(x) = 3a \cdot x^2 + 2b \cdot x$.

Wenn in einer Höhe von 2 m der Radius des Pflanzenkübels 1,5 m betragen soll, muss gelten: $f(2) = 1,5$.

Wenn der kleinste Radius in einer Höhe von 1 m vorliegt, muss gelten: $f'(1) = 0$.

Diese beiden Bedingungen führen auf folgendes lineares Gleichungssystem:

$$\begin{array}{rrrrrcr} \text{I} & a \cdot 2^3 & + & b \cdot 2^2 & + & 1 & = & 1,5 \\ \text{II} & 3a \cdot 1^2 & + & 2b \cdot 1 & & & = & 0 \end{array}$$

bzw.

$$\begin{array}{rrrrcr} \text{I} & 8a & + & 4b & = & 0,5 \\ \text{II} & 3a & + & 2b & = & 0 \end{array}$$

Subtrahiert man das 8-fache von Gleichung II vom 3-fachen von Gleichung I, ergibt sich: $-4b = 1,5 \Rightarrow b = -\frac{3}{8}$.

Setzt man $b = -\frac{3}{8}$ in Gleichung I ein, erhält man: $8a + 4 \cdot \left(-\frac{3}{8}\right) = 0,5 \Rightarrow a = \frac{1}{4}$.

Damit erhält man die Gleichung der Funktion f:

$$f(x) = \frac{1}{4} \cdot x^3 - \frac{3}{8} \cdot x^2 + 1$$

Um zu prüfen, ob bei $x = 1$ tatsächlich ein Minimum vorliegt, setzt man $x = 1$ in die 2. Ableitung von f ein, da ja schon $f'(1) = 0$ gilt. Die Ableitungen bestimmt man mit der Potenzregel:

$$f'(x) = \frac{3}{4} \cdot x^2 - \frac{3}{4}x$$
$$f''(x) = \frac{3}{2} \cdot x - \frac{3}{4}$$

Damit ergibt sich:

$$f''(1) = \frac{3}{2} \cdot 1 - \frac{3}{4} = \frac{3}{4} > 0 \Rightarrow \text{lokales Minimum}$$

Den zugehörigen y-Wert erhält man, indem man $x = 1$ in $f(x)$ einsetzt:

$$f(1) = \frac{1}{4} \cdot 1^3 - \frac{3}{8} \cdot 1^2 + 1 = \frac{7}{8}$$

Somit hat das Schaubild von f den Tiefpunkt $T\left(1 \mid \frac{7}{8}\right)$.

Um zu prüfen, ob ein absolutes Minimum vorliegt, überprüft man die Randwerte des Intervalls $[0; 2]$:

$$f(0) = \frac{1}{4} \cdot 0^3 - \frac{3}{8} \cdot 0^2 + 1 = 1$$
$$f(2) = \frac{1}{4} \cdot 2^3 - \frac{3}{8} \cdot 2^2 + 1 = \frac{3}{2}$$

Wegen $f(1) < f(0)$ und $f(1) < f(2)$ liegt ein absolutes Minimum vor.

Somit hat ein Pflanzkübel für $a = \frac{1}{4}$ und $b = -\frac{3}{8}$ in einer Höhe von 2 m einen Radius von 1,5 m und der kleinste Radius liegt in einer Höhe von 1 m vor.

Teil 2 Aufgabe 4

Es ist $p(h) = 1013 \cdot e^{-0,126 \cdot h}$; $0 \leqslant h \leqslant 11$ (h in km und $p(h)$ in hPa).

4.1 Den Luftdruck auf Meereshöhe erhält man, indem man $h = 0$ in $p(h)$ einsetzt:

$$p(0) = 1013 \cdot e^{-0,126 \cdot 0} = 1013$$

Der Luftdruck auf Meereshöhe beträgt 1013 hPa.

Die Höhe, bei der ein Luftdruck von 787 hPa gemessen wird, erhält man, indem man die Gleichung $p(h) = 787$ durch Logarithmieren nach h auflöst:

$$1013 \cdot e^{-0,126 \cdot h} = 787$$

$$e^{-0,126 \cdot h} = \frac{787}{1013}$$

$$-0,126 \cdot h = \ln\left(\frac{787}{1013}\right)$$

$$h = \frac{\ln\left(\frac{787}{1013}\right)}{-0,126}$$

$$h \approx 2,00$$

In einer Höhe von etwa 2 km beträgt der Luftdruck 787 hPa.

4.2 Die prozentuale Abnahme des Luftdrucks, wenn die Höhe um einen Kilometer zunimmt, erhält man, indem man $p(h+1)$ durch $p(h)$ teilt und von 100% subtrahiert:

$$\frac{p(h+1)}{p(h)} = \frac{1013 \cdot e^{-0,126 \cdot (h+1)}}{1013 \cdot e^{-0,126 \cdot h}}$$

$$= \frac{1013 \cdot e^{-0,126 \cdot h} \cdot e^{-0,126 \cdot 1}}{1013 \cdot e^{-0,126 \cdot h}}$$

$$= e^{-0,126}$$

$$\approx 0,882$$

$$= 88,2\%$$

Wenn die Höhe um einen Kilometer zunimmt, beträgt der Luftdruck noch $88,2\%$ des vorherigen Werts. Für die Abnahme gilt damit:

$$100\% - 88,2\% = 11,8\%$$

Somit beträgt die prozentuale Abnahme des Luftdrucks, wenn die Höhe um einen Kilometer zunimmt, etwa $11,8\%$.

4.3 Den mittleren Wert des Luftdrucks $\overline{p}$, dem der Ballon bei seinem Aufstieg von Meereshöhe bis auf 11 km Höhe ausgesetzt ist, erhält man mit Hilfe eines Integrals:

$$\begin{aligned}
\overline{p} &= \frac{1}{11-0} \cdot \int_0^{11} p(h) \, \mathrm{d}h \\
&= \frac{1}{11} \cdot \int_0^{11} \left(1013 \cdot e^{-0{,}126 \cdot h}\right) \mathrm{d}h \\
&= \frac{1}{11} \cdot \left[\frac{1013}{-0{,}126} \cdot e^{-0{,}126 \cdot h}\right]_0^{11} \\
&= \frac{1}{11} \cdot \left(\frac{1013}{-0{,}126} \cdot e^{-0{,}126 \cdot 11} - \frac{1013}{-0{,}126} \cdot e^{-0{,}126 \cdot 0}\right) \\
&\approx 548{,}11
\end{aligned}$$

Der mittlere Luftdruck beträgt beim Aufstieg von Meereshöhe bis auf 11 km Höhe etwa 548 hPa.

4.4 Der Term $p(h+5{,}5)$ beschreibt den Luftdruck 5,5 km oberhalb von h. Damit gibt die Näherungsformel $p(h+5{,}5) \approx \frac{p(h)}{2}$; $0 \leq h \leq 5{,}5$ an, dass sich der Luftdruck bei einem Aufstieg des Ballons um 5,5 km unabhängig von der Höhe h für $0 \leq h \leq 5{,}5$ etwa halbiert.

Teil 3 Aufgabe 1

1.1 Legt man X als Zufallsvariable für die Anzahl der Läufer, die einen Becher Wasser nehmen, fest, so ist X binomialverteilt mit den Parametern n = 5 und p = 0,8.

Die Wahrscheinlichkeit für das Ereignis A: « Von fünf Läufern nehmen genau vier Läufer einen Becher Wasser.» erhält man mit Hilfe der Binomialverteilung:

$$P(A) = P(X = 4) = 0,4096$$

Somit beträgt die Wahrscheinlichkeit für das Ereignis A etwa 41%.

Legt man Y als Zufallsvariable für die Anzahl der Läufer, die ein Stück Obst nehmen, fest, so ist Y binomialverteilt mit den Parametern n = 6 und p = 0,3. Die Wahrscheinlichkeit für das Ereignis B: « Von sechs Läufern nehmen mindestens zwei Läufer ein Stück Obst.» erhält man mit Hilfe der kumulierten Binomialverteilung und der Wahrscheinlichkeit des Gegenereignisses:

$$P(B) = P(Y \geq 2) = 1 - P(Y \leq 1) \approx 1 - 0,4202 = 0,5798$$

Somit beträgt die Wahrscheinlichkeit für das Ereignis B etwa 58%.

Zur Bestimmung der Wahrscheinlichkeit des Ereignisses C: «Ein Läufer nimmt nur einen Becher Wasser und kein Obst.» erstellt man eine Vierfeldertafel. Bezeichnet man mit W: der Läufer nimmt Wasser, mit $\overline{W}$: der Läufer nimmt kein Wasser, mit O: der Läufer nimmt Obst und mit $\overline{O}$: der Läufer nimmt kein Obst, so kann man die gegebenen Daten in eine Vierfeldertafel eintragen und durch Differenzen- und Summenbildung vervollständigen:

	W	$\overline{W}$	
O	0,25	0,05	0,3
$\overline{O}$	0,55	0,15	0,7
	0,8	0,2	1

Damit ergibt sich für die Wahrscheinlichkeit des Ereignisses C:

$$P(C) = P(W \cap \overline{O}) = 0,55$$

Somit beträgt die Wahrscheinlichkeit für das Ereignis C 55%.

1.2 Die Wahrscheinlichkeit für das Ereignis: «Wenn ein Läufer einen Becher Wasser zu sich nimmt, dann nimmt er auch ein Stück Obst zu sich.» erhält man mit Hilfe der bedingten Wahrscheinlichkeit:

$$P_W(O) = \frac{P(W \cap O)}{P(W)} = \frac{0,25}{0,8} = 0,3125$$

Wegen $P_W(O) = 0,3125 > 0,3$ ist die Aussage wahr.

1.3.1 Insgesamt nehmen an dem Lauf 2500 Läufer teil. Legt man Z als Zufallsvariable für die Anzahl der Läufer, die einen Becher Wasser nehmen, fest, so ist Z binomialverteilt mit den Parametern n = 2500 und p = 0,8.

Die Wahrscheinlichkeit, dass mehr als 2050 Läufer einen Becher Wasser nehmen, erhält man mit Hilfe der kumulierten Binomialverteilung und der Wahrscheinlichkeit des Gegenereignisses:

$$P(Z > 2050) = 1 - P(Z \leqslant 2050) \approx 1 - 0,9947 = 0,0053$$

Die Wahrscheinlichkeit beträgt etwa 0,5 %.

1.3.2 Da es insgesamt n = 2500 Läufer gibt und genau 1950 Läufer einen Becher Wasser genommen haben, beträgt die relative Häufigkeit h für das Nehmen eines Bechers Wasser:

$$h = \frac{1950}{2500} = 0,78$$

Um zu prüfen, ob die ursprünglich angenommene Wahrscheinlichkeit von 80 % in dem zugehörigen Vertrauensintervall mit Vertrauenswahrscheinlichkeit 99 % liegt, verwendet man die Formel: $I = \left[h - 2{,}58 \cdot \sqrt{\frac{h \cdot (1-h)}{n}} \,;\, h + 2{,}58 \cdot \sqrt{\frac{h \cdot (1-h)}{n}} \right]$. Damit ergibt sich:

$$I = \left[0{,}78 - 2{,}58 \cdot \sqrt{\frac{0{,}78 \cdot (1-0{,}78)}{2500}} \,;\, 0{,}78 + 2{,}58 \cdot \sqrt{\frac{0{,}78 \cdot (1-0{,}78)}{2500}} \right]$$
$$\approx [0{,}759 \,;\, 0{,}801]$$

Da $0{,}8 \in I$, liegt die ursprünglich angenommene Wahrscheinlichkeit von 80 % in dem zugehörigen Vertrauensintervall mit Vertrauenswahrscheinlichkeit 99 %.

Teil 3 Aufgabe 2

2.1.1 Die Wahrscheinlichkeit des Ereignisses E1: «Von 5 Flaschen werden 5 befüllt.» erhält man mit Hilfe der Pfadregeln:
$$P(E1) = 0{,}96^5 \approx 0{,}8154$$

Somit beträgt die Wahrscheinlichkeit für das Ereignis E1 etwa 82%.

Legt man X als Zufallsvariable für die Anzahl der Flaschen, die nicht befüllt werden, fest, so ist X binomialverteilt mit den Parametern n = 15 und p = 1 − 0,96 = 0,04.

Die Wahrscheinlichkeit für das Ereignis E2: «Von 15 Flaschen wird genau eine Flasche nicht befüllt.» erhält man mit Hilfe der Binomialverteilung:
$$P(E2) = P(X = 1) \approx 0{,}3388$$

Somit beträgt die Wahrscheinlichkeit für das Ereignis E2 etwa 34%.

Zur Bestimmung der Wahrscheinlichkeiten von E3 und E4 erstellt man eine Vierfeldertafel. Bezeichnet man mit W: Flasche wird gewaschen, mit $\overline{W}$: Flasche wird nicht gewaschen, mit B: Flasche wird befüllt und mit $\overline{B}$: Flasche wird nicht befüllt, so kann man die gegebenen Daten in eine Vierfeldertafel eintragen und durch Differenzen- und Summenbildung vervollständigen:

	W	$\overline{W}$	
B	0,96	0	0,96
$\overline{B}$	0,03	0,01	0,04
	0,99	0,01	1

Die Wahrscheinlichkeit des Ereignisses E3: «Eine Flasche, die gewaschen wurde, wird auch befüllt.» erhält man mit Hilfe der bedingten Wahrscheinlichkeit:

$$P(E3) = P_W(B) = \frac{P(W \cap B)}{P(W)} = \frac{0{,}96}{0{,}99} \approx 0{,}9697$$

Somit beträgt die Wahrscheinlichkeit für das Ereignis E3 etwa 97%.

Die Wahrscheinlichkeit des Ereignisses E4: «Eine Flasche, die nicht befüllt wird, wurde nicht gewaschen.» erhält man ebenfalls mit Hilfe der bedingten Wahrscheinlichkeit:

$$P(E4) = P_{\overline{B}}(\overline{W}) = \frac{P(\overline{B} \cap \overline{W})}{P(\overline{B})} = \frac{0{,}01}{0{,}04} = 0{,}25$$

Somit beträgt die Wahrscheinlichkeit für das Ereignis E4 genau 25%.

2.1.2 Legt man X als Zufallsvariable für die Anzahl der Flaschen, die nicht befüllt werden, fest, so ist X binomialverteilt mit den Parametern n (unbekannt) und p = 1 − 0,96 = 0,04.

Um zu bestimmen, wie viele Flaschen (n) mindestens kontrolliert werden müssen, um mit einer Wahrscheinlichkeit von mehr als 90% mindestens eine Flasche vorzufinden, die nicht befüllt wird, löst man folgende Ungleichung mit Hilfe der Wahrscheinlichkeit des Gegenereignisses:

$$P(X \geqslant 1) > 0,9$$
$$1 - P(X = 0) > 0,9$$
$$0,1 > P(X = 0)$$

Mit Hilfe der Binomialverteilung unter Verwendung des Taschenrechners erhält man:

$$n = 56: \ P(X=0) \approx 0,1017$$
$$n = 57: \ P(X=0) \approx 0,0976$$

Somit müssen mindestens 57 Flaschen kontrolliert werden.

2.2 Die Wahrscheinlichkeit dafür, dass eine ausgelieferte Flasche fehlerhaft ist, beträgt

$$p = 0,5\% = 0,005$$

Die Stichprobe besteht aus 500 Flaschen, also n = 500.
Legt man X als Zufallsvariable für die Anzahl X der fehlerhaften Flaschen dieser Stichprobe fest, so ist X binomialverteilt mit den Parametern n = 500 und p = 0,005.
Den Erwartungswert E von X erhält man durch $E(X) = \mu = n \cdot p$. Damit ergibt sich:

$$E(X) = 500 \cdot 0,005 = 2,5$$

Die zugehörige Standardabweichung σ von X erhält man durch $\sigma(X) = \sqrt{n \cdot p \cdot (1-p)}$. Damit erhält man:

$$\sigma(X) = \sqrt{500 \cdot 0,005 \cdot (1 - 0,005)} \approx 1,58$$

Die 1σ-Umgebung um den Erwartungswert μ erhält man durch: $[\mu - 1 \cdot \sigma \ ; \ \mu + 1 \cdot \sigma]$.
Damit gilt für die 1σ-Umgebung um den Erwartungswert μ:

$$[2,5 - 1,58 \ ; \ 2,5 + 1,58] = [0,92 \ ; \ 4,08]$$

Für die entsprechende Wahrscheinlichkeit gilt: $P(1 \leqslant X \leqslant 4) \approx 0,68$ (Sigma-Regel).
Anhand der Abbildung kann man diese Wahrscheinlichkeit grafisch ablesen:

$$P(1 \leqslant X \leqslant 4) = P(X=1) + P(X=2) + P(X=3) + P(X=4)$$
$$\approx 0,2 + 0,26 + 0,21 + 0,13$$
$$= 0,8$$

Die Sigma-Regel liefert für $P(1 \leqslant X \leqslant 4)$ einen Wert von etwa 68% und weicht damit deutlich von der tatsächlichen Wahrscheinlichkeit mit einem Wert von etwa 80% ab.
Ein Grund für die Abweichung ist, dass die Laplace-Bedingung $\sigma > 3$ nicht erfüllt ist.

Teil 4 Lineare Algebra: Vektorgeometrie

1.1 Den Ort Q des Flugzeugs fünf Minuten nach Beginn erhält man, indem man $t = 5$ in

$$g: \vec{x} = \begin{pmatrix} -20 \\ -60 \\ 11 \end{pmatrix} + t \cdot \begin{pmatrix} 2 \\ 6 \\ -0,5 \end{pmatrix}$$

einsetzt:

$$\vec{q} = \begin{pmatrix} -20 \\ -60 \\ 11 \end{pmatrix} + 5 \cdot \begin{pmatrix} 2 \\ 6 \\ -0,5 \end{pmatrix} = \begin{pmatrix} -10 \\ -30 \\ 8,5 \end{pmatrix} \Rightarrow Q(-10 \mid -30 \mid 8,5)$$

Das Flugzeug befindet sich nach 5 Minuten im Punkt $Q(-10 \mid -30 \mid 8,5)$.
Die Geschwindigkeit v des Flugzeugs in Kilometer pro Stunde erhält man, indem man den zurückgelegten Weg s durch die benötigte Zeit t teilt. Den Weg s erhält man, indem man die Länge des Verbindungsvektors von $P(-20 \mid -60 \mid 11)$ zu $Q(-10 \mid -30 \mid 8,5)$ berechnet:

$$s = |\overrightarrow{PQ}| = |\vec{q} - \vec{p}| = \left| \begin{pmatrix} -10 \\ -30 \\ 8,5 \end{pmatrix} - \begin{pmatrix} -20 \\ -60 \\ 11 \end{pmatrix} \right| = \left| \begin{pmatrix} 10 \\ 30 \\ -2,5 \end{pmatrix} \right|$$

$$= \sqrt{10^2 + 30^2 + (-2,5)^2} = \sqrt{1006,25}$$

Damit ergibt sich:

$$v = \frac{s}{t} = \frac{\sqrt{1006,25}\,\text{km}}{5\,\text{min}} = \frac{\sqrt{1006,25}\,\text{km}}{\frac{5}{60}\,\text{h}} \approx 380,66 \frac{\text{km}}{\text{h}}$$

Das Flugzeug hat eine Geschwindigkeit von etwa $381\,\frac{\text{km}}{\text{h}}$.
Die Flughöhe nimmt in diesem Abschnitt ständig ab, da die x_3-Koordinate des Richtungsvektors von g negativ ist und die x_3-Koordinate von g die Flughöhe über dem Meeresspiegel angibt.

1.2 Den Abstand des Flugzeugs zur Luftraumgrenze erhält man, indem man den Abstand d des Punktes $P(-20 \mid -60 \mid 11)$ zur Ebene $E: 3 \cdot x_1 + 2 \cdot x_2 = 0$ mit Hilfe der Abstandsformel berechnet:

$$d = \frac{|3 \cdot (-20) + 2 \cdot (-60)|}{\sqrt{3^2 + 2^2 + 0^2}} = \frac{|-180|}{\sqrt{13}} = \frac{180}{\sqrt{13}} \approx 49,92$$

Somit hat das Flugzeug zur Luftraumgrenze einen Abstand von etwa $49,92\,\text{km}$ und die Aussage, dass der Abstand kleiner als $50\,\text{km}$ ist, ist wahr.

1.3 Den Zeitpunkt, an dem das Flugzeug die Luftraumgrenze der Länder durchstößt, erhält man, indem man den Schnittpunkt S von g und E berechnet. Dazu schreibt man g als allgemeinen Punkt $P_t(-20+2t \mid -60+6t \mid 11-0,5t)$ und setzt diesen in die Gleichung von E: $3 \cdot x_1 + 2 \cdot x_2 = 0$ ein:

$$3 \cdot (-20+2t) + 2 \cdot (-60+6t) = 0 \Rightarrow t = 10$$

Nach 10 Minuten durchstößt das Flugzeug die Luftraumgrenze der Länder.
Den Durchstoßpunkt S erhält man, indem man $t = 10$ in P_t einsetzt:

$$S(0 \mid 0 \mid 6)$$

Die Höhe h, in der sich das Flugzeug dann befindet, erhält man durch Ablesen der x_3-Koordinate von S:

$$h = 6$$

Das Flugzeug befindet sich in einer Höhe von 6 km.

1.4 Es sind $g: \vec{x} = \begin{pmatrix} -20 \\ -60 \\ 11 \end{pmatrix} + t \cdot \begin{pmatrix} 2 \\ 6 \\ -0,5 \end{pmatrix}$ und $h: \vec{x} = \begin{pmatrix} 20 \\ -56 \\ 8,5 \end{pmatrix} + t \cdot \begin{pmatrix} -2 \\ 6 \\ -0,25 \end{pmatrix}$; $0 \leqslant t \leqslant 20$

gegeben.

Die Entfernung $d(t)$ der beiden Flugzeuge zueinander erhält man, indem man den Abstand des allgemeinen Punktes $P_t(-20+2t \mid -60+6t \mid 11-0,5t)$ von g zum allgemeinen Punkt $Q_t(20-2t \mid -56+6t \mid 8,5-0,25t)$ von h bestimmt. Hierzu berechnet man den Betrag des zugehörigen Verbindungsvektors in Abhängigkeit von t:

$$d(t) = \left| \overrightarrow{P_tQ_t} \right| = \left| \begin{pmatrix} 20-2t \\ -56+6t \\ 8,5-0,25t \end{pmatrix} - \begin{pmatrix} -20+2t \\ -60+6t \\ 11-0,5t \end{pmatrix} \right|$$

$$= \left| \begin{pmatrix} 40-4t \\ 4 \\ -2,5+0,25t \end{pmatrix} \right|$$

$$= \sqrt{(40-4t)^2 + 4^2 + (-2,5+0,25t)^2}$$

$$= \sqrt{1600 - 320t + 16t^2 + 16 + 6,25 - 1,25t + 0,0625t^2}$$

$$= \sqrt{16,0625t^2 - 321,25t + 1622,25}$$

Die kleinste Entfernung der beiden Flugzeuge zueinander erhält man, indem man das Minimum von $d(t)$ berechnet.

Dazu genügt es, das Minimum der Funktion $f(t) = 16{,}0625t^2 - 321{,}25t + 1622{,}25$ (Term unter der Wurzel) mit Hilfe der 1. und 2. Ableitung zu berechnen:

$$f'(t) = 32{,}125t - 321{,}25$$
$$f''(t) = 32{,}125$$

Als notwendige Bedingung löst man die Gleichung $f'(t) = 0$ nach t auf:

$$32{,}125t - 321{,}25 = 0 \Rightarrow t = 10$$

Wegen $f''(t) = 32{,}125 > 0$ und da der Graph von f eine nach oben geöffnete Parabel ist, handelt es sich um ein absolutes Minimum.

Setzt man $t = 10$ in $d(t)$ ein, erhält man die minimale Entfernung:

$$d(10) = \sqrt{16{,}0625 \cdot 10^2 - 321{,}25 \cdot 10 + 1622{,}25} = 4$$

Somit beträgt die minimale Entfernung der beiden Flugzeuge 4 km.

Teil 4 Lineare Algebra: Matrizen

2.1 Da von A 25% zu B wechseln, von B 5% zu F und 20% zu A wechseln und von F jeweils 10% zu A und zu B wechseln, ergibt sich für das Wechselverhalten folgendes Übergangsdiagramm. Anhand des Übergangsdiagramms kann man eine Tabelle erstellen. Dabei ist zu beachten, dass die Übergänge von «Spalten zu Zeilen» stattfinden:

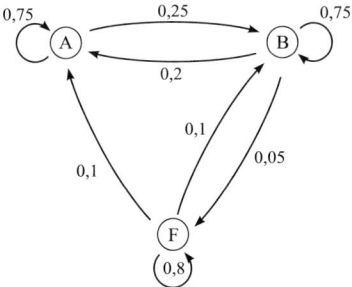

	A	B	F
A	0,75	0,2	0,1
B	0,25	0,75	0,1
F	0	0,05	0,8

Damit ergibt sich folgende Übergangsmatrix M:

$$M = \begin{pmatrix} 0,75 & 0,2 & 0,1 \\ 0,25 & 0,75 & 0,1 \\ 0 & 0,05 & 0,8 \end{pmatrix}$$

Da am ersten Heimspieltag alle 50 000 Zuschauer zu Fuß bzw. mit dem Fahrrad kommen, gilt für den Zustandsvektor:

$$\vec{x}_1 = \begin{pmatrix} 0 \\ 0 \\ 50\,000 \end{pmatrix}$$

Dabei gibt die erste Zeile die Anzahl der Zuschauer, die mit dem Auto kommen, die zweite Zeile die Anzahl der Zuschauer, die mit dem Bus bzw. der Bahn kommen und die dritte Zeile die Anzahl der Zuschauer, die zu Fuß bzw. mit dem Fahrrad kommen, an.

Die jeweilige Anzahl der Zuschauertypen am zweiten Heimspieltag erhält man, indem man die Matrix M mit dem Zustandsvektor $\vec{x}_1$ multipliziert:

$$M \cdot \vec{x}_1 = \begin{pmatrix} 0,75 & 0,2 & 0,1 \\ 0,25 & 0,75 & 0,1 \\ 0 & 0,05 & 0,8 \end{pmatrix} \cdot \begin{pmatrix} 0 \\ 0 \\ 50\,000 \end{pmatrix} = \begin{pmatrix} 5\,000 \\ 5\,000 \\ 40\,000 \end{pmatrix}$$

Somit kommen am zweiten Heimspieltag 5 000 Zuschauer mit dem Auto, 5 000 Zuschauer mit Bus bzw. Bahn und 40 000 Zuschauer zu Fuß bzw. mit dem Fahrrad.

2.2 Bezeichnet man mit x den prozentualen Anteil der Zuschauer, die mit dem Auto kommen, mit y den prozentualen Anteil der Zuschauer, die mit dem Bus bzw. der Bahn kommen, so gilt für den prozentualen Anteil z der Zuschauer, die zu Fuß bzw. mit dem Fahrrad kommen: $z = 1 - x - y$. Damit ergibt sich ein Verteilungsvektor

$$\vec{x} = \begin{pmatrix} x \\ y \\ z \end{pmatrix} = \begin{pmatrix} x \\ y \\ 1-x-y \end{pmatrix}$$

Wenn sich die prozentualen Anteile der verschiedenen Zuschauertypen an zwei aufeinander folgenden Heimspieltagen nicht verändern sollen, so muss gelten:

$$\mathbf{M} \cdot \vec{x} = \vec{x}$$

Damit erhält man:

$$\begin{pmatrix} 0,75 & 0,2 & 0,1 \\ 0,25 & 0,75 & 0,1 \\ 0 & 0,05 & 0,8 \end{pmatrix} \cdot \begin{pmatrix} x \\ y \\ 1-x-y \end{pmatrix} = \begin{pmatrix} x \\ y \\ 1-x-y \end{pmatrix}$$

Dies führt zu folgendem linearen Gleichungssystem:

$$\begin{array}{rrrrrcl}
\text{I} & 0,75x & + & 0,2y & + & 0,1 \cdot (1-x-y) & = & x \\
\text{II} & 0,25x & + & 0,75y & + & 0,1 \cdot (1-x-y) & = & y \\
\text{III} & & & 0,05y & + & 0,8 \cdot (1-x-y) & = & 1-x-y
\end{array}$$

bzw.

$$\begin{array}{rrrrcr}
\text{I} & -0,35x & + & 0,1y & = & -0,1 \\
\text{II} & 0,15x & - & 0,35y & = & -0,1 \\
\text{III} & 0,2x & + & 0,25y & = & 0,2
\end{array}$$

Addiert man das 0,15-fache von Gleichung I zum 0,35-fachen von Gleichung II, ergibt sich:

$$-\frac{43}{400}y = -\frac{1}{20} \Rightarrow y = \frac{20}{43} \approx 0,465 = 46,5\%$$

Setzt man $y = \frac{20}{43}$ in Gleichung I ein, erhält man:

$$-0,35x + 0,1 \cdot \frac{20}{43} = -0,1 \Rightarrow x = \frac{18}{43} \approx 0,419 = 41,9\%$$

Daraus folgt:

$$z = 1 - x - y = 1 - \frac{18}{43} - \frac{20}{43} = \frac{5}{43} \approx 0,116 = 11,6\%$$

Somit betragen die prozentualen Anteile etwa 41,9% für Zuschauertyp A, etwa 46,5% für Zuschauertyp B und etwa 11,6% für Zuschauertyp F.

2.3.1 Wenn am zweiten Heimspieltag 27 000 Zuschauer vom Typ B und 3 000 Zuschauer vom Typ F kommen, so kommen noch 20 000 Zuschauer vom Typ A, da es insgesamt 50 000 Zuschauer sind. Damit gilt für den Zustandsvektor des zweiten Heimspieltags:

$$\vec{x}_2 = \begin{pmatrix} 20\,000 \\ 27\,000 \\ 3\,000 \end{pmatrix}$$

Man erhält die jeweilige Anzahl der Zuschauertypen am dritten Heimspieltag, indem man die Matrix M mit dem Zustandsvektor $\vec{x}_2$ multipliziert:

$$M \cdot \vec{x}_2 = \begin{pmatrix} 0,75 & 0,2 & 0,1 \\ 0,25 & 0,75 & 0,1 \\ 0 & 0,05 & 0,8 \end{pmatrix} \cdot \begin{pmatrix} 20000 \\ 27000 \\ 3000 \end{pmatrix} = \begin{pmatrix} 20700 \\ 25550 \\ 3750 \end{pmatrix}$$

Die Anzahl der Zuschauer, die mit dem Auto kommen, erhält man also, indem man die erste Zeile der Matrix M mit dem Zustandsvektor $\vec{x}_2$ multipliziert.

Somit kommen am dritten Heimspieltag 20700 Zuschauer mit dem Auto.

Die Anzahl P der nötigen Parkplätze erhält man, indem man die Zuschauerzahl von Typ A durch 2,5 teilt, da pro Auto immer durchschnittlich 2,5 Zuschauer anreisen:

$$P = \frac{20700}{2,5} = 8280$$

Somit benötigt man 8280 Parkplätze, so dass 8000 Parkplätze am dritten Spieltag nicht ausreichen würden.

2.3.2 Wenn die 8000 Parkplätze am dritten Heimspieltag genau ausreichen, dürfen $8000 \cdot 2,5$, also 20000 Zuschauer am dritten Heimspieltag wieder mit dem Auto kommen. Da sich das Wechselverhalten der anderen Zuschauertypen B und F nicht ändert, ergibt sich als Ansatz für die erste Zeile der Matrix M:

$$M = \begin{pmatrix} a & 0,2 & 0,1 \\ \ldots & \ldots & \ldots \\ \ldots & \ldots & \ldots \end{pmatrix}$$

wobei a der veränderte Prozentsatz von Zuschauern vom Typ A ist, die dann wieder mit dem Auto kommen.

Multipliziert man die erste Zeile von M mit dem Zustandsvektor $\vec{x}_2 = \begin{pmatrix} 20000 \\ 27000 \\ 3000 \end{pmatrix}$, so

erhält man die Anzahl der Zuschauer, die am dritten Heimspieltag mit dem Auto kommen, in Abhängigkeit von a:

$$\begin{pmatrix} a & 0,2 & 0,1 \end{pmatrix} \cdot \vec{x}_2 = \begin{pmatrix} a & 0,2 & 0,1 \end{pmatrix} \cdot \begin{pmatrix} 20000 \\ 27000 \\ 3000 \end{pmatrix}$$

$$= a \cdot 20000 + 0,2 \cdot 27000 + 0,1 \cdot 3000 = 20000 \cdot a + 5700$$

Da 20000 Zuschauer am dritten Heimspieltag wieder mit dem Auto kommen, gilt:

$$20000 \cdot a + 5700 = 20000 \Rightarrow a = \frac{143}{200} = 0,715 = 71,5\%$$

Somit kommen 71,5% der Zuschauer, die am zweiten Heimspieltag mit dem Auto gekommen sind, am dritten Heimspieltag wieder mit dem Auto.

2 Abitur 2019

Teil 1 ohne Hilfsmittel (AG, BTG, EG, SGG, TG, WG)

1 Analysis

1.1.1 (1) Die Aussage $f'(1) > 0$ ist wahr, da an der Stelle $x = 1$ die Steigung der entsprechenden Tangente positiv ist bzw. f bei $x = 1$ streng monoton steigend ist.

(2) Die Aussage $\int_1^3 f(x)\,\mathrm{d}x \geqslant 6$ ist falsch, da der Flächeninhalt der dem Integral entsprechenden Fläche zwischen dem Schaubild von f, der x-Achse und den Geraden $x = 1$ und $x = 3$ offensichtlich kleiner als das Rechteck mit Breite 2 LE und Länge 3 FE, also mit Flächeninhalt 6 FE ist (Kästchen abzählen!).

(3) Die Aussage $F(4) = F(0)$ bzw. die entsprechende Aussage $F(4) - F(0) = 0$ ist falsch. Es gilt: $F(4) - F(0) = \int_0^4 f(x)\,\mathrm{d}x > 0$, weil das Schaubild von f für $0 \leqslant x \leqslant 4$ oberhalb der x-Achse verläuft und damit der dem Integral entsprechende Flächeninhalt der Fläche zwischen dem Schaubild von f, der x-Achse und den Geraden $x = 0$ und $x = 4$ größer als Null ist.

1.1.2 Als Ansatz für einen Funktionsterm einer trigonometrischen Funktion verwendet man $f(x) = a \cdot \sin(b \cdot (x - c)) + d$.

- Das Schaubild von f hat eine Amplitude von 2, also gilt: $a = 2$.
- Das Schaubild von f hat die Periode $p = 8$. Daraus ergibt sich für die Berechnung von b: $p = \frac{2\pi}{b} \Rightarrow b = \frac{2\pi}{p} = \frac{2\pi}{8} = \frac{\pi}{4}$.
- Das Schaubild von f ist bezüglich des Schaubilds der Funktion $g(x) = \sin(x)$ nicht in x-Richtung verschoben, aber um 1 LE nach oben verschoben. Damit gilt: $c = 0$ und $d = 1$.

Somit erhält man folgenden Funktionsterm:

$$f(x) = 2 \cdot \sin\left(\frac{\pi}{4} \cdot x\right) + 1$$

1.2 Die 1. Ableitung der Funktion g mit $g(x) = 3x^2 - x + \frac{1}{x} = 3x^2 - x + x^{-1}$ für $x \neq 0$ erhält man mit der Potenzregel:

$$g'(x) = 2 \cdot 3x - 1 - 1 \cdot x^{-2} = 6x - 1 - \frac{1}{x^2}$$

1.3 Den Wert des Integrals $\int_{-1}^{1} \left(\sqrt{2}\cdot x\right)^2 dx$ erhält man mit Hilfe des Hauptsatzes der Differential- und Integralrechnung:

$$\int_{-1}^{1} \left(\sqrt{2}\cdot x\right)^2 dx = \int_{-1}^{1} 2x^2 dx$$
$$= \left[\frac{2}{3}x^3\right]_{-1}^{1}$$
$$= \frac{2}{3}\cdot 1^3 - \frac{2}{3}\cdot(-1)^3$$
$$= \frac{2}{3} - \left(-\frac{2}{3}\right)$$
$$= \frac{2}{3} + \frac{2}{3}$$
$$= \frac{4}{3}$$

1.4 Die 1. Ableitung der Funktion $e^{h(x)}$ erhält man mit Hilfe der Kettenregel:

$$\left(e^{h(x)}\right)' = e^{h(x)} \cdot h'(x)$$

Setzt man $e^{h(x)} = x$ in beide Seiten der Gleichung ein, ergibt sich für $x > 0$:

$$(x)' = x \cdot h'(x)$$
$$1 = x \cdot h'(x)$$
$$\frac{1}{x} = h'(x)$$

Somit gilt: $h'(x) = \frac{1}{x}$.

2 Stochastik (AG, BTG, EG, SGG, TG, WG)

2.1 Bezeichnet man mit F: «Ein Besucher fährt mit der Super-Achterbahn» und mit Ü: «Eine Person ist über 50 Jahre alt», so ergibt sich anhand der gegebenen Daten folgendes Baumdiagramm:

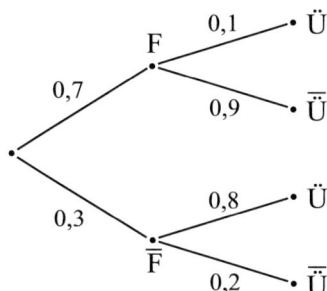

2.2 Die Wahrscheinlichkeit, dass ein Besucher des Freizeitparks über 50 Jahre alt ist, erhält man mit Hilfe der Pfadregeln:

$$P(\text{Ü}) = P(F \cap \text{Ü}) + P(\overline{F} \cap \text{Ü}) = 0,7 \cdot 0,1 + 0,3 \cdot 0,8 = 0,07 + 0,24 = 0,31$$

Die Wahrscheinlichkeit, dass ein Besucher älter als 50 Jahre ist, beträgt also 31%.

2.3 Man wählt zufällig 12 Personen aus. Legt man X als Zufallsvariable für die Anzahl der Personen, die nicht mit der Super-Achterbahn fahren fest, so ist X binomialverteilt mit den Parametern $n = 12$ und $p = 0,3$. Den Term $0,7^{12} + 12 \cdot 0,3 \cdot 0,7^{11}$ kann man mit Hilfe der Bernoulli-Formel umschreiben:

$$0,7^{12} + 12 \cdot 0,3 \cdot 0,7^{11} = \binom{12}{0} \cdot 0,3^0 \cdot 0,7^{12} + \binom{12}{1} \cdot 0,3^1 \cdot 0,7^{11} = P(X=0) + P(X=1)$$

Damit lautet eine mögliche Fragestellung: «Wie groß ist die Wahrscheinlichkeit, dass unter 12 zufällig ausgesuchten Personen höchstens eine Person nicht mit der Super-Achterbahn fährt?». Alternativ lautet die Fragestellung: «Wie groß ist die Wahrscheinlichkeit, dass von 12 Personen mindestens 11 Personen mit der Super-Achterbahn fahren?».

3 Lineare Algebra: Wahlgebiet Vektorgeometrie (AG, BTG, EG, SGG, TG, WG)

3.1 Gegeben ist das lineare Gleichungssystem:

$$\begin{array}{rrrrrcl}
(1) & x & + & y & & = & \frac{5}{3} \\
(2) & & & y & - 2z & = & 1 \\
(3) & & & y & + z & = & 2
\end{array}$$

Die Lösungsmenge des linearen Gleichungssystems erhält man mit Hilfe des Gaußschen Eliminierungsverfahrens.

Subtrahiert man Gleichung (2) von Gleichung (3), ergibt sich:

$$\begin{array}{rrrrrcl}
(1) & x & + & y & & = & \frac{5}{3} \\
(2) & & & y & - 2z & = & 1 \\
(3a) & & & & -3z & = & -1
\end{array}$$

Aus Gleichung (3) erhält man: $z = \frac{1}{3}$.
Setzt man $z = \frac{1}{3}$ in Gleichung (2) ein, ergibt sich: $y - 2 \cdot \frac{1}{3} = 1 \Rightarrow y = \frac{5}{3}$.
Setzt man $z = \frac{1}{3}$ und $y = \frac{5}{3}$ in Gleichung (1) ein, erhält man: $x + \frac{5}{3} = \frac{5}{3} \Rightarrow x = 0$.
Damit erhält man die Lösungsmenge: $L = \left\{ \left(0; \frac{5}{3}; \frac{1}{3}\right) \right\}$.

3.2.1 Um zu begründen, dass die Gerade g mit $g: \vec{x} = \begin{pmatrix} 5 \\ 1 \\ 1 \end{pmatrix} + r \cdot \begin{pmatrix} 2 \\ 0 \\ 3 \end{pmatrix}$; $r \in \mathbb{R}$ parallel

zur $x_1 x_3$-Ebene ist, setzt man den allgemeinen Punkt $P_r(5 + 2r \mid 1 \mid 1 + 3r)$ von g in die

Koordinatengleichung $x_2 = 0$ der x_1x_3-Ebene ein:

$$1 = 0$$

Aufgrund des Widerspruchs schneidet g die x_1x_3-Ebene nicht und ist somit parallel zur x_1x_3-Ebene.

Eine Gerade h, die parallel zur Geraden g ist und von dieser den Abstand 5 Längeneinheiten hat, geht beispielsweise durch den Punkt $Q(5 \mid 6 \mid 1)$, der 5 LE vom Stützpunkt von g entfernt ist, und hat denselben Richtungsvektor wie g:

$$h: \vec{x} = \begin{pmatrix} 5 \\ 6 \\ 1 \end{pmatrix} + t \cdot \begin{pmatrix} 2 \\ 0 \\ 3 \end{pmatrix} \; ; t \in \mathbb{R}$$

3.2.2 Den Abstand des Punktes $P(0 \mid 0 \mid 0)$ zu g erhält man mit Hilfe des Lotfußpunktverfahrens.

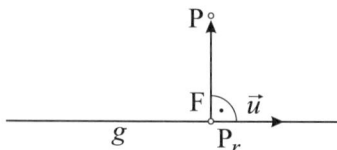

Der Verbindungsvektor eines allgemeinen Punktes $P_r(5+2r \mid 1 \mid 1+3r)$ von g zu Punkt P muss orthogonal zum Richtungsvektor $\vec{u}$ der Geraden g sein, d.h. das Skalarprodukt dieser beiden Vektoren muss Null ergeben:

$$\overrightarrow{P_rP} \cdot \vec{u} = 0$$

$$\begin{pmatrix} 0-(5+2r) \\ 0-1 \\ 0-(1+3r) \end{pmatrix} \cdot \begin{pmatrix} 2 \\ 0 \\ 3 \end{pmatrix} = 0$$

$$\begin{pmatrix} -5-2r \\ -1 \\ -1-3r \end{pmatrix} \cdot \begin{pmatrix} 2 \\ 0 \\ 3 \end{pmatrix} = 0$$

$$(-5-2r) \cdot 2 + (-1) \cdot 0 + (-1-3r) \cdot 3 = 0$$

$$-10 - 4r - 3 - 9r = 0$$

$$r = -1$$

Setzt man $r = -1$ in P_r ein, erhält man den Lotfußpunkt $F(3 \mid 1 \mid -2)$.

Der Abstand d von P zu g ist die Länge des Vektors von P zu F:

$$d = \overline{PF} = \left| \overrightarrow{PF} \right| = \left| \begin{pmatrix} 3 \\ 1 \\ -2 \end{pmatrix} \right| = \sqrt{3^2 + 1^2 + (-2)^2} = \sqrt{14}$$

Somit beträgt der Abstand von P zu g $\sqrt{14}$ LE.

3 Lineare Algebra: Wahlgebiet Matrizen (AG, BTG, EG, SGG, WG)

3.1 Gegeben ist das lineare Gleichungssystem:

$$\begin{array}{rl}
(1) & x + y = \frac{5}{3} \\
(2) & y - 2z = 1 \\
(3) & y + z = 2
\end{array}$$

Die Lösungsmenge des linearen Gleichungssystems erhält man mit Hilfe des Gaußschen Eliminierungsverfahrens.

Subtrahiert man Gleichung (2) von Gleichung (3), ergibt sich:

$$\begin{array}{rl}
(1) & x + y = \frac{5}{3} \\
(2) & y - 2z = 1 \\
(3a) & -3z = -1
\end{array}$$

Aus Gleichung (3) erhält man: $z = \frac{1}{3}$.

Setzt man $z = \frac{1}{3}$ in Gleichung (2) ein, ergibt sich:

$$y - 2 \cdot \frac{1}{3} = 1 \Rightarrow y = \frac{5}{3}$$

Setzt man $z = \frac{1}{3}$ und $y = \frac{5}{3}$ in Gleichung (1) ein, erhält man:

$$x + \frac{5}{3} = \frac{5}{3} \Rightarrow x = 0$$

Damit erhält man die Lösungsmenge: $L = \left\{ \left(0; \frac{5}{3}; \frac{1}{3}\right) \right\}$.

3.2.1 Um die Werte für a und b zu berechnen, falls $A = \begin{pmatrix} a & 2 \\ b & 0 \end{pmatrix}$, bestimmt man das Matrizenprodukt $A \cdot A$ und setzt dieses gleich der Einheitsmatrix $E = \begin{pmatrix} 1 & 0 \\ 0 & 1 \end{pmatrix}$:

$$A \cdot A = E$$

$$\begin{pmatrix} a & 2 \\ b & 0 \end{pmatrix} \cdot \begin{pmatrix} a & 2 \\ b & 0 \end{pmatrix} = \begin{pmatrix} 1 & 0 \\ 0 & 1 \end{pmatrix}$$

$$\begin{pmatrix} a^2 + 2b & 2a \\ ab & 2b \end{pmatrix} = \begin{pmatrix} 1 & 0 \\ 0 & 1 \end{pmatrix}$$

Durch Vergleich der Matrizeneinträge erhält man: $2a = 0 \Rightarrow a = 0$ und $2b = 1 \Rightarrow b = \frac{1}{2}$.
Probe in der linken Spalte: $0^2 + 2 \cdot \frac{1}{2} = 1$ und $0 \cdot \frac{1}{2} = 0$ bestätigen die Lösung.
Somit ist $a = 0$ und $b = \frac{1}{2}$.

3.2.2 Bei der Matrizengleichung $(A^2 - 2X)A = 2XA$ verwendet man $A \cdot A = E$, löst die Klammern auf, vereinfacht und multipliziert anschließend mit A. Damit ergibt sich:

$$(A^2 - 2X)A = 2XA$$
$$(E - 2X)A = 2XA$$
$$EA - 2XA = 2XA$$
$$A - 2XA = 2XA$$
$$A = 4XA$$
$$A \cdot A = 4XA \cdot A$$
$$E = 4XE$$
$$E = 4X$$
$$\frac{1}{4}E = X$$

Teil 2 Aufgabe 1

Es ist $p(x) = a \cdot x^3 + b \cdot x^2$.

1.1.1 Um die Werte von a und b so zu bestimmen, dass die Punkte $P(-1 \mid 1)$ und $Q(1 \mid 0)$ auf dem Schaubild von p liegen, setzt man diese jeweils in $p(x)$ ein:

$$\begin{array}{rrrrr} \text{I} & 1 & = & a \cdot (-1)^3 & + & b \cdot (-1)^2 \\ \text{II} & 0 & = & a \cdot 1^3 & + & b \cdot 1^2 \end{array}$$

Dies führt zu folgendem linearen Gleichungssystem:

$$\begin{array}{rrrrr} \text{I} & 1 & = & -a & + & b \\ \text{II} & 0 & = & a & + & b \end{array}$$

Addiert man Gleichung I zu Gleichung II, ergibt sich: $1 = 2b \Rightarrow b = \frac{1}{2}$.
Setzt man $b = \frac{1}{2}$ in Gleichung I ein, erhält man: $1 = -a + \frac{1}{2} \Rightarrow a = -\frac{1}{2}$.

1.1.2 Setzt man $b = -a$ in $p(x)$ ein, erhält man: $p(x) = a \cdot x^3 - a \cdot x^2$.

Um zu untersuchen, ob es eine negative Nullstelle von p gibt, löst man die Gleichung $p(x) = 0$ durch Ausklammern nach x auf:

$$a \cdot x^3 - a \cdot x^2 = 0$$
$$ax^2 \cdot (x - 1) = 0$$

Mit Hilfe des Satzes vom Nullprodukt erhält man aus $ax^2 = 0$ die Nullstelle $x_1 = 0$ und aus $x - 1 = 0$ die Nullstelle $x_2 = 1$.
Somit hat p keine negative Nullstelle.

1.2.1 Den y-Wert des Tiefpunkts T von K erhält man, indem man $x = 0$ in $f(x) = x - 1 + e^{-x}$ einsetzt:

$$y = f(0) = 0 - 1 + e^{-0} = -1 + 1 = 0 \Rightarrow T(0 \mid 0)$$

Der Punkt Q auf g, der den kleinsten Abstand zum Tiefpunkt T von K hat, ist der Schnittpunkt des Lots von T auf g mit g. Durch Einzeichnen des Lots und Ablesen erhält man die Koordinaten $Q(0,5 \mid -0,5)$.

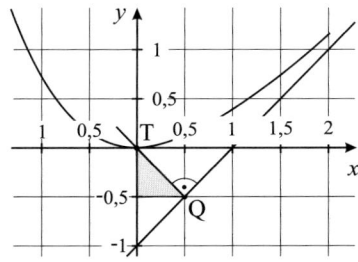

Den Abstand d von Q zu T erhält man mit Hilfe des Satzes des Pythagoras:

$$d^2 = 0{,}5^2 + 0{,}5^2 \Rightarrow d = \sqrt{0{,}25 + 0{,}25} = \sqrt{0{,}5} \approx 0{,}71$$

1.2.2 Der Tiefpunkt von H liegt bei $(1 \mid -1)$, der Tiefpunkt von K im Ursprung $O(0 \mid 0)$, also wird der Tiefpunkt von K um eine Längeneinheit nach rechts und eine Längeneinheit nach unten verschoben. Damit entsteht das Schaubild H der Funktion h durch Verschiebung von K um eine Längeneinheit nach rechts und eine Längeneinheit nach unten. Damit ergibt sich:

$$\begin{aligned} h(x) &= f(x-1) - 1 \\ &= (x-1) - 1 + e^{-(x-1)} - 1 \\ &= x - 3 + e^{-x+1} \end{aligned}$$

1.2.3 (1) Einen möglichen Wendepunkt von K erhält man mit Hilfe der 2. Ableitung von f:

$$f'(x) = 1 - 0 + e^{-x} \cdot (-1) = 1 - e^{-x}$$
$$f''(x) = 0 - e^{-x} \cdot (-1) = e^{-x}$$

Die notwendige Bedingung $f''(x) = 0$ führt zu $e^{-x} = 0$. Da diese Gleichung keine reelle Lösung hat, besitzt K keinen Wendepunkt.

(2) Setzt man $x_1 = 1{,}841$ und $x_2 = 1{,}842$ in $f(x)$ ein, erhält man:

$$f(1{,}841) = 1{,}841 - 1 + e^{-1{,}841} \approx 0{,}999658 < 1$$
$$f(1{,}842) = 1{,}842 - 1 + e^{-1{,}842} \approx 1{,}000500 > 1$$

Somit liegt ein x_0 im Intervall $[1{,}841;\, 1{,}842]$, sodass $f(x_0) = 1$ gilt.

(3) Eine Normale an K, die g senkrecht schneidet, hat die Steigung $m_n = -1$ (negativer Kehrwert der Steigung von g). Damit hat die zugehörige Tangente an K die Steigung $m_t = 1$ (negativer Kehrwert der Steigung der Normalen). Um diese Tangente zu bestimmen, löst man die Gleichung $f'(x) = 1$ nach x auf:

$$1 - e^{-x} = 1 \Leftrightarrow e^{-x} = 0$$

Da diese Gleichung keine Lösung hat, gibt es keine Tangente an K mit Steigung 1. Damit gibt es auch keine Normale mit Steigung -1 an K.
Somit gibt es keine Normale an K, die g senkrecht schneidet.

1.2.4 Den Flächeninhalt A der Fläche, die das Schaubild K, die beiden Geraden mit der Gleichung $x = -c$ bzw. $x = c$ mit $c > 0$ und die Gerade g umschließen, erhält man mit Hilfe eines Integrals in Abhängigkeit von c. Da K oberhalb der Geraden g verläuft, ergibt sich mit dem Hauptsatz der Differential- und Integralrechnung:

$$\begin{aligned} A &= \int_{-c}^{c} (f(x) - g(x))\, dx \\ &= \int_{-c}^{c} \left(x - 1 + e^{-x} - (x - 1) \right) dx \\ &= \int_{-c}^{c} \left(e^{-x} \right) dx \\ &= \left[\frac{e^{-x}}{-1} \right]_{-c}^{c} \\ &= \left[-e^{-x} \right]_{-c}^{c} \\ &= -e^{-c} - \left(-e^{-(-c)} \right) \\ &= -e^{-c} + e^{c} \end{aligned}$$

Um c so zu bestimmen, dass der Inhalt dieser Fläche den Wert 2 hat, löst man die Gleichung $A = 2$ nach c auf:

$$\begin{aligned} -e^{-c} + e^{c} &= 2 \\ -\frac{1}{e^{c}} + e^{c} &= 2 \\ -1 + e^{c} \cdot e^{c} &= 2 \cdot e^{c} \\ -1 + (e^{c})^{2} &= 2 \cdot e^{c} \\ (e^{c})^{2} - 2 \cdot e^{c} - 1 &= 0 \end{aligned}$$

Substituiert man $e^{c} = z$, so ergibt sich: $0 = z^{2} - 2z - 1$.
Mit Hilfe der *abc*-Formel erhält man die Lösungen $z_1 \approx 2{,}41$ und $z_2 \approx -0{,}41$.
Die Resubstitution $e^{c} = 2{,}41$ ergibt

$$c_1 = \ln(2{,}41) \approx 0{,}88$$

Die Resubstitution $e^{c} = -0{,}41$ ergibt keine weitere Lösung.
Somit erhält man $c \approx 0{,}88$.

Teil 2 Aufgabe 2

2.1 Die Entwicklung der NO_2-Konzentration im Tagesverlauf kann folgendermaßen beschrieben werden:

Ab 5 Uhr morgens steigt die NO_2-Konzentration zuerst langsam, dann stark bis 8 Uhr an und bleibt bis 9 Uhr hoch. Dann sinkt die NO_2-Konzentration wieder und bleibt bis 15 Uhr auf einem niedrigen Wert. Von 15 Uhr bis 18 Uhr steigt die NO_2-Konzentration wieder stark an und geht bis 21 Uhr wieder auf einen niedrigen Wert zurück.

Der starke Anstieg von 6 Uhr bis 8 Uhr und von 15 Uhr bis 18 Uhr lässt sich durch den Berufsverkehr und den damit verbundenen Schadstoffausstoß erklären, der in den übrigen Zeiten bei «normalem Verkehr» nicht so hoch ist.

2.2 Es ist
$$f(t) = 15 \cdot \sin\left(\frac{\pi}{5} \cdot \left(t - \frac{11}{2}\right)\right) + 30 \,;\, 5 \leqslant t \leqslant 21$$

2.2.1 Das Maximum von f beträgt $45 \frac{\mu g}{m^3}$, da die Sinusfunktion maximal den Wert 1 annehmen kann, so dass gilt:
$$f(t) \leqslant 15 \cdot 1 + 30 = 45$$

Der tatsächlich gemessene maximale Wert der NO_2-Konzentration beträgt etwa $49 \frac{\mu g}{m^3}$.
Die Abweichung beider Werte beträgt $4 \frac{\mu g}{m^3}$.
Wegen $\frac{4}{49} \approx 0,082 = 8,2\%$ weicht das Maximum von f vom tatsächlich gemessenen maximalen Wert der NO_2-Konzentration nicht um mehr als 10% ab. Die gemachte Aussage ist also falsch.

2.2.2 Die beiden Zeitpunkte, an denen die Zunahme der NO_2-Konzentration am größten ist, erhält man, indem man die Extremstellen von $f'(t)$ mit positiver Steigung bestimmt, also die Wendestellen von f mit positiver Steigung. Hierzu verwendet man die 2. Ableitung von $f(t)$, die man mit der Kettenregel erhält:

$$f'(t) = 15 \cdot \cos\left(\frac{\pi}{5} \cdot \left(t - \frac{11}{2}\right)\right) \cdot \frac{\pi}{5} = 3\pi \cdot \cos\left(\frac{\pi}{5} \cdot \left(t - \frac{11}{2}\right)\right)$$

$$f''(t) = 3\pi \cdot \left(-\sin\left(\frac{\pi}{5} \cdot \left(t - \frac{11}{2}\right)\right)\right) \cdot \frac{\pi}{5} = -\frac{3}{5}\pi^2 \cdot \sin\left(\frac{\pi}{5} \cdot \left(t - \frac{11}{2}\right)\right)$$

Als notwendige Bedingung löst man die Gleichung $f''(t) = 0$ nach t auf:

$$-\frac{3}{5}\pi^2 \cdot \sin\left(\frac{\pi}{5} \cdot \left(t - \frac{11}{2}\right)\right) = 0$$

$$\sin\left(\frac{\pi}{5} \cdot \left(t - \frac{11}{2}\right)\right) = 0$$

Substituiert man $\frac{\pi}{5} \cdot \left(t - \frac{11}{2}\right) = z$, so ergibt sich $\sin(z) = 0$ mit den Lösungen $z_1 = 0$, $z_2 = \pi$, $z_3 = 2\pi$.

Durch Resubstitution ergibt sich:

$$\frac{\pi}{5} \cdot \left(t - \frac{11}{2}\right) = 0 \Rightarrow t_1 = \frac{11}{2}$$

$$\frac{\pi}{5} \cdot \left(t - \frac{11}{2}\right) = \pi \Rightarrow t_2 = \frac{21}{2}$$

$$\frac{\pi}{5} \cdot \left(t - \frac{11}{2}\right) = 2\pi \Rightarrow t_3 = \frac{31}{2}$$

Setzt man die erhaltenen t-Werte in $f'(t)$ ein, ergibt sich:

$$f'\left(\frac{11}{2}\right) = 3\pi \cdot \cos\left(\frac{\pi}{5} \cdot \left(\frac{11}{2} - \frac{11}{2}\right)\right) = 3\pi \cdot \cos(0) = 3\pi > 0$$

$$f'\left(\frac{21}{2}\right) = 3\pi \cdot \cos\left(\frac{\pi}{5} \cdot \left(\frac{21}{2} - \frac{11}{2}\right)\right) = 3\pi \cdot \cos(\pi) = -3\pi < 0$$

$$f'\left(\frac{31}{2}\right) = 3\pi \cdot \cos\left(\frac{\pi}{5} \cdot \left(\frac{31}{2} - \frac{11}{2}\right)\right) = 3\pi \cdot \cos(2\pi) = 3\pi > 0$$

Somit ist für $t_1 = \frac{11}{2}$, also um 5.30 Uhr und für $t_2 = \frac{31}{2}$, also um 15.30 Uhr die Zunahme der NO_2-Konzentration am größten.

2.2.3 Um den Zeitpunkt zu bestimmen, zu dem der Grenzwert der NO_2-Konzentration von $40 \frac{\mu g}{m^3}$ erstmals erreicht wurde, löst man die Gleichung $f(t) = 40$ nach t auf:

$$15 \cdot \sin\left(\frac{\pi}{5} \cdot \left(t - \frac{11}{2}\right)\right) + 30 = 40$$

$$15 \cdot \sin\left(\frac{\pi}{5} \cdot \left(t - \frac{11}{2}\right)\right) = 10$$

$$\sin\left(\frac{\pi}{5} \cdot \left(t - \frac{11}{2}\right)\right) = \frac{2}{3}$$

Substituiert man $\frac{\pi}{5} \cdot \left(t - \frac{11}{2}\right) = z$, so ergibt sich $\sin(z) = \frac{2}{3}$ mit der Lösung $z \approx 0{,}73$ (WTR). Durch Resubstitution ergibt sich:

$$\frac{\pi}{5} \cdot \left(t - \frac{11}{2}\right) = 0{,}73 \Rightarrow t \approx 6{,}66$$

Wegen $0{,}66 \cdot 60 \text{ min} = 39{,}6 \text{ min}$ entspricht $t \approx 6{,}66$ der Uhrzeit 6 Uhr und 39 Minuten. Somit wurde um 6.39 Uhr erstmals der Grenzwert von $40 \frac{\mu g}{m^3}$ erreicht.

Teil 2 Aufgabe 3

3 Es ist $f(x) = -\frac{1}{16}x^4 + \frac{3}{4}x^2$.

3.1 Den höchstmöglichen Wasserstand und die Breite des Kanals erhält man, indem man die Koordinaten der Hochpunkte des Schaubilds von f berechnet. Hierzu benötigt man die 1. und 2. Ableitung von f:

$$f'(x) = -\frac{1}{4}x^3 + \frac{3}{2}x$$
$$f''(x) = -\frac{3}{4}x^2 + \frac{3}{2}$$

Als notwendige Bedingung löst man die Gleichung $f'(x) = 0$ nach x auf. Durch Ausklammern ergibt sich:

$$-\frac{1}{4}x^3 + \frac{3}{2}x = 0$$
$$x \cdot \left(-\frac{1}{4}x^2 + \frac{3}{2}\right) = 0$$

Mit Hilfe des Satzes vom Nullprodukt erhält man $x_1 = 0$ und aus $-\frac{1}{4}x^2 + \frac{3}{2} = 0$ bzw. $6 = x^2$ die Lösungen $x_2 = -\sqrt{6}$ und $x_3 = \sqrt{6}$.

Setzt man die erhaltenen x-Werte in $f''(x)$ ein, erhält man:

$$f''(0) = -\frac{3}{4} \cdot 0^2 + \frac{3}{2} = \frac{3}{2} > 0 \Rightarrow \text{Tiefpunkt}$$
$$f''\left(-\sqrt{6}\right) = -\frac{3}{4} \cdot \left(-\sqrt{6}\right)^2 + \frac{3}{2} = -3 < 0 \Rightarrow \text{Hochpunkt}$$
$$f''\left(\sqrt{6}\right) = -\frac{3}{4} \cdot \left(\sqrt{6}\right)^2 + \frac{3}{2} = -3 < 0 \Rightarrow \text{Hochpunkt}$$

Die zugehörigen y-Werte der Hochpunkte erhält man, indem man die x-Werte in $f(x)$ einsetzt:

$$y_2 = f\left(-\sqrt{6}\right) = -\frac{1}{16} \cdot \left(-\sqrt{6}\right)^4 + \frac{3}{4} \cdot \left(-\sqrt{6}\right)^2 = \frac{9}{4} = 2,25 \Rightarrow H_1\left(-\sqrt{6} \mid 2,25\right)$$
$$y_3 = f\left(\sqrt{6}\right) = -\frac{1}{16} \cdot \left(\sqrt{6}\right)^4 + \frac{3}{4} \cdot \left(\sqrt{6}\right)^2 = \frac{9}{4} = 2,25 \Rightarrow H_2\left(\sqrt{6} \mid 2,25\right)$$

Somit beträgt der höchstmögliche Wasserstand $2,25$ m.

Die Breite b des Kanals erhält man, indem man die Differenz der x-Werte der Hochpunkte berechnet:

$$b = x_3 - x_2 = \sqrt{6} - \left(-\sqrt{6}\right) = 2 \cdot \sqrt{6} \approx 4,90$$

Somit hat der Kanal eine Breite von etwa $4,90$ m.

3.2.1 Um zu zeigen, dass der Wasserspiegel bei einer Höhe von 2m eine Breite von genau 4m einnimmt, weist man nach, dass bei einer Breite von 4m der Wasserspiegel 2m hoch ist. Dazu setzt man aus Symmetriegründen $x_1 = -2$ und $x_2 = 2$ in $f(x)$ ein:

$$f(-2) = -\frac{1}{16} \cdot (-2)^4 + \frac{3}{4} \cdot (-2)^2 = 2$$
$$f(2) = -\frac{1}{16} \cdot 2^4 + \frac{3}{4} \cdot 2^2 = 2$$

Damit ist der Wasserstand bei $x_1 = -2$ und $x_2 = 2$ genau 2m hoch.
Wegen $b = 2 - (-2) = 4$ beträgt die Breite des Wasserspiegels genau 4m.

3.2.2 Den Wert des Integrals $15 \cdot \int_{-2}^{2} (2 - f(x))\,dx$ erhält man mit Hilfe des Hauptsatzes der Differential- und Integralrechnung:

$$15 \cdot \int_{-2}^{2} (2-f(x))\,dx = 15 \cdot \int_{-2}^{2} \left(2 - \left(-\frac{1}{16}x^4 + \frac{3}{4}x^2\right)\right) dx$$
$$= 15 \cdot \int_{-2}^{2} \left(2 + \frac{1}{16}x^4 - \frac{3}{4}x^2\right) dx$$
$$= 15 \cdot \left[2x + \frac{1}{80}x^5 - \frac{1}{4}x^3\right]_{-2}^{2}$$
$$= 15 \cdot \left(2 \cdot 2 + \frac{1}{80} \cdot 2^5 - \frac{1}{4} \cdot 2^3 - \left(2 \cdot (-2) + \frac{1}{80} \cdot (-2)^5 - \frac{1}{4} \cdot (-2)^3\right)\right)$$
$$= 72$$

Mit Hilfe des Integrals $\int_{-2}^{2} (2-f(x))\,dx$ berechnet man die Querschnittsfläche des bis 2m Höhe wassergefüllten Teils des Kanals. Mit dem Term $15 \cdot \int_{-2}^{2} (2-f(x))\,dx$ berechnet man das Volumen des Wassers, welches sich bei einem Wasserstand von 2m im Kanal befindet, da die Querschnittsfläche mit der Länge des Kanals multipliziert wird. Also beträgt das Wasservolumen $72\,\text{m}^3$.

3.3 Wenn der Lichtstrahl die rechte Böschung an einem Punkt B $(u \mid f(u))$ mit $u > 0$ berührt, ist die Gerade mit der Gleichung $y = a \cdot x$, die diesen Lichtstrahl modelliert, eine Tangente an das Schaubild von f.

Die Tangentensteigung $m_t = f'(u)$ in B muss gleich groß sein wie die Steigung zwischen den Punkten T und B. Durch Gleichsetzen der Steigungen erhält man eine Gleichung, die man nach u auflöst:

$$m_t = m_{TB}$$
$$f'(u) = \frac{f(u) - 0}{u - 0}$$
$$-\frac{1}{4}u^3 + \frac{3}{2}u = \frac{-\frac{1}{16}u^4 + \frac{3}{4}u^2}{u}$$
$$-\frac{1}{4}u^4 + \frac{3}{2}u^2 = -\frac{1}{16}u^4 + \frac{3}{4}u^2$$
$$0 = \frac{3}{16}u^4 - \frac{3}{4}u^2$$
$$0 = u^2 \cdot \left(\frac{3}{16}u^2 - \frac{3}{4}\right)$$

Mit Hilfe des Satzes vom Nullprodukt ergibt sich $u_1 = 0$ und aus $\frac{3}{16}u^2 - \frac{3}{4} = 0$ bzw. $u^2 = 4$ erhält man die Lösungen $u_2 = -2$ und $u_3 = 2$. Wegen $u > 0$ kommt nur $u_3 = 2$ als Lösung in Frage.

Die Steigung a der Geraden mit der Gleichung $y = a \cdot x$ erhält man, indem man $u = 2$ in $m_t = f'(u)$ einsetzt, da ja diese Gerade die Tangente in B an das Schaubild von f ist:

$$a = m_t = f'(2) = -\frac{1}{4} \cdot 2^3 + \frac{3}{2} \cdot 2 = 1$$

Somit hat die Gerade die Steigung $a = 1$.

Teil 2 Aufgabe 4

4.1 Um das Schaubild der Erlös- und Gesamtkostenfunktion in ein Koordinatensystem zu zeichnen, erstellt man mit Hilfe des WTR eine Wertetabelle für die Gesamtkostenfunktion $K(x) = 0,2x^3 - x^2 + 4x + 8$:

x	0	1	2	3	4	5	6	7	8	9
$K(x)$	8	11,2	13,6	16,4	20,8	28	39,2	55,6	78,4	108,8

Für die Erlösfunktion (Produkt aus Verkaufspreis und der Menge x) gilt:

$$E(x) = 10 \cdot x$$

Das Schaubild dieser Funktion ist eine Gerade durch den Ursprung $O(0 \mid 0)$ mit Steigung $m = 10$.
Die Gewinnzone ist derjenige Bereich, in welchem die Erlösfunktion oberhalb der Gesamtkostenfunktion verläuft.

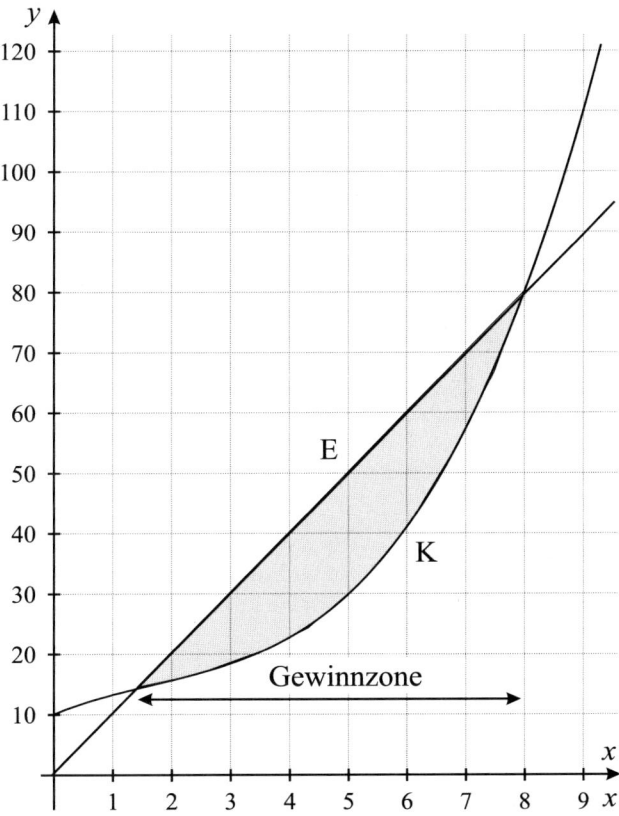

4.2 Den maximalen Gewinn erhält man, indem man zuerst die Gewinnfunktion G mit

$$G(x) = E(x) - K(x)$$

aufstellt und mit Hilfe der 1. und 2. Ableitung von G das Maximum von G bestimmt:

$$G(x) = 10x - (0{,}2x^3 - x^2 + 4x + 8) = -0{,}2x^3 + x^2 + 6x - 8$$
$$G'(x) = -0{,}6x^2 + 2x + 6$$
$$G''(x) = -1{,}2x + 2$$

Als notwendige Bedingung löst man die Gleichung $G'(x) = 0$ nach x auf:

$$-0{,}6x^2 + 2x + 6 = 0$$

Mit Hilfe der *abc*-Formel erhält man die Lösungen $x_1 \approx 5{,}24$ und $x_2 \approx -1{,}91$. Wegen $0 \leqslant x \leqslant 9$ kommt nur $x \approx 5{,}24$ als Lösung in Frage. Setzt man den erhaltenen x-Wert in $G''(x)$ ein, erhält man:

$$G''(5{,}24) = -1{,}2 \cdot 5{,}24 + 2 = -4{,}288 < 0 \Rightarrow \text{Maximum}$$

Den zugehörigen y-Wert erhält man, indem man den x-Wert in $G(x)$ einsetzt:

$$G(5{,}24) = -0{,}2 \cdot 5{,}24^3 + 5{,}24^2 + 6 \cdot 5{,}24 - 8 \approx 22{,}12$$

Die Überprüfung der Randwerte ergibt:

$$G(0) = -8 < 0$$

und

$$G(9) = -0{,}2 \cdot 9^3 + 9^2 + 6 \cdot 9 - 8 = -18{,}8 < 0$$

Somit beträgt der maximale Gewinn etwa $22{,}12\,\text{GE}$.

4.3 Die Bedingung

$$(1)\ K''(x_1) = 0 \wedge K'''(x_1) > 0$$

bedeutet, dass an der Stelle $x_1 = \frac{5}{3}$ beim Schaubild von K ein Wendepunkt mit minimaler Steigung vorliegt. Im Sachzusammenhang bedeutet dies, dass der Zuwachs der Gesamtkosten bei $\frac{5}{3}$ Mengeneinheiten minimal ist.

Die Bedingung

$$(2)\ K'(x_1) = \frac{7}{3}$$

bedeutet, dass der minimale Zuwachs der Gesamtkosten bei $\frac{5}{3}$ Mengeneinheiten genau $\frac{7}{3}$ Geldeinheiten pro Mengeneinheit beträgt.

Teil 3 Aufgabe 1

1.1 Legt man X als Zufallsvariable für die Anzahl der Zecken mit FSME-Viren fest, so ist X binomialverteilt mit den Parametern n = 20 und p = 0,035.

Die Wahrscheinlichkeit für das Ereignis E_1: «Von 20 zufällig ausgewählten Zecken trägt keine einzige FSME-Viren in sich.» erhält man mit Hilfe der Binomialverteilung:

$$P(E_1) = P(X = 0) \approx 0,4904$$

Somit beträgt die Wahrscheinlichkeit für das Ereignis E_1 etwa 49,0%.

Legt man Y als Zufallsvariable für die Anzahl der Zecken mit FSME-Viren fest, so ist Y binomialverteilt mit den Parametern n = 50 und p = 0,035.

Die Wahrscheinlichkeit für das Ereignis E_2: «Von 50 zufällig ausgewählten Zecken trägt höchstens eine FSME-Viren in sich.» erhält man mit Hilfe der kumulierten Binomialverteilung:

$$P(E_2) = P(Y \leqslant 1) \approx 0,4738$$

Somit beträgt die Wahrscheinlichkeit für das Ereignis E_2 etwa 47,4%.

Legt man Z als Zufallsvariable für die Anzahl der Zecken mit FSME-Viren fest, so ist Z binomialverteilt mit den Parametern n = 100 und p = 0,035.

Die Wahrscheinlichkeit für das Ereignis E_3: «Von 100 zufällig ausgewählten Zecken tragen mindestens vier FSME-Viren in sich.» erhält man mit Hilfe der kumulierten Binomialverteilung und der Wahrscheinlichkeit des Gegenereignisses:

$$P(E_3) = P(Z \geqslant 4) = 1 - P(Z \leqslant 3) \approx 1 - 0,5347 = 0,4653$$

Somit beträgt die Wahrscheinlichkeit für das Ereignis E_3 etwa 46,5%.

1.2 Um die Aussage zu prüfen, ob das Risiko einer Übertragung der FSME-Viren auf den Menschen erst dann 60% übersteigt, wenn man von mindestens 25 Zecken gebissen wird, berechnet man die Wahrscheinlichkeit, dass bei genau 25 Zeckenbissen eine Übertragung der FSME-Viren auf den Menschen stattfindet. Legt man X als Zufallsvariable für die Anzahl der Zecken mit FSME-Viren fest, so ist X binomialverteilt mit den Parametern n = 25 und p = 0,035. Die Wahrscheinlichkeit für das Ereignis E: «Von 25 zufällig ausgewählten Zecken trägt mindestens eine FSME-Viren in sich.» erhält man mit Hilfe der kumulierten Binomialverteilung und der Wahrscheinlichkeit des Gegenereignisses:

$$P(E) = P(X \geqslant 1) = 1 - P(X = 0) \approx 1 - 0,4104 = 0,5896 \approx 59\%$$

Da das Risiko einer Übertragung der FSME-Viren auf den Menschen bei genau 25 Zeckenbissen kleiner als 60% ist, ist die Aussage nicht wahr.

1.3.1 Da bei insgesamt n = 2000 Zecken bei der Stichprobe in der Region A 58 Zecken FSME-Viren in sich tragen, beträgt die relative Häufigkeit h für die FSME-Viren:

$$h = \frac{58}{2000} = 0,029$$

Das 95%-Vertrauensintervall für die unbekannte Wahrscheinlichkeit, dass eine Zecke FSME-Viren in sich trägt, erhält man mit der Formel:

$$I = \left[h - 1,96 \cdot \sqrt{\frac{h \cdot (1-h)}{n}} \; ; \; h + 1,96 \cdot \sqrt{\frac{h \cdot (1-h)}{n}}\right]$$

Damit ergibt sich:

$$I = \left[0,029 - 1,96 \cdot \sqrt{\frac{0,029 \cdot (1-0,029)}{2000}} \; ; \; 0,029 + 1,96 \cdot \sqrt{\frac{0,029 \cdot (1-0,029)}{2000}}\right]$$

$$I \approx [0,022 \; ; \; 0,036]$$

Die Wahrscheinlichkeit, dass eine Zecke in Region A FSME-Viren in sich trägt, liegt mit einer Wahrscheinlichkeit von 95% zwischen 2,2% und 3,6%.

1.3.2 Für die Länge L des Vertrauensintervalls gilt:

$$L = h + 1,96 \cdot \sqrt{\frac{h \cdot (1-h)}{n}} - \left(h - 1,96 \cdot \sqrt{\frac{h \cdot (1-h)}{n}}\right) = 3,92 \cdot \sqrt{\frac{h \cdot (1-h)}{n}}$$

Da die Vertrauensintervalle für die beiden Regionen A und B übereinstimmen, bei Region B aber eine größere relative Häufigkeit h vorliegt als in Region A, so bedeutet dies für den Umfang n der Stichprobe in Region B Folgendes:

Wenn sich h vergrößert, wird auch der Term $h \cdot (1-h)$ für kleine relative Häufigkeiten (also $h < 0,5$) größer, so dass auch n größer werden muss, wenn der Term $\sqrt{\frac{h \cdot (1-h)}{n}}$ gleich bleiben soll.

Somit wurden in der Region B mehr als 2000 Zecken untersucht.

Teil 3 Aufgabe 2

2.1 Beim einmaligen Drehen ergeben sich für Sonne (S), Mond (M) und Wolke (W) folgende Wahrscheinlichkeiten:

$$P(S) = \frac{1}{6}$$
$$P(M) = \frac{3}{6} = \frac{1}{2}$$
$$P(W) = \frac{2}{6} = \frac{1}{3}$$

Die Wahrscheinlichkeit des Ereignisses A: «Der Spieler dreht dreimal das Glücksrad.» erhält man mit Hilfe der Pfadregeln. Wenn der Spieler dreimal das Glücksrad dreht, so darf der Pfeil bei den ersten beiden Drehungen keine Wolke anzeigen. Damit gilt:

$$P(A) = P(\overline{W}\,\overline{W}) = \frac{2}{3} \cdot \frac{2}{3} = \frac{4}{9}$$

Die Wahrscheinlichkeit des Ereignisses A beträgt $\frac{4}{9}$.

Die Wahrscheinlichkeit des Ereignisses B: «Der Spieler dreht das Glücksrad höchstens zweimal auf Mond» erhält man mit Hilfe der Wahrscheinlichkeit des Gegenereignisses, nämlich dass der Spieler dreimal auf Mond dreht. Mit Hilfe der Pfadregeln erhält man:

$$P(B) = 1 - P(MMM) = 1 - \frac{1}{2} \cdot \frac{1}{2} \cdot \frac{1}{2} = 1 - \frac{1}{8} = \frac{7}{8}$$

Die Wahrscheinlichkeit des Ereignisses B beträgt $\frac{7}{8}$.

2.2 Man bezeichnet mit C das Ereignis, dass ein Spiel mit Wolke endet und mit D das Ereignis, dass keinmal Sonne angezeigt wird. Die Wahrscheinlichkeit, dass ein Spiel mit Wolke endet, erhält man mit Hilfe der Pfadregeln:

$$P(C) = P(W) + P(\overline{W}W) + P(\overline{W}\,\overline{W}W) = \frac{1}{3} + \frac{2}{3} \cdot \frac{1}{3} + \frac{2}{3} \cdot \frac{2}{3} \cdot \frac{1}{3} = \frac{19}{27}$$

Die Wahrscheinlichkeit, dass keinmal Sonne angezeigt wird und das Spiel mit Wolke endet, erhält man ebenfalls mit Hilfe der Pfadregeln:

$$P(C \cap D) = P(W) + P(MW) + P(MMW) = \frac{1}{3} + \frac{1}{2} \cdot \frac{1}{3} + \frac{1}{2} \cdot \frac{1}{2} \cdot \frac{1}{3} = \frac{7}{12}$$

Die Wahrscheinlichkeit, dass der Spieler keinmal Sonne gedreht hat, unter der Bedingung, dass das Spiel mit Wolke endet, erhält man mit Hilfe der bedingten Wahrscheinlichkeit:

$$P_C(D) = \frac{P(C \cap D)}{P(C)} = \frac{\frac{7}{12}}{\frac{19}{27}} = \frac{63}{76}$$

Die gesuchte Wahrscheinlichkeit beträgt $\frac{63}{76}$.

2.3.1 Den Gewinn pro Spiel, den der Besitzer langfristig im Mittel erwarten kann, erhält man, indem man den Erwartungswert E des Gewinns des Besitzers bestimmt. Dazu multipliziert man die Auszahlungsbeträge mit den entsprechenden Wahrscheinlichkeiten subtrahiert diese vom Einsatz.

Die Wahrscheinlichkeit, dass dreimal Sonne angezeigt wird, erhält man mit den Pfadregeln:
$$P(\text{"dreimal Sonne"}) = P(SSS) = \frac{1}{6} \cdot \frac{1}{6} \cdot \frac{1}{6} = \frac{1}{216}$$

Mit Hilfe der angegebenen Wahrscheinlichkeiten $P(\text{"genau einmal Sonne"}) = \frac{17}{72}$ und $P(\text{"genau zweimal Sonne"}) = \frac{11}{216}$ ergibt sich für den Erwartungswert E des Gewinns des Besitzers:

$$E = 1\,\text{€} - \left(1\,\text{€} \cdot \frac{17}{72} + 2\,\text{€} \cdot \frac{11}{216} + 3\,\text{€} \cdot \frac{1}{216}\right) = \frac{35}{54}\,\text{€} \approx 0{,}65\,\text{€}$$

Der Besitzer erwartet langfristig im Mittel einen Gewinn von etwa 0,65 € pro Spiel.

2.3.2 Die Wahrscheinlichkeit, genau einen Euro ausgezahlt zu bekommen, beträgt $p = \frac{17}{72}$.
Legt man X als Zufallsvariable für die Anzahl der Spieler, die genau einen Euro ausbezahlt bekommen, fest, so ist X binomialverteilt mit den Parametern $n = 140$ und $p = \frac{17}{72}$.
Die Wahrscheinlichkeit, dass mehr als 30 aber weniger als 40 Spieler genau einen Euro ausbezahlt bekommen, erhält man mit Hilfe der kumulierten Binomialverteilung:

frv.tv/df

$$P(30 < X < 40) = P(X \leqslant 39) - P(X \leqslant 30) \approx 0{,}8984 - 0{,}3102 = 0{,}5882$$

Die Frau des Besitzers hat mit einer Wahrscheinlichkeit von etwa 58,8 % recht.

Teil 4 Lineare Algebra: Vektorgeometrie

1.1 Um zu zeigen, dass die Grundfläche des Hbf mit den Eckpunkten $B_1(0\mid 1\mid 0)$, $B_2(3\mid 0\mid 0)$, $B_3(5\mid 6\mid 0)$ und $B_4(2\mid 7\mid 0)$ ein Rechteck ist, bestimmt man zuerst die Verbindungsvektoren der Seiten des Vierecks:

$$\overrightarrow{B_1B_2} = \begin{pmatrix} 3 \\ 0 \\ 0 \end{pmatrix} - \begin{pmatrix} 0 \\ 1 \\ 0 \end{pmatrix} = \begin{pmatrix} 3 \\ -1 \\ 0 \end{pmatrix}$$

$$\overrightarrow{B_4B_3} = \begin{pmatrix} 5 \\ 6 \\ 0 \end{pmatrix} - \begin{pmatrix} 2 \\ 7 \\ 0 \end{pmatrix} = \begin{pmatrix} 3 \\ -1 \\ 0 \end{pmatrix}$$

$$\overrightarrow{B_2B_3} = \begin{pmatrix} 5 \\ 6 \\ 0 \end{pmatrix} - \begin{pmatrix} 3 \\ 0 \\ 0 \end{pmatrix} = \begin{pmatrix} 2 \\ 6 \\ 0 \end{pmatrix}$$

$$\overrightarrow{B_1B_4} = \begin{pmatrix} 2 \\ 7 \\ 0 \end{pmatrix} - \begin{pmatrix} 0 \\ 1 \\ 0 \end{pmatrix} = \begin{pmatrix} 2 \\ 6 \\ 0 \end{pmatrix}$$

Wegen $\overrightarrow{B_1B_2} = \overrightarrow{B_4B_3}$ und $\overrightarrow{B_2B_3} = \overrightarrow{B_1B_4}$ ist die Grundfläche des Hbf ein Parallelogramm. Um nachzuweisen, dass das Parallelogramm ein Rechteck ist, berechnet man das Skalarprodukt zwischen den Vektoren $\overrightarrow{B_1B_2}$ und $\overrightarrow{B_1B_4}$:

$$\overrightarrow{B_1B_2} \cdot \overrightarrow{B_1B_4} = \begin{pmatrix} 3 \\ -1 \\ 0 \end{pmatrix} \cdot \begin{pmatrix} 2 \\ 6 \\ 0 \end{pmatrix} = 3\cdot 2 + (-1)\cdot 6 + 0\cdot 0 = 0$$

Wegen $\overrightarrow{B_1B_2} \cdot \overrightarrow{B_1B_4} = 0$ ist bei B_1 ein rechter Winkel. Aufgrund der Eigenschaften des Parallelogramms müssen die anderen Winkel dann auch rechte Winkel sein und es handelt sich bei der Grundfläche des Hbf um ein Rechteck.

Den Inhalt G der Grundfläche erhält man, indem man zuerst die Längen der Verbindungsvektoren $\overrightarrow{B_1B_2}$ und $\overrightarrow{B_1B_4}$ bestimmt:

$$\left|\overrightarrow{B_1B_2}\right| = \left|\begin{pmatrix} 3 \\ -1 \\ 0 \end{pmatrix}\right| = \sqrt{3^2 + (-1)^2 + 0^2} = \sqrt{10}$$

$$\left|\overrightarrow{B_1B_4}\right| = \left|\begin{pmatrix} 2 \\ 6 \\ 0 \end{pmatrix}\right| = \sqrt{2^2 + 6^2 + 0^2} = \sqrt{40}$$

Damit erhält man:

$$G = \left|\overrightarrow{B_1B_2}\right| \cdot \left|\overrightarrow{B_1B_4}\right| = \sqrt{10} \cdot \sqrt{40} = 20$$

Da einer Längeneinheit $100\,\text{m} = 0,1\,\text{km}$ entspricht, entspricht einer Flächeneinheit $(0,1\,\text{km})^2 = 0,01\,\text{km}^2$.

Damit erhält man:
$$G = 20 \cdot 0,01\,\text{km}^2 = 0,2\,\text{km}^2$$

Somit hat die Grundfläche einen Flächeninhalt von $0,2\,\text{km}^2$.

1.2.1 Den Winkel α, den der Tunnel mit der Ebene, in der die Grundfläche des Hbf liegt, einschließt, erhält man, indem man den Winkel zwischen der Geraden g^* mit der Gleichung

$$g^*: \vec{x} = \begin{pmatrix} 0 \\ -11 \\ 0 \end{pmatrix} + r \cdot \begin{pmatrix} 2,5 \\ 14,5 \\ -0,5 \end{pmatrix} ; r \in \mathbb{R}$$

welche die Strecke g enthält, und der Ebene $x_3 = 0$ mit der Formel $\sin(\alpha) = \frac{|\vec{u} \cdot \vec{n}|}{|\vec{u}| \cdot |\vec{n}|}$ berechnet, wobei $\vec{u} = \begin{pmatrix} 2,5 \\ 14,5 \\ -0,5 \end{pmatrix}$ der Richtungsvektor von g^* und $\vec{n} = \begin{pmatrix} 0 \\ 0 \\ 1 \end{pmatrix}$ ein Normalenvektor der Ebene $x_3 = 0$ ist:

$$\sin(\alpha) = \frac{\left| \begin{pmatrix} 2,5 \\ 14,5 \\ -0,5 \end{pmatrix} \cdot \begin{pmatrix} 0 \\ 0 \\ 1 \end{pmatrix} \right|}{\left| \begin{pmatrix} 2,5 \\ 14,5 \\ -0,5 \end{pmatrix} \right| \cdot \left| \begin{pmatrix} 0 \\ 0 \\ 1 \end{pmatrix} \right|}$$

$$= \frac{|2,5 \cdot 0 + 14,5 \cdot 0 + (-0,5) \cdot 1|}{\sqrt{2,5^2 + 14,5^2 + (-0,5)^2} \cdot \sqrt{0^2 + 0^2 + 1^2}}$$

$$= \frac{0,5}{\sqrt{216,75}} \Rightarrow \alpha \approx 1,95°$$

Der Winkel beträgt etwa $1,95°$.

1.2.2 Den Abstand d des Tunnels zur Seite $\overline{B_1 B_2}$ der Grundfläche erhält man, indem man den Abstand der windschiefen Geraden g^* und h durch B_1 und B_2 berechnet. Dabei ist

$$g^*: \vec{x} = \begin{pmatrix} 0 \\ -11 \\ 0 \end{pmatrix} + r \cdot \begin{pmatrix} 2,5 \\ 14,5 \\ -0,5 \end{pmatrix} ; r \in \mathbb{R}, \text{ und } h: \vec{x} = \begin{pmatrix} 0 \\ 1 \\ 0 \end{pmatrix} + t \cdot \begin{pmatrix} 3 \\ -1 \\ 0 \end{pmatrix} ; t \in \mathbb{R}$$

Der Abstand der windschiefen Geraden ist der Abstand des Punktes $B_1(0\,|\,1\,|\,0)$ zur Ebene F, in der die Gerade g^* liegt, und welche parallel zu h ist. Hierzu benötigt man einen Vektor

Lösungen   2. *Abitur 2019*

$\vec{n}$, der senkrecht auf den Richtungsvektoren

$$\vec{u}_1 = \begin{pmatrix} 2{,}5 \\ 14{,}5 \\ -0{,}5 \end{pmatrix} \quad \text{und} \quad \vec{u}_2 = \begin{pmatrix} 3 \\ -1 \\ 0 \end{pmatrix}$$

von g^* und h steht. Mit Hilfe des Vektorprodukts erhält man:

$$\vec{u}_1 \times \vec{u}_2 = \begin{pmatrix} 2{,}5 \\ 14{,}5 \\ -0{,}5 \end{pmatrix} \times \begin{pmatrix} 3 \\ -1 \\ 0 \end{pmatrix} = \begin{pmatrix} -0{,}5 \\ -1{,}5 \\ -46 \end{pmatrix} = -0{,}5 \cdot \begin{pmatrix} 1 \\ 3 \\ 92 \end{pmatrix} \Rightarrow \vec{n} = \begin{pmatrix} 1 \\ 3 \\ 92 \end{pmatrix}$$

Damit ergibt sich mit der Formel $d = \left| \frac{(\vec{a}-\vec{p}) \cdot \vec{n}}{|\vec{n}|} \right|$ für den Abstand eines Punktes zu einer Ebene:

$$d = \left| \frac{\left(\begin{pmatrix} 0 \\ 1 \\ 0 \end{pmatrix} - \begin{pmatrix} 0 \\ -11 \\ 0 \end{pmatrix} \right) \cdot \begin{pmatrix} 1 \\ 3 \\ 92 \end{pmatrix}}{\left| \begin{pmatrix} 1 \\ 3 \\ 92 \end{pmatrix} \right|} \right| = \left| \frac{\begin{pmatrix} 0 \\ 12 \\ 0 \end{pmatrix} \cdot \begin{pmatrix} 1 \\ 3 \\ 92 \end{pmatrix}}{\left| \begin{pmatrix} 1 \\ 3 \\ 92 \end{pmatrix} \right|} \right|$$

$$= \left| \frac{0 \cdot 1 + 12 \cdot 3 + 0 \cdot 92}{\sqrt{1^2 + 3^2 + 92^2}} \right|$$

$$= \frac{36}{\sqrt{8474}}$$

$$\approx 0{,}39$$

Da eine Längeneinheit 100 m entspricht, beträgt der Abstand zwischen dem Tunnel und der Seite $\overline{B_1 B_2}$ etwa 39 m.

Somit wird für jeden Punkt des Tunnels der Sicherheitsabstand von mindestens 20 Meter zur Seite $\overline{B_1 B_2}$ der Grundfläche des Hbf eingehalten.

1.3.1 Um zu prüfen, ob der Punkt $S(2{,}5 \mid 3{,}5 \mid -0{,}5)$ in der Ebene $E: \begin{pmatrix} 1 \\ 3 \\ 0 \end{pmatrix} \cdot \vec{x} = 13$ liegt, setzt man die Koordinaten von S in die Ebenengleichung ein:

$$\begin{pmatrix} 1 \\ 3 \\ 0 \end{pmatrix} \cdot \begin{pmatrix} 2{,}5 \\ 3{,}5 \\ -0{,}5 \end{pmatrix} = 13$$

$$1 \cdot 2{,}5 + 3 \cdot 3{,}5 + 0 \cdot (-0{,}5) = 13$$

$$13 = 13$$

Aufgrund der wahren Aussage liegt S in E.

1.3.2 Die Gleichung der Geraden k durch A$(0 \mid -11 \mid 0)$, die orthogonal zu E ist, hat als Richtungsvektor den Normalenvektor $\vec{n} = \begin{pmatrix} 1 \\ 3 \\ 0 \end{pmatrix}$ von E:

$$k: \vec{x} = \begin{pmatrix} 0 \\ -11 \\ 0 \end{pmatrix} + r \cdot \begin{pmatrix} 1 \\ 3 \\ 0 \end{pmatrix}$$

Die Koordinaten des Punktes A′ auf k, der denselben Abstand zu E hat wie der Punkt A, erhält man, indem man den Punkt A an E spiegelt.

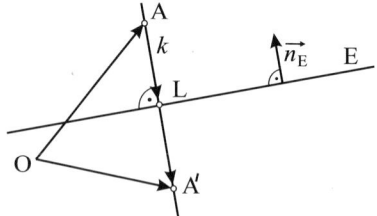

Hierzu benötigt man den Schnittpunkt L von k und E. Dazu setzt man die Koordinaten eines allgemeinen Punktes $L_r(r \mid -11+3r \mid 0)$ von k in E ein:

$$\begin{pmatrix} 1 \\ 3 \\ 0 \end{pmatrix} \cdot \begin{pmatrix} r \\ -11+3r \\ 0 \end{pmatrix} = 13$$

$$1 \cdot r + 3 \cdot (-11+3r) + 0 \cdot 0 = 13$$

$$r = 4{,}6$$

Setzt man $r = 4{,}6$ in $L_r(r \mid -11+3r \mid 0)$ ein, erhält man: L$(4{,}6 \mid 2{,}8 \mid 0)$.

Die Koordinaten von A′ erhält man mit Hilfe einer Vektorkette:

$$\overrightarrow{OA'} = \overrightarrow{OA} + 2 \cdot \overrightarrow{AL} = \begin{pmatrix} 0 \\ -11 \\ 0 \end{pmatrix} + 2 \cdot \begin{pmatrix} 4{,}6 \\ 13{,}8 \\ 0 \end{pmatrix} = \begin{pmatrix} 9{,}2 \\ 16{,}6 \\ 0 \end{pmatrix}$$

Somit hat der Punkt A′ die Koordinaten A′$(9{,}2 \mid 16{,}6 \mid 0)$.

Teil 4 Lineare Algebra: Matrizen

1.1 Anhand der gegebenen Tabelle ergibt sich für die Veränderung der Gästeverteilung folgendes Übergangsdiagramm:

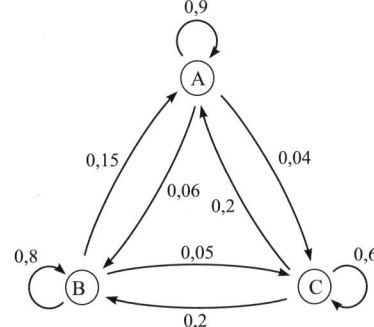

von zu	A	B	C
A	0,9	0,15	0,2
B	0,06	0,8	0,2
C	0,04	0,05	0,6

Der Wert 0,04 in der Tabelle und in $M = \begin{pmatrix} 0,9 & 0,15 & 0,2 \\ 0,06 & 0,8 & 0,2 \\ 0,04 & 0,05 & 0,6 \end{pmatrix}$ gibt an, dass 4% der Gäste des Skigebiets A in das Skigebiet C wechseln.

1.2 Da in Skigebiet A 60%, in B 30% und in C 10% der 200 000 Gäste ihren Skiurlaub verbringen, gilt für den Zustandsvektor:

$$\vec{x} = \begin{pmatrix} 120\,000 \\ 60\,000 \\ 20\,000 \end{pmatrix}$$

Dabei gibt die erste Zeile die Anzahl der Gäste des Skigebiets A, die zweite Zeile die Anzahl der Gäste des Skigebiets B und die dritte Zeile die Anzahl der Gäste des Skigebiets C an.

Die jeweilige Anzahl der Gäste der Skigebiete A, B und C im folgenden Jahr erhält man, indem man die Matrix M mit dem Zustandsvektor $\vec{x}$ multipliziert:

$$M \cdot \vec{x} = \begin{pmatrix} 0,9 & 0,15 & 0,2 \\ 0,06 & 0,8 & 0,2 \\ 0,04 & 0,05 & 0,6 \end{pmatrix} \cdot \begin{pmatrix} 120\,000 \\ 60\,000 \\ 20\,000 \end{pmatrix} = \begin{pmatrix} 121\,000 \\ 59\,200 \\ 19\,800 \end{pmatrix}$$

Somit sind im folgenden Jahr in Skigebiet A 121 000 Gäste, in Skigebiet B 59 200 Gäste und in Skigebiet C 19 800 Gäste.

Um zu bestimmen, in welchem Skigebiet der größte prozentuale Unterschied besteht, teilt man jeweils die Differenz der Gästezahlen durch die anfänglichen Gästezahlen in jedem Skigebiet:

$$\frac{121\,000 - 120\,000}{120\,000} \approx 0{,}0083 = 0{,}83\%$$

$$\frac{59\,200 - 60\,000}{60\,000} \approx -0{,}013 = -1{,}3\%$$

$$\frac{19\,800 - 20\,000}{20\,000} = -0{,}01 = -1\%$$

Somit besteht in Skigebiet B der größte prozentuale Unterschied.

1.3 Man bezeichnet im Jahr 2020 mit a die Anzahl der Gäste in Skigebiet A, mit b die Anzahl der Gäste in Skigebiet B und mit c die Anzahl der Gäste in Skigebiet C. Damit gilt für den Zustandsvektor:

$$\vec{x} = \begin{pmatrix} a \\ b \\ c \end{pmatrix}$$

Da im Jahr 2020 die Anzahl der Gäste in A mit der Summe der Anzahl der Gäste in B und C übereinstimmt, gilt: $a = b + c$. Damit erhält man:

$$\vec{x} = \begin{pmatrix} b+c \\ b \\ c \end{pmatrix}$$

Die Anzahl der Gäste in B im Jahr 2021 erhält man, indem man die Matrix M mit dem Zustandsvektor $\vec{x}$ multipliziert. Dabei ist beim Ergebnis nur die zweite Zeile von Bedeutung:

$$M \cdot \vec{x} = \begin{pmatrix} 0{,}9 & 0{,}15 & 0{,}2 \\ 0{,}06 & 0{,}8 & 0{,}2 \\ 0{,}04 & 0{,}05 & 0{,}6 \end{pmatrix} \cdot \begin{pmatrix} b+c \\ b \\ c \end{pmatrix} = \begin{pmatrix} \ldots \\ 0{,}06 \cdot (b+c) + 0{,}8 \cdot b + 0{,}2 \cdot c \\ \ldots \end{pmatrix}$$

Da im Jahr 2021 in B genau 63 500 Gäste ihren Skiurlaub verbringen werden, gilt:

$$0{,}06 \cdot (b+c) + 0{,}8 \cdot b + 0{,}2 \cdot c = 63\,500 \;\Rightarrow\; 0{,}86b + 0{,}26c = 63\,500$$

Da insgesamt 200 000 Gäste vorhanden sind, gilt:

$$a + b + c = 200\,000 \text{ bzw. } b + c + b + c = 200\,000 \;\Rightarrow\; 2b + 2c = 200\,000$$

Dies führt zu folgendem linearen Gleichungssystem:

$$\begin{array}{rrrrr} \text{I} & 0{,}86b & + & 0{,}26c & = & 63\,500 \\ \text{II} & 2b & + & 2c & = & 200\,000 \end{array}$$

Subtrahiert man das 0,86-fache von Gleichung II vom 2-fachen von Gleichung I, erhält man: $-1{,}2c = -45\,000 \;\Rightarrow\; c = 37\,500$

Setzt man $c = 37\,500$ in Gleichung II ein, ergibt sich:

$2b + 2 \cdot 37\,500 = 200\,000 \;\Rightarrow\; b = 62\,500$

Lösungen 2. *Abitur 2019*

Mit $a = b + c$ erhält man: $a = 37\,500 + 62\,500 = 100\,000$

Somit gibt es im Jahr 2020 genau 100 000 Gäste in Skigebiet A, 62 500 Gäste in Skigebiet B und 37 500 Gäste in Skigebiet C.

1.4 Bezeichnet man mit a den prozentualen Anteil der Gäste in Skigebiet A, mit b den prozentualen Anteil der Gäste in Skigebiet B und mit c prozentualen Anteil der Gäste in Skigebiet C, so gilt: $c = 1 - a - b$. Damit ergibt sich ein Verteilungsvektor

$$\vec{x} = \begin{pmatrix} a \\ b \\ c \end{pmatrix} = \begin{pmatrix} a \\ b \\ 1 - a - b \end{pmatrix}$$

Um die prozentuale Gästeverteilung, die von Jahr zu Jahr gleich bleibt, zu berechnen, muss gelten:
$$M \cdot \vec{x} = \vec{x}$$
Damit erhält man:

$$\begin{pmatrix} 0{,}9 & 0{,}15 & 0{,}2 \\ 0{,}06 & 0{,}8 & 0{,}2 \\ 0{,}04 & 0{,}05 & 0{,}6 \end{pmatrix} \cdot \begin{pmatrix} a \\ b \\ 1 - a - b \end{pmatrix} = \begin{pmatrix} a \\ b \\ 1 - a - b \end{pmatrix}$$

Dies führt zu folgendem linearen Gleichungssystem:

$$\begin{array}{rrrrrrl}
\text{I} & 0{,}9a & + & 0{,}15b & + & 0{,}2 \cdot (1 - a - b) & = \quad a \\
\text{II} & 0{,}06a & + & 0{,}8b & + & 0{,}2 \cdot (1 - a - b) & = \quad b \\
\text{III} & 0{,}04a & + & 0{,}05b & + & 0{,}6 \cdot (1 - a - b) & = \quad 1 - a - b
\end{array}$$

bzw.

$$\begin{array}{rrrrl}
\text{I} & -0{,}3a & - & 0{,}05b & = -0{,}2 \\
\text{II} & -0{,}14a & - & 0{,}4b & = -0{,}2 \\
\text{III} & 0{,}44a & + & 0{,}45b & = 0{,}4
\end{array}$$

Subtrahiert man das 0,3-fache von Gleichung II vom 0,14-fachen von Gleichung I, ergibt sich:
$$0{,}113b = 0{,}032 \Rightarrow b = \frac{32}{113} \approx 0{,}283 = 28{,}3\%$$

Setzt man $b = \frac{32}{113}$ in Gleichung I ein, erhält man:

$$-0{,}3a - 0{,}05 \cdot \frac{32}{113} = -0{,}2 \Rightarrow a = \frac{70}{113} \approx 0{,}620 = 62\% \text{ (gerundet)}$$

Daraus folgt:

$$c = 1 - a - b = 1 - \frac{32}{113} - \frac{70}{113} = \frac{11}{113} \approx 0{,}097 = 9{,}7\%$$

Somit betragen die prozentualen Anteile der Gästeverteilung etwa 62 % für Skigebiet A, etwa 28,3 % für Skigebiet B und etwa 9,7 % für Skigebiet C.

3 Abitur 2020

Teil 1 ohne Hilfsmittel

1 Analysis

1.1 Die Nullstellen des Polynoms p mit $p(x) = x^3 - 100x$ erhält man, indem man die Gleichung $p(x) = 0$ nach x auflöst:

$$x^3 - 100x = 0$$
$$x \cdot (x^2 - 100) = 0$$

Mithilfe des Satzes vom Nullprodukt erhält man die Lösung $x_1 = 0$ und aus $x^2 - 100 = 0$ bzw. $x^2 = 100$ die Lösungen $x_2 = 10$ und $x_3 = -10$.
Somit hat p die Nullstellen $x_1 = 0$, $x_2 = 10$ und $x_3 = -10$.
Da der Term von p nur ungerade Exponenten enthält, ist das Schaubild von p punktsymmetrisch zum Ursprung. Für $x \to -\infty$ geht $p(x) \to -\infty$ und für $x \to \infty$ geht $p(x) \to \infty$.
Damit kann man eine Skizze des Schaubilds von p erstellen:

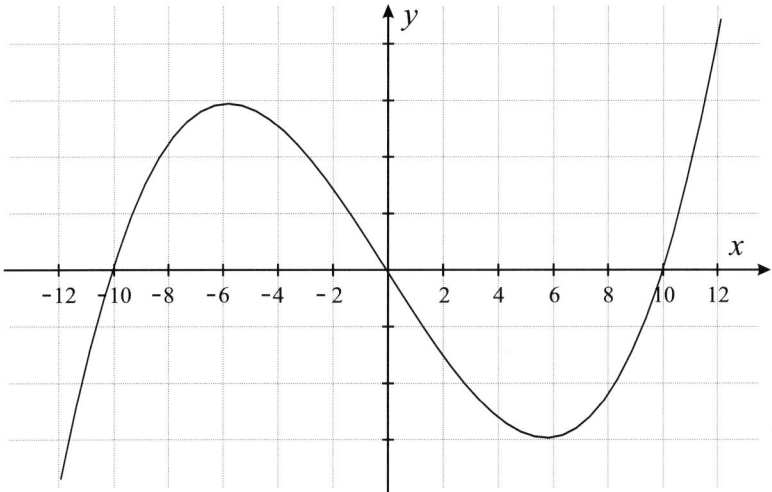

1.2 Anhand der gegebenen Tabelle kann man bestimmte Werte ablesen, um die Aussagen zu beurteilen.
(1) Wegen $h(-1) = -2 \neq 2$ liegt P$(-1 \mid 2)$ nicht auf K, somit ist die Aussage (1) falsch.
(2) Wegen $h''(-0,5) = 0$ und $h''(0,5) = 0$ besitzt K zwei Wendepunkte, Aussage (2) ist somit wahr.
(3) h' wechselt dreimal das Vorzeichen:
Der erste der drei Vorzeichenwechsel von h' ist zwischen $x = -1$ und $x = -0,5$, weil $h'(-1) = -2 < 0$ und $h'(-0,5) = 2 > 0$.
Der zweite Vorzeichenwechsel von h' ist zwischen $x = -0,5$ und $x = 0,5$, weil $h'(-0,5) = 2 > 0$ und $h'(0,5) = -2 < 0$.

Der dritte Vorzeichenwechsel von h' ist zwischen $x = 0,5$ und $x = 1$, weil $h'(0,5) = -2 < 0$ und $h'(1) = 2 > 0$.

Damit besitzt K drei Punkte mit waagrechter Tangente.

Somit ist Aussage (3) wahr.

1.3.1 Das Schaubild der Funktion f mit $f(x) = 3 \cdot \sin\left(2 \cdot \left(x + \frac{\pi}{12}\right)\right)$ geht aus dem Schaubild der Sinusfunktion $\sin(x)$ folgendermaßen hervor:

- Streckung in y-Richtung mit Faktor 3.
- Streckung in x-Richtung mit Faktor $\frac{1}{2}$, da $b = 2$. Für die Periode p gilt:

$$p = \frac{2\pi}{b} = \frac{2\pi}{2} = \pi$$

- Verschiebung in x-Richtung um $\frac{\pi}{12}$ nach links.

Damit kann man das Schaubild von f skizzieren:

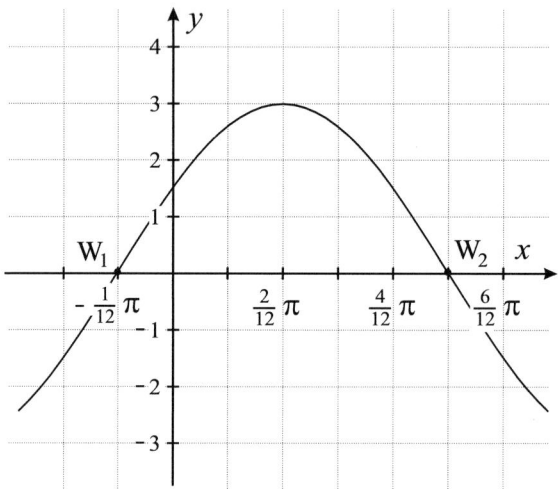

Somit erhält man die Wendepunkte $W_1\left(-\frac{\pi}{12} \mid 0\right)$ und $W_2\left(\frac{5}{12}\pi \mid 0\right)$.

1.3.2 Da f die Periode $p = \pi$ hat und um die x-Achse oszilliert, ist der Wert des Integrals

$$\int_1^b f(x)\,\mathrm{d}x = 0$$

immer dann Null, wenn volle Perioden durchlaufen werden, also für

$$b_1 = 1 + \pi, \ b_2 = 1 + 2\pi, \ b_3 = 1 + 3\pi, \ \ldots$$

Wegen $b > 10$ ergibt sich damit beispielsweise: $b = 1 + 3\pi \approx 10,4$.

2 Stochastik

2.1 Die Wahrscheinlichkeit, dass bei einmaligem Drehen der Pfeil auf den weißen Sektor zeigt, beträgt $p = \frac{1}{3}$.

Legt man X als Zufallsvariable für die Anzahl der weißen Sektoren fest, so ist X binomialverteilt mit den Parametern $n = 4$ und $p = \frac{1}{3}$. Die Wahrscheinlichkeit des Ereignisses A: «Bei viermaligem Drehen zeigt der Pfeil genau einmal auf den weißen Sektor» erhält man mithilfe der Bernoulli-Formel:

$$\begin{aligned}P(A) &= P(X = 1) \\ &= \binom{4}{1} \cdot \left(\frac{1}{3}\right)^1 \cdot \left(1 - \frac{1}{3}\right)^{4-1} \\ &= \binom{4}{1} \cdot \left(\frac{1}{3}\right)^1 \cdot \left(\frac{2}{3}\right)^3 \\ &= \frac{4 \cdot 3 \cdot 2 \cdot 1}{1 \cdot 3 \cdot 2 \cdot 1} \cdot \frac{1}{3} \cdot \frac{8}{27} \\ &= 4 \cdot \frac{1}{3} \cdot \frac{8}{27} \\ &= \frac{32}{81}\end{aligned}$$

Die Wahrscheinlichkeit für das Ereignis A beträgt $\frac{32}{81}$.

2.2 Die Wahrscheinlichkeit, dass bei einmaligem Drehen der Pfeil auf den grünen Sektor zeigt, erhält man mithilfe der Wahrscheinlichkeit des Gegenereignisses:

$$p = 1 - \frac{1}{2} - \frac{1}{3} = \frac{6}{6} - \frac{3}{6} - \frac{2}{6} = \frac{1}{6}$$

Mithilfe der Wahrscheinlichkeit $\left(\frac{1}{6}\right)^2 \cdot \left(\frac{5}{6}\right)^2$ berechnet man die Wahrscheinlichkeit eines Ergebnisses, bei dem zweimal der grüne Sektor und zweimal ein anderer Sektor angezeigt wird.

Bezeichnet man mit g: grün und $\bar{g}$: nicht grün, so ergibt sich mithilfe der gegebenen Wahrscheinlichkeit und der Pfadregeln:

$$\begin{aligned}P(B) &= 3 \cdot \left(\frac{1}{6}\right)^2 \cdot \left(\frac{5}{6}\right)^2 \\ &= P(gg\bar{g}\bar{g}) + P(\bar{g}gg\bar{g}) + P(\bar{g}\bar{g}gg)\end{aligned}$$

Damit lautet ein mögliches Ereignis B: «Bei viermaligem Drehen wird genau zweimal der grüne Sektor angezeigt, und zwar genau hintereinander».

Alternativ kann man sich auch Folgendes überlegen:

$$P(B) = 3 \cdot \left(\frac{1}{6}\right)^2 \cdot \left(\frac{5}{6}\right)^2$$
$$= P(g\,g\,\bar{g}\,\bar{g}) + P(g\,\bar{g}\,g\,\bar{g}) + P(g\,\bar{g}\,\bar{g}\,g)$$

Damit lautet ein weiteres mögliches Ereignis B: «Bei viermaligem Drehen wird genau zweimal der grüne Sektor angezeigt, und zwar wird zuerst immer der grüne Sektor angezeigt».

2.3 Damit das Spiel fair ist, muss der Erwartungswert Null sein.

Legt man x als Auszahlung bei einem Hauptgewinn fest, so erhält man den Erwartungswert E für den Gewinn des Spielers, indem man die Auszahlungsbeträge mit den entsprechenden Wahrscheinlichkeiten multipliziert, die Ergebnisse addiert und den Spieleinsatz subtrahiert:

$$E(\text{Gewinn des Spielers}) = 0\,€ \cdot \frac{1}{2} + 2\,€ \cdot \frac{1}{3} + x\,€ \cdot \frac{1}{6} - 2\,€$$
$$= \left(\frac{2}{3} - 2 + \frac{1}{6}x\right) €$$
$$= \left(-\frac{4}{3} + \frac{1}{6}x\right) €$$

Löst man die Gleichung $E = 0$ nach x auf, ergibt sich:

$$-\frac{4}{3} + \frac{1}{6}x = 0$$
$$\frac{1}{6}x = \frac{4}{3}$$
$$x = \frac{24}{3}$$
$$x = 8$$

Somit muss beim Hauptgewinn die Auszahlung 8 Euro betragen, damit es sich um ein faires Spiel handelt.

3 Lineare Algebra: Wahlgebiet Vektorgeometrie (AG, BTG, EG, SGG, TG, WG)

3.1 Um zu zeigen, dass die Ebene E: $-x_1 - x_2 + x_3 = 5$ den Punkt M$(0 \mid -2 \mid 3)$ enthält, setzt man die Koordinaten von M in die Gleichung von E ein:

$$-0 - (-2) + 3 = 5 \Leftrightarrow 5 = 5$$

Aufgrund der wahren Aussage liegt M in E.

Die Gerade g durch die Punkte A$(1 \mid -1 \mid 2)$ und B$(-1 \mid -3 \mid 4)$ hat die Gleichung:

$$g: \vec{x} = \vec{a} + r \cdot \overrightarrow{AB}$$

$$g: \vec{x} = \begin{pmatrix} 1 \\ -1 \\ 2 \end{pmatrix} + r \cdot \begin{pmatrix} -2 \\ -2 \\ 2 \end{pmatrix}$$

Um zu zeigen, dass E orthogonal zu g ist, weist man nach, dass der Normalenvektor $\vec{n} = \begin{pmatrix} -1 \\ -1 \\ 1 \end{pmatrix}$ von E und der Richtungsvektor $\vec{u} = \begin{pmatrix} -2 \\ -2 \\ 2 \end{pmatrix}$ von g Vielfache voneinander sind.

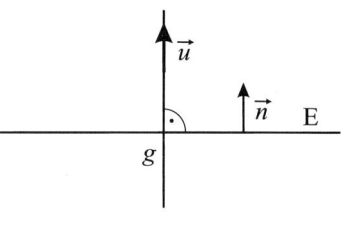

Wegen $\vec{u} = 2 \cdot \vec{n}$ sind die beiden Vektoren Vielfache voneinander.
Somit ist E orthogonal zu g.

3.2 Da M$(0 \mid -2 \mid 3)$ und C$(3 \mid 1 \mid 0)$ auf g liegen, ergibt sich die rechts gezeichnete geometrische Anordnung. Die Koordinaten des Punktes D, der von M den gleichen Abstand wie C hat, erhält man mithilfe einer Vektorkette:

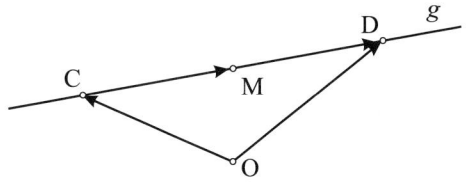

$$\overrightarrow{OD} = \overrightarrow{OC} + 2 \cdot \overrightarrow{CM}$$

$$= \begin{pmatrix} 3 \\ 1 \\ 0 \end{pmatrix} + 2 \cdot \begin{pmatrix} -3 \\ -3 \\ 3 \end{pmatrix}$$

$$= \begin{pmatrix} -3 \\ -5 \\ 6 \end{pmatrix}$$

Somit hat der Punkt D die Koordinaten D$(-3 \mid -5 \mid 6)$.

3.3 Zuerst weist man nach, dass M der Mittelpunkt von A und B ist.

Den Mittelpunkt M von A(1 | −1 | 2) und B(−1 | −3 | 4) erhält man mit der Mittelpunktsformel:
$$M\left(\frac{1+(-1)}{2} \mid \frac{-1+(-3)}{2} \mid \frac{2+4}{2}\right) = M(0 \mid -2 \mid 3)$$

Damit ist der Punkt M der Mittelpunkt von A und B und es gilt: $|\overrightarrow{MA}| = |\overrightarrow{MB}|$.

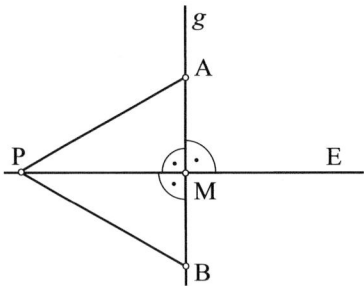

Um zu begründen, dass für jeden Punkt P von E die Gleichung $|\overrightarrow{PA}| = |\overrightarrow{PB}|$ gilt, verwendet man den Satz des Pythagoras:

$$|\overrightarrow{PA}|^2 = |\overrightarrow{PM}|^2 + |\overrightarrow{MA}|^2 \Rightarrow |\overrightarrow{PA}| = \sqrt{|\overrightarrow{PM}|^2 + |\overrightarrow{MA}|^2}$$

$$|\overrightarrow{PB}|^2 = |\overrightarrow{PM}|^2 + |\overrightarrow{MB}|^2 \Rightarrow |\overrightarrow{PB}| = \sqrt{|\overrightarrow{PM}|^2 + |\overrightarrow{MB}|^2}$$

Wegen $|\overrightarrow{MA}| = |\overrightarrow{MB}|$ gilt somit: $|\overrightarrow{PA}| = |\overrightarrow{PB}|$.

3 Lineare Algebra: Wahlgebiet Matrizen (AG, BTG, EG, SGG, WG)

3.1 Matrix A hat das Format 3 × 7, Matrix B hat das Format 7 × 2.

Damit hat Matrix A · B das Format 3 × 2.

Wenn die Matrix A · B das Format 3 × 2 und die Matrix C das Format 2 × 4 haben, dann hat die Matrix D = A · B · C das gegebene Format 3 × 4.

Somit muss Matrix C das Format 2 × 4 haben.

3.2 Mithilfe von $Q \cdot R = Q \cdot Q^{-1} = E$ und $R \cdot Q = Q^{-1} \cdot Q = E$ (E: Einheitsmatrix) kann man den gegebenen Term vereinfachen:

$$\begin{aligned}(R \cdot Q \cdot (4 \cdot Q) - 2 \cdot Q \cdot R \cdot Q) \cdot R &= (E \cdot (4 \cdot Q) - 2 \cdot E \cdot Q) \cdot R \\ &= (4 \cdot Q - 2 \cdot Q) \cdot R \\ &= 2 \cdot Q \cdot R \\ &= 2 \cdot E\end{aligned}$$

3.3 Gegeben sind die Matrizen

$$X = \begin{pmatrix} 1 & 0 & 2 \\ 3 & 2 & c \end{pmatrix} \; ; \; Y = \begin{pmatrix} 3 & 2 \\ a(a-1) & 2 \\ 3 & 1 \end{pmatrix} \; ; \; Z = \begin{pmatrix} 9 & b^2 \\ 12 & 11 \end{pmatrix}$$

Um die Werte für a, b und c zu berechnen, bestimmt man zuerst das Matrizenprodukt $X \cdot Y$:

$$X \cdot Y = \begin{pmatrix} 1 & 0 & 2 \\ 3 & 2 & c \end{pmatrix} \cdot \begin{pmatrix} 3 & 2 \\ a(a-1) & 2 \\ 3 & 1 \end{pmatrix}$$

$$= \begin{pmatrix} 9 & 4 \\ 9 + 2 \cdot a(a-1) + 3c & 10 + c \end{pmatrix}$$

Wegen $Z = X \cdot Y$ gilt:

$$\begin{pmatrix} 9 & 4 \\ 9 + 2 \cdot a(a-1) + 3c & 10 + c \end{pmatrix} = \begin{pmatrix} 9 & b^2 \\ 12 & 11 \end{pmatrix}$$

Durch Vergleich der Einträge der Matrizen ergibt sich:

$$b^2 = 4 \; \Rightarrow \; b_{1,2} = \pm 2$$
$$10 + c = 11 \; \Rightarrow \; c = 1$$
$$9 + 2 \cdot a(a-1) + 3 \cdot 1 = 12 \; \Rightarrow \; 2 \cdot a(a-1) = 0$$

Mithilfe des Satzes vom Nullprodukt ergibt sich $a_1 = 0$ und aus $a - 1 = 0$ erhält man $a_2 = 1$.

Damit gibt es folgende mögliche Lösungen:

$$(0; 2; 1)$$
$$(0; -2; 1)$$
$$(1; 2; 1)$$
$$(1; -2; 1)$$

Somit gibt es insgesamt vier verschiedene Lösungen.

Teil 2 Aufgabe 1

1.1 Gegeben sind $f(x) = 10 \cdot x \cdot e^{-x}$, $f'(x) = 10 \cdot (1-x) \cdot e^{-x}$ und $f''(x) = 10 \cdot (x-2) \cdot e^{-x}$.

1.1.1 Um nachzuweisen, dass $\left(1 \mid \frac{10}{e}\right)$ der Hochpunkt von K_f ist, setzt man $x = 1$ in $f(x)$, $f'(x)$ und $f''(x)$ ein:

$$f(1) = 10 \cdot 1 \cdot e^{-1} = \frac{10}{e}$$

$$f'(1) = 10 \cdot (1-1) \cdot e^{-1} = 0$$

$$f''(1) = 10 \cdot (1-2) \cdot e^{-1} = -\frac{10}{e} \approx -3{,}7 < 0$$

Wegen $f'(1) = 0$, $f''(1) < 0$ und $f(1) = \frac{10}{e}$ ist $\left(1 \mid \frac{10}{e}\right)$ der Hochpunkt von K_f.

Für $x \to -\infty$ geht $f(x) \to -\infty$.

Für $x \to \infty$ geht e^{-x} und damit auch $f(x)$ gegen Null.

Somit hat die waagerechte Asymptote die Gleichung $y = 0$.

1.1.2 Mithilfe einer Wertetabelle kann man K_f zeichnen.

x	0	1	2	3	4	5	6
$f(x)$	0	3,68	2,71	1,49	0,73	0,34	0,15

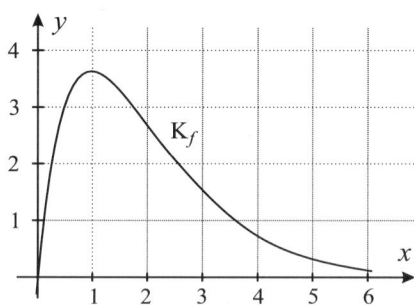

1.1.3 Um zu zeigen, dass F mit $F(x) = -10 \cdot (x+1) \cdot e^{-x} = (-10x - 10) \cdot e^{-x}$ eine Stammfunktion von f ist, bestimmt man die 1. Ableitung von F mithilfe der Produktregel:

$$\begin{aligned} F'(x) &= -10 \cdot e^{-x} + (-10x - 10) \cdot e^{-x} \cdot (-1) \\ &= -10 \cdot e^{-x} + 10x \cdot e^{-x} + 10 \cdot e^{-x} \\ &= 10x \cdot e^{-x} \\ &= f(x) \end{aligned}$$

Wegen $F'(x) = f(x)$ ist F eine Stammfunktion von f.

Mithilfe der gegebenen Stammfunktion F kann man das Integral $\int_1^2 f(x)\,dx$ berechnen:

$$\int_1^2 f(x)\,dx = \Big[F(x)\Big]_1^2$$
$$= F(2) - F(1)$$
$$= -10 \cdot (2+1) \cdot e^{-2} - \left(-10 \cdot (1+1) \cdot e^{-1}\right)$$
$$= -30 \cdot e^{-2} + 20 \cdot e^{-1}$$
$$= -\frac{30}{e^2} + \frac{20}{e}$$

Um den Wert von a in der gegebenen Gleichung zu bestimmen, formt man den Wert des Integrals um und vergleicht anschließend die Koeffizienten:

$$-\frac{30}{e^2} + \frac{20}{e} = \frac{a \cdot e - 30}{e^2}$$
$$-\frac{30}{e^2} + \frac{20e}{e^2} = \frac{a \cdot e - 30}{e^2}$$
$$\frac{-30 + 20e}{e^2} = \frac{a \cdot e - 30}{e^2}$$
$$\frac{20e - 30}{e^2} = \frac{a \cdot e - 30}{e^2}$$

Somit ist $a = 20$.

1.2.1 Zuerst bestimmt man die Koordinaten der Punkte P und Q. Dazu setzt man die gegebenen x-Werte in die entsprechenden Funktionsgleichungen $g(x) = \frac{1}{4}x^2$ und $h(x) = 2\sqrt{x}$ ein:

$$h(1) = 2\sqrt{1} = 2 \Rightarrow P(1 \mid 2)$$
$$g(2) = \frac{1}{4} \cdot 2^2 = 1 \Rightarrow Q(2 \mid 1)$$

Die Steigung m der Geraden durch P und Q erhält man mithilfe der Steigungsformel:

$$m = \frac{y_2 - y_1}{x_2 - x_1} = \frac{1-2}{2-1} = -1$$

Die Steigungen der Normalen erhält man mithilfe der Ableitungen der beiden Funktionen $g(x) = \frac{1}{4}x^2$ und $h(x) = 2\sqrt{x} = 2 \cdot x^{\frac{1}{2}}$:

$$g'(x) = \frac{1}{2}x$$
$$h'(x) = 2 \cdot \frac{1}{2} \cdot x^{-\frac{1}{2}} = x^{-\frac{1}{2}} = \frac{1}{x^{\frac{1}{2}}} = \frac{1}{\sqrt{x}}$$

Setzt man die x-Werte von P und Q in die entsprechenden Ableitungen ein, ergeben sich die Tangentensteigungen m_{t_1} in P und m_{t_2} in Q:

$$m_{t_1} = h'(1) = \frac{1}{\sqrt{1}} = 1$$
$$m_{t_2} = g'(2) = \frac{1}{2} \cdot 2 = 1$$

Die Normalensteigungen m_{n_1} in P und m_{n_2} in Q erhält man mit dem negativen Kehrwert der Tangentensteigungen:

$$m_{n_1} = -\frac{1}{m_{t_1}} = -\frac{1}{1} = -1$$
$$m_{n_2} = -\frac{1}{m_{t_2}} = -\frac{1}{1} = -1$$

Wegen $m = -1 = m_{n_1} = m_{n_2}$ haben die Normale in P und die Normale in Q dieselbe Steigung wie die Gerade durch P und Q. Somit ist die Aussage: «Die Gerade durch die beiden Punkte $P(1 \mid h(1))$ und $Q(2 \mid g(2))$ ist sowohl die Normale von K_h in P als auch die Normale von K_g in Q.» wahr.

1.2.2 Um das Volumen des Rotationskörpers zu bestimmen, berechnet man zuerst die Schnittstelle von K_h mit der Geraden $y = c$ durch Gleichsetzen:

$$h(x) = c$$
$$2\sqrt{x} = c$$
$$(2\sqrt{x})^2 = c^2$$
$$4x = c^2$$
$$x = \frac{1}{4}c^2$$

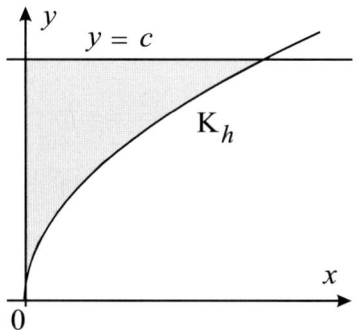

Das Volumen V des Rotationskörpers erhält man mithilfe eines Integrals. Da die Gerade $y = c$ oberhalb von K_h verläuft, gilt:

$$V = \pi \cdot \int_0^{\frac{1}{4}c^2} \left(c^2 - (h(x))^2\right) dx$$

$$= \pi \cdot \int_0^{\frac{1}{4}c^2} \left(c^2 - \left(2\sqrt{x}\right)^2\right) dx$$

$$= \pi \cdot \int_0^{\frac{1}{4}c^2} \left(c^2 - 4x\right) dx$$

$$= \pi \cdot \left[c^2 \cdot x - \frac{4}{2}x^2\right]_0^{\frac{1}{4}c^2}$$

$$= \pi \cdot \left[c^2 \cdot x - 2x^2\right]_0^{\frac{1}{4}c^2}$$

$$= \pi \cdot \left(c^2 \cdot \frac{1}{4}c^2 - 2 \cdot \left(\frac{1}{4}c^2\right)^2 - \left(c^2 \cdot 0 - 2 \cdot 0^2\right)\right)$$

$$= \pi \cdot \left(\frac{1}{4}c^4 - 2 \cdot \frac{1}{16}c^4\right)$$

$$= \pi \cdot \frac{1}{8}c^4$$

Um den Wert von c so zu bestimmen, dass das Volumen des Rotationskörpers 32π beträgt, löst man die Gleichung $V = 32\pi$ nach c auf:

$$\pi \cdot \frac{1}{8}c^4 = 32\pi$$

$$c^4 = 256$$

$$c = \sqrt[4]{256}$$

$$c = 4$$

Somit beträgt für $c = 4$ das Volumen des Rotationskörpers 32π.

Teil 2 Aufgabe 2

2.1 Anhand der gegebenen Abbildung kann man erkennen, dass der tiefste Wert von v etwa $-240\,\frac{m^3}{h}$ beträgt. Somit ist die Aussage: «Es gibt einen Zeitpunkt, an dem $280\,\frac{m^3}{h}$ abfließen.» falsch.

Der höchste Wert von v ist bei $t = 24$.

Setzt man $t = 24$ in $v(t) = \frac{1}{4}\left(t^2 - 36\right)(t - 20)$ ein, ergibt sich:

$$v(24) = \frac{1}{4}\left(24^2 - 36\right)(24 - 20) = 540$$

Der maximale Wasserzufluss ist bei $t = 24$ Stunden und beträgt $540\,\frac{m^3}{h}$.

2.2 Den Wert des Wasserzuflusses zu Beginn der Beobachtung erhält man, indem man $t = 0$ in $v(t)$ einsetzt:

$$v(0) = \frac{1}{4}\left(0^2 - 36\right)(0 - 20) = 180$$

Zu Beginn der Beobachtung beträgt der Wasserzufluss $180\,\frac{m^3}{h}$.

Um zu berechnen, wie viele Minuten vergehen, bis v diesen Wert erneut erreicht, löst man die Gleichung $v(t) = 180$ nach t auf:

$$\frac{1}{4}\left(t^2 - 36\right)(t - 20) = 180$$
$$\left(t^2 - 36\right)(t - 20) = 720$$
$$t^3 - 20t^2 - 36t + 720 = 720$$
$$t^3 - 20t^2 - 36t = 0$$
$$t \cdot \left(t^2 - 20t - 36\right) = 0$$

Mithilfe des Satzes vom Nullprodukt erhält man $t_1 = 0$ und aus $t^2 - 20t - 36 = 0$ mithilfe der pq- oder abc-Formel die Lösungen $t_2 \approx -1,66$ und $t_3 \approx 21,66$.

Wegen $t > 0$ kommt nur $t = 21,66$ als Lösung in Frage.

Da t in Stunden angegeben wird, multipliziert man $t \approx 21,66$ mit 60, um die Anzahl der Minuten zu erhalten:

$$21,66 \cdot 60 = 1299,6$$

Somit wird nach etwa 1300 Minuten wieder der Wert des Wasserzuflusses wie zu Beginn der Beobachtung erreicht.

2.3 Da $v(t)$ den Wasserzu- bzw. Wasserabfluss beschreibt, erhält man die 20 Stunden nach Beobachtungsbeginn zu- bzw. abgeflossene Wassermenge mithilfe des Integrals $\int_0^{20} v(t)\,\mathrm{d}t$.

Der Wert dieses Integrals ist negativ, da der Flächeninhalt der Fläche zwischen dem Schaubild von v und der t-Achse oberhalb der t-Achse kleiner ist als der Flächeninhalt der Fläche zwischen dem Schaubild von v und der t-Achse unterhalb der t-Achse. Damit gibt der Betrag des Integrals $\int_0^{20} v(t)\,dt$ die gesamte abgeflossene Wassermenge innerhalb der ersten 20 Stunden an.

Die Wassermenge W im Staubecken zum Zeitpunkt $t = 0$ erhält man, indem man zu den $1000\,\text{m}^3$ Wasser, die sich noch im Becken befinden, den Betrag der abgeflossenen Wassermenge addiert:

$$W = 1000 + \left|\int_0^{20} v(t)\,dt\right|$$

Um die Wassermenge zum Zeitpunkt $t = 0$ näherungsweise anzugeben, bestimmt man durch «Kästchenzählen» die zugeflossene und die abgeflossene Wassermenge. Einem Kästchen entspricht eine Wassermenge von $4 \cdot 100\,\text{m}^3 = 400\,\text{m}^3$.

Der Flächeninhalt der Fläche zwischen dem Schaubild von v und der t-Achse oberhalb der t-Achse beträgt etwa 1,5 Kästchen, also beträgt die zugeflossene Wassermenge etwa $1,5 \cdot 400\,\text{m}^3 = 600\,\text{m}^3$.

Der Flächeninhalt der Fläche zwischen dem Schaubild von v und der t-Achse unterhalb der t-Achse beträgt etwa 5,5 Kästchen, also beträgt die abgeflossene Wassermenge etwa $5,5 \cdot 400\,\text{m}^3 = 2200\,\text{m}^3$.

Insgesamt sind etwa $2200\,\text{m}^3 - 600\,\text{m}^3 = 1600\,\text{m}^3$ Wasser abgeflossen.

Damit ergibt sich näherungsweise für die Wassermenge W zu Beginn der Beobachtung:

$$W = 1000\,\text{m}^3 + 1600\,\text{m}^3 = 2600\,\text{m}^3$$

Somit sind zu Beginn der Beobachtung etwa $2600\,\text{m}^3$ Wasser im Becken.

Teil 2 Aufgabe 3

3.1 Anhand Abbildung 1 kann man erkennen, dass es sich bei v um eine periodische Funktion handelt. Als Ansatz kann man damit $v(t) = a \cdot \sin(b \cdot (t-c)) + d$ verwenden.
Anhand Abbildung 1 kann man Folgendes ablesen:
Die Mittellinie, um die das Schaubild von v oszilliert, liegt bei $y = 1,5$. Somit ist $d = 1,5$.
Die Amplitude beträgt $a = 2,1 - 1,5 = 0,6$.
Das Schaubild von v ist bezüglich des Schaubilds der Sinusfunktion $\sin(x)$ nicht in x-Richtung verschoben, also gilt: $c = 0$.
Die Periode ist $p = 1,2$. Aus $p = \frac{2\pi}{b}$ ergibt sich: $b = \frac{2\pi}{p} = \frac{2\pi}{1,2} = \frac{5}{3}\pi$.
Somit ergibt sich:

$$v(t) = 0,6 \cdot \sin\left(\frac{5}{3}\pi \cdot (t-0)\right) + 1,5 = v(t) = 1,5 + 0,6 \cdot \sin\left(\frac{5\pi}{3} \cdot t\right)$$

3.2 Die Länge l der Strecke, die gemäß des Modells während eines Armzyklus zurückgelegt wird, erhält man mithilfe eines Integrals:

$$\begin{aligned}
l &= \int_0^{1,2} v(t)\,dt \\
&= \int_0^{1,2} \left(1,5 + 0,6 \cdot \sin\left(\frac{5\pi}{3} \cdot t\right)\right) dt \\
&= \left[1,5t - \frac{0,6}{\frac{5\pi}{3}} \cdot \cos\left(\frac{5\pi}{3} \cdot t\right)\right]_0^{1,2} \\
&= 1,5 \cdot 1,2 - \frac{0,6}{\frac{5\pi}{3}} \cdot \cos\left(\frac{5\pi}{3} \cdot 1,2\right) - \left(1,5 \cdot 0 - \frac{0,6}{\frac{5\pi}{3}} \cdot \cos\left(\frac{5\pi}{3} \cdot 0\right)\right) \\
&= 1,8\,\text{m}
\end{aligned}$$

Alternativ kann man auch die Durchschnittsgeschwindigkeit $\left(1,5\,\frac{\text{m}}{\text{s}}\right)$ mit der Zeitspanne für einen Armzyklus multiplizieren:

$$l = \int_0^{1,2} v(t)\,dt = 1,5\,\frac{\text{m}}{\text{s}} \cdot 1,2\,\text{s} = 1,8\,\text{m}$$

Die Länge der Strecke für einen Armzyklus beträgt $1,8\,\text{m}$.

Die Zeit, die die Schwimmerin für $36\,\text{m}$ benötigt, erhält man, indem man zuerst die Anzahl z der Zyklen berechnet. Dazu teilt man die Gesamtstrecke durch die Länge der Strecke für einen Armzyklus:

$$z = \frac{36\,\text{m}}{1,8\,\text{m}} = 20$$

Da ein Armzyklus $1,2\,\text{s}$ dauert, multipliziert man die Anzahl der Zyklen mit $1,2\,\text{s}$. Damit ergibt sich:
$$20 \cdot 1,2\,\text{s} = 24\,\text{s}$$
Somit benötigt die Schwimmerin $24\,\text{s}$ für $36\,\text{m}$.

3.3.1 Mithilfe des Ansatzes
$$\int_{24}^{24+u} v_\text{E}(t)\,\text{d}t = 14$$
wird die Anzahl u der Sekunden ab $t = 24$ berechnet, nach denen die Schwimmerin eine weitere Strecke von $14\,\text{m}$ zurückgelegt hat.

3.3.2 Da sich die Geschwindigkeit der Schwimmerin pro Sekunde zusätzlich um $0,05\,\frac{\text{m}}{\text{s}}$ erhöht, oszilliert das Schaubild der trigonometrischen Funktion v_E für $t \geqslant 24$ um eine Gerade mit der Steigung $m = 0,05$. Die Gerade geht durch den Punkt $(24 \mid v(24))$ bzw. $(24 \mid 1,5)$.
Die Gleichung der Geraden erhält man mit der Hauptform:

$$y = m \cdot t + c$$
$$1,5 = 0,05 \cdot 24 + c$$
$$1,5 = 1,2 + c$$
$$0,3 = c$$

Damit hat die Gerade die Gleichung $y = 0,05 \cdot t + 0,3$.
Somit gilt für den Funktionsterm der Funktion v_E:

$$v_\text{E}(t) = 0,05 \cdot t + 0,3 + 0,6 \cdot \sin\left(\frac{5\pi}{3} \cdot t\right) \; ; \; t \geqslant 24$$

Teil 2 Aufgabe 4

4.1 Den x-Wert des Punktes K mit dem größten Gefälle erhält man, indem man die Wendestelle von f berechnet. Hierzu benötigt man die Ableitungen von f:

$$f'(x) = 0,000036x^2 - 0,00756x - 0,27$$
$$f''(x) = 0,000072x - 0,00756$$
$$f'''(x) = 0,000072$$

Als notwendige Bedingung löst man die Gleichung $f''(x) = 0$ nach x auf:

$$0,000072x - 0,00756 = 0 \Rightarrow x = \frac{0,00756}{0,000072} = 105$$

Wegen $f'''(105) = 0,000072 \neq 0$ handelt es sich um eine Wendestelle.
Somit besitzt die x-Koordinate von K den Wert 105.

Den Winkel α, den die Aufsprungbahn in K mit der Horizontalen einschließt, erhält man mit der Formel $\tan(\alpha) = m$.
Die Steigung m der Tangente in K erhält man, indem man den x-Wert von K in $f'(x)$ einsetzt:

$$m = f'(105) = 0,000036 \cdot 105^2 - 0,00756 \cdot 105 - 0,27 = -0,6669$$

Damit ergibt sich:

$$\tan(\alpha) = m$$
$$\tan(\alpha) = -0,6669$$
$$\alpha = \tan^{-1}(-0,6669)$$
$$\alpha \approx -33,70°$$

Der Winkel, den die Aufsprungbahn in K mit der Horizontalen einschließt, beträgt etwa $33,70°$.

4.2 Um zu prüfen, ob die Flugbahn eines Skispringers an der Stelle $x = 100$ tangential in die Aufsprungbahn übergeht, berechnet man die Steigungen an der Stelle $x = 100$ für die Aufsprungbahn und für die Flugbahn mit der Gleichung
$y = g(x) = -0,00132 \cdot x^2 - 0,436 \cdot x + 80$ jeweils mithilfe der 1. Ableitung:

$$f'(x) = 0,000036x^2 - 0,00756x - 0,27$$
$$g'(x) = -0,00264x - 0,436$$

Setzt man $x = 100$ jeweils in die Ableitungen ein, ergibt sich:

$$f'(100) = 0{,}000036 \cdot 100^2 - 0{,}00756 \cdot 100 - 0{,}27 = -0{,}666$$
$$g'(100) = -0{,}00264 \cdot 100 - 0{,}436 = -0{,}7$$

Wegen $f'(100) \neq g'(100)$ geht die Flugbahn eines Skispringers an der Stelle $x = 100$ nicht tangential in die Aufsprungbahn über.

4.3 Man kann folgende Punkte des Schaubilds von f bezeichnen:
$A(0 \mid f(0))$, $B(40 \mid f(40))$, $C(80 \mid f(80))$ und $D(120 \mid f(120))$.

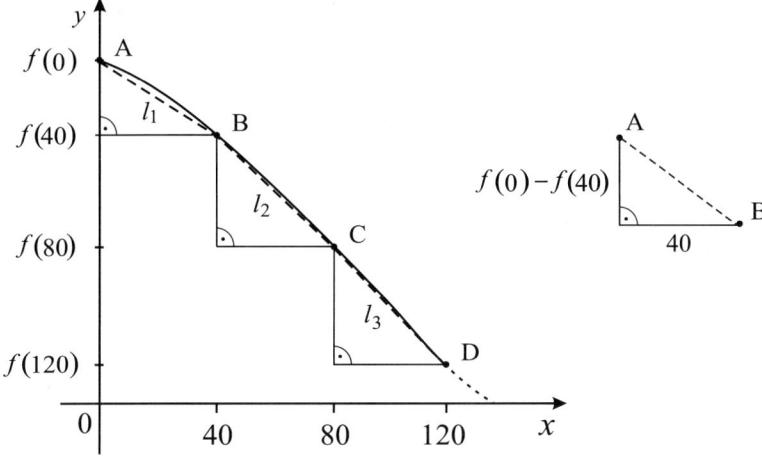

Mithilfe der Formel $\sqrt{(f(0) - f(40))^2 + 1600}$ wird die Länge der Strecke $\overline{AB}$ berechnet. Mithilfe des Satzes des Pythagoras ergibt sich nämlich:

$$\overline{AB}^2 = (f(0) - f(40))^2 + 40^2$$
$$\overline{AB}^2 = (f(0) - f(40))^2 + 1600$$
$$\overline{AB} = \sqrt{(f(0) - f(40))^2 + 1600}$$

Entsprechend gilt mithilfe des Satzes des Pythagoras:

$$\overline{BC} = \sqrt{(f(40) - f(80))^2 + 1600}$$
$$\overline{CD} = \sqrt{(f(80) - f(120))^2 + 1600}$$

Damit wird durch die gegebene Formel die Gesamtlänge des oberen Teils der Aufsprungbahn bis zum Auslauf näherungsweise durch die Summe $\overline{AB} + \overline{BC} + \overline{CD}$ berechnet, was den Wert von etwa $137{,}5$ ergibt.

Die Gesamtlänge des oberen Teils der Aufsprungbahn beträgt somit etwa $137{,}5\,\text{m}$.

Teil 3 Aufgabe 1

1.1 Legt man X als Zufallsvariable für die Anzahl der Besucher der Beachparty fest, so ist X binomialverteilt mit den Parametern n = 5 und p = 36% = 0,36.

Die Wahrscheinlichkeit für das Ereignis E_1: «Von 5 zufällig ausgewählten Teilnehmern besuchen alle die Beachparty.» erhält man mithilfe der Binomialverteilung:

$$P(E_1) = P(X = 5) \approx 6,0 \cdot 10^{-3} = 0,0060$$

Somit beträgt die Wahrscheinlichkeit für das Ereignis E_1 etwa 0,60 %.

Legt man Y als Zufallsvariable für die Anzahl der Besucher der Beachparty fest, so ist Y binomialverteilt mit den Parametern n = 30 und p = 0,36.

Die Wahrscheinlichkeit für das Ereignis E_2: «Von 30 zufällig ausgewählten Teilnehmern gehen mindestens 20 zur Beachparty.» erhält man mithilfe der kumulierten Binomialverteilung und der Wahrscheinlichkeit des Gegenereignisses:

$$P(E_2) = P(Y \geqslant 20) = 1 - P(Y \leqslant 19) \approx 1 - 0,9994 = 0,0006$$

Somit beträgt die Wahrscheinlichkeit für das Ereignis E_2 etwa 0,06 %.

Legt man Z als Zufallsvariable für die Anzahl der Besucher der Beachparty fest, so ist Z binomialverteilt mit den Parametern n = 1000 und p = 0,36.

Die Wahrscheinlichkeit für das Ereignis E_3: «Von 1000 Teilnehmern des Festivals besuchen mindestens 380, jedoch höchstens 390 Leute die Beachparty.» erhält man mithilfe der kumulierten Binomialverteilung:

$$P(E_3) = P(380 \leqslant Z \leqslant 390) = P(Z \leqslant 390) - P(Z \leqslant 379) \approx 0,9773 - 0,9002 = 0,0771$$

Somit beträgt die Wahrscheinlichkeit für das Ereignis E_3 etwa 7,71 %.

1.2 Bezeichnet man mit B: Teilnehmer besucht die Beachparty, R: Teilnehmer geht zum Rockkonzert, O: Ticket wird online gekauft und A: Ticket wird an der Abendkasse gekauft, so kann man anhand der gegebenen Daten folgende Wahrscheinlichkeiten bestimmen:
Da 36% aller Teilnehmer die Beachparty besuchen, gilt: P(B) = 0,36 und damit

$$P(R) = 1 - 0,36 = 0,64$$

Da 26,8 % aller Teilnehmer ihr Ticket an der Abendkasse kaufen, gilt: P(A) = 0,268 und damit

$$P(O) = 1 - 0,268 = 0,732$$

Da die Teilnehmer der Beachparty zu 70% ihr Ticket online erwerben, gilt:

$$P(B \cap O) = 0,36 \cdot 0,7 = 0,252$$

Diese Wahrscheinlichkeiten kann man in eine Vierfeldertafel eintragen und durch Summen- und Differenzbildung ergänzen:

	A	O	
B	0,108	**0,252**	**0,36**
R	0,16	0,48	**0,64**
	0,268	**0,732**	**1**

Die Wahrscheinlichkeit, dass ein Teilnehmer das Rockkonzert besucht und sein Ticket online erwirbt, ergibt sich aus der Vierfeldertafel:

$$P(R \cap O) = 0,48$$

Die Wahrscheinlichkeit beträgt 48 %.

Die Wahrscheinlichkeit, dass ein Teilnehmer sein Ticket online erworben hat, an der der Beachparty teilnimmt, erhält man mithilfe der bedingten Wahrscheinlichkeit:

$$P_O(B) = \frac{P(B \cap O)}{P(O)} = \frac{0,252}{0,732} = \frac{21}{61} \approx 0,344$$

Die Wahrscheinlichkeit beträgt etwa 34,4 %.

1.3 Legt man X als Zufallsvariable für die Anzahl der Besucher der Beachparty fest, so ist X binomialverteilt mit den Parametern n = 3980 und p = 0,36.

Da 1500 Tickets für die Besucher der Beachparty zur Verfügung stehen, berechnet man die Wahrscheinlichkeit, dass von den 3980 Interessierten höchstens 1500 zur Beachparty gehen. Mithilfe der kumulierten Binomialverteilung erhält man:

$$P(X \leqslant 1500) \approx 0,9871 = 98,71\%$$

Da diese Wahrscheinlichkeit kleiner als 99% ist, muss die Zahl aller am Festival Interessierten kleiner als 3980 sein. Somit hat der Schüler mit seiner Behauptung Recht.

Legt man Y als Zufallsvariable für die Anzahl der Besucher der Beachparty fest, so ist Y binomialverteilt mit den Parametern n (unbekannt) und p = 0,36. Da mit einer Wahrscheinlichkeit von mindestens 99% alle der am Festival Interessierten, die zur Beachparty gehen möchten, tatsächlich ein Ticket für die Beachparty erhalten sollen, löst man folgende Ungleichung:

$$P(Y \leqslant 1500) \geqslant 0,99$$

Durch Ausprobieren mithilfe der kumulierten Binomialverteilung unter Verwendung des

Taschenrechners ergibt sich:

$$n = 3972 \quad P(Y \leqslant 1500) \approx 0,9900$$
$$n = 3973 \quad P(Y \leqslant 1500) \approx 0,9897$$

Somit darf die Anzahl aller am Festival Interessierten maximal 3972 betragen.

Teil 3 Aufgabe 2

2.1 Bezeichnet man mit F: Gast wählt Hauptgericht mit Fleisch, V: Gast wählt vegetarisches Hauptgericht, N: Gast nimmt eine Nachspeise und $\overline{N}$: Gast wählt keine Nachspeise, so kann man anhand der gegebenen Daten folgende Wahrscheinlichkeiten bestimmen:
Da 85% aller Gäste eine Nachspeise nehmen, gilt: $P(N) = 0,85$ und damit

$$P(\overline{N}) = 1 - 0,85 = 0,15$$

Da sich 30% aller Gäste für das vegetarische Hauptgericht entscheiden, gilt: $P(V) = 0,30$ und damit

$$P(F) = 1 - 0,30 = 0,70$$

Da von den Gästen, die sich für ein vegetarisches Hauptgericht entschieden haben, anschließend 75% auch eine Nachspeise nehmen, ergibt sich:

$$P(V \cap N) = 0,3 \cdot 0,75 = 0,225$$

Diese Wahrscheinlichkeiten kann man in eine Vierfeldertafel eintragen und durch Summen- und Differenzbildung ergänzen:

	N	$\overline{N}$	
F	0,625	0,075	**0,7**
V	**0,225**	0,075	**0,3**
	0,85	**0,15**	**1**

Die Wahrscheinlichkeit, dass ein zufällig ausgewählter Gast ein Hauptgericht mit Fleisch wählt und eine Nachspeise nimmt, ergibt sich aus der Vierfeldertafel:

$$P(F \cap N) = 0,625$$

Die Wahrscheinlichkeit beträgt 62,5 %.

Die Wahrscheinlichkeit, dass ein Gast, der eine Nachspeise nimmt, auch ein vegetarisches Hauptgericht wählt, erhält man mithilfe der bedingten Wahrscheinlichkeit:

$$P_N(V) = \frac{P(V \cap N)}{P(N)} = \frac{0,225}{0,85} = \frac{9}{34} \approx 0,2647$$

Die Wahrscheinlichkeit beträgt etwa 26,47 %.
Somit ist die Aussage: «Von denjenigen Gästen, die eine Nachspeise nehmen, ist der Anteil der Gäste, die auch ein vegetarisches Hauptgericht wählen, größer als 27%», falsch.

2.2 Legt man X als Zufallsvariable für die Anzahl der Gäste, die das vegetarische Hauptgericht wählen, fest, so ist X binomialverteilt mit den Parametern $n = 800$ und $p = 30\% = 0,3$.

Die Wahrscheinlichkeit für das Ereignis A: «Genau 240 Gäste wählen das vegetarische Hauptgericht.» erhält man mithilfe der Binomialverteilung:

$$P(A) = P(X = 240) \approx 0{,}0308$$

Somit beträgt die Wahrscheinlichkeit für das Ereignis A etwa 3,08 %.

Die Wahrscheinlichkeit für das Ereignis B: «Höchstens 250 Gäste wählen das vegetarische Hauptgericht.» erhält man mithilfe der kumulierten Binomialverteilung:

$$P(B) = P(X \leqslant 250) \approx 0{,}7916$$

Somit beträgt die Wahrscheinlichkeit für das Ereignis B etwa 79,16 %.

Die Wahrscheinlichkeit für das Ereignis C: «Mehr als 220, aber höchstens 250 Gäste wählen das vegetarische Hauptgericht.» erhält man mithilfe der kumulierten Binomialverteilung:

$$P(C) = P(220 < X \leqslant 250) = P(X \leqslant 250) - P(X \leqslant 220) \approx 0{,}7916 - 0{,}0653 = 0{,}7263$$

Somit beträgt die Wahrscheinlichkeit für das Ereignis C etwa 72,63 %.

2.3 Da bei einem Stichprobenumfang von n = 80 Gästen 30 Gäste angeben, dass sie ein vegetarisches Hauptgericht wählen werden, beträgt die relative Häufigkeit h für ein vegetarisches Hauptgericht:

$$h = \frac{30}{80} = 0{,}375$$

Das 95%-Vertrauensintervall für die unbekannte Wahrscheinlichkeit, dass ein Gast ein vegetarisches Hauptgericht wählt, erhält man mit der Formel:

$$I = \left[h - 1{,}96 \cdot \sqrt{\frac{h \cdot (1-h)}{n}} \; ; \; h + 1{,}96 \cdot \sqrt{\frac{h \cdot (1-h)}{n}} \right]$$

Damit ergibt sich:

$$I = \left[0{,}375 - 1{,}96 \cdot \sqrt{\frac{0{,}375 \cdot (1-0{,}375)}{80}} \; ; \; 0{,}375 + 1{,}96 \cdot \sqrt{\frac{0{,}375 \cdot (1-0{,}375)}{80}} \right]$$

$$I \approx [0{,}2689 \; ; \; 0{,}4811]$$

Die Wahrscheinlichkeit, dass ein Gast ein vegetarisches Hauptgericht wählt, liegt mit einer Wahrscheinlichkeit von 95% zwischen 26,89 % und 48,11 %.

Der langjährige Erfahrungswert der Planer beträgt p = 30 % und liegt damit innerhalb des 95%-Vertrauensintervalls. Somit können die Planer dem langjährigen Erfahrungswert zu 95 % vertrauen.

Teil 4 Lineare Algebra: Vektorgeometrie

1.1 Die Eckpunkte $A_1(0|0|0)$, $B_1(10|0|0)$, $C_1(10|5|0)$ und $D_1(0|5|0)$ der Grundfläche sowie die Eckpunkte
$A_2(0|0|2)$, $B_2(10|0|2)$, $C_2(10|6|2)$ und $D_2(0|5,5|2,5)$ der Dachfläche können in ein Koordinatensystem eingezeichnet werden, um das Modell des Museums darzustellen:

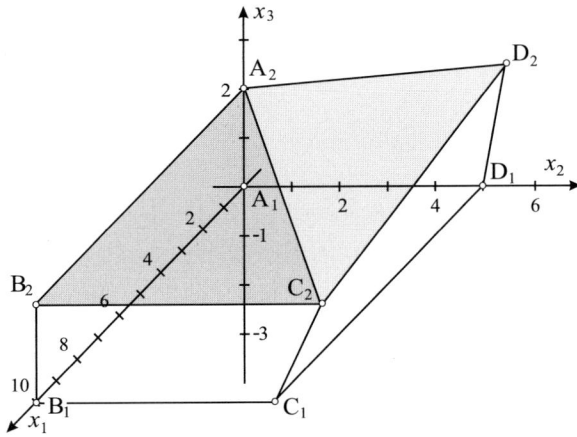

1.2 Den Flächeninhalt A des Trapezes $B_1C_1C_2B_2$ erhält man mit der Formel $A = \frac{a+c}{2} \cdot h$.
Die beiden parallelen Seiten sind $a = \overline{B_1C_1} = 5$ und $c = \overline{B_2C_2} = 6$, die zugehörige Höhe ist $h = \overline{B_1B_2} = 2$.
Damit erhält man:
$$A = \frac{a+c}{2} \cdot h = \frac{5+6}{2} \cdot 2 = 11 \text{ FE}$$

Da einer Längeneinheit im Modell 10 Meter in der Realität entsprechen, ergibt sich für eine Flächeneinheit $100\,\text{m}^2$.
Somit hat die gesamte Vorderseite einen Flächeninhalt von $A = 11 \cdot 100\,\text{m}^2 = 1100\,\text{m}^2$.
Da 80% dieser Fläche aus Spezialglas bestehen, ergibt sich für die Glasfläche G:

$$G = 0,80 \cdot 1100\,\text{m}^2 = 880\,\text{m}^2$$

Da das Glas 400 Euro pro m^2 kostet, multipliziert man die Glasfläche G mit den Kosten pro m^2. Damit ergeben sich folgende Kosten:

$$K = 880 \cdot 400\,€ = 352\,000\,€$$

Somit betragen die zu kalkulierenden Kosten 352 000 Euro.

1.3 Die Kante $\overline{A_2C_2}$ teilt das Dach in zwei dreieckige Flächen, $\overline{A_2B_2C_2}$ und $\overline{A_2C_2D_2}$.
Den Winkel α, den diese beiden Flächen im Innern des Modells bilden, erhält man, indem man den Winkel β zwischen den beiden Ebenen, in denen diese Dreiecke liegen, berechnet. Hierzu verwendet man die Formel $\cos(\beta) = \frac{\vec{n}_1 \cdot \vec{n}_2}{|\vec{n}_1| \cdot |\vec{n}_2|}$, wobei $\vec{n}_1$ und $\vec{n}_2$ die Nor-

malenvektoren der entsprechenden Ebenen sind.

Das Dreieck $\overline{A_2B_2C_2}$ liegt in der Ebene $E_1: x_3 = 2$ (da alle drei Eckpunkte den x_3-Wert 2 haben), welche den Normalenvektor $\vec{n}_1 = \begin{pmatrix} 0 \\ 0 \\ 1 \end{pmatrix}$ hat.

Den Normalenvektor $\vec{n}_2$ der Ebene E_2, in der das Dreieck $\overline{A_2C_2D_2}$ liegt, erhält man mithilfe des Vektorprodukts der Vektoren $\overrightarrow{A_2D_2} = \begin{pmatrix} 0 \\ 5,5 \\ 0,5 \end{pmatrix}$ und $\overrightarrow{A_2C_2} = \begin{pmatrix} 10 \\ 6 \\ 0 \end{pmatrix}$:

$$\overrightarrow{A_2D_2} \times \overrightarrow{A_2C_2} = \begin{pmatrix} 0 \\ 5,5 \\ 0,5 \end{pmatrix} \times \begin{pmatrix} 10 \\ 6 \\ 0 \end{pmatrix} = \begin{pmatrix} -3 \\ 5 \\ -55 \end{pmatrix}$$

Damit ergibt sich:

$$\cos(\beta) = \frac{\begin{pmatrix} 0 \\ 0 \\ 1 \end{pmatrix} \cdot \begin{pmatrix} -3 \\ 5 \\ -55 \end{pmatrix}}{\left|\begin{pmatrix} 0 \\ 0 \\ 1 \end{pmatrix}\right| \cdot \left|\begin{pmatrix} -3 \\ 5 \\ -55 \end{pmatrix}\right|} = \frac{0 \cdot (-3) + 0 \cdot 5 + 1 \cdot (-55)}{\sqrt{0^2 + 0^2 + 1^2} \cdot \sqrt{(-3)^2 + 5^2 + (-55)^2}}$$

$$= \frac{-55}{\sqrt{3059}} \Rightarrow \beta \approx 174°$$

Da der Winkel im Innern des Modells überstumpf ist, muss man α von 360° subtrahieren. Der Winkel α beträgt also $360 - \alpha = 360° - 174° = 186°$.

1.4.1 Die Gerade g, auf der der Laserstrahl von Punkt C_2 aus in Richtung $\overline{C_1C_2}$ liegt, hat die Gleichung:

$$g: \vec{x} = \vec{c}_2 + r \cdot \overrightarrow{C_1C_2} \ ; \ r \geqslant 0$$

$$g: \vec{x} = \begin{pmatrix} 10 \\ 6 \\ 2 \end{pmatrix} + r \cdot \begin{pmatrix} 0 \\ 1 \\ 2 \end{pmatrix}$$

Die Gerade h, auf der der Laserstrahl von Punkt D_2 aus in Richtung $\overline{D_1D_2}$ liegt, hat die Gleichung:

$$h: \vec{x} = \vec{d}_2 + s \cdot \overrightarrow{D_1D_2} \ ; \ s \geqslant 0$$

$$h: \vec{x} = \begin{pmatrix} 0 \\ 5,5 \\ 2,5 \end{pmatrix} + s \cdot \begin{pmatrix} 0 \\ 0,5 \\ 2,5 \end{pmatrix}$$

1.4.2 Ein allgemeiner Punkt P_r der Geraden g hat die Koordinaten $P_r(10 \mid 6+r \mid 2+2r)$, ein allgemeiner Punkt Q_s der Geraden h hat die Koordinaten $Q_s(0 \mid 5,5+0,5s \mid 2,5+2,5s)$. Wenn die Punkte der beiden Laserstrahlen auf gleicher Höhe über der Grundfläche sein sollen, müssen die x_3-Koordinaten der Punkte P_r und Q_s übereinstimmen:

$$2+2r = 2,5+2,5s$$
$$2r = 0,5+2,5s$$
$$r = 0,25+1,25s$$

Setzt man $r = 0,25+1,25s$ in P_r ein, ergibt sich: $P_s(10 \mid 6,25+1,25s \mid 2,5+2,5s)$.
Wenn die beiden Punkte P_s und Q_s genau $212,5\,\text{m}$ voneinander entfernt sind, muss der Betrag des entsprechenden Verbindungsvektors die Länge $21,25\,\text{LE}$ haben. Dies führt zu folgender Gleichung:

$$\left|\overrightarrow{Q_sP_s}\right| = 21,25$$

$$\left|\begin{pmatrix} 10 \\ 0,75+0,75s \\ 0 \end{pmatrix}\right| = 21,25$$

$$\sqrt{10^2 + (0,75+0,75s)^2 + 0^2} = 21,25$$
$$10^2 + (0,75+0,75s)^2 = 21,25^2$$
$$100 + 0,5625 + 1,125s + 0,5625s^2 = 451,5625$$
$$0,5625s^2 + 1,125s - 351 = 0$$
$$s^2 + 2s - 624 = 0$$

Mithilfe der *pq*- oder *abc*-Formel erhält man $s_1 = 24$ und $s_2 = -26$.
Wegen $s \geqslant 0$ kommt nur $s = 24$ als Lösung in Frage.
Setzt man $s = 24$ in die x_3- Koordinate von P_s oder Q_s ein, ergibt sich:

$$x_3 = 2,5+2,5 \cdot 24 = 62,5\,\text{LE}$$

Da einer Längeneinheit $10\,\text{m}$ entsprechen, haben die beiden Laserstrahlen in einer Höhe von $625\,\text{m}$ einen Abstand von $212,5\,\text{m}$.

Teil 4 Lineare Algebra: Matrizen

1.1 Anhand der gegebenen Tabellen ergeben sich folgende Matrizen:

	grüne Nudeln	weiße Nudeln
Wasser	0,2	b
Grieß	a	0,8
Spinat	0,3	0

Die Tabelle führt zur Matrix A mit

$$A = \begin{pmatrix} 0,2 & b \\ a & 0,8 \\ 0,3 & 0 \end{pmatrix}$$

	grüne Nudeln	weiße Nudeln
grüne Nudeln	0,5	c
weiße Nudeln	0	c

Die Tabelle führt zur Matrix B mit

$$B = \begin{pmatrix} 0,5 & c \\ 0 & c \end{pmatrix}$$

	grüne Nudeln	weiße Nudeln
Wasser	0,1	0,1
Grieß	0,25	0,325
Spinat	0,15	0,075

Die Tabelle führt zur Matrix C mit

$$C = \begin{pmatrix} 0,1 & 0,1 \\ 0,25 & 0,325 \\ 0,15 & 0,075 \end{pmatrix}$$

Um den jeweiligen Wert für a, b und c zu berechnen, bestimmt man zuerst die Matrix $A \cdot B$ mithilfe des Matrizenprodukts:

$$A \cdot B = \begin{pmatrix} 0,2 & b \\ a & 0,8 \\ 0,3 & 0 \end{pmatrix} \cdot \begin{pmatrix} 0,5 & c \\ 0 & c \end{pmatrix} = \begin{pmatrix} 0,1 & 0,2c + bc \\ 0,5a & ac + 0,8c \\ 0,15 & 0,3c \end{pmatrix}$$

Wegen $A \cdot B = C$ ergibt sich:

$$\begin{pmatrix} 0,1 & 0,2c + bc \\ 0,5a & ac + 0,8c \\ 0,15 & 0,3c \end{pmatrix} = \begin{pmatrix} 0,1 & 0,1 \\ 0,25 & 0,325 \\ 0,15 & 0,075 \end{pmatrix}$$

Durch Vergleich der Einträge der Matrizen ergeben sich folgende Gleichungen:

$$\begin{array}{rrcrcl} \text{I} & 0,2c & + & bc & = & 0,1 \\ \text{II} & & & 0,5a & = & 0,25 \\ \text{III} & ac & + & 0,8c & = & 0,325 \\ \text{IV} & & & 0,3c & = & 0,075 \end{array}$$

Aus Gleichung II erhält man: $a = \frac{0,25}{0,5} = 0,5$.
Aus Gleichung IV erhält man: $c = \frac{0,075}{0,3} = 0,25$

Lösungen   *3. Abitur 2020*

Setzt man $c = 0,25$ in Gleichung I ein, erhält man:

$$0,2 \cdot 0,25 + b \cdot 0,25 = 0,1$$
$$0,25b = 0,05$$
$$b = \frac{0,05}{0,25}$$
$$b = 0,2$$

Damit ist $a = 0,5$, $b = 0,2$ und $c = 0,25$.

1.2.1 Um zu bestimmen, wie viel kg Grieß bzw. Spinat jeweils für den Auftrag von 2000 Packungen «Pur» und 1000 Packungen «Mix» benötigt werden, multipliziert man Matrix C mit dem Zustandsvektor $\vec{x} = \begin{pmatrix} 2000 \\ 1000 \end{pmatrix}$. Mithilfe des Matrix-Vektor-Produkts ergibt sich:

$$C \cdot \vec{x} = \begin{pmatrix} 0,1 & 0,1 \\ 0,25 & 0,325 \\ 0,15 & 0,075 \end{pmatrix} \cdot \begin{pmatrix} 2000 \\ 1000 \end{pmatrix} = \begin{pmatrix} 300 \\ 825 \\ 375 \end{pmatrix}$$

Somit werden für den Auftrag 825 kg Grieß und 375 kg Spinat benötigt.

1.2.2 Die Gesamtkosten G für den Auftrag erhält man, indem man zu den Fixkosten von 200 Euro die variablen Herstellungskosten addiert. Da die variablen Herstellungskosten pro Packung «Pur» 50 Cent und pro Packung «Mix» 40 Cent betragen und 2000 Packungen «Pur» und 1000 Packungen «Mix» hergestellt werden, ergibt sich:

$$G = 200\,€ + 2000 \cdot 0,50\,€ + 1000 \cdot 0,4\,€ = 1600\,€$$

Legt man x für den Preis pro Packung «Mix» fest, so beträgt der Preis für eine Packung «Pur» $y = 1,5 \cdot x$, da der Preis für «Pur» um 50% höher sein soll als der Preis für «Mix». Wenn der Verkaufserlös V um 25% höher ist als die Gesamtkosten G, ergibt sich:

$$V = 1,25 \cdot G = 1,25 \cdot 1600\,€ = 2000\,€$$

Den Preis für eine Packung «Pur» bzw. «Mix» erhält man durch folgende Gleichung:

$$2000 \cdot 1,5x + 1000 \cdot x = V$$
$$4000x = 2000\,€$$
$$x = 0,5\,€$$

Daraus erhält man: $y = 1,5 \cdot x = 1,5 \cdot 0,5\,€ = 0,75\,€$.
Somit kostet eine Packung «Mix» 50 Cent und eine Packung «Pur» 75 Cent.

1.3 Anhand des Diagramms ergibt sich folgende Matrix:

$$D = \begin{pmatrix} 0{,}2 & 0{,}2 \\ 0{,}4 & 0{,}8 \\ 0{,}4 & 0 \end{pmatrix}$$

Bezeichnet man mit z_1 die herzustellende Menge grüner Nudeln und mit z_2 die herzustellende Menge weißer Nudeln, so erhält man den Bedarf an Wasser (r_1), Grieß (2000 kg) und Spinat (r_3) durch folgende Matrizengleichung:

$$D \cdot \begin{pmatrix} z_1 \\ z_2 \end{pmatrix} = \begin{pmatrix} r_1 \\ 2000 \\ r_3 \end{pmatrix}$$

$$\begin{pmatrix} 0{,}2 & 0{,}2 \\ 0{,}4 & 0{,}8 \\ 0{,}4 & 0 \end{pmatrix} \cdot \begin{pmatrix} z_1 \\ z_2 \end{pmatrix} = \begin{pmatrix} r_1 \\ 2000 \\ r_3 \end{pmatrix}$$

$$\begin{pmatrix} 0{,}2z_1 + 0{,}2z_2 \\ 0{,}4z_1 + 0{,}8z_2 \\ 0{,}4z_1 \end{pmatrix} = \begin{pmatrix} r_1 \\ 2000 \\ r_3 \end{pmatrix}$$

Aus $0{,}4z_1 + 0{,}8z_2 = 2000$ ergibt sich für die Menge weißer Nudeln:

$$z_2 = 2500 - 0{,}5z_1$$

Wegen $z_2 \geqslant 0$ folgt für die Höchstmenge an grünen Nudeln:

$$2500 - 0{,}5z_1 \geqslant 0 \Rightarrow z_1 \leqslant 5000$$

Damit gibt es höchstens 5000 kg grüne Nudeln.
Da mindestens 40% der hergestellten Nudeln grün sein sollen, gilt:

$$z_1 \geqslant 0{,}40 \cdot (z_1 + z_2)$$

Setzt man $z_2 = 2500 - 0{,}5z_1$ in diese Ungleichung ein, ergibt sich:

$$z_1 \geqslant 0{,}40 \cdot (z_1 + 2500 - 0{,}5z_1)$$
$$z_1 \geqslant 0{,}40 \cdot z_1 + 1000 - 0{,}2 \cdot z_1$$
$$z_1 \geqslant 0{,}20 \cdot z_1 + 1000$$
$$0{,}8 \cdot z_1 \geqslant 1000$$
$$z_1 \geqslant 1250$$

Damit werden mindestens 1250 kg grüne Nudeln hergestellt.

Aus $r_1 = 0,2z_1 + 0,2z_2$ ergibt sich für den Bedarf an Wasser, indem man $z_2 = 2500 - 0,5z_1$ in die Gleichung von r_1 einsetzt:

$$r_1 = 0,2z_1 + 0,2z_2$$
$$r_1 = 0,2z_1 + 0,2 \cdot (2500 - 0,5z_1)$$
$$r_1 = 0,2z_1 + 500 - 0,1z_1$$
$$r_1 = 0,1z_1 + 500$$

Wegen $z_1 \geqslant 1250$ ergibt sich für den Mindestbedarf an Wasser:

$$r_1 \geqslant 0,1 \cdot 1250 + 500 = 625$$

Wegen $z_1 \leqslant 5000$ ergibt sich für den Maximalbedarf an Wasser:

$$r_1 \leqslant 0,1 \cdot 5000 + 500 = 1000$$

Somit werden zwischen 625 und 1000 Liter Wasser verbraucht.

4 Abitur 2021

Teil 1 ohne Hilfsmittel

1 Analysis

1.1 Es ist $f(x) = -\frac{1}{2}x^3 + \frac{3}{2}x^2$; $x \in \mathbb{R}$.

1.1.1 Die Nullstellen von f erhält man, indem man die Gleichung $f(x) = 0$ nach x auflöst:

$$-\frac{1}{2}x^3 + \frac{3}{2}x^2 = 0$$

$$x^2 \cdot \left(-\frac{1}{2}x + \frac{3}{2}\right) = 0$$

Mithilfe des Satzes vom Nullprodukt erhält man aus $x^2 = 0$ die Lösung $x_1 = 0$ und aus

$$-\frac{1}{2}x + \frac{3}{2} = 0$$

die Lösung $x_2 = 3$.

Somit hat f die Nullstellen $x_1 = 0$ und $x_2 = 3$.

Da f bei $x_1 = 0$ eine doppelte Nullstelle hat, hat K_f bei $x = 0$ einen Extrempunkt. Für $x \to -\infty$ geht $f(x) \to \infty$ und für $x \to \infty$ geht $f(x) \to -\infty$.

Damit kann man eine Skizze des Schaubilds K_f von f erstellen:

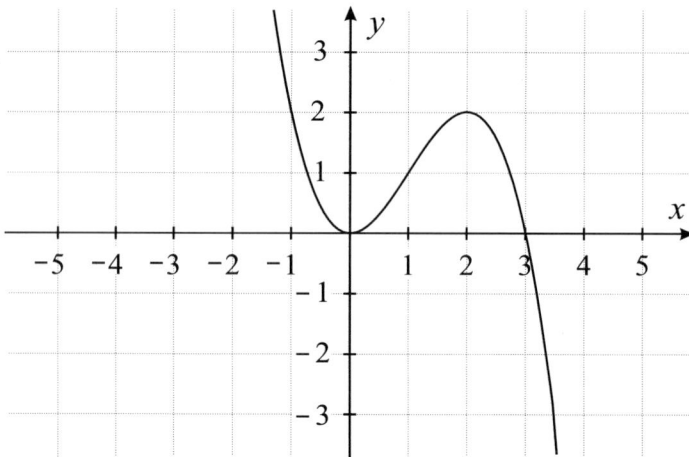

1.1.2 Die x-Koordinate des Punktes, in dem K_f die Steigung $\frac{3}{2}$ hat, erhält man, indem man die Gleichung $f'(x) = \frac{3}{2}$ nach x auflöst. Die 1. Ableitung von f erhält man mit der Potenzregel:

$$f'(x) = -\frac{3}{2}x^2 + 3x$$

Damit ergibt sich:
$$-\frac{3}{2}x^2 + 3x = \frac{3}{2}$$
$$x^2 - 2x + 1 = 0$$

Mithilfe der *abc*- oder *pq*-Formel erhält man die Lösung $x = 1$.
Somit hat K_f bei $x = 1$ die Steigung $\frac{3}{2}$.

1.2 (1) Die Aussage $s''(4) < 0$ ist falsch, da das Schaubild von s bei $x = 4$ linksgekrümmt ist und damit $s''(4) > 0$ ist.

(2) Die Aussage, dass das Schaubild der Ableitungsfunktion s' von s für $0 < x < 2$ einen Hochpunkt besitzt, ist wahr, da das Schaubild von s bei $x = 1$ eine Wendestelle mit einem Wechsel von einer Linkskrümmung zu einer Rechtskrümmung hat. Damit wechselt s'' das Vorzeichen von $+$ nach $-$ und hat damit eine lokales Maximum.

(3) Die Aussage, dass der Wert des Integrals $\int_0^4 s(x)\,dx$ größer als 0 ist, ist wahr, da der Flächeninhalt A_1 der Fläche, die unterhalb der x-Achse liegt, kleiner ist als der Flächeninhalt A_2 oberhalb der x-Achse.

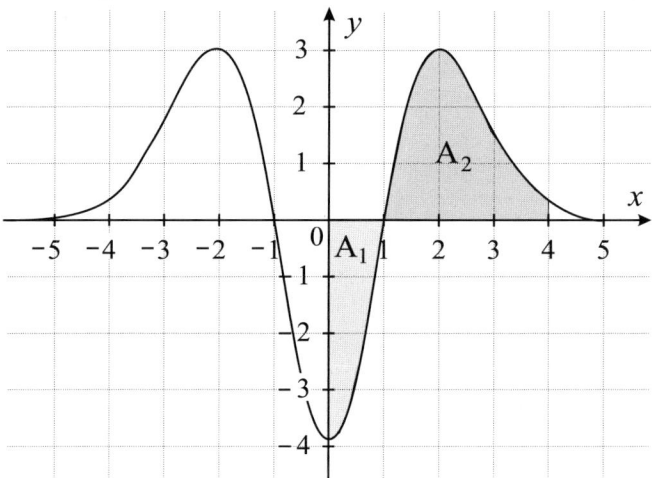

1.3 Es ist $d(x) = \frac{1}{x^2} + x^2$ für $x > 0$ und D ist eine Stammfunktion von d.

(1) Um zu zeigen, dass D für $x > 0$ monoton wachsend ist, betrachtet man die 1. Ableitung von D:
$$D'(x) = d(x) = \frac{1}{x^2} + x^2$$

Wegen $x > 0$ sind die Terme $\frac{1}{x^2}$ und x^2 jeweils größer als Null und damit gilt:
$$D'(x) > 0$$

Wegen $D'(x) > 0$ ist D für $x > 0$ monoton wachsend.

(2) Um zu zeigen, dass die Stelle $x = 1$ die einzige Wendestelle von D ist, bestimmt man zuerst die 1., 2. und 3. Ableitung von D:

$$D'(x) = d(x) = \frac{1}{x^2} + x^2 = x^{-2} + x^2$$

$$D''(x) = d'(x) = -2x^{-3} + 2x = -\frac{2}{x^3} + 2x$$

$$D'''(x) = d''(x) = 6x^{-4} + 2 = \frac{6}{x^4} + 2$$

Als notwendige Bedingung löst man die Gleichung $D''(x) = 0$ nach x auf:

$$-\frac{2}{x^3} + 2x = 0$$

$$2x = \frac{2}{x^3}$$

$$2x^4 = 2$$

$$x^4 = 1$$

$$x_{1,2} = \pm 1$$

Wegen $x > 0$ kommt nur $x = 1$ als Lösung in Frage.
Setzt man $x = 1$ in $D'''(x)$ ein, ergibt sich:

$$D'''(1) = \frac{6}{1^4} + 2 = 8 \neq 0 \Rightarrow \text{Wendestelle}$$

Somit ist die Stelle $x = 1$ die einzige Wendestelle von D.

2 Stochastik A

2.1 Die Wahrscheinlichkeit, dass eine Fußballmannschaft ein Spiel gewinnt, beträgt $p = \frac{2}{3}$.

2.1.1 Legt man X als Zufallsgröße für die Anzahl der gewonnenen Spiele fest, so ist X binomialverteilt mit den Parametern $n = 10$ und $p = \frac{2}{3}$.
Damit gilt:

$$P(A) = 10 \cdot \left(\frac{2}{3}\right)^9 \cdot \left(\frac{1}{3}\right) = \binom{10}{9} \cdot \left(\frac{2}{3}\right)^9 \cdot \left(\frac{1}{3}\right) = P(X = 9)$$

Somit lautet das Ereignis A: «Von 10 Spielen gewinnt die Fußballmanschaft genau neun.».

2.1.2 Die Wahrscheinlichkeit des Ereignisses B, dass die Mannschaft von vier Spielen genau zwei Spiele gewinnt und diese aufeinander folgen, erhält man mithilfe der Pfadregeln. Es gibt genau drei Möglichkeiten, von vier Spielen genau zwei aufeinanderfolgend zu gewinnen. Bezeichnet man mit g: Spiel wird gewonnen und mit $\bar{g}$: Spiel wird verloren, so erhält man:

$$\begin{aligned} P(B) &= P(g g \bar{g} \bar{g}) + P(\bar{g} g g \bar{g}) + P(\bar{g} \bar{g} g g) \\ &= \frac{2}{3} \cdot \frac{2}{3} \cdot \frac{1}{3} \cdot \frac{1}{3} + \frac{1}{3} \cdot \frac{2}{3} \cdot \frac{2}{3} \cdot \frac{1}{3} + \frac{1}{3} \cdot \frac{1}{3} \cdot \frac{2}{3} \cdot \frac{2}{3} \\ &= 3 \cdot \frac{2}{3} \cdot \frac{2}{3} \cdot \frac{1}{3} \cdot \frac{1}{3} \\ &= \frac{4}{27} \end{aligned}$$

Die Wahrscheinlichkeit beträgt $\frac{4}{27}$.

2.2 Um sich den Zusammenhang zu veranschaulichen, zeichnet man ein Baumdiagramm. Bezeichnet man mit g: Spiel wird gewonnen und mit $\bar{g}$: Spiel wird verloren, so gilt:
$P(g) = p$, $P(\bar{g}) = 1 - p$, $P(\bar{g} g) = (1-p) \cdot \frac{1}{2} p$ und $P(\bar{g} \bar{g}) = (1-p) \cdot \left(1 - \frac{1}{2} p\right)$.
Damit ergibt sich:

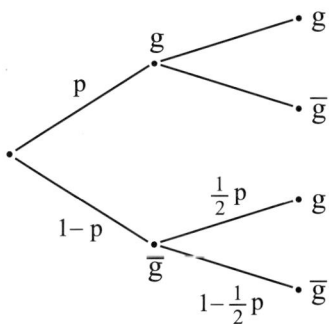

Durch den Term $P(\bar{g} \bar{g}) = (1-p) \cdot \left(1 - \frac{1}{2} p\right)$ wird die Wahrscheinlichkeit berechnet, dass beide Spiele verloren gehen.

Durch den Term $1 - (1-p) \cdot \left(1 - \frac{1}{2}p\right) = 1 - P(\overline{g}\,\overline{g})$ wird die Wahrscheinlichkeit des Gegenereignisses berechnet, also die Wahrscheinlichkeit, dass nicht beide Spiele verloren gehen bzw. dass mindestens ein Spiel gewonnen wird.

Da die Wahrscheinlichkeit, dass mindestens ein Spiel gewonnen wird, $\frac{4}{9}$ beträgt, kann durch Lösen der Gleichung $1 - (1-p) \cdot \left(1 - \frac{1}{2}p\right) = \frac{4}{9}$ die Wahrscheinlichkeit p ermittelt werden.

2 Stochastik B

2.1 Bezeichnet man mit w: weiß und mit $\overline{w}$: nicht weiß, so kann man ein Baumdiagramm zeichnen. Dabei ist zu beachten, dass sich die Wahrscheinlichkeit bei jedem Zug ändert.

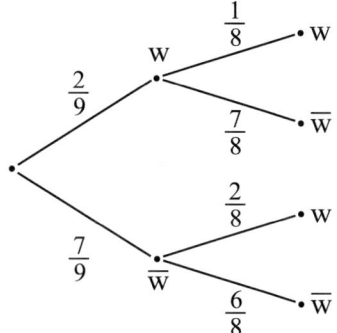

Die Wahrscheinlichkeit des Ereignisses A: «Die beiden gezogenen Kugeln sind weiß.» erhält man mithilfe der Pfadregeln:

$$P(A) = P(ww) = \frac{2}{9} \cdot \frac{1}{8} = \frac{1}{36}$$

Die Wahrscheinlichkeit des Ereignisses B: «Unter den beiden gezogenen Kugeln befindet sich mindestens eine weiße Kugel.» erhält man ebenfalls mithilfe der Pfadregeln:

$$\begin{aligned} P(B) &= P(w\overline{w}) + P(\overline{w}w) + P(ww) \\ &= \frac{2}{9} \cdot \frac{7}{8} + \frac{7}{9} \cdot \frac{2}{8} + \frac{2}{9} \cdot \frac{1}{8} \\ &= \frac{7}{36} + \frac{7}{36} + \frac{1}{36} \\ &= \frac{15}{36} \\ &= \frac{5}{12} \end{aligned}$$

Alternativ kann man man die Wahrscheinlichkeit des Ereignisses B auch mit der Wahrscheinlichkeit des Gegenereignisses («keine weiße Kugel») bestimmen:

$$\begin{aligned} P(B) &= 1 - P(\overline{w}\,\overline{w}) \\ &= 1 - \frac{7}{9} \cdot \frac{6}{8} \\ &= 1 - \frac{7}{12} \\ &= \frac{5}{12} \end{aligned}$$

Bezeichnet man mit w: weiß, mit b: blau und mit g: grün, so ergibt sich folgendes Baumdiagramm:

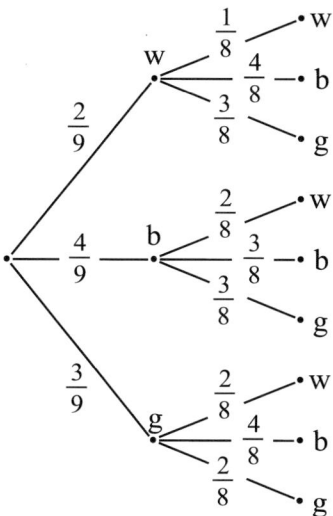

Die Wahrscheinlichkeit des Ereignisses C: «Eine der beiden gezogenen Kugeln ist weiß und die andere blau.» erhält man ebenfalls mithilfe der Pfadregeln:

$$P(C) = P(wb) + P(bw)$$
$$= \frac{2}{9} \cdot \frac{4}{8} + \frac{4}{9} \cdot \frac{2}{8}$$
$$= \frac{1}{9} + \frac{1}{9}$$
$$= \frac{2}{9}$$

2.2 Wird eine unbekannte Anzahl x von grünen Kugeln der Urne hinzugefügt, so befinden sich in der Urne zu Beginn der Ziehung insgesamt $9+x$ Kugeln, davon $3+x$ grüne Kugeln. Es werden zwei Kugeln ohne Zurücklegen gezogen. Nach dem ersten Ziehen sind in der Urne noch $8+x$ Kugeln, davon $2+x$ grüne Kugeln.

Die Wahrscheinlichkeit für das Ereignis D: «Es werden zwei grüne Kugeln gezogen.» erhält man mithilfe der Pfadregeln:

$$P(D) = P(gg) = \frac{3+x}{9+x} \cdot \frac{2+x}{8+x}$$

Da diese Wahrscheinlichkeit genau 50% betragen soll, ergibt sich folgende Gleichung:

$$\frac{3+x}{9+x} \cdot \frac{2+x}{8+x} = 0{,}5$$

3 Lineare Algebra: Wahlgebiet Vektorgeometrie A (AG, BTG, EG, SGG, TG, WG)

3 Gegeben ist der Punkt A (5 | 1 | 0) sowie die Vektoren $\vec{AC} = \begin{pmatrix} -6 \\ 6 \\ 0 \end{pmatrix}$ und $\vec{BD} = \begin{pmatrix} -2 \\ -2 \\ 8 \end{pmatrix}$.

3.1 Um zu begründen, dass $\vec{AC}$ und $\vec{BD}$ einen rechten Winkel einschließen, berechnet man das Skalarprodukt der beiden Vektoren:

$$\vec{AC} \cdot \vec{BD} = \begin{pmatrix} -6 \\ 6 \\ 0 \end{pmatrix} \cdot \begin{pmatrix} -2 \\ -2 \\ 8 \end{pmatrix} = (-6) \cdot (-2) + 6 \cdot (-2) + 0 \cdot 8 = 12 - 12 + 0 = 0$$

Wegen $\vec{AC} \cdot \vec{BD} = 0$ schließen $\vec{AC}$ und $\vec{BD}$ einen rechten Winkel ein.

Um zu begründen, dass $\vec{AC}$ und $\vec{BD}$ den gleichen Betrag haben, berechnet man diesen jeweils:

$$|\vec{AC}| = \left|\begin{pmatrix} -6 \\ 6 \\ 0 \end{pmatrix}\right| = \sqrt{(-6)^2 + 6^2 + 0^2} = \sqrt{36 + 36} = \sqrt{72}$$

$$|\vec{BD}| = \left|\begin{pmatrix} -2 \\ -2 \\ 8 \end{pmatrix}\right| = \sqrt{(-2)^2 + (-2)^2 + 8^2} = \sqrt{4 + 4 + 64} = \sqrt{72}$$

Somit haben beide Vektoren den gleichen Betrag.

3.2 Aufgrund der gegebenen Eigenschaften, dass sich die gleich langen Diagonalen des Vierecks ABCD in der Mitte von AC orthogonal schneiden, könnte es sich beim Viereck ABCD auch um einen allgemeinen Drachen handeln:

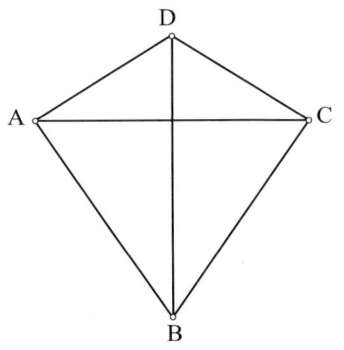

3.3 Wenn das Viereck ABCD ein Quadrat ist, so ist der Mittelpunkt M von AC auch der Mittelpunkt von BD.
Die Koordinaten der Punkte B und D erhält man mithilfe von Vektorketten:

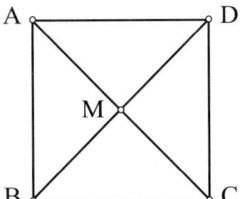

$$\overrightarrow{OB} = \overrightarrow{OA} + \overrightarrow{AM} + \overrightarrow{MB} = \overrightarrow{OA} + \frac{1}{2} \cdot \overrightarrow{AC} - \frac{1}{2} \cdot \overrightarrow{BD} = \begin{pmatrix} 5 \\ 1 \\ 0 \end{pmatrix} + \frac{1}{2} \cdot \begin{pmatrix} -6 \\ 6 \\ 0 \end{pmatrix} - \frac{1}{2} \cdot \begin{pmatrix} -2 \\ -2 \\ 8 \end{pmatrix}$$

$$= \begin{pmatrix} 3 \\ 5 \\ -4 \end{pmatrix} \Rightarrow B(3\mid 5\mid -4)$$

$$\overrightarrow{OD} = \overrightarrow{OA} + \overrightarrow{AM} + \overrightarrow{MD} = \overrightarrow{OA} + \frac{1}{2} \cdot \overrightarrow{AC} + \frac{1}{2} \cdot \overrightarrow{BD} = \begin{pmatrix} 5 \\ 1 \\ 0 \end{pmatrix} + \frac{1}{2} \cdot \begin{pmatrix} -6 \\ 6 \\ 0 \end{pmatrix} + \frac{1}{2} \cdot \begin{pmatrix} -2 \\ -2 \\ 8 \end{pmatrix}$$

$$= \begin{pmatrix} 1 \\ 3 \\ 4 \end{pmatrix} \Rightarrow D(1\mid 3\mid 4)$$

3 Lineare Algebra: Wahlgebiet Vektorgeometrie B (AG, BTG, EG, SGG, TG, WG)

3.1 Die Lösungsmenge des linearen Gleichungssystems erhält man mithilfe des Gauß-Verfahrens:

$$\begin{array}{rrrrrrr} \text{I} & x_1 & + & 2\cdot x_2 & - & x_3 & = & -4 \\ \text{II} & -x_1 & + & 2\cdot x_2 & & & = & -3 \\ \text{III} & & & x_2 & + & x_3 & = & 2 \end{array}$$

Addiert man Gleichung I und II, ergibt sich:

$$\begin{array}{rrrrrrr} \text{I} & x_1 & + & 2\cdot x_2 & - & x_3 & = & -4 \\ \text{IIa} & & & 4\cdot x_2 & - & x_3 & = & -7 \\ \text{III} & & & x_2 & + & x_3 & = & 2 \end{array}$$

Subtrahiert man das 4-fache von Gleichung III von Gleichung IIa, erhält man:

$$\begin{array}{rrrrrrr} \text{I} & x_1 & + & 2\cdot x_2 & - & x_3 & = & -4 \\ \text{IIa} & & & 4\cdot x_2 & - & x_3 & = & -7 \\ \text{IIIa} & & & & & -5\cdot x_3 & = & -15 \end{array}$$

Aus Gleichung IIIa ergibt sich: $x_3 = 3$.
Setzt man $x_3 = 3$ in Gleichung IIa ein, erhält man: $4\cdot x_2 - 3 = -7 \Rightarrow x_2 = -1$.
Setzt man $x_3 = 3$ und $x_2 = -1$ in Gleichung I ein, ergibt sich:
$x_1 + 2\cdot(-1) - 3 = -4 \Rightarrow x_1 = 1$.
Somit hat das Gleichungssystem die Lösungsmenge: $\mathbb{L} = \{(1\mid -1\mid 3)\}$.

3.2 Gegeben sind $g: \vec{x} = \begin{pmatrix} 1 \\ -1 \\ 2 \end{pmatrix} + r \cdot \begin{pmatrix} 1 \\ 2 \\ -1 \end{pmatrix}$ und $h: \vec{x} = \begin{pmatrix} 2 \\ 0 \\ 1 \end{pmatrix} + s \cdot \begin{pmatrix} -1 \\ -2 \\ 1 \end{pmatrix}$.

3.2.1 Um zu zeigen, dass g und h parallel sind, betrachtet man die Richtungsvektoren

$\vec{u} = \begin{pmatrix} 1 \\ 2 \\ -1 \end{pmatrix}$ von g und $\vec{v} = \begin{pmatrix} -1 \\ -2 \\ 1 \end{pmatrix}$ von h.

Wegen $\vec{v} = -1 \cdot \vec{u}$ sind die Richtungsvektoren Vielfache voneinander.

Somit sind g und h parallel zueinander.

Um zu zeigen, dass g und h parallel, aber nicht identisch sind, setzt man die Koordinaten des Stützpunktes (Aufpunktes) A(1 | −1 | 2) von g in die Gleichung von h ein (Punktprobe):

$$\begin{pmatrix} 1 \\ -1 \\ 2 \end{pmatrix} = \begin{pmatrix} 2 \\ 0 \\ 1 \end{pmatrix} + s \cdot \begin{pmatrix} -1 \\ -2 \\ 1 \end{pmatrix}$$

Dies führt zu folgendem Gleichungssystem:

$$\begin{array}{rrcrcr} \text{I} & 1 & = & 2 & - & s \\ \text{II} & -1 & = & & & -2s \\ \text{III} & 2 & = & 1 & + & s \end{array}$$

Aus Gleichung I ergibt sich: $s = 1$.

Aus Gleichung II ergibt sich: $s = \frac{1}{2}$.

Aufgrund des Widerspruchs liegt der Punkt A(1 | −1 | 2) von g nicht auf der Geraden h.

Somit sind g und h parallel, aber nicht identisch.

3.2.2 Die Koordinaten eines Punktes P, der von g und h den gleichen Abstand hat, erhält man beispielsweise, indem man den Mittelpunkt der beiden Stützpunkte A(1 | −1 | 2) von g und B(2 | 0 | 1) von h mit der Mittelpunktsformel bestimmt:

$$\overrightarrow{OP} = \frac{1}{2} \cdot \left(\overrightarrow{OA} + \overrightarrow{OB}\right) = \frac{1}{2} \cdot \left(\begin{pmatrix} 1 \\ -1 \\ 2 \end{pmatrix} + \begin{pmatrix} 2 \\ 0 \\ 1 \end{pmatrix}\right) = \frac{1}{2} \cdot \begin{pmatrix} 3 \\ -1 \\ 3 \end{pmatrix} = \begin{pmatrix} \frac{3}{2} \\ -\frac{1}{2} \\ \frac{3}{2} \end{pmatrix}$$

Somit hat ein solcher Punkt P z.B. die Koordinaten P $\left(\frac{3}{2} \mid -\frac{1}{2} \mid \frac{3}{2}\right)$.

3 Lineare Algebra: Wahlgebiet Matrizen A (AG, BTG, EG, SGG, WG)

3.1 Die Matrix A hat das Format 2×3, die Matrix B hat das Format 3×2.

(1) Die Berechnung $3 \cdot A + 2 \cdot B$ ist nicht möglich, da bei der Addition von Matrizen alle Matrizen das gleiche Format haben müssen.

(2) Die Berechnung $A \cdot B$ ist möglich, da bei der Multiplikation von Matrizen der Formate $m \times n$ und $n \times p$ eine Matrix mit dem Format $m \times p$ entsteht.
Da die Matrix A das Format 2×3 und die Matrix B das Format 3×2 hat, hat die Ergebnismatrix $A \cdot B$ das Format 2×2.

3.2 Für jede Matrix $A = \begin{pmatrix} a_{11} & a_{12} \\ a_{21} & a_{22} \end{pmatrix}$ bezeichnet $A^T = \begin{pmatrix} a_{11} & a_{21} \\ a_{12} & a_{22} \end{pmatrix}$ die transponierte Matrix von A.

Eine Matrix heißt orthogonal falls $A \cdot A^T = \begin{pmatrix} 1 & 0 \\ 0 & 1 \end{pmatrix}$.

3.2.1 Um zu prüfen, ob die Matrix $A = \frac{1}{13} \cdot \begin{pmatrix} 5 & -12 \\ 12 & 5 \end{pmatrix}$ orthogonal ist, bildet man zuerst die transponierte Matrix von A:

$$A^T = \frac{1}{13} \cdot \begin{pmatrix} 5 & 12 \\ -12 & 5 \end{pmatrix}$$

Anschließend berechnet man das Matrizenprodukt $A \cdot A^T$:

$$A \cdot A^T = \frac{1}{13} \cdot \begin{pmatrix} 5 & -12 \\ 12 & 5 \end{pmatrix} \cdot \frac{1}{13} \cdot \begin{pmatrix} 5 & 12 \\ -12 & 5 \end{pmatrix} = \frac{1}{169} \cdot \begin{pmatrix} 169 & 0 \\ 0 & 169 \end{pmatrix} = \begin{pmatrix} 1 & 0 \\ 0 & 1 \end{pmatrix}$$

Wegen $A \cdot A^T = \begin{pmatrix} 1 & 0 \\ 0 & 1 \end{pmatrix}$ ist die Matrix A orthogonal.

3.2.2 Um zu zeigen, dass die Matrix $B = \begin{pmatrix} 0 & -1 \\ -1 & 0 \end{pmatrix}^5$ orthogonal ist, bestimmt man zuerst die Matrix B in vereinfachter Form.

Es gilt: $\begin{pmatrix} 0 & -1 \\ -1 & 0 \end{pmatrix} \cdot \begin{pmatrix} 0 & -1 \\ 1 & 0 \end{pmatrix} = \begin{pmatrix} 1 & 0 \\ 0 & 1 \end{pmatrix}$.

Damit ergibt sich:

$$B = \begin{pmatrix} 0 & -1 \\ -1 & 0 \end{pmatrix}^5$$

$$= \begin{pmatrix} 0 & -1 \\ -1 & 0 \end{pmatrix} \cdot \begin{pmatrix} 0 & -1 \\ -1 & 0 \end{pmatrix} \cdot \begin{pmatrix} 0 & -1 \\ -1 & 0 \end{pmatrix} \cdot \begin{pmatrix} 0 & -1 \\ -1 & 0 \end{pmatrix} \cdot \begin{pmatrix} 0 & -1 \\ -1 & 0 \end{pmatrix}$$

$$= \begin{pmatrix} 1 & 0 \\ 0 & 1 \end{pmatrix} \cdot \begin{pmatrix} 1 & 0 \\ 0 & 1 \end{pmatrix} \cdot \begin{pmatrix} 0 & -1 \\ -1 & 0 \end{pmatrix}$$

$$= \begin{pmatrix} 1 & 0 \\ 0 & 1 \end{pmatrix} \cdot \begin{pmatrix} 0 & -1 \\ -1 & 0 \end{pmatrix}$$

$$= \begin{pmatrix} 0 & -1 \\ -1 & 0 \end{pmatrix}$$

Die transponierte Matrix von B lautet:

$$B^T = \begin{pmatrix} 0 & -1 \\ -1 & 0 \end{pmatrix}$$

Damit erhält man das Matrizenprodukt $B \cdot B^T$:

$$B \cdot B^T = \begin{pmatrix} 0 & -1 \\ -1 & 0 \end{pmatrix} \cdot \begin{pmatrix} 0 & -1 \\ -1 & 0 \end{pmatrix} = \begin{pmatrix} 1 & 0 \\ 0 & 1 \end{pmatrix}$$

Wegen $B \cdot B^T = \begin{pmatrix} 1 & 0 \\ 0 & 1 \end{pmatrix}$ ist die Matrix B orthogonal.

3 Lineare Algebra: Wahlgebiet Matrizen B (AG, BTG, EG, SGG, WG)

3.1 Den Lösungsvektor des linearen Gleichungssystems erhält man mithilfe des Gauß-Verfahrens:

$$\begin{pmatrix} 1 & 2 & -1 & | & -4 \\ -1 & 2 & 0 & | & -3 \\ 0 & 1 & 1 & | & 2 \end{pmatrix} \Leftrightarrow \begin{pmatrix} 1 & 2 & -1 & | & -4 \\ 0 & 4 & -1 & | & -7 \\ 0 & 1 & 1 & | & 2 \end{pmatrix} \Leftrightarrow \begin{pmatrix} 1 & 2 & -1 & | & -4 \\ 0 & 4 & -1 & | & -7 \\ 0 & 0 & -5 & | & -15 \end{pmatrix}$$

Aus Gleichung III ergibt sich: $x_3 = 3$.
Setzt man $x_3 = 3$ in Gleichung II ein, erhält man: $4 \cdot x_2 - 1 \cdot 3 = -7 \Rightarrow x_2 = -1$.
Setzt man $x_3 = 3$ und $x_2 = -1$ in Gleichung I ein, ergibt sich:
$x_1 + 2 \cdot (-1) - 1 \cdot 3 = -4 \Rightarrow x_1 = 1$.

Somit hat das Gleichungssystem den Lösungsvektor $\begin{pmatrix} 1 \\ -1 \\ 3 \end{pmatrix}$.

3.2 Gegeben sind die Matrizen $A = \begin{pmatrix} 1 & -3 \\ 2 & 1 \end{pmatrix}$ und $B = \begin{pmatrix} 0 & -3 \\ 2 & 1 \end{pmatrix}$

3.2.1 Um zu zeigen, dass die Matrizenmultiplikation von A und B nicht kommutativ ist, berechnet man die Matrizenprodukte $A \cdot B$ und $B \cdot A$:

$$A \cdot B = \begin{pmatrix} 1 & -3 \\ 2 & 1 \end{pmatrix} \cdot \begin{pmatrix} 0 & -3 \\ 2 & 1 \end{pmatrix} = \begin{pmatrix} -6 & -6 \\ 2 & -5 \end{pmatrix}$$

$$B \cdot A = \begin{pmatrix} 0 & -3 \\ 2 & 1 \end{pmatrix} \cdot \begin{pmatrix} 1 & -3 \\ 2 & 1 \end{pmatrix} = \begin{pmatrix} -6 & -3 \\ 4 & -5 \end{pmatrix}$$

Wegen $A \cdot B \neq B \cdot A$ sind A und B nicht kommutativ.

3.2.2 Setzt man in der Matrix B die Komponente $b_{22} = 0$, so erhält man die Matrix $\widetilde{B}$ mit

$$\widetilde{B} = \begin{pmatrix} 0 & -3 \\ 2 & 0 \end{pmatrix}$$

Damit gilt:

a) $\widetilde{B} \neq A$.

b) Die Matrizenmultiplikation von A und $\widetilde{B}$ ist kommutativ, was man folgendermaßen zeigen kann:

$$A \cdot \widetilde{B} = \begin{pmatrix} 1 & -3 \\ 2 & 1 \end{pmatrix} \cdot \begin{pmatrix} 0 & -3 \\ 2 & 0 \end{pmatrix} = \begin{pmatrix} -6 & -3 \\ 2 & -6 \end{pmatrix}$$

$$\widetilde{B} \cdot A = \begin{pmatrix} 0 & -3 \\ 2 & 0 \end{pmatrix} \cdot \begin{pmatrix} 1 & -3 \\ 2 & 1 \end{pmatrix} = \begin{pmatrix} -6 & -3 \\ 2 & -6 \end{pmatrix}$$

Wegen $A \cdot \widetilde{B} = \widetilde{B} \cdot A$ sind A und $\widetilde{B}$ kommutativ.

Teil 2 Aufgabe 1

1 Es ist $f(x) = -e^{2x} + 4e^x$; $x \in \mathbb{R}$.

1.1 Die Koordinaten des Schnittpunkts S_y von K mit der y-Achse erhält man, indem man $x = 0$ in $f(x)$ einsetzt:

$$f(0) = -e^{2 \cdot 0} + 4 \cdot e^0 = -1 + 4 = 3 \Rightarrow S_y(0 \mid 3)$$

Somit ist $S_y(0 \mid 3)$ der Schnittpunkt von K mit der y-Achse.

Um zu prüfen, ob $N(\ln(4) \mid 0)$ der Schnittpunkt von K mit der x-Achse ist, setzt man $x = \ln(4)$ in $f(x)$ ein:

$$f(\ln(4)) = -e^{2 \cdot \ln(4)} + 4 \cdot e^{\ln(4)} = -\left(e^{\ln(4)}\right)^2 + 4 \cdot 4 = -4^2 + 16 = 0 \Rightarrow N(\ln(4) \mid 0)$$

Somit ist $N(\ln(4) \mid 0)$ der Schnittpunkt von K mit der x-Achse.

1.2 Die erste Ableitung f' von f erhält man mit der Kettenregel:

$$f'(x) = -e^{2x} \cdot 2 + 4e^x = e^x \cdot (-2e^x + 4) = 2e^x \cdot (-e^x + 2) = 2e^x \cdot (2 - e^x)$$

Die Koordinaten des Extrempunkts E von K erhält man mithilfe der 1. und 2. Ableitung von f:

$$f'(x) = -2e^{2x} + 4e^x = 2e^x \cdot (2 - e^x)$$
$$f''(x) = -2e^{2x} \cdot 2 + 4e^x = -4e^{2x} + 4e^x$$

Als notwendige Bedingung löst man die Gleichung $f'(x) = 0$ nach x auf. Wegen $e^x \neq 0$ ergibt sich:

$$2e^x \cdot (2 - e^x) = 0$$
$$2 - e^x = 0$$
$$2 = e^x$$
$$x = \ln(2)$$

Den zugehörigen y-Wert erhält man, indem man $x = \ln(2)$ in $f(x)$ einsetzt:

$$y = f(\ln(2)) = -e^{2 \cdot \ln(2)} + 4e^{\ln(2)} = 4 \Rightarrow E(\ln(2) \mid 4)$$

Um die Art des Extrempunkts bestimmen, setzt man $x = \ln(2)$ in $f''(x)$ ein:

$$f''(\ln(2)) = -4e^{2 \cdot \ln(2)} + 4e^{\ln(2)} = -16 + 8 = -8 < 0 \Rightarrow \text{Hochpunkt}$$

Somit hat das Schaubild K von f den Hochpunkt $H(\ln(2) \mid 4)$.

1.3 Mithilfe einer Wertetabelle kann man K für $-5 \leq x \leq 1{,}5$ zeichnen.
Mithilfe des Taschenrechners ergibt sich:

x	-5	-4	-3	-2	-1	0	1	1,5
$f(x)$	0,03	0,07	0,2	0,5	1,3	3	3,5	$-2{,}16$

Damit erhält man folgendes Schaubild:

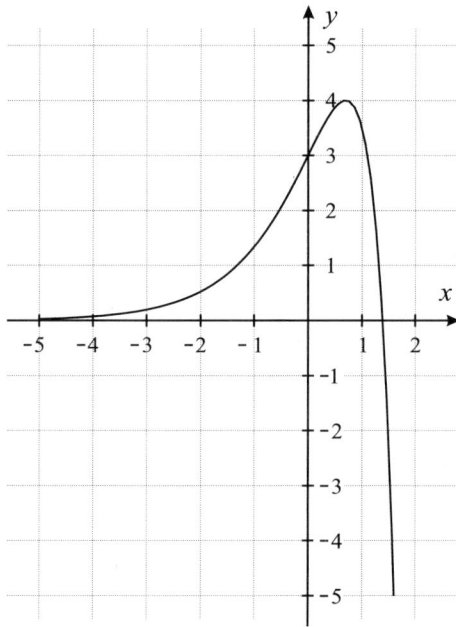

1.4 Um die gegebene Aussage zu prüfen, bestimmt man den Flächeninhalt sowie den Mittelwert. Der Graph von f schneidet die x-Achse bei $x = \ln(4)$, wie in 1.1 berechnet.
Den Inhalt A der Fläche, die K mit den Koordinatenachsen im 1. Quadranten einschließt, erhält man mithilfe eines Integrals:

$$A = \int_0^{\ln(4)} f(x)\,dx$$

Den Mittelwert $\overline{m}$ von f auf dem Intervall $[0; \ln(4)]$ erhält man ebenfalls mithilfe eines Integrals:

$$\overline{m} = \frac{1}{\ln(4) - 0} \cdot \int_0^{\ln(4)} f(x)\,dx$$

Wegen $\overline{m} = \frac{1}{\ln(4)} \cdot A$ bzw. $A = \ln(4) \cdot \overline{m} \approx 1{,}4 \cdot \overline{m} \neq 2 \cdot \overline{m}$ ist die Aussage falsch.

1.5.1 Die Gerade mit der Gleichung $y = c$ schneidet K in zwei Punkten $P(x_P \mid c)$ und $Q(x_Q \mid c)$ mit $x_P < 0$ und $x_Q > 0$ für $0 < c < 3$, da K die y-Achse in $S_y(0 \mid 3)$ schneidet und es damit für $c \geqslant 3$ keine zwei Schnittpunkte links und rechts der y-Achse gibt und es für $c < 0$ nur einen Schnittpunkt gibt.

1.5.2 Für $c = 1$ erhält man die Schnittpunkte der Geraden $y = 1$ mit K, indem man die Gleichung $f(x) = 1$ nach x auflöst:
$$-e^{2x} + 4e^x = 1$$

Substituiert man $e^x = z$, ergibt sich:

$$-z^2 + 4z = 1$$
$$0 = z^2 - 4z + 1$$

Mithilfe der *pq*- oder *abc*-Formel erhält man die Lösungen $z_1 = 2 + \sqrt{3}$ und $z_2 = 2 - \sqrt{3}$. Die Resubstitution $e^x = z_1$ ergibt die Lösung $x_1 = \ln(2 + \sqrt{3}) \approx 1{,}32$ und aus $e^x = z_2$ ergibt sich die Lösung $x_2 = \ln(2 - \sqrt{3}) \approx -1{,}32$.
Damit haben die Punkte P und Q die Koordinaten $P(-1,32 \mid 1)$ und $Q(1,32 \mid 1)$ und liegen symmetrisch zur y-Achse.
Somit halbiert die y-Achse die Strecke PQ.

1.6 Um zu untersuchen, ob das Schaubild der auf IR definierten Funktion g mit $g(x) = f(x) + f(-x)$ symmetrisch ist, bestimmt man zuerst einen Funktionsterm von g:

$$g(x) = -e^{2x} + 4e^x + \left(-e^{2 \cdot (-x)} + 4e^{-x}\right) = -e^{2x} - e^{-2x} + 4e^x + 4e^{-x}$$

Setzt man $-x$ in $g(x)$ ein, ergibt sich:

$$g(-x) = -e^{2 \cdot (-x)} - e^{-2 \cdot (-x)} + 4e^{-x} + 4e^{-(-x)} = -e^{-2x} - e^{2x} + 4e^{-x} + 4e^x = g(x)$$

Alternativ kann man auch $-x$ direkt in $g(x) = f(x) + f(-x)$ einsetzen:

$$g(-x) = f(-x) + f(-(-x)) = f(-x) + f(x) = f(x) + f(-x) = g(x)$$

Wegen $g(-x) = g(x)$ ist das Schaubild von g achsensymmetrisch zur y-Achse.

Teil 2 Aufgabe 2

2.1 Bezeichnet man mit x die Anzahl der Jahre ab 2012 ($x = 0$ entspricht dem Jahr 2012), so betrug der Abstand des Gletscherendes zum Fundort der Ausrüstung im Jahr 2012 genau 7 km. Da sich das Gletscherende pro Jahr um durchschnittlich 200 m, also 0,2 km, zurückzieht, verringert sich dieser Abstand, was durch die Steigung $-0,2$ der angegebenen Geraden beschrieben wird.

Somit kann der Abstand bezogen auf das Jahr 2012 durch die Gerade mit der Gleichung $y = -0,2 \cdot x + 7$ beschrieben werden.

2.2 Es ist $v(t) = 7,56 \cdot 10^{-6} \cdot t^2 - 2,27 \cdot 10^{-4} \cdot t + 0,11; t \geqslant 0$ ($t = 0$ entspricht dem Jahr 1950).

2.2.1 Setzt man $t = 71$ in $v(t)$ ein, ergibt sich:

$$v(71) = 7,56 \cdot 10^{-6} \cdot 71^2 - 2,27 \cdot 10^{-4} \cdot 71 + 0,11 \approx 0,132$$

Da $v(t)$ die Geschwindigkeit des Gletschers in km pro Jahr angibt, beträgt die Geschwindigkeit im Jahr 2021 (71 Jahre nach 1950) etwa 0,132 km pro Jahr bzw. 132 m pro Jahr.

2.2.2 Die durchschnittliche Geschwindigkeit $\bar{v}$ des Gletschers erhält man mithilfe eines Integrals:

$$\begin{aligned}
\bar{v} &= \frac{1}{71-0} \cdot \int_0^{71} v(t) \,\mathrm{d}t \\
&= \frac{1}{71} \cdot \int_0^{71} \left(7,56 \cdot 10^{-6} \cdot t^2 - 2,27 \cdot 10^{-4} \cdot t + 0,11\right) \mathrm{d}t \\
&= \frac{1}{71} \cdot \left[\frac{7,56 \cdot 10^{-6}}{3} \cdot t^3 - \frac{2,27 \cdot 10^{-4}}{2} \cdot t^2 + 0,11t\right]_0^{71} \\
&= \frac{1}{71} \cdot \left[2,52 \cdot 10^{-6} \cdot t^3 - 1,135 \cdot 10^{-4} \cdot t^2 + 0,11t\right]_0^{71} \\
&= \frac{1}{71} \cdot \Big(2,52 \cdot 10^{-6} \cdot 71^3 - 1,135 \cdot 10^{-4} \cdot 71^2 + 0,11 \cdot 71 \\
&\quad - \left(2,52 \cdot 10^{-6} \cdot 0^3 - 1,135 \cdot 10^{-4} \cdot 0^2 + 0,11 \cdot 0\right)\Big) \\
&\approx 0,115
\end{aligned}$$

Somit ist mithilfe von v belegbar, dass sich der Gletscher von 1950 bis 2021 um durchschnittlich etwa 115 m pro Jahr talwärts bewegt hat.

2.2.3 Bezeichnet man mit x die Anzahl der Jahre ab 2012 ($x = 0$ entspricht dem Jahr 2012), so kann man mithilfe des Integrals $\int_{62}^{62+x} v(t) \,\mathrm{d}t$ den vom Gletscher zurückgelegten Weg ab 2012 berechnen. Mit der Gleichung $y = -0,2 \cdot x + 7$ wird der Abstand des Gletscherendes zum Fundort der Ausrüstungsteile ab 2012 beschrieben.

Damit kann durch Lösen der Gleichung

$$\int_{62}^{62+x} v(t) \,\mathrm{d}t = -0,2 \cdot x + 7 \text{ mit } x > 0$$

folgende Frage beantwortet werden:

«Nach wie vielen Jahren ab 2012 hat das Gletscherende die Ausrüstungsteile, die bei der Bergung im Eis verblieben sind, freigegeben?»

Teil 2 Aufgabe 3

3 Es ist $v(t) = 0{,}5 \cdot \sin(5t)$; $t \geq 0$ (t: Zeit in Sekunden (s) und $v(t)$: Geschwindigkeit in Meter pro Sekunde ($\frac{m}{s}$)).

3.1 Die Zeit T, die vom Zeitpunkt des Loslassens an vergeht, bis die Kugel zum ersten Mal den Umkehrpunkt P2 erreicht, erhält man, indem man die Hälfte der Periode berechnet:

$$T = \frac{p}{2} = \frac{\frac{2\pi}{b}}{2} = \frac{\frac{2\pi}{5}}{2} = \frac{\pi}{5} \approx 0{,}63$$

Es vergehen etwa $0{,}63\,\text{s}$.

3.2 Die Beschleunigung $a(t)$ der Kugel ist die Änderungsrate der Geschwindigkeit. Dazu bildet man die 1. Ableitung von v mithilfe der Kettenregel:

$$a(t) = v'(t) = 0{,}5 \cdot \cos(5t) \cdot 5 = 2{,}5 \cdot \cos(5t)$$

Die momentane Beschleunigung der Kugel $0{,}2$ Sekunden nach dem Loslassen erhält man, indem man $t = 0{,}2$ in $v'(t)$ einsetzt:

$$a(0{,}2) = v'(0{,}2) = 2{,}5 \cdot \cos(5 \cdot 0{,}2) \approx 1{,}35$$

Die momentane Beschleunigung der Kugel $0{,}2$ Sekunden nach dem Loslassen beträgt etwa $1{,}35\,\frac{m}{s^2}$.

Die durchschnittliche Beschleunigung innerhalb der ersten $0{,}2$ Sekunden erhält man mithilfe eines Integrals:

$$\begin{aligned}
\bar{a} &= \frac{1}{0{,}2 - 0} \cdot \int_0^{0{,}2} a(t)\,dt \\
&= \frac{1}{0{,}2} \cdot \int_0^{0{,}2} v'(t)\,dt \\
&= 5 \cdot [v(t)]_0^{0{,}2} \\
&= 5 \cdot [0{,}5 \cdot \sin(5t)]_0^{0{,}2} \\
&= 5 \cdot (0{,}5 \cdot \sin(5 \cdot 0{,}2) - 0{,}5 \cdot \sin(5 \cdot 0)) \\
&\approx 2{,}10
\end{aligned}$$

Die durchschnittliche Beschleunigung innerhalb der ersten $0{,}2$ Sekunden beträgt etwa $2{,}1\,\frac{m}{s^2}$.

Lösungen   4. Abitur 2021

3.3.1 Die Geschwindigkeit v ist die momentane Änderungsrate der zurückgelegten Wegstrecke b. Damit ist die Funktion b mit $b(t) = -0,1 \cdot \cos(5t) + c$ eine Stammfunktion von v, was man durch Ableiten nachweisen kann:

$$b'(t) = -0,1 \cdot (-\sin(5t)) \cdot 5 = 0,5 \cdot \sin(5t) = v(t)$$

Für $t = \frac{p}{4} = \frac{\frac{2\pi}{5}}{4} = \frac{\pi}{10}$ gilt: $b\left(\frac{\pi}{10}\right) = 0$.

Damit erhält man:

$$-0,1 \cdot \cos\left(5 \cdot \frac{\pi}{10}\right) + c = 0$$
$$-0,1 \cdot \cos\left(\frac{\pi}{2}\right) + c = 0$$
$$0 + c = 0$$
$$c = 0$$

Somit kommt man von v auf die Funktion $b(t) = -0,1 \cdot \cos(5t)$.

3.3.2 Die Länge des Fadenpendels ist $l = 0,4\,\text{m}$.

Den Umfang U des gesamten Kreises erhält man durch $U = 2 \cdot \pi \cdot l$.

Die Bogenlänge b bei der maximalen Auslenkung erhält man, indem man $t = 0$ in $b(t)$ einsetzt.

Den Auslenkungswinkel α zum Zeitpunkt des Loslassens erhält man damit durch folgende Verhältnisgleichung, die man nach α auflösen kann:

$$\frac{\alpha}{360°} = \frac{b}{U}$$
$$\frac{\alpha}{360°} = \frac{b(0)}{2 \cdot \pi \cdot l}$$
$$\frac{\alpha}{360°} = \frac{-0,1 \cdot \cos(0)}{2 \cdot \pi \cdot 0,4}$$
$$\alpha = \frac{-0,1 \cdot \cos(0)}{0,8\pi} \cdot 360°$$
$$\alpha = \frac{-0,1 \cdot 1}{0,8\pi} \cdot 360°$$
$$\alpha \approx -14,3°$$

Der Auslenkungswinkel beträgt etwa $14,3°$.

Teil 2 Aufgabe 4

4 Es ist $f(t) = c \cdot e^{k \cdot t}$; $t \geqslant 0$ mit $c > 0$ und $k < 0$.

4.1 Den Wert von k erhält man mithilfe der Halbwertszeit 1600 Jahren. Da nach 1600 Jahren nur noch die Hälfte der zu Beginn vorhandenen Menge, die durch $f(0)$ bestimmt ist, vorhanden ist, kann man folgende Gleichung durch Logarithmieren nach k auflösen:

$$f(1600) = \frac{1}{2} \cdot f(0)$$

$$c \cdot e^{k \cdot 1600} = \frac{1}{2} \cdot c \cdot e^{k \cdot 0}$$

$$c \cdot e^{k \cdot 1600} = \frac{1}{2} \cdot c \cdot 1$$

$$e^{k \cdot 1600} = \frac{1}{2}$$

$$k \cdot 1600 = \ln\left(\frac{1}{2}\right)$$

$$k = \frac{\ln\left(\frac{1}{2}\right)}{1600}$$

$$k \approx -4,332 \cdot 10^{-4}$$

Wenn 20 Jahre nach Beobachtungsbeginn noch 99,14 g Radium vorhanden sind, kann man folgende Gleichung nach c auflösen:

$$f(20) = 99,14$$

$$c \cdot e^{-4,332 \cdot 10^{-4} \cdot 20} = 99,14$$

$$c = \frac{99,14}{e^{-4,332 \cdot 10^{-4} \cdot 20}}$$

$$c \approx 100,002$$

Wegen $f(0) = c \cdot e^{-k \cdot 0} = c$ beträgt die Masse zu Beobachtungsbeginn etwa 100,002 g.

4.2 $f(0)$ beschreibt die zu Beobachtungsbeginn vorhandene Masse.

$f(t)$ beschreibt die zum Zeitpunkt t vorhandene Masse.

Damit beschreibt $f(0) - f(t)$ die zum Zeitpunkt t zerfallene Masse.

Mit dem Ansatz $\frac{f(0)-f(t)}{f(0)} = 0,9$ bzw. $f(0) - f(t) = 0,9 \cdot f(0)$ kann somit der Zeitpunkt t bestimmt werden, an dem 90% der zu Beobachtungsbeginn vorhandenen Masse zerfallen sind.

4.3 Es ist nun $f(t) = 150 \cdot e^{-4,332 \cdot 10^{-4} \cdot t}$.

4.3.1 Um den Zeitpunkt zu bestimmen, an dem am meisten Radium zerfällt, verwendet man die

1. Ableitung von f, die man mit der Kettenregel erhält:

$$f'(t) = 150 \cdot e^{-4,332 \cdot 10^{-4} \cdot t} \cdot \left(-4,332 \cdot 10^{-4}\right) = -0,06498 \cdot e^{-4,332 \cdot 10^{-4} \cdot t}$$

Wegen $f'(t) < 0$ ist f streng monoton fallend, sodass zu Beobachtungsbeginn ($t = 0$) am meisten Radium zerfällt.

Die Änderungsrate von f zu diesem Zeitpunkt erhält man, indem man $t = 0$ in $f'(t)$ einsetzt:

$$f'(0) = -0,06498 \cdot e^{-4,332 \cdot 10^{-4} \cdot 0} = -0,06498$$

Die Änderungsrate zu Beobachtungsbeginn beträgt $-0,06498$ Gramm pro Jahr.

4.3.2 Um zu zeigen, dass zu jedem beliebigen Zeitpunkt t der Anteil, der a Jahre später von der Masse $f(t)$ noch vorhanden ist, nur von a abhängt, kann man folgendes Verhältnis bilden und mithilfe der Potenzgesetze umformen:

$$\frac{f(t+a)}{f(t)} = \frac{150 \cdot e^{-4,332 \cdot 10^{-4} \cdot (t+a)}}{150 \cdot e^{-4,332 \cdot 10^{-4} \cdot t}} = \frac{e^{-4,332 \cdot 10^{-4} \cdot t} \cdot e^{-4,332 \cdot 10^{-4} \cdot a}}{e^{-4,332 \cdot 10^{-4} \cdot t}} = e^{-4,332 \cdot 10^{-4} \cdot a}$$

Somit hängt das Verhältnis nur noch von a ab und die Aussage ist wahr.

Teil 3 Aufgabe 1

1.1.1 Der Pfad der Kugel kann durch eine Bernoulli-Kette beschrieben werden, da es jeweils nur die beiden Ausgänge «Kugel prallt rechts ab» oder «Kugel prallt links ab» gibt und die Wahrscheinlichkeit bei jedem Abprallen nach einer Seite gleich groß ist.

Legt man X als Zufallsvariable für die Anzahl der Stifte, bei denen die Kugel nach rechts abgelenkt wird, fest, so ist X binomialverteilt mit den Parametern $n = 4$ und $p = 0,5$.

Die Zufallsvariable X kann in diesem Fall für ein Galton-Brett der Länge vier die Werte 0, 1, 2, 3 und 4 annehmen.

1.1.2 Legt man X als Zufallsvariable für die Anzahl der Stifte, bei denen die Kugel nach rechts abgelenkt wird, fest, so ist X binomialverteilt mit den Parametern $n = 4$ und $p = 0,5$. Die Wahrscheinlichkeit für das Ereignis A: «Die Kugel landet in einem der beiden Fächer rechts vom mittleren Fach.» bzw. «Die Kugel wird mindestens dreimal nach rechts abgelenkt.» erhält man mithilfe der kumulierten Binomialverteilung und der Wahrscheinlichkeit des Gegenereignisses:

$$P(A) = P(X \geq 3) = 1 - P(X \leq 2) = 1 - 0,6875 = 0,3125$$

Die Wahrscheinlichkeit für das Ereignis A beträgt $31,25\,\%$.

Die Wahrscheinlichkeit für das Ereignis B: «Die Kugel landet nicht in einem der beiden äußeren Fächer.» bzw. «die Kugel wird nicht genau viermal nach rechts oder nach links abgelenkt» erhält man mithilfe der Binomialverteilung und der Wahrscheinlichkeit des Gegenereignisses:

$$P(B) = 1 - (P(X = 0) + P(X = 4)) = 1 - (0,0625 + 0,0625) = 0,875$$

Die Wahrscheinlichkeit für das Ereignis B beträgt $87,5\,\%$.

1.2 Legt man Y als Zufallsvariable für die Anzahl der mangelhaften Galton-Bretter fest, so ist Y binomialverteilt mit den Parametern n (unbekannt) und $p = 0,05$. Um die Anzahl der Galton-Bretter zu bestimmen, die mindestens überprüft werden müssen, um mit einer Wahrscheinlichkeit von mehr als 90 % mindestens ein mangelhaftes Brett zu finden, löst man folgende Ungleichung:

$$P(Y \geq 1) > 0,9$$
$$1 - P(Y = 0) > 0,9$$
$$0,1 > P(Y = 0)$$

Mithilfe der Binomialverteilung erhält man durch Ausprobieren mit dem Taschenrechner:

$$n = 44: \quad P(Y = 0) \approx 0,1047$$
$$n = 45: \quad P(Y = 0) \approx 0,0994$$

Damit müssen mindestens 45 Galton-Bretter überprüft werden.
Somit ist die gegebene Aussage falsch.

1.3 Legt man Z als Zufallsvariable für die Anzahl der Stifte, bei denen die Kugel nach links abprallt, fest, so ist Z binomialverteilt mit den Parametern n = 8 und p (unbekannt).
Wenn die Wahrscheinlichkeit, dass eine Kugel im mittleren Fach landet, den Wert 0,1 hat, so muss sie genau viermal nach links abgelenkt worden sein. Damit gilt:

$$P(Z = 4) = 0,1$$

Mithilfe der Binomialverteilung erhält man durch Ausprobieren mit dem Taschenrechner:

$$p = 0,735: \quad P(Z = 4) \approx 0,1007$$
$$p = 0,736: \quad P(Z = 4) \approx 0,0998$$

Alternativ kann man auch die Bernoulli-Formel verwenden und die folgende Gleichung nach p auflösen:

$$P(Z = 4) = 0,1$$
$$\binom{8}{4} \cdot p^4 \cdot (1-p)^{8-4} = 0,1$$
$$\frac{8!}{4! \cdot 4!} \cdot p^4 \cdot (1-p)^4 = 0,1$$
$$70 \cdot p^4 \cdot (1-p)^4 = 0,1$$
$$p^4 \cdot (1-p)^4 = \frac{1}{700}$$
$$p \cdot (1-p) = \sqrt[4]{\frac{1}{700}}$$
$$p - p^2 = \sqrt[4]{\frac{1}{700}}$$
$$0 = p^2 - p + \sqrt[4]{\frac{1}{700}}$$

Mithilfe der *pq*- oder *abc*-Formel erhält man die Lösungen $p_1 \approx 0,736$ und $p_2 \approx 0,264$.
Wegen $p > 0,5$ kommt nur $p \approx 0,736$ als Lösung in Frage.
Damit beträgt die Wahrscheinlichkeit, dass die Kugel an den Stiften nach links abprallt, etwa 73,6%.

Teil 3 Aufgabe 2

2.1 Man bezeichnet mit W: Wahlberechtigter hat gewählt und mit $\overline{W}$: Wahlberechtigter hat nicht gewählt.
Dann gilt anhand der gegebenen Daten: $P(W) = 0{,}76$ und $P(\overline{W}) = 1 - 0{,}76 = 0{,}24$.
Die Wahrscheinlichkeit des Ereignisses A: «Von fünf Wahlberechtigten haben nur die ersten beiden gewählt.» erhält man mithilfe der Pfadregeln.

$$P(A) = P(WW\overline{W}\,\overline{W}\,\overline{W}) = 0{,}76 \cdot 0{,}76 \cdot 0{,}24 \cdot 0{,}24 \cdot 0{,}24 = 0{,}76^2 \cdot 0{,}24^3 \approx 0{,}00798$$

Die Wahrscheinlichkeit für das Ereignis A beträgt etwa $0{,}8\,\%$.

Die Wahrscheinlichkeit des Ereignisses B: «Von vier Wahlberechtigten haben höchstens drei gewählt.» erhält man mithilfe der Pfadregeln und der Wahrscheinlichkeit des Gegenereignisses:

$$P(B) = 1 - P(WWWW) = 1 - 0{,}76 \cdot 0{,}76 \cdot 0{,}76 \cdot 0{,}76 = 1 - 0{,}76^4 \approx 0{,}6664$$

Alternativ legt man X als Zufallsvariable für die Anzahl der Wähler fest. Dann ist X binomialverteilt mit den Parametern $n = 4$ und $p = 0{,}76$.
Die Wahrscheinlichkeit des Ereignisses B: «Von vier Wahlberechtigten haben höchstens drei gewählt.» erhält man dann mithilfe der kumulierten Binomialverteilung:

$$P(B) = P(X \leqslant 3) \approx 0{,}6664$$

Die Wahrscheinlichkeit für das Ereignis B beträgt etwa $66{,}6\,\%$.

Für das Ereignis C legt man Y als Zufallsvariable für die Anzahl der Wähler fest. Dann ist Y binomialverteilt mit den Parametern $n = 20$ und $p = 0{,}76$.
Die Wahrscheinlichkeit des Ereignisses C: «Von 20 Wahlberechtigten haben mehr als 11 aber weniger als 18 gewählt.» erhält man mithilfe der kumulierten Binomialverteilung:

$$P(C) = P(11 < Y < 18) = P(Y \leqslant 17) - P(Y \leqslant 11) \approx 0{,}8915 - 0{,}0320 = 0{,}8595$$

Die Wahrscheinlichkeit für das Ereignis C beträgt etwa $86{,}0\,\%$.

2.2 Wenn bei 136 Wahlberechtigten die Anzahl der Wähler genau dreimal so groß wie die Anzahl der Nichtwähler ist, so gibt es $\frac{3}{4} \cdot 136 = 102$ Wähler und $\frac{1}{4} \cdot 136 = 34$ Nichtwähler.
Legt man Z als Zufallsvariable für die Anzahl der Wähler fest, so ist Z binomialverteilt mit den Parametern $n = 136$ und $p = 0{,}76$.
Die Wahrscheinlichkeit für das Ereignis D: «Die Anzahl der Wähler ist genau dreimal so groß wie die Anzahl der Nichtwähler.» erhält man mithilfe der Binomialverteilung:

$$P(D) = P(Z = 102) \approx 0{,}0759$$

Die Wahrscheinlichkeit für das Ereignis D beträgt etwa $7{,}6\,\%$.

2.3.1 Bezeichnet man mit B: Briefwahl und mit M: Partei M wurde gewählt, so kann man anhand der gegebenen Daten folgende Wahrscheinlichkeiten bestimmen:

Da 29 % der Wähler per Briefwahl abgestimmt haben, gilt: $P(B) = 0,29$ und damit

$$P(\overline{B}) = 1 - 0,29 = 0,71$$

Da die Partei M 26% aller Wählerstimmen erlangte, gilt: $P(M) = 0,26$ und damit

$$P(\overline{M}) = 1 - 0,26 = 0,74$$

Da 8 % der Briefwähler die Partei M wählten, gilt: $P_B(M) = 0,08$.
Wegen $P_B(M) = \frac{P(B \cap M)}{P(B)}$ ergibt sich:

$$P(B \cap M) = P_B(M) \cdot P(B) = 0,08 \cdot 0,29 = 0,0232$$

Diese Wahrscheinlichkeiten kann man in eine Vierfeldertafel eintragen und durch Summen- und Differenzbildung ergänzen:

	M	$\overline{M}$	
B	**0,0232**	0,2668	**0,29**
$\overline{B}$	0,2368	0,4732	**0,71**
	0,26	**0,74**	1

Die Wahrscheinlichkeit, dass ein zufällig ausgewählter Wähler der Partei M nicht per Briefwahl abgestimmt hat, erhält man mithilfe der bedingten Wahrscheinlichkeit:

$$P_M(\overline{B}) = \frac{P(M \cap \overline{B})}{P(M)} = \frac{0,2368}{0,26} \approx 0,9108$$

Die Wahrscheinlichkeit beträgt etwa 91,1 %.

2.3.2 Aus $P_{\overline{B}}(M) = 0,3$ und $P_{\overline{B}}(M) = \frac{P(M \cap \overline{B})}{P(\overline{B})}$ ergibt sich:

$$P_{\overline{B}}(M) = 0,30$$
$$\frac{P(M \cap \overline{B})}{P(\overline{B})} = 0,30$$
$$\frac{P(M \cap \overline{B})}{0,71} = 0,30$$
$$P(M \cap \overline{B}) = 0,30 \cdot 0,71$$
$$P(M \cap \overline{B}) = 0,213$$

Damit erhält man: $P(B \cap M) = P(M) - P(M \cap \overline{B}) = 0,26 - 0,213 = 0,047$.

Aus $P(B \cap M) = P_B(M) \cdot P(B)$ folgt:

$$P_B(M) = \frac{P(B \cap M)}{P(B)} = \frac{0,047}{0,29} \approx 0,162$$

Damit müsste sich der Anteil der Wähler von Partei M unter den Briefwählern von 8% auf etwa 16,2% erhöhen. Somit ist die gegebene Aussage richtig.

Teil 4 Lineare Algebra: Vektorgeometrie A

1 Die quadratische Grundfläche ABCD der Pyramide hat die Eckpunkte A(0 | 4 | 0), B(4 | 4 | 0), C(4 | 8 | 0) und D.

1.1 Der Punkt D hat die Koordinaten D(0 | 8 | 0). Die Koordinaten des Mittelpunkts M (Diagonalenschnittpunkt) der Grundfläche ABCD erhält man, indem man den Mittelpunkt der Strecke AC mit der Mittelpunktsformel bestimmt:

$$M\left(\frac{0+4}{2} \mid \frac{4+8}{2} \mid \frac{0+0}{2}\right) = M(2 \mid 6 \mid 0)$$

Da die Spitze S der Pyramide vier Längeneinheiten senkrecht über dem Schnittpunkt der beiden Diagonalen der Grundfläche liegt, hat die Spitze der Pyramide die Koordinaten S(2 | 6 | 4).

1.2 Mithilfe der ermittelten Punkte kann man die Pyramide in ein räumliches Koordinatensystem einzeichnen:

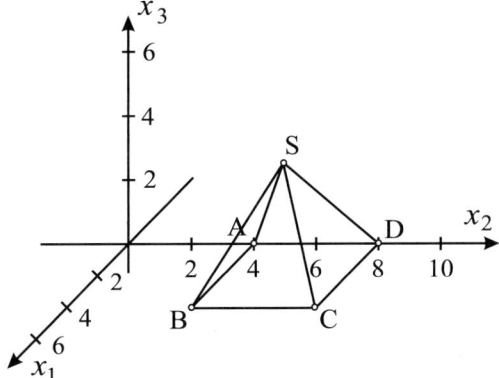

1.3 Den Flächeninhalt der Seitenwände der Pyramide erhält man, indem man beispielsweise zuerst den Flächeninhalt der vorderen Seitenwand BCS berechnet.

Diesen erhält man, indem man den Flächeninhalt A des gleichschenkligen Dreiecks BCS mit der Formel $A = \frac{1}{2} \cdot g \cdot h$ berechnet.

Dazu bestimmt man zuerst die Koordinaten des Mittelpunkts M_{BC} der Seite BC mit der Mittelpunktsformel:

$$M_{BC}\left(\frac{4+4}{2} \mid \frac{4+8}{2} \mid \frac{0+0}{2}\right) = M_{BC}(4 \mid 6 \mid 0)$$

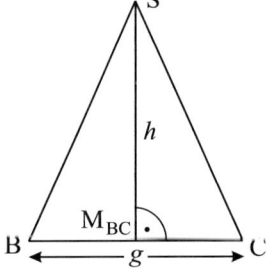

Die Länge der Grundseite $g = \overline{BC}$ erhält man, indem man den Betrag des Vektors $\overrightarrow{BC}$ be-

stimmt:
$$g = \left|\overrightarrow{BC}\right| = \left|\begin{pmatrix} 0 \\ 4 \\ 0 \end{pmatrix}\right| = \sqrt{0^2 + 4^2 + 0^2} = \sqrt{16} = 4$$

Die zugehörige Höhe h ist der Abstand von M_{BC} zu S:

$$h = \overline{M_{BC}S} = \left|\overrightarrow{M_{BC}S}\right| = \left|\begin{pmatrix} -2 \\ 0 \\ 4 \end{pmatrix}\right| = \sqrt{(-2)^2 + 0^2 + 4^2} = 2 \cdot \sqrt{5}$$

Damit ergibt sich für den Flächeninhalt einer Dreiecksfläche:

$$A = \frac{1}{2} \cdot g \cdot h = \frac{1}{2} \cdot 4 \cdot 2 \cdot \sqrt{5} = 4 \cdot \sqrt{5}$$

Für die Flächeninhalt F aller Seitenflächen erhält man damit:

$$F = 4 \cdot A = 4 \cdot 4 \cdot \sqrt{5} \approx 35{,}78$$

Somit beträgt der Flächeninhalt der Seitenflächen der Pyramide etwa $35{,}78\,m^2$.

Da das Material, mit dem die Seitenflächen der Pyramide beschichtet werden, 1500 Euro pro Quadratmeter kostet, multipliziert man den Flächeninhalt mit dem Preis pro m^2, um die Kosten K dieser Beschichtung zu ermitteln:

$$K \approx 35{,}78 \cdot 1500 = 53670$$

Die Kosten dieser Beschichtung betragen etwa 53 670 Euro.

1.4 Den Schattenpunkt S^* der Spitze $S(2\,|\,6\,|\,4)$ der Pyramide erhält man, indem man eine Gerade g durch S mit dem Richtungsvektor $\vec{r} = \begin{pmatrix} 2 \\ -10 \\ -8 \end{pmatrix}$ aufstellt und mit der x_1x_3-Ebene schneidet.

Die Gerade g hat die Gleichung:

$$g: \vec{x} = \vec{s} + t \cdot \vec{r}$$

$$g: \vec{x} = \begin{pmatrix} 2 \\ 6 \\ 4 \end{pmatrix} + t \cdot \begin{pmatrix} 2 \\ -10 \\ -8 \end{pmatrix}$$

Die Koordinaten des Schnittpunkts S^* von g mit der x_1x_3-Ebene erhält man, indem man die Koordinaten eines allgemeinen Punktes $P_t(2+2t\,|\,6-10t\,|\,4-8t)$ von g in die Gleichung

Lösungen   4. Abitur 2021

$x_2 = 0$ der x_1x_3-Ebene einsetzt und die Gleichung nach t auflöst:

$$6 - 10t = 0$$
$$t = 0{,}6$$

Setzt man $t = 0{,}6$ in P_t ein, ergibt sich $S^*(3{,}2 \mid 0 \mid -0{,}8)$.

Da die x_3-Koordinate von S^* negativ ist, trifft der Schatten der gesamten Pyramide nicht auf die fensterlose Wand.

1.5 Das Objekt kann von der Kamera erstmalig erfasst werden, wenn es die Ebene E, in der die Punkte K, C und S liegen, durchstößt. Daher bestimmt man zuerst die Gleichung der Ebene E.

Die Ebene E enthält die Punkte $K(0 \mid 9 \mid 3)$, $C(4 \mid 8 \mid 0)$ und $S(2 \mid 6 \mid 4)$. Sie hat beispielsweise den Stützpunkt K und die Spannvektoren $\overrightarrow{KC} = \begin{pmatrix} 4 \\ -1 \\ -3 \end{pmatrix}$ und

$\overrightarrow{KS} = \begin{pmatrix} 2 \\ -3 \\ 1 \end{pmatrix}$. Damit hat E die Parametergleichung:

$$E: \vec{x} = \begin{pmatrix} 0 \\ 9 \\ 3 \end{pmatrix} + s \cdot \begin{pmatrix} 4 \\ -1 \\ -3 \end{pmatrix} + t \cdot \begin{pmatrix} 2 \\ -3 \\ 1 \end{pmatrix}; \, s, t \in \mathbb{R}$$

Einen Normalenvektor $\vec{n}$ von E erhält man mithilfe des Vektorprodukts (siehe Seite 76) der Spannvektoren:

$$\begin{pmatrix} 4 \\ -1 \\ -3 \end{pmatrix} \times \begin{pmatrix} 2 \\ -3 \\ 1 \end{pmatrix} = \begin{pmatrix} -10 \\ -10 \\ -10 \end{pmatrix} = -1 \cdot \begin{pmatrix} 1 \\ 1 \\ 1 \end{pmatrix} \Rightarrow \vec{n} = \begin{pmatrix} 1 \\ 1 \\ 1 \end{pmatrix}$$

Eine Koordinatengleichung von E erhält man mithilfe der Punkt-Normalenform:

$$E: (\vec{x} - \vec{k}) \cdot \vec{n} = 0$$

$$E: \left(\begin{pmatrix} x_1 \\ x_2 \\ x_3 \end{pmatrix} - \begin{pmatrix} 0 \\ 9 \\ 3 \end{pmatrix} \right) \cdot \begin{pmatrix} 1 \\ 1 \\ 1 \end{pmatrix} = 0$$

$$E: (x_1 - 0) \cdot 1 + (x_2 - 9) \cdot 1 + (x_3 - 3) \cdot 1 = 0$$

$$E: x_1 + x_2 - 9 + x_3 - 3 = 0$$

$$E: x_1 + x_2 + x_3 = 12$$

Alternativ kann man auch die Koordinaten des Punktes $K(0 \mid 9 \mid 3)$ in den Ansatz

$x_1 + x_2 + x_3 = d$ einsetzen:
$$0 + 9 + 3 = d \Rightarrow d = 12$$

Die Ebene E hat somit die Koordinatengleichung E: $x_1 + x_2 + x_3 = 12$.

Die Gerade h, auf der sich das Objekt bewegt, enthält den Punkt $P(5 \mid 4 \mid 2)$ und hat den Richtungsvektor $\overrightarrow{AC} = \begin{pmatrix} 4 \\ 4 \\ 0 \end{pmatrix}$. Sie hat damit die Gleichung:

$$h: \vec{x} = \vec{p} + s \cdot \overrightarrow{AC}$$

$$h: \vec{x} = \begin{pmatrix} 5 \\ 4 \\ 2 \end{pmatrix} + s \cdot \begin{pmatrix} 4 \\ 4 \\ 0 \end{pmatrix}$$

Die Koordinaten des Punktes Q, an dem das Objekt von der Kameras erstmalig erfasst werden kann, erhält man, indem man die Gerade h mit der Ebene E schneidet. Dazu setzt man die Koordinaten eines allgemeinen Punktes $P_s(5 + 4s \mid 4 + 4s \mid 2)$ von h in die Gleichung von E ein und löst die entstandene Gleichung nach s auf:

$$5 + 4s + 4 + 4s + 2 = 12$$
$$8s + 11 = 12$$
$$8s = 1$$
$$s = \frac{1}{8}$$
$$s = 0{,}125$$

Setzt man $s = 0{,}125$ in P_s ein, ergibt sich: $Q(5{,}5 \mid 4{,}5 \mid 2)$.
Somit hat der Punkt Q die Koordinaten $Q(5{,}5 \mid 4{,}5 \mid 2)$.

Teil 4 Lineare Algebra: Vektorgeometrie B

2 Es ist $g: \vec{x} = \begin{pmatrix} -48 \\ -48 \\ 3,1 \end{pmatrix} + t \cdot \begin{pmatrix} 4 \\ 4 \\ -0,2 \end{pmatrix}$; $0 \leq t \leq 15$ (t in Minuten).

2.1 Setzt man $t = 1$ in g ein, erhält man die Koordinaten des Punktes P, an dem sich das Flugzeug eine Minute nach Beginn des Landeanflugs befindet:

$$\vec{p} = \begin{pmatrix} -48 \\ -48 \\ 3,1 \end{pmatrix} + 1 \cdot \begin{pmatrix} 4 \\ 4 \\ -0,2 \end{pmatrix} = \begin{pmatrix} -44 \\ -44 \\ 2,9 \end{pmatrix} \Rightarrow \text{P}(-44 \mid -44 \mid 2,9)$$

Die Entfernung d von diesem Punkt P zur Spitze S(11 | 14 | 0,13) des Flughafenturms erhält man, indem man den Betrag des zugehörigen Verbindungsvektors berechnet:

$$d = \left| \overrightarrow{PS} \right| = \left| \begin{pmatrix} 55 \\ 58 \\ -2,77 \end{pmatrix} \right| = \sqrt{55^2 + 58^2 + (-2,77)^2} \approx 79,98$$

Das Flugzeug ist eine Minute nach Beginn des Landeanflugs etwa 79,98 km von der Spitze des Flughafenturms entfernt.

2.2 Es ist

$$h: \vec{x} = \begin{pmatrix} -40 \\ -40 \\ 3,6 \end{pmatrix} + s \cdot \begin{pmatrix} 0 \\ 1 \\ 0 \end{pmatrix}; s \in \mathbb{R}$$

Um zu untersuchen, ob das Flugzeug während seines Landeanflugs in den zylindrischen Flugraum eintritt, berechnet man den Abstand d der windschiefen Geraden g und h mithilfe der Formel $d = \frac{|(\vec{b}-\vec{a}) \cdot \vec{n}|}{|\vec{n}|}$, wobei $\vec{n}$ orthogonal auf die beiden Richutngsvektoren $\vec{u}$ von g und $\vec{v}$ von h steht und $\vec{b} - \vec{a}$ der Verbindungsvektor der beiden Stützpunkte der Geraden g und h ist. Den Vektor $\vec{n}$ erhält man mithilfe des Vektorprodukts (siehe Seite 76) der Vektoren $\vec{u}$ und $\vec{v}$:

$$\vec{u} \times \vec{v} = \begin{pmatrix} 4 \\ 4 \\ -0,2 \end{pmatrix} \times \begin{pmatrix} 0 \\ 1 \\ 0 \end{pmatrix} = \begin{pmatrix} 0,2 \\ 0 \\ 4 \end{pmatrix} \Rightarrow \vec{n} = \begin{pmatrix} 0,2 \\ 0 \\ 4 \end{pmatrix}$$

Damit ergibt sich:

$$d = \frac{\left|\left(\begin{pmatrix}-40\\-40\\3,6\end{pmatrix}-\begin{pmatrix}-48\\-48\\3,1\end{pmatrix}\right)\cdot\begin{pmatrix}0,2\\0\\4\end{pmatrix}\right|}{\left|\begin{pmatrix}0,2\\0\\4\end{pmatrix}\right|} = \frac{\left|\begin{pmatrix}8\\8\\0,5\end{pmatrix}\cdot\begin{pmatrix}0,2\\0\\4\end{pmatrix}\right|}{\sqrt{0,2^2+0^2+4^2}}$$

$$= \frac{|8\cdot 0,2+8\cdot 0+0,5\cdot 4|}{\sqrt{16,04}} = \frac{3,6}{\sqrt{16,04}}$$

$$\approx 0,899$$

Wegen $d > 0,8$ tritt das Flugzeug während seines Landeanflugs nicht in den zylindrischen Flugraum ein.

2.3 Da sich die horizontale Landebahn auf 100 Meter Höhe über dem Meeresspiegel befindet, liegt sie in der Ebene E: $x_3 = 0,1$. Die Koordinaten des Landepunkts L erhält man, indem man die Gerade g mit der Ebene E schneidet. Dazu setzt man die Koordinaten eines allgemeinen Punktes

$$P_t(-48+4t \mid -48+4t \mid 3,1-0,2t)$$

von g in die Gleichung von E ein und löst die entstandene Gleichung nach t auf:

$$3,1-0,2t = 0,1$$
$$3 = 0,2t$$
$$t = 15$$

Setzt man $t = 15$ in P_t ein, erhält man: $L(12 \mid 12 \mid 0,1)$.

Den Winkel α, unter dem das Flugzeug auf der Landebahn aufsetzt, erhält man, indem man den Winkel zwischen E und g mithilfe der Formel $\sin(\alpha) = \frac{|\vec{u}\cdot\vec{n}|}{|\vec{u}|\cdot|\vec{n}|}$ berechnet. Dabei ist $\vec{u} = \begin{pmatrix}4\\4\\-0,2\end{pmatrix}$ der Richtungsvektor von g und $\vec{n} = \begin{pmatrix}0\\0\\1\end{pmatrix}$ ein Normalenvektor von E.

Damit ergibt sich:

$$\sin(\alpha) = \frac{\left|\begin{pmatrix}4\\4\\-0,2\end{pmatrix}\cdot\begin{pmatrix}0\\0\\1\end{pmatrix}\right|}{\left|\begin{pmatrix}4\\4\\-0,2\end{pmatrix}\right|\cdot\left|\begin{pmatrix}0\\0\\1\end{pmatrix}\right|} = \frac{|4\cdot 0+4\cdot 0+(-0,2)\cdot 1|}{\sqrt{4^2+4^2+(-0,2)^2}\cdot\sqrt{0^2+0^2+1^2}}$$

$$= \frac{0,2}{\sqrt{32,04}} \Rightarrow \alpha \approx 2,025°$$

Das Flugzeug setzt beim Punkt L(12 | 12 | 0,1) unter einem Winkel von etwa $2,0°$ auf.

2.4 Es sind A(0 | 0 | 0,2) und C(11 | 4 | 0,2).

2.4.1 Die Punkte B und D haben die Koordinaten B(11 | 0 | 0,2) und D(0 | 4 | 0,2).

2.4.2 Das Flugzeug befindet sich beim Landeanflug im Sinkflug.
Den Zeitpunkt, zu dem sich das Flugzeug 300 m über der Stadt, also insgesamt 500 m über dem Erdboden befindet, erhält man, indem man die Gerade g mit der Ebene F: $x_3 = 0,5$ schneidet. Dazu setzt man die Koordinaten eines allgemeinen Punktes

$$P_t(-48+4t \mid -48+4t \mid 3,1-0,2t)$$

von g in die Gleichung von F ein und löst die entstandene Gleichung nach t auf:

$$3,1 - 0,2t = 0,5$$
$$2,6 = 0,2t$$
$$t = 13$$

Nach 13 Minuten erreicht das Flugzeug eine Flughöhe von 500 m.
Setzt man $t = 13$ in P_t ein, erhält man: Q(4 | 4 | 0,5).
Nach 13 Minuten überfliegt das Flugzeug die Linie CD in einer Höhe von 500 m.
Um zu bestimmen, in welcher Höhe der Punkt A überflogen wird, setzt man $t = 12$ in P_t ein und erhält: R(0 | 0 | 0,7).
Nach 12 Minuten überfliegt das Flugzeug den Punkt A in einer Höhe von 700 m.

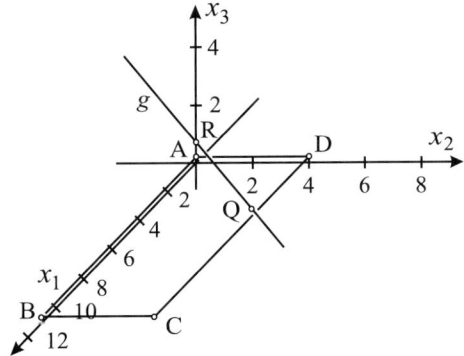

Somit hält das Flugzeug die Mindesthöhe von 300 m über der Stadt ein.

Teil 4 Lineare Algebra: Matrizen A

1.1 Anhand der gegebenen Tabelle ergibt sich folgende Rohstoff-Endprodukte-Matrix C:

$$C = \begin{pmatrix} 7 & 5 & 2 \\ 6 & 4 & 1 \\ 2 & 6 & 6 \end{pmatrix}$$

Der Wert 5 in der Tabelle bedeutet, dass für die Herstellung von 1 ME des Endprodukts E_2 genau 5 ME des Rohstoffs R_1 benötigt werden.

Um zu berechnen, wie viele ME der Rohstoffe benötigt werden, um jeweils 10 ME der Endprodukte zu produzieren, verwendet man das Matrix-Vektor-Produkt. Ist $\vec{r}$ der Rohstoffvektor und $\vec{p}$ der Endproduktvektor, so gilt: $\vec{r} = C \cdot \vec{p}$.

Mit $\vec{p} = \begin{pmatrix} 10 \\ 10 \\ 10 \end{pmatrix}$ erhält man:

$$\vec{r} = C \cdot \vec{p} = \begin{pmatrix} 7 & 5 & 2 \\ 6 & 4 & 1 \\ 2 & 6 & 6 \end{pmatrix} \cdot \begin{pmatrix} 10 \\ 10 \\ 10 \end{pmatrix} = \begin{pmatrix} 70+50+20 \\ 60+40+10 \\ 20+60+60 \end{pmatrix} = \begin{pmatrix} 140 \\ 110 \\ 140 \end{pmatrix}$$

Somit werden 140 ME von R_1, 110 ME von R_2 und 140 ME von R_3 benötigt.

1.2 Anhand des Verflechtungsdiagramms kann man zuerst die Rohstoff-Zwischenprodukte-Matrix A und die Zwischenprodukte-Endprodukte-Matrix B ermitteln:

$$A = \begin{pmatrix} a & 3 & 0 \\ 0 & b & a \\ 2 & 0 & 2 \end{pmatrix}$$

$$B = \begin{pmatrix} 1 & 2 & 2 \\ 2 & 1 & 0 \\ 0 & 1 & 1 \end{pmatrix}$$

Wegen $A \cdot B = C$ kann man zuerst das Matrizenprodukt $A \cdot B$ bestimmen und dann das Ergebnis mit Matrix C vergleichen. Es gilt:

$$A \cdot B = \begin{pmatrix} a & 3 & 0 \\ 0 & b & a \\ 2 & 0 & 2 \end{pmatrix} \cdot \begin{pmatrix} 1 & 2 & 2 \\ 2 & 1 & 0 \\ 0 & 1 & 1 \end{pmatrix}$$

$$= \begin{pmatrix} a+6 & 2a+3 & 2a \\ 2b & b+a & a \\ 2 & 6 & 6 \end{pmatrix}$$

Durch Koeffizientenvergleich mit Matrix $C = \begin{pmatrix} 7 & 5 & 2 \\ 6 & 4 & 1 \\ 2 & 6 & 6 \end{pmatrix}$ ergibt sich:

$$a + 6 = 7 \Rightarrow a = 1$$
$$2a + 3 = 5 \Rightarrow a = 1$$
$$2a = 2 \Rightarrow a = 1$$
$$2b = 6 \Rightarrow b = 3$$
$$b + a = 4$$
$$a = 1$$

Damit erhält man: $a = 1$ und $b = 3$.

1.3 Wenn im Lager ein Mindestbestand an Rohstoffen von jeweils 50 ME vorhanden sein soll und von R_1 noch 345 ME, von R_2 noch 285 ME und von R_3 noch 330 ME im Lager sind, so lautet der Rohstoffvektor $\vec{r} = \begin{pmatrix} 345 - 50 \\ 285 - 50 \\ 330 - 50 \end{pmatrix} = \begin{pmatrix} 295 \\ 235 \\ 280 \end{pmatrix}$. Wenn von E_2 nun 25 ME hergestellt werden sollen, so lautet der Endproduktevektor $\vec{p} = \begin{pmatrix} x \\ 25 \\ y \end{pmatrix}$.

Mit $\vec{r} = C \cdot \vec{p}$ ergibt sich folgende Gleichung:

$$\begin{pmatrix} 295 \\ 235 \\ 280 \end{pmatrix} = \begin{pmatrix} 7 & 5 & 2 \\ 6 & 4 & 1 \\ 2 & 6 & 6 \end{pmatrix} \cdot \begin{pmatrix} x \\ 25 \\ y \end{pmatrix}$$

$$\begin{pmatrix} 295 \\ 235 \\ 280 \end{pmatrix} = \begin{pmatrix} 7x + 125 + 2y \\ 6x + 100 + y \\ 2x + 150 + 6y \end{pmatrix}$$

Dies führt zu folgendem Gleichungssystem:

$$\begin{array}{rlrrrrr} \text{I} & 295 & = & 7x & + & 125 & + & 2y \\ \text{II} & 235 & = & 6x & + & 100 & + & y \\ \text{III} & 280 & = & 2x & + & 150 & + & 6y \end{array}$$

Subtrahiert man das 2-fache von Gleichung II von Gleichung I, so ergibt sich:

$$-175 = -5x - 75 \Rightarrow x = 20$$

Setzt man $x = 20$ in Gleichung I ein, erhält man:

$$295 = 7 \cdot 20 + 125 + 2y \Rightarrow y = 15$$

Setzt man $x = 20$ und $y = 15$ in Gleichung III ein, ergibt sich:

$$280 = 2 \cdot 20 + 150 + 6 \cdot 15 \Leftrightarrow 280 = 280$$

Aufgrund der wahren Aussage gibt es die eindeutige Lösung $x = 20$ und $y = 15$.
Somit müssen 20 ME von E_1 und 15 ME von E_3 hergestellt werden.

1.4 Legt man x für den Preis von 1 ME Endprodukt E_1 fest und sollen die Preise im selben Verhältnis wie die variablen Herstellungskosten stehen, so beträgt der Preis $0,5x$ für 1 ME von Endprodukt E_2 und $1,5x$ für 1 ME von Endprodukt E_3.

Die gesamten Herstellungskosten K für den Auftrag erhält man, indem man die Mengen der einzelnen Endprodukte mit den entsprechenden variablen Kosten multipliziert und die Fixkosten addiert:

$$K = 10 \cdot 30 + 20 \cdot 15 + 20 \cdot 45 + 500 = 2000$$

Alternativ kann man auch den Endproduktevektor $\vec{p} = \begin{pmatrix} 10 \\ 20 \\ 20 \end{pmatrix}$ mit dem variablen Kostenvektor $\vec{k_V} = (30 \quad 15 \quad 45)$ multiplizieren und die Fixkosten addieren:

$$K = \vec{p} \cdot \vec{k_V} + 500 = \begin{pmatrix} 10 \\ 20 \\ 20 \end{pmatrix} \cdot (30 \quad 15 \quad 45) + 500 = 10 \cdot 30 + 20 \cdot 15 + 20 \cdot 45 + 500 = 2000$$

Die Einnahmen E erhält man, indem man die Mengen mit den entsprechenden Preisen multipliziert:

$$E = 10 \cdot x + 20 \cdot 0,5x + 20 \cdot 1,5x = 50x$$

Wenn der Gewinn G genau 10% der Gesamtkosten betragen soll, so muss gelten:

$$G = 0,1 \cdot K$$
$$E - K = 0,1 \cdot K$$
$$50x - 2000 = 0,1 \cdot 2000$$
$$50x - 2000 = 200$$
$$50x = 2200$$
$$x = 44$$

Der Preis für 1 ME von Endprodukt E_1 beträgt 44 Euro.
Damit ergeben sich 22 Euro als Preis für 1 ME von Endprodukt E_2 und 66 Euro als Preis für 1 ME von Endprodukt E_3.

Teil 4 Lineare Algebra: Matrizen B

2 Es ist $M = \begin{pmatrix} 0,8 & 0,1 & 0 & 0 \\ 0,1 & 0,85 & 0,14 & 0,01 \\ 0 & 0,05 & 0,81 & 0,015 \\ 0,1 & 0 & 0,05 & 0,975 \end{pmatrix}$ und $\vec{v_n} = \begin{pmatrix} A \\ B \\ C \\ O \end{pmatrix}$ mit $M \cdot \vec{v_n} = \vec{v_{n+1}}$.

2.1 Anhand der gegebenen Matrix kann man den Übergangsgraphen vervollständigen. Dabei gilt, dass die Übergänge «von Spalten zu Zeilen» stattfinden.

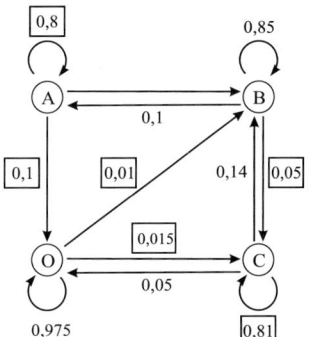

2.2 Der Eintrag 0,14 der Matrix M bedeutet, dass 14% der Mitglieder von Fitnesskette C innerhalb eines Jahres zur Fitnesskette B wechseln. Anhand des gegebenen Diagramms kann man erkennen, dass nur zur Fitnesskette A ausschließlich Kunden kommen, die schon zuvor bei einer Kette (nämlich B) angemeldet waren.

Alternativ kann man sich auch folgendes überlegen: Jede Zeile der Matrix M gibt an, wie viele Menschen von den verschiedenen Fitnessketten zu einer bestimmten Kette wechseln. Zu Fitnesskette A kommen ausschließlich Kunden, die schon zuvor bei einer Kette (B) angemeldet waren, weil die Einträge in der ersten Zeile der Matrix M bedeuten, dass 80% der Mitglieder von Kette A bei Kette A verbleiben und 10% von Kette B zu Kette A wechseln, aber kein Mitglied von Kette C oder ohne Vertrag zu A wechselt.

2.3 Da alle drei Ketten jeweils 1400 Mitglieder haben, beträgt die Anzahl der Kunden ohne Vertrag $10\,000 - 3 \cdot 1400 = 5800$.

Die Anzahl der Mitglieder der drei Ketten im Jahr 2021 erhält man, indem man die Matrix M mit dem Zustandsvektor $\vec{v} = \begin{pmatrix} 1400 \\ 1400 \\ 1400 \\ 5800 \end{pmatrix}$ multipliziert:

$$M \cdot \vec{v} = \begin{pmatrix} 0,8 & 0,1 & 0 & 0 \\ 0,1 & 0,85 & 0,14 & 0,01 \\ 0 & 0,05 & 0,81 & 0,015 \\ 0,1 & 0 & 0,05 & 0,975 \end{pmatrix} \cdot \begin{pmatrix} 1400 \\ 1400 \\ 1400 \\ 5800 \end{pmatrix} = \begin{pmatrix} 1260 \\ 1584 \\ 1291 \\ 5865 \end{pmatrix}$$

Somit waren im Jahr 2021 bei Kette A genau 1260, bei Kette B genau 1584 und bei Kette C genau 1291 Mitglieder angemeldet.

2.4 Wenn langfristig 10% der Kunden bei der Fitnesskette A angemeldet sein werden und 60% der Kunden ohne Vertrag bleiben, so gilt für den Verteilungsvektor: $\vec{x} = \begin{pmatrix} 0,1 \\ b \\ c \\ 0,6 \end{pmatrix}$.

Wegen
$$0,1 + b + c + 0,6 = 1$$
erhält man: $c = 0,3 - b$.

Damit ergibt sich: $\vec{x} = \begin{pmatrix} 0,1 \\ b \\ 0,3 - b \\ 0,6 \end{pmatrix}$

Aufgrund der langfristig stabilen Verteilung gilt: $M \cdot \vec{x} = \vec{x}$. Damit erhält man:

$$\begin{pmatrix} 0,8 & 0,1 & 0 & 0 \\ 0,1 & 0,85 & 0,14 & 0,01 \\ 0 & 0,05 & 0,81 & 0,015 \\ 0,1 & 0 & 0,05 & 0,975 \end{pmatrix} \cdot \begin{pmatrix} 0,1 \\ b \\ 0,3 - b \\ 0,6 \end{pmatrix} = \begin{pmatrix} 0,1 \\ b \\ 0,3 - b \\ 0,6 \end{pmatrix}$$

$$\begin{pmatrix} 0,08 + 0,1b \\ 0,01 + 0,85b + 0,14 \cdot (0,3 - b) + 0,006 \\ 0,05b + 0,81 \cdot (0,3 - b) + 0,009 \\ 0,01 + 0,05 \cdot (0,3 - b) + 0,585 \end{pmatrix} = \begin{pmatrix} 0,1 \\ b \\ 0,3 - b \\ 0,6 \end{pmatrix}$$

Durch Koeffizientenvergleich ergibt sich beispielsweise aus Zeile 1:

$$0,08 + 0,1b = 0,1 \Rightarrow b = 0,2$$

Setzt man $b = 0,2$ in $\vec{x}$ ein, ergibt sich: $\vec{x} = \begin{pmatrix} 0,1 \\ 0,2 \\ 0,1 \\ 0,6 \end{pmatrix}$.

Da es insgesamt 10 000 Kunden gibt, gilt für den Stabilitätsvektor $\vec{v}$ der stationären Verteilung:

$$\vec{v} = \begin{pmatrix} 0,1 \cdot 10\,000 \\ 0,2 \cdot 10\,000 \\ 0,1 \cdot 10\,000 \\ 0,6 \cdot 10\,000 \end{pmatrix} = \begin{pmatrix} 1000 \\ 2000 \\ 1000 \\ 6000 \end{pmatrix}$$

Somit sind langfristig 1000 Kunden bei Kette A, 2000 Kunden bei Kette B, 1000 Kunden bei Kette C und 6000 Kunden ohne Vertrag.

2.5 Legt man x für die Anzahl der Mitglieder von Kette B bzw. Kette C fest, so ist $2x$ die Anzahl der Mitglieder von Kette A und $10\,000 - x - x - 2x = 10\,000 - 4x$ die Anzahl der Mitglieder ohne Vertrag.

Damit ergibt sich der Zustandsvektor $\vec{v_0} = \begin{pmatrix} 2x \\ x \\ x \\ 10\,000 - 4x \end{pmatrix}$.

Die Anzahl der Mitglieder $\vec{v_1}$ des Folgejahres erhält man, indem man die Matrix M mit $\vec{v_0}$ multipliziert:

$$\vec{v_1} = M \cdot \vec{v_0} = \begin{pmatrix} 0,8 & 0,1 & 0 & 0 \\ 0,1 & 0,85 & 0,14 & 0,01 \\ 0 & 0,05 & 0,81 & 0,015 \\ 0,1 & 0 & 0,05 & 0,975 \end{pmatrix} \cdot \begin{pmatrix} 2x \\ x \\ x \\ 10\,000 - 4x \end{pmatrix} = \begin{pmatrix} 1,7x \\ 100 + 1,15x \\ 150 + 0,8x \\ 9750 - 3,65x \end{pmatrix}$$

Da die Fitnesskette C ein Jahr später 950 Mitglieder hat, gilt:

$$150 + 0,8x = 950 \Rightarrow x = 1000$$

Setzt man $x = 1000$ in den Vektor $\vec{v_0}$ ein, ergibt sich:

$$\vec{v_0} = \begin{pmatrix} 2 \cdot 1000 \\ 1000 \\ 1000 \\ 10\,000 - 4 \cdot 1000 \end{pmatrix} = \begin{pmatrix} 2000 \\ 1000 \\ 1000 \\ 6000 \end{pmatrix}$$

Die Anzahl der Kunden ohne Vertrag beträgt zu Beginn damit 6000.

Setzt man $x = 1000$ in den Vektor $\vec{v_1}$ ein, ergibt sich:

$$\vec{v_1} = \begin{pmatrix} 1,7 \cdot 1000 \\ 100 + 1,15 \cdot 1000 \\ 150 + 0,8 \cdot 1000 \\ 9750 - 3,65 \cdot 1000 \end{pmatrix} = \begin{pmatrix} 1700 \\ 1250 \\ 950 \\ 6100 \end{pmatrix}$$

Ein Jahr später beträgt die Anzahl der Kunden ohne Vertrag 6100.

Die prozentuale Zunahme p der Kunden ohne Vertrag erhält man, indem man die Differenz der beiden Anzahlen durch die Anzahl zu Beginn teilt:

$$p = \frac{6100 - 6000}{6000} = \frac{100}{6000} = \frac{1}{60} \approx 0,0167$$

Die prozentuale Zunahme beträgt etwa 1,7%.

5 Abitur 2022

Teil 1 ohne Hilfsmittel

1 Analysis

1.1 Es ist $f(x) = 2 \cdot e^x$ mit $f'(x) = 2 \cdot e^x$. Damit erhält man:

$$f(0) = 2 \cdot e^0 = 2$$
$$f'(1) = 2 \cdot e^1 = 2e$$

und

$$\int_0^1 f(x)\mathrm{d}x = \int_0^1 (2 \cdot e^x)\,\mathrm{d}x$$
$$= \left[2 \cdot e^x\right]_0^1$$
$$= 2 \cdot e^1 - 2 \cdot e^0$$
$$= 2e - 1$$

Somit gilt:

$$f(0) < \int_0^1 f(x)\mathrm{d}x < f'(1)$$

1.2 Es ist $g(x) = x \cdot \sin(x)$; $-1 \leqslant x \leqslant 10$.

1.2.1 Die gemeinsamen Punkte von K_g mit der ersten Winkelhalbierenden $y = x$ erhält man durch Gleichsetzen:

$$x \cdot \sin(x) = x$$
$$x \cdot \sin(x) - x = 0$$
$$x \cdot (\sin(x) - 1) = 0$$

Mithilfe des Satzes vom Nullprodukt erhält man $x_1 = 0$ und aus $\sin(x) - 1 = 0$ bzw. $\sin(x) = 1$ die Lösungen $x_2 = \frac{\pi}{2}$ und $x_3 = \frac{5}{2}\pi$.
Somit erhält man folgende gemeinsame Punkte: $P_1(0 \mid 0)$, $P_2\left(\frac{\pi}{2} \mid \frac{\pi}{2}\right)$ und $P_3\left(\frac{5}{2}\pi \mid \frac{5}{2}\pi\right)$.
Anhand des gegebenen Schaubildes K_g kann man erkennen, dass es zwei Berührpunkte gibt.

1.2.2 Um zu zeigen, dass die Funktion G mit $G(x) = -x \cdot \cos(x) + \sin(x)$ eine Stammfunktion von g ist, bestimmt man die erste Ableitung von G mit der Produktregel:

$$G'(x) = -1 \cdot \cos(x) + (-x) \cdot (-\sin(x)) + \cos(x) = x \cdot \sin(x) = g(x)$$

Wegen $G'(x) = g(x)$ ist G eine Stammfunktion von g.
Eine allg. Stammfunktion G_C von g hat die Gleichung $G_C(x) = -x \cdot \cos(x) + \sin(x) + C$.

Um diejenige Stammfunktion von g zu bestimmen, deren Schaubild den Punkt $(0 \mid 7)$ enthält, setzt man die Koordinaten dieses Punktes in $G_C(x)$ ein, um C zu erhalten:

$$7 = -0 \cdot \cos(0) + \sin(0) + C$$
$$7 = 0 + 0 + C$$
$$7 = C$$

Somit lautet die Gleichung der gesuchten Stammfunktion:

$$G_7(x) = -x \cdot \cos(x) + \sin(x) + 7$$

1.3 Als Ansatz für die Gleichung einer quadratischen Funktion h verwendet man $h(x) = ax^2 + bx + c$ mit $h'(x) = 2ax + b$.
Da der Graph von h die Gerade mit der Gleichung $y = \frac{1}{4}x + 1$ im Punkt $P(0 \mid 1)$ schneidet, gilt: $h(0) = 1$.
Da der Graph von h die Gerade mit der Gleichung $y = \frac{1}{4}x + 1$ im Punkt $P(0 \mid 1)$ unter einem rechten Winkel schneidet, gilt: $h'(0) = -\frac{1}{\frac{1}{4}} = -4$.
Mithilfe dieser beiden Bedingungen ergibt sich:

$$h(0) = 1 \Rightarrow a \cdot 0^2 + b \cdot 0 + c = 1 \Rightarrow c = 1$$
$$h'(0) = -4 \Rightarrow 2a \cdot 0 + b = -4 \Rightarrow b = -4$$

Damit erhält man: $h(x) = ax^2 - 4x + 1$ mit $h'(x) = 2ax - 4$.
Die Koordinaten des Extrempunkts E_a des Graphen von h erhält man, indem man die Gleichung $h'(x) = 0$ nach x auflöst:

$$2ax - 4 = 0 \Rightarrow x = \frac{4}{2a} = \frac{2}{a}$$

Setzt man $x = \frac{2}{a}$ in $h(x)$ ein, ergibt sich:

$$h\left(\frac{2}{a}\right) = a \cdot \left(\frac{2}{a}\right)^2 - 4 \cdot \left(\frac{2}{a}\right) + 1 = a \cdot \frac{4}{a^2} - \frac{8}{a} + 1 = \frac{4}{a} - \frac{8}{a} + 1 = -\frac{4}{a} + 1$$

Damit hat der Extrempunkt die Koordinaten $E_a\left(\frac{2}{a} \mid -\frac{4}{a} + 1\right)$.
Wenn die x- und die y- Koordinate des Extrempunkts E_a des Graphen von h übereinstimmen, so gilt: $x = y$.
Damit erhält man folgende Gleichung, die man nach a auflösen kann:

$$\frac{2}{a} = -\frac{4}{a} + 1$$
$$\frac{6}{a} = 1$$
$$6 = a$$

Somit erhält man:

$$h(x) = 6x^2 - 4x + 1$$

2 Stochastik A

2.1.1 Man bezeichnet mit K: Kopf und mit Z: Zahl.

Die Wahrscheinlichkeit für Kopf oder Zahl beträgt bei jedem Wurf $p = \frac{1}{2}$.
Da die Münze solange geworfen wird, bis sie Zahl zeigt, jedoch höchstens dreimal, ergibt sich folgendes Baumdiagramm:

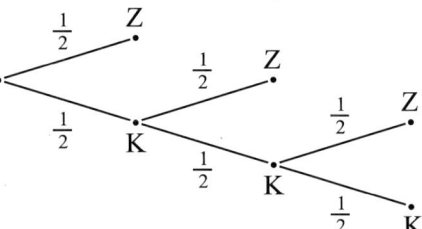

2.1.2 Um zu bestimmen, wie oft man die Münze im Mittel wirft, berechnet man zuerst die Wahrscheinlichkeiten für die Anzahl der Würfe mithilfe der Pfadregeln. Legt man X als Zufallsgröße für die Anzahl der Würfe fest, so ergibt sich:

$$P(X = 1) = \frac{1}{2}$$
$$P(X = 2) = \frac{1}{2} \cdot \frac{1}{2} = \frac{1}{4}$$
$$P(X = 3) = 1 - \frac{1}{2} - \frac{1}{4} = \frac{1}{4}$$

Den Erwartungswert E von X erhält man, indem man die Anzahl der Würfe mit den entsprechenden Wahrscheinlicheiten multipliziert und die Ergebnisse addiert:

$$E = 1 \cdot \frac{1}{2} + 2 \cdot \frac{1}{4} + 3 \cdot \frac{1}{4} = \frac{1}{2} + \frac{2}{4} + \frac{3}{4} = \frac{2}{4} + \frac{2}{4} + \frac{3}{4} = \frac{7}{4} = 1,75$$

Somit wirft man die Münze im Mittel 1,75 mal.

2.2 Aussage (1) ist wahr.

Wirft man die Münze fünfmal hintereinander, so erhält man die Wahrscheinlichkeit für das Ereignis: «genau einmal Zahl» mithilfe der Pfadregeln:

P(genau einmal Zahl) = P(ZKKKK) + P(KZKKK) + P(KKZKK) + P(KKKZK) + P(KKKKZ)

$$= \frac{1}{2} \cdot \frac{1}{2} \cdot \frac{1}{2} \cdot \frac{1}{2} \cdot \frac{1}{2} + \frac{1}{2} \cdot \frac{1}{2} \cdot \frac{1}{2} \cdot \frac{1}{2} \cdot \frac{1}{2} + \frac{1}{2} \cdot \frac{1}{2} \cdot \frac{1}{2} \cdot \frac{1}{2} \cdot \frac{1}{2} + \frac{1}{2} \cdot \frac{1}{2} \cdot \frac{1}{2} \cdot \frac{1}{2} \cdot \frac{1}{2}$$
$$+ \frac{1}{2} \cdot \frac{1}{2} \cdot \frac{1}{2} \cdot \frac{1}{2} \cdot \frac{1}{2}$$
$$= \frac{1}{32} + \frac{1}{32} + \frac{1}{32} + \frac{1}{32} + \frac{1}{32}$$
$$= \frac{5}{32}$$

Wegen $\frac{5}{32} > \frac{4}{32} = \frac{1}{8}$ ist somit Aussage (1) wahr.

Aussage (2) ist ebenfalls wahr, da bei fünf Würfen gilt:

P(genau dreimal Zahl) = P(genau zweimal Kopf) = P(genau zweimal Zahl)

2 Stochastik B

2.1 Man bezeichnet mit B: Bube, D: Dame und mit K: König.

Da es sich um Ziehen mit Zurücklegen handelt, gilt: $P(B) = P(D) = P(K) = \frac{2}{6} = \frac{1}{3}$.

Die Wahrscheinlichkeit für das Ereignis E_1: «Der Spieler hat drei verschiedene Bilder gezogen.» erhält man mithilfe der Pfadregeln:

$$P(E_1) = P(BDK) + P(BKD) + P(DBK) + P(DKB) + P(KBD) + P(KDB)$$
$$= \frac{1}{3} \cdot \frac{1}{3} \cdot \frac{1}{3} \cdot 6$$
$$= \frac{6}{27}$$
$$= \frac{2}{9}$$

Die Wahrscheinlichkeit für das Ereignis E_1 beträgt $\frac{2}{9}$.

Man bezeichnet mit B: Bube und mit $\overline{B}$: kein Bube.

Da es sich um Ziehen mit Zurücklegen handelt, gilt: $P(B) = \frac{1}{3}$ und $P(\overline{B}) = 1 - \frac{1}{3} = \frac{2}{3}$.

Die Wahrscheinlichkeit für das Ereignis E_2: «Der Spieler hat genau einmal einen Buben gezogen.» erhält man mithilfe der Pfadregeln:

$$P(E_2) = P(B\overline{B}\,\overline{B}) + P(\overline{B}B\overline{B}) + P(\overline{B}\,\overline{B}B)$$
$$= \frac{1}{3} \cdot \frac{2}{3} \cdot \frac{2}{3} \cdot 3$$
$$= \frac{4}{9}$$

Die Wahrscheinlichkeit für das Ereignis E_2 beträgt $\frac{4}{9}$.

Die Wahrscheinlichkeit, mindestens einmal einen Buben zu ziehen, erhält man mit der Wahrscheinlichkeit des Gegenereignisses:

$$P(\text{mindestens ein Bube}) = 1 - P(\overline{B}\,\overline{B}\,\overline{B}) = 1 - \frac{2}{3} \cdot \frac{2}{3} \cdot \frac{2}{3} = 1 - \frac{8}{27} = \frac{19}{27}$$

Die Wahrscheinlichkeit, mindestens zweimal einen König zu ziehen, ohne einen Buben zu ziehen, erhält man mithilfe der Pfadregeln:

$$P(\text{mindestens zweimal König}) = P(KKD) + P(KDK) + P(DKK) + P(KKK)$$
$$= \frac{1}{3} \cdot \frac{1}{3} \cdot \frac{1}{3} \cdot 4$$
$$= \frac{4}{27}$$

Die Wahrscheinlichkeit für das Ereignis E_3: «Der Spieler hat mindestens einmal einen Buben oder mindestens zweimal einen König gezogen.» erhält man, indem man die beiden

Wahrscheinlichkeiten addiert:

$$P(E_3) = P(\text{mindestens ein Bube}) + P(\text{mindestens zweimal König})$$
$$= \frac{19}{27} + \frac{4}{27}$$
$$= \frac{23}{27}$$

Die Wahrscheinlichkeit für das Ereignis E_3 beträgt $\frac{23}{27}$.

2.2 Die Wahrscheinlichkeit, dass genau zweimal Bube gezogen wird, erhält man mithilfe der Pfadregeln:

$$P(\text{genau zweimal Bube}) = P(BBD) + P(BBK) + P(BDB) + P(BKB) + P(DBB) + P(KBB)$$
$$= \frac{1}{3} \cdot \frac{1}{3} \cdot \frac{1}{3} \cdot 6$$
$$= \frac{2}{9}$$

Entsprechend gilt:

$$P(\text{genau zweimal Dame}) = \frac{2}{9}$$
$$P(\text{genau zweimal König}) = \frac{2}{9}$$

Die Wahrscheinlichkeit, dass genau zweimal das gleiche Bild gezogen wird, erhält man, indem man die Wahrscheinlichkeiten addiert:

$$P(\text{genau zweimal das gleiche Bild}) = P(\text{genau zweimal Bube}) + P(\text{genau zweimal Dame})$$
$$+ P(\text{genau zweimal König})$$
$$= \frac{2}{9} + \frac{2}{9} + \frac{2}{9}$$
$$= \frac{6}{9}$$
$$= \frac{2}{3}$$

Die Wahrscheinlichkeit, genau dreimal das gleiche Bild zu ziehen, erhält man mithilfe der Pfadregeln:

$$P(\text{genau dreimal das gleiche Bild}) = P(BBB) + P(DDD) + P(KKK)$$
$$= \frac{1}{3} \cdot \frac{1}{3} \cdot \frac{1}{3} \cdot 3$$
$$= \frac{1}{9}$$

Legt man x für die Auszahlung für genau zwei gleiche Bilder fest, so erhält man den Erwartungswert E für den Gewinn des Spielers, indem man die Auszahlungsbeträge mit den entsprechenden Wahrscheinlichkeiten multipliziert, die Ergebnisse addiert und den Einsatz subtrahiert:
$$E = x \cdot \frac{2}{3} + 18 \cdot \frac{1}{9} - 5 = \frac{2}{3}x - 3$$
Damit das Spiel fair ist, löst man die Gleichung E = 0 nach x auf:
$$\frac{2}{3}x - 3 = 0$$
$$\frac{2}{3}x = 3$$
$$2x = 9$$
$$x = 4,5$$

Somit beträgt die Auszahlung bei genau zwei gleichen Bildern 4,50 Euro.

3 Lineare Algebra: Wahlgebiet Vektorgeometrie A (AG, BTG, EG, SGG, TG, WG)

3 Es ist $\overrightarrow{AB} = \begin{pmatrix} 1 \\ 2 \\ -2 \end{pmatrix}$, $\overrightarrow{BC} = \begin{pmatrix} 2 \\ 0 \\ 1 \end{pmatrix}$, $\overrightarrow{CD} = \begin{pmatrix} -1 \\ -2 \\ 2 \end{pmatrix}$.

3.1 Um den Vektor $\overrightarrow{DA}$ zu bestimmen, verwendet man eine Vektorkette:

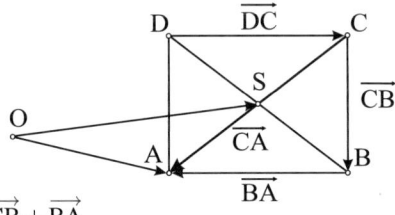

$$\overrightarrow{DA} = \overrightarrow{DC} + \overrightarrow{CB} + \overrightarrow{BA}$$
$$= -\overrightarrow{CD} - \overrightarrow{BC} - \overrightarrow{AB}$$
$$= -\begin{pmatrix} -1 \\ -2 \\ 2 \end{pmatrix} - \begin{pmatrix} 2 \\ 0 \\ 1 \end{pmatrix} - \begin{pmatrix} 1 \\ 2 \\ -2 \end{pmatrix}$$
$$= \begin{pmatrix} -2 \\ 0 \\ -1 \end{pmatrix}$$

Um nachzuweisen, dass das Viereck ABCD ein Rechteck ist, zeigt man, dass gegenüberliegende Vektoren gleich sind und bei einer Ecke ein rechter Winkel ist. Es gilt:

$$\overrightarrow{DC} = -\overrightarrow{CD} = -\begin{pmatrix} -1 \\ -2 \\ 2 \end{pmatrix} = \begin{pmatrix} 1 \\ 2 \\ -2 \end{pmatrix} = \overrightarrow{AB}$$

$$\overrightarrow{AD} = -\overrightarrow{DA} = -\begin{pmatrix} -2 \\ 0 \\ -1 \end{pmatrix} = \begin{pmatrix} 2 \\ 0 \\ 1 \end{pmatrix} = \overrightarrow{BC}$$

Wegen $\overrightarrow{AB} = \overrightarrow{DC}$ und $\overrightarrow{BC} = \overrightarrow{AD}$ sind gegenüberliegende Vektoren gleich und das Viereck ABCD ist ein Parallelogramm.

Um zu zeigen, dass beispielsweise bei A ein rechter Winkel ist, verwendet man das Skalarprodukt der entsprechenden Vektoren:

$$\overrightarrow{AB} \cdot \overrightarrow{AD} = \begin{pmatrix} 1 \\ 2 \\ -2 \end{pmatrix} \cdot \begin{pmatrix} 2 \\ 0 \\ 1 \end{pmatrix} = 1 \cdot 2 + 2 \cdot 0 + (-2) \cdot 1 = 2 + 0 - 2 = 0$$

Wegen $\overrightarrow{AB} \cdot \overrightarrow{AD} = 0$ ist bei A ein rechter Winkel.
Somit ist das Viereck ABCD ein Rechteck.

3.2 Um die Koordinaten des Punktes A so zu berechnen, dass sich die Diagonalen des Vierecks ABCD in $S(3,5 \mid 4 \mid 1,5)$ schneiden, verwendet man eine geeignete Vektorkette:

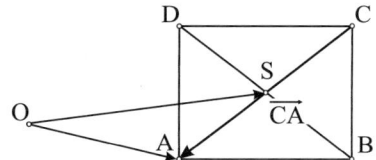

$$\overrightarrow{OA} = \overrightarrow{OS} + \frac{1}{2} \cdot \overrightarrow{CA}$$

$$= \overrightarrow{OS} + \frac{1}{2} \cdot \left(\overrightarrow{CB} + \overrightarrow{BA}\right)$$

$$= \overrightarrow{OS} + \frac{1}{2} \cdot \left(-\overrightarrow{BC} - \overrightarrow{AB}\right)$$

$$= \begin{pmatrix} 3,5 \\ 4 \\ 1,5 \end{pmatrix} + \frac{1}{2} \cdot \left(-\begin{pmatrix} 2 \\ 0 \\ 1 \end{pmatrix} - \begin{pmatrix} 1 \\ 2 \\ -2 \end{pmatrix}\right)$$

$$= \begin{pmatrix} 3,5 \\ 4 \\ 1,5 \end{pmatrix} + \frac{1}{2} \cdot \begin{pmatrix} -3 \\ -2 \\ 1 \end{pmatrix}$$

$$= \begin{pmatrix} 2 \\ 3 \\ 2 \end{pmatrix}$$

Somit hat der Punkt A die Koordinaten $A(2 \mid 3 \mid 2)$.

3.3 Wird das Viereck ABCD z.B. vom Punkt A aus gestreckt, ergibt sich das gestreckte Viereck $AB'C'D'$. Da der Flächeninhalt des Vierecks ABCD um den Faktor 5 vergrößert wird, wird jede Seite mit dem Faktor $\sqrt{5}$ gestreckt.

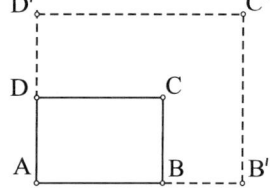

Die Länge der Seite AB erhält man, indem man den Betrag des entsprechenden Verbindungsvektors berechnet:

$$\overline{AB} = \left|\overrightarrow{AB}\right| = \left|\begin{pmatrix} 1 \\ 2 \\ -2 \end{pmatrix}\right| = \sqrt{1^2 + 2^2 + (-2)^2} = \sqrt{9} = 3$$

Damit hat die Seite AB' die Länge $\sqrt{5} \cdot 3$ LE.

Alternativ kann man auch die Länge der Seite AD berechnen:

$$\overline{AD} = \left|\overrightarrow{AD}\right| = \left|\begin{pmatrix} 2 \\ 0 \\ 1 \end{pmatrix}\right| = \sqrt{2^2 + 0^2 + 1^2} = \sqrt{5}$$

Damit hat die Seite AD' die Länge $\sqrt{5} \cdot \sqrt{5} = 5$ LE.

3 Lineare Algebra: Wahlgebiet Vektorgeometrie B (AG, BTG, EG, SGG, TG, WG)

3 Die Gerade g geht durch die Punkte $A(2 \mid -2 \mid 2)$ und $B(2 \mid 4 \mid 5)$.

3.1 Um zu begründen, dass g parallel zur x_2x_3-Koordinatenebene ist, berechnet man das Skalarprodukt zwischen dem Richtungsvektor

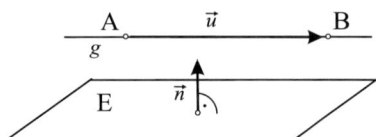

$$\vec{u} = \overrightarrow{AB} = \begin{pmatrix} 0 \\ 6 \\ 3 \end{pmatrix} \text{ von } g$$

und dem Normalenvektor $\vec{n} = \begin{pmatrix} 1 \\ 0 \\ 0 \end{pmatrix}$ der x_2x_3-Koordinatenebene:

$$\vec{u} \cdot \vec{n} = \begin{pmatrix} 0 \\ 6 \\ 3 \end{pmatrix} \cdot \begin{pmatrix} 1 \\ 0 \\ 0 \end{pmatrix} = 0 \cdot 1 + 6 \cdot 0 + 3 \cdot 0 = 0 + 0 + 0 = 0$$

Wegen $\vec{u} \cdot \vec{n} = 0$ ist g parallel zur x_2x_3-Koordinatenebene.

Um nachzuweisen, dass g nicht in der x_2x_3-Koordinatenebene ($x_1 = 0$) liegt, setzt man beispielsweise die Koordinaten des Punktes $A(2 \mid -2 \mid 2)$ in die Ebenengleichung ein:

$$2 = 0$$

Aufgrund des Widerspruchs liegt A und damit auch g nicht in der x_2x_3-Koordinatenebene.

3.2 Um einen Punkt P auf g zu bestimmen, sodass das Verhältnis der Streckenlänge $\overline{AP} : \overline{BP}$ genau $2 : 1$ ist, verwendet man eine geeignete Vektorkette:

$$\overrightarrow{OP} = \overrightarrow{OA} + \frac{2}{3} \cdot \overrightarrow{AB}$$

$$= \begin{pmatrix} 2 \\ -2 \\ 2 \end{pmatrix} + \frac{2}{3} \cdot \begin{pmatrix} 0 \\ 6 \\ 3 \end{pmatrix}$$

$$= \begin{pmatrix} 2 \\ 2 \\ 4 \end{pmatrix}$$

Somit hat der Punkt P die Koordinaten $P(2 \mid 2 \mid 4)$.

3.3 C(4 | 2 | 1,5) ist ein weiterer Punkt und M(2 | 1 | 3,5) ein Punkt auf g.

Um nachzuweisen, dass die Vektoren $\overrightarrow{AB}$ und $\overrightarrow{MC}$ zueinander orthogonal sind, berechnet man das Skalarprodukt der beiden Vektoren:

$$\overrightarrow{AB} \cdot \overrightarrow{MC} = \begin{pmatrix} 0 \\ 6 \\ 3 \end{pmatrix} \cdot \begin{pmatrix} 2 \\ 1 \\ -2 \end{pmatrix} = 0 \cdot 2 + 6 \cdot 1 + 3 \cdot (-2) = 0 + 6 - 6 = 0$$

Wegen $\overrightarrow{AB} \cdot \overrightarrow{MC} = 0$ sind die Vektoren $\overrightarrow{AB}$ und $\overrightarrow{MC}$ zueinander orthogonal.

Den Abstand d von C zur Geraden g erhält man, indem man den Betrag des Verbindungsvektors von C zu M berechnet:

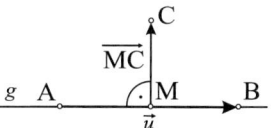

$$d = \overline{MC} = \left| \overrightarrow{MC} \right| = \left| \begin{pmatrix} 2 \\ 1 \\ -2 \end{pmatrix} \right| = \sqrt{2^2 + 1^2 + (-2)^2} = \sqrt{9} = 3$$

Somit hat der Punkt C zur Geraden g den Abstand 3 LE.

3 Lineare Algebra: Wahlgebiet Matrizen A (AG, BTG, EG, SGG, WG)

3 Es ist $S = \begin{pmatrix} \frac{1}{4} & \frac{1}{2} \\ \frac{3}{4} & \frac{1}{2} \end{pmatrix}$.

3.1.1 Mit $S \cdot \vec{x} = \vec{x}$ kann man den gegebenen Ausdruck vereinfachen:

$$\begin{aligned}
(S^4 + S^3 + S^2 + S - E) \cdot \vec{x} &= S^4 \cdot \vec{x} + S^3 \cdot \vec{x} + S^2 \cdot \vec{x} + S \cdot \vec{x} - E \cdot \vec{x} \\
&= S^3 \cdot S \cdot \vec{x} + S^2 \cdot S \cdot \vec{x} + S \cdot S \cdot \vec{x} + \vec{x} - \vec{x} \\
&= S^3 \cdot \vec{x} + S^2 \cdot \vec{x} + S \cdot \vec{x} \\
&= S^2 \cdot S \cdot \vec{x} + S \cdot S \cdot \vec{x} + \vec{x} \\
&= S^2 \cdot \vec{x} + S \cdot \vec{x} + \vec{x} \\
&= S \cdot S \cdot \vec{x} + \vec{x} + \vec{x} \\
&= S \cdot \vec{x} + \vec{x} + \vec{x} \\
&= \vec{x} + \vec{x} + \vec{x} \\
&= 3 \cdot \vec{x}
\end{aligned}$$

3.1.2 Um einen Vektor $\vec{x}$ so zu bestimmen, dass $S \cdot \vec{x} = \vec{x}$ gilt, verwendet man das Matrix-Vektor-Produkt. Mit $\vec{x} = \begin{pmatrix} x \\ y \end{pmatrix}$ ergibt sich folgende Gleichung:

$$\begin{pmatrix} \frac{1}{4} & \frac{1}{2} \\ \frac{3}{4} & \frac{1}{2} \end{pmatrix} \cdot \begin{pmatrix} x \\ y \end{pmatrix} = \begin{pmatrix} x \\ y \end{pmatrix}$$

bzw.

$$\begin{pmatrix} \frac{1}{4}x + \frac{1}{2}y \\ \frac{3}{4}x + \frac{1}{2}y \end{pmatrix} = \begin{pmatrix} x \\ y \end{pmatrix}$$

Dies führt zu folgendem Gleichungssystem:

$$\begin{array}{rrrrr} \text{I} & \frac{1}{4}x & + & \frac{1}{2}y & = & x \\ \text{II} & \frac{3}{4}x & + & \frac{1}{2}y & = & y \end{array}$$

bzw.

$$\begin{array}{rrrrr} \text{I} & -\frac{3}{4}x & + & \frac{1}{2}y & = & 0 \\ \text{II} & \frac{3}{4}x & - & \frac{1}{2}y & = & 0 \end{array}$$

Addiert man die Gleichungen I und II, ergibt sich:

$$0 = 0$$

Damit hat das Gleichungssystem unendlich viele Lösungen.

Wählt man beispielsweise $x = 4$, so erhält man:

$$-\frac{3}{4} \cdot 4 + \frac{1}{2}y = 0 \;\Rightarrow\; y = 6$$

Somit ist beispielsweise $\vec{x} = \begin{pmatrix} 4 \\ 6 \end{pmatrix}$ ein Vektor, für den gilt: $S \cdot \vec{x} = \vec{x}$.

3.2 Man legt M als beliebige stochastische Matrix mit $M = \begin{pmatrix} a & b \\ c & d \end{pmatrix}$ fest.

Da M eine stochastische Matrix ist, sind a, b, c und d nicht negativ, es gilt: $a + c = 1$ und $b + d = 1$.

Um zu prüfen, ob $S \cdot M$ eine stochastische Matrix ist, verwendet man das Matrizenprodukt:

$$S \cdot M = \begin{pmatrix} \frac{1}{4} & \frac{1}{2} \\ \frac{3}{4} & \frac{1}{2} \end{pmatrix} \cdot \begin{pmatrix} a & b \\ c & d \end{pmatrix} = \begin{pmatrix} \frac{1}{4}a + \frac{1}{2}c & \frac{1}{4}b + \frac{1}{2}d \\ \frac{3}{4}a + \frac{1}{2}c & \frac{3}{4}b + \frac{1}{2}d \end{pmatrix}$$

Da a, b, c und d nicht negativ sind, sind auch alle Elemente von $S \cdot M$ nicht negativ.

Nun ist noch zu prüfen, ob die Summe der Elemente der Spalten jeweils 1 ergibt:

$$\frac{1}{4}a + \frac{1}{2}c + \frac{3}{4}a + \frac{1}{2}c = a + c = 1$$
$$\frac{1}{4}b + \frac{1}{2}d + \frac{3}{4}b + \frac{1}{2}d = b + d = 1$$

Da alle Elemente von $S \cdot M$ nicht negativ sind und die Summe der Elemente der Spalten jeweils 1 ergibt, ist $S \cdot M$ eine stochastische Matrix.

Die Aussage ist also wahr.

3 Lineare Algebra: Wahlgebiet Matrizen B (AG, BTG, EG, SGG, WG)

3 Gegeben sind die Matrizen $A = \begin{pmatrix} 4 & 2 & 3 \\ 0 & 2 & 0 \\ 0 & 0 & 1 \end{pmatrix}$ und $B = \begin{pmatrix} 5 & 7 & 6 \\ 4 & 2 & 1 \\ 4 & 2 & 1 \end{pmatrix}$.

3.1 Um die Inverse A^{-1} von A zu bestimmen, schreibt man links die Matrix A auf und rechts daneben die Einheitsmatrix. Dann formt man beide Matrizen gleichzeitig mithilfe von elementaren Umformungen so lange um, bis links die Einheitsmatrix steht. Rechts steht dann die inverse Matrix:

4	2	3	1	0	0	I	$-$II	Zunächst wird Zeile II von Zeile I
0	2	0	0	1	0	II	$-:2$	subtrahiert und Zeile II durch 2 di-
0	0	1	0	0	1	III		vidiert.

4	0	3	1	-1	0	Ia	$-3 \cdot$ III	Anschließend wird das Dreifache
0	1	0	0	$\frac{1}{2}$	0	IIa		von Zeile III von Zeile Ia subtrah-
0	0	1	0	0	1	III		hiert.

4	0	0	1	-1	-3	Ib	$:4$	
0	1	0	0	$\frac{1}{2}$	0	IIa		Zum Schluss wird Zeile Ib durch 4
0	0	1	0	0	1	III		dividiert.

1	0	0	$\frac{1}{4}$	$-\frac{1}{4}$	$-\frac{3}{4}$	Ia		
0	1	0	0	$\frac{1}{2}$	0	IIb		Rechts steht nun die gesuchte inver-
0	0	1	0	0	1	IIIb		se Matrix.

Damit ist
$$A^{-1} = \begin{pmatrix} \frac{1}{4} & -\frac{1}{4} & -\frac{3}{4} \\ 0 & \frac{1}{2} & 0 \\ 0 & 0 & 1 \end{pmatrix}$$

Die Inverse $A^{-1} = \begin{pmatrix} a & b & c \\ d & e & f \\ g & h & i \end{pmatrix}$ von A erhält man, indem man das Matrizenprodukt $A^{-1} \cdot A$ bildet:

$$A^{-1} \cdot A = \begin{pmatrix} a & b & c \\ d & e & f \\ g & h & i \end{pmatrix} \cdot \begin{pmatrix} 4 & 2 & 3 \\ 0 & 2 & 0 \\ 0 & 0 & 1 \end{pmatrix} = \begin{pmatrix} 4a & 2a+2b & 3a+c \\ 4d & 2d+2e & 3d+f \\ 4g & 2g+2h & 3g+i \end{pmatrix}$$

Wegen $A^{-1} \cdot A = E$ gilt:

$$\begin{pmatrix} 4a & 2a+2b & 3a+c \\ 4d & 2d+2e & 3d+f \\ 4g & 2g+2h & 3g+i \end{pmatrix} = \begin{pmatrix} 1 & 0 & 0 \\ 0 & 1 & 0 \\ 0 & 0 & 1 \end{pmatrix}$$

Durch Vergleich der Elemente ergibt sich:

$$4a = 1 \Rightarrow a = \frac{1}{4}$$
$$4d = 0 \Rightarrow d = 0$$
$$4g = 0 \Rightarrow g = 0$$
$$2a + 2b = 0 \Rightarrow \frac{2}{4} + 2b = 0 \Rightarrow b = -\frac{1}{4}$$
$$2d + 2e = 1 \Rightarrow 2 \cdot 0 + 2e = 1 \Rightarrow e = \frac{1}{2}$$
$$2g + 2h = 0 \Rightarrow 2 \cdot 0 + 2h = 0 \Rightarrow h = 0$$
$$3a + c = 0 \Rightarrow 3 \cdot \frac{1}{4} + c = 0 \Rightarrow c = -\frac{3}{4}$$
$$3d + f = 0 \Rightarrow 3 \cdot 0 + f = 0 \Rightarrow f = 0$$
$$3g + i = 1 \Rightarrow 3 \cdot 0 + i = 1 \Rightarrow i = 1$$

Damit erhält man:

$$A^{-1} = \begin{pmatrix} \frac{1}{4} & -\frac{1}{4} & -\frac{3}{4} \\ 0 & \frac{1}{2} & 0 \\ 0 & 0 & 1 \end{pmatrix}$$

3.2 Da B zwei übereinstimmende Zeilen hat, ist B nicht invertierbar.
Daher besitzt das lineare Gleichungssystem $B \cdot \vec{x} = \vec{z}$ für alle Vektoren $\vec{z}$, also auch für $\vec{z} = A \cdot \vec{y}$, keine eindeutige Lösung $\vec{x}$.
Somit ergibt sich die Behauptung.

3.3 Um zu untersuchen, ob die Matrizengleichung $A^2 - B^2 = (A + B) \cdot (A - B)$ gilt, kann man sich Folgendes überlegen:
Es gilt:

$$(A + B) \cdot (A - B) = A^2 - A \cdot B + B \cdot A - B^2$$

Falls $A \cdot B = B \cdot A$ gilt, gilt auch obige Matrizengleichung.
Es ist:

$$A \cdot B = \begin{pmatrix} 4 & 2 & 3 \\ 0 & 2 & 0 \\ 0 & 0 & 1 \end{pmatrix} \cdot \begin{pmatrix} 5 & 7 & 6 \\ 4 & 2 & 1 \\ 4 & 2 & 1 \end{pmatrix} = \begin{pmatrix} 40 & \ldots & \ldots \\ \ldots & \ldots & \ldots \\ \ldots & \ldots & \ldots \end{pmatrix}$$

und

$$B \cdot A = \begin{pmatrix} 5 & 7 & 6 \\ 4 & 2 & 1 \\ 4 & 2 & 1 \end{pmatrix} \cdot \begin{pmatrix} 4 & 2 & 3 \\ 0 & 2 & 0 \\ 0 & 0 & 1 \end{pmatrix} = \begin{pmatrix} 20 & \ldots & \ldots \\ \ldots & \ldots & \ldots \\ \ldots & \ldots & \ldots \end{pmatrix}$$

Damit kann man erkennen, dass $A \cdot B \neq B \cdot A$ ist.
Somit gilt die Matrizengleichung $A^2 - B^2 = (A + B) \cdot (A - B)$ nicht.

Teil 2 Aufgabe 1

1 Gegeben sind die Punkte $T_1(-2 \mid 2)$, $T_2(2 \mid 2)$ und $H(0 \mid 4)$

1.1 Als Ansatz für einen Term der Polynomfunktion f vom Grad 4, deren Schaubild K symmetrisch zur y-Achse ist, verwendet man $f(x) = ax^4 + bx^2 + c$ mit $f'(x) = 4ax^3 + 2bx$.
Da K die y-Achse im Punkt H schneidet, gilt: $f(0) = 4$.
Da K einen Extrempunkt in T_1 hat, gilt: $f(-2) = 2$ und $f'(-2) = 0$.
Damit erhält man folgendes Gleichungssystem:

$$\begin{array}{rrrrrrr}
\text{I} & a \cdot 0^4 & + & b \cdot 0^2 & + & c & = 4 \\
\text{II} & a \cdot (-2)^4 & + & b \cdot (-2)^2 & + & c & = 2 \\
\text{III} & 4a \cdot (-2)^3 & + & 2b \cdot (-2) & & & = 0
\end{array}$$

Aus Gleichung I ergibt sich: $c = 4$.
Setzt man $c = 4$ in Gleichung II ein, erhält man:

$$\begin{array}{rrrrrrr}
\text{I} & & & & & c & = 4 \\
\text{II} & 16a & + & 4b & + & 4 & = 2 \\
\text{III} & -32a & - & 4b & & & = 0
\end{array}$$

Addiert man Gleichung I und II, erhält man:

$$-16a + 4 = 2 \Rightarrow a = \frac{1}{8}$$

Setzt man $a = \frac{1}{8}$ in Gleichung III ein, erhält man:

$$-32 \cdot \frac{1}{8} - 4b = 0 \Rightarrow b = -1$$

Somit hat die Funktion f den Funktionsterm $f(x) = \frac{1}{8}x^4 - x^2 + 4$.

1.2 Es ist $f(x) = \frac{1}{8}x^4 - x^2 + 4$; $-3 \leqslant x \leqslant 3$.

1.2.1 Die Funktionsgleichung von f kann man umformen zu $f(x) = \frac{1}{8}(x^4 - 8x^2 + 16) + 2$.
Die Funktionsgleichung $f(x) = a(x+b)^2(x+c)^2 + 2$ kann man ebenfalls umformen:

$$\begin{aligned}
f(x) &= a\left((x^2 + 2bx + b^2)(x^2 + 2cx + c^2)\right) + 2 \\
&= a\left(x^4 + 2cx^3 + c^2x^2 + 2bx^3 + 4bcx^2 + 2bc^2x + b^2x^2 + 2b^2cx + b^2c^2\right) + 2 \\
&= a\left(x^4 + (2c + 2b)x^3 + (c^2 + 4bc + b^2)x^2 + (2bc^2 + 2b^2c)x + b^2c^2\right) + 2
\end{aligned}$$

Durch Koeffizientenvergleich ergibt sich: $a = \frac{1}{8}$
Aus $2c + 2b = 0$ erhält man: $b = -c$.
Aus $b^2c^2 = 16$ und $b = -c$ ergibt sich: $c^4 = 16 \Rightarrow c = 2 \Rightarrow b = -2$.
Somit sind $a = \frac{1}{8}$, $b = -2$ und $c = 2$ passende Werte.

1.2.2
Eine nach unten geöffnete Parabel p, die ihren Scheitel auf der y-Achse hat, hat den Ansatz $y = ax^2 + c$.

Da $H(0 \mid 4)$ der Scheitel ist, kann man die Koordinaten von H einsetzen:
$$4 = a \cdot 0^2 + c \Rightarrow c = 4$$

Damit hat die Parabel p die Gleichung $p(x) = ax^2 + 4$ mit $a < 0$.
Die Schnittstellen von p und K_f erhält man durch Gleichsetzen:

$$\frac{1}{8}x^4 - x^2 + 4 = ax^2 + 4$$
$$\frac{1}{8}x^4 - x^2 - ax^2 = 0$$
$$\frac{1}{8}x^4 - (1+a)x^2 = 0$$
$$x^2 \cdot \left(\frac{1}{8}x^2 - (1+a)\right) = 0$$

Mit dem Satz vom Nullprodukt erhält man $x_1 = 0$ und aus $\frac{1}{8}x^2 - (1+a) = 0$ bzw. $x^2 = 8 \cdot (1+a)$ die Lösungen
$$x_{2,3} = \pm\sqrt{8 \cdot (1+a)}$$

Wegen $x > 0$ kommt nur $x_0 = \sqrt{8 \cdot (1+a)}$ als Lösung in Frage.
Wegen $a < 0$ gilt:
$$x_0 = \sqrt{8 \cdot (1+a)} < \sqrt{8} = 2\sqrt{2}$$

Somit schneidet die Parabel p das Schaubild K_f in einem Punkt $S(x_0 \mid f(x_0))$ mit $x_0 > 0$ und $x_0 < 2\sqrt{2}$.

1.2.3
Den größten Wert der ersten Ableitung von f für $-3 \leqslant x \leqslant 3$ erhält man mithilfe der ersten drei Ableitungen von f:

$$f'(x) = \frac{1}{2}x^3 - 2x$$
$$f''(x) = \frac{3}{2}x^2 - 2$$
$$f'''(x) = 3x$$

Als notwendige Bedingung löst man die Gleichung $f''(x) = 0$ nach x auf:

$$\frac{3}{2}x^2 - 2 = 0$$
$$x^2 = \frac{4}{3}$$
$$x_{1,2} = \pm\sqrt{\frac{4}{3}}$$

Setzt man die erhaltenen x-Werte in $f'''(x)$ ein, ergibt sich:

$$f'''\left(\sqrt{\frac{4}{3}}\right) = 3 \cdot \sqrt{\frac{4}{3}} > 0 \Rightarrow \text{lokales Minimum}$$

$$f'''\left(-\sqrt{\frac{4}{3}}\right) = 3 \cdot \left(-\sqrt{\frac{4}{3}}\right) < 0 \Rightarrow \text{lokales Maximum}$$

Setzt man $x = -\sqrt{\frac{4}{3}}$ in $f'(x)$ ein, ergibt sich als lokaler Maximalwert:

$$f'\left(-\sqrt{\frac{4}{3}}\right) = \frac{1}{2} \cdot \left(-\sqrt{\frac{4}{3}}\right)^3 - 2 \cdot \left(-\sqrt{\frac{4}{3}}\right) = \frac{4}{3}\sqrt{\frac{4}{3}} \approx 1{,}53$$

Um zu prüfen, ob das lokale Maximum das absolute Maximum ist, betrachtet man die Randwerte des gegebenen Intervalls:

$$f'(-3) = \frac{1}{2} \cdot (-3)^3 - 2 \cdot (-3) = -7{,}5$$

$$f'(3) = \frac{1}{2} \cdot 3^3 - 2 \cdot 3 = 7{,}5$$

Wegen $1{,}53 < 7{,}5$ beträgt der größte Wert der ersten Ableitung von f genau $7{,}5$.

1.3 Es ist $g(x) = \cos(u \cdot x) + v$; $-3 \leqslant x \leqslant 3$.

1.3.1 Da das Schaubild von g nur die drei Extrempunkte $T_1(-2 \mid 2)$, $T_2(2 \mid 2)$ und $H(0 \mid 4)$ hat, kann man sich Folgendes überlegen:

Die Mittellinie liegt in der Mitte zwischen den y-Werten der Tiefpunkte und des Hochpunkts, also $v = \frac{2+4}{2} = 3$.

Die Periode beträgt $p = 4$, da sich die x-Werte der beiden Tiefpunkte um 4 unterscheiden. Damit ergibt sich:

$$u = \frac{2\pi}{p} = \frac{2\pi}{4} = \frac{\pi}{2}$$

Somit ist $u = \frac{\pi}{2}$ und $v = 3$ und es ergibt sich

$$g(x) = \cos\left(\frac{\pi}{2} \cdot x\right) + 3; \quad -3 \leqslant x \leqslant 3$$

1.3.2 Da G eine Stammfunktion der Funktion g mit $g(x) = \cos\left(\frac{\pi}{2} \cdot x\right) + 3$; $-3 \leqslant x \leqslant 3$ ist, gilt: $G'(x) = g(x)$. Dies bedeutet, dass die Steigung von G an einer Stelle dem y-Wert von g an dieser Stelle entspricht. Damit ergibt sich:

$$G'(-3) = g(-3) = 3$$
$$G'(-2) = g(-1) = 2$$
$$G'(-1) = g(-2) = 3$$

$$G'(0) = g(0) = 4$$
$$G'(1) = g(1) = 3$$
$$G'(2) = g(2) = 2$$
$$G'(3) = g(3) = 3$$

Mit $G(-3) = 0$ und den Steigungen kann man das Schaubild der Stammfunktion G von g skizzieren:

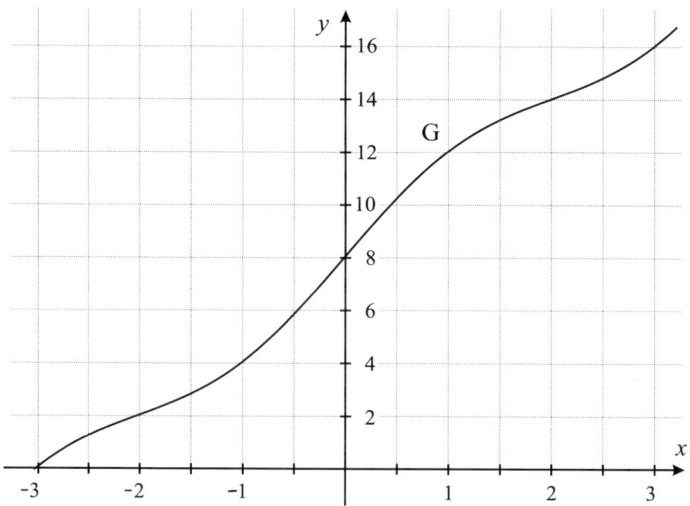

Um zu begründen, dass Aussage (1) wahr ist, kann man sich Folgendes überlegen:
Für jede beliebige Stammfunktion G^* von g gilt: $G^{*\prime}(x) = g(x) \geq 2$.
Somit ist G^* streng monoton wachsend, sodass G^* eine Umkehrfunktion $\overline{G^*}$ besitzt.
Um zu begründen, dass Aussage (2) wahr ist, kann man sich Folgendes überlegen:
Der Definitionsbereich einer Umkehrfunktion $\overline{G^*}$ von G^* ist der Wertebereich von G^*.
Der Wertebereich von G^* ist ein Intervall der Länge $G^*(3) - G^*(-3)$.
Es gilt:
$$G^*(x) = G(x) + C$$

Damit gilt auch:

$$G^*(3) - G^*(-3) = G(3) + C - (G(-3) + C) = G(3) - G(-3)$$

Wegen

$$\int_{-3}^{3} g(x)dx = \left[G(x)\right]_{-3}^{3} = G(3) - G(-3) = G^*(3) - G^*(-3)$$

ergibt sich, dass der Definitionsbereich von G^* ein Intervall der Länge $\int_{-3}^{3} g(x)dx$ ist.

Lösungen   *5. Abitur 2022*

Teil 2 Aufgabe 2

2.1 Bei der Herstellung von Zement werden durchschnittlich etwa $4,9 \cdot 10^8$ Tonnen CO_2 freigesetzt. Ein Quadratkilometer (km^2) Regenwald absorbiert jährlich rund 400 Tonnen CO_2 aus der Atmosphäre.
Um zu ermitteln, wie viele Quadratkilometer Regenwald nötig wären, um die durchschnittlich pro Jahr so freigesetze Menge an CO_2 zu absorbieren, teilt man die durch Zement freigesetzte Menge durch die vom Regenwald pro km^2 absorbierte Menge:

$$\frac{4,9 \cdot 10^8 t}{400\frac{t}{km^2}} = 1225000\,km^2$$

Somit wären $1225000\,km^2$ Regenwald nötig.
Um anzugeben, um wie viel Prozent diese Regenwaldfläche von der Fläche Deutschlands (circa $357000\,km^2$) abweicht, teilt man die Regenwaldfläche durch die Fläche Deutschlands:

$$\frac{1225000}{357000} \approx 3,4314 = 343,14\%$$

Somit weicht die Regenwaldfläche um etwa $343,14\%$ von der Fläche Deutschlands ab.

2.2.1 Um zu erläutern, dass die vom Zement absorbierte Menge an CO_2 im dargestellten Zeitraum exponentiell angewachsen ist, teilt man aufeinanderfolgende Mengen in gleichen zeitlichen Abständen (20 Jahre) jeweils durcheinander:

$$\frac{9,7 \cdot 10^7}{3,7 \cdot 10^7} = \frac{97}{37} \approx 2,62$$

$$\frac{25,5 \cdot 10^7}{9,7 \cdot 10^7} = \frac{255}{97} \approx 2,63$$

$$\frac{67,2 \cdot 10^7}{25,5 \cdot 10^7} = \frac{224}{85} \approx 2,64$$

Da die Verhältnisse aufeinanderfolgender Mengen in etwa gleich groß sind, ist die absorbierte Menge exponentiell angewachsen.

2.2.2 Es ist $m(t) = 3,7 \cdot 10^7 \cdot e^{k \cdot t}$ mit $t \geq 0$ (t in Jahren, $t = 0$ entspricht dem Beginn des Jahres 1950).

2.2.2.1 Um zu zeigen, dass die Wachstumskonstante k etwa den Wert $0,048$ hat, kann man verwenden, dass im Jahre 2010 ($t = 60$) gilt: $m(60) = 67,2 \cdot 10^7$. Die zugehörige Gleichung kann man durch Logarithmieren nach k auflösen:

$$m(60) = 67,2 \cdot 10^7$$
$$3,7 \cdot 10^7 \cdot e^{k \cdot 60} = 67,2 \cdot 10^7$$

$$e^{60k} = \frac{67,2}{3,7}$$

$$60k = \ln\left(\frac{67,2}{3,7}\right)$$

$$k = \frac{\ln\left(\frac{67,2}{3,7}\right)}{60}$$

$$k \approx 0,048$$

2.2.2.2 Im Zeitraum von Beginn des Jahres 1950 bis einschließlich 2010 wurden bei der Herstellung von Zement weltweit rund $3 \cdot 10^{10}$ Tonnen Kohlendioxid (CO_2) freigesetzt.

Die im selben Zeitraum absorbierte Menge M erhält man mithilfe eines Integrals:

$$\begin{aligned}
M &= \int_0^{60} m(t)\,dt \\
&= \int_0^{60} \left(3,7 \cdot 10^7 \cdot e^{0,048 \cdot t}\right) dt \\
&= \left[\frac{3,7 \cdot 10^7 \cdot e^{0,048 \cdot t}}{0,048}\right]_0^{60} \\
&= \frac{3,7 \cdot 10^7 \cdot e^{0,048 \cdot 60}}{0,048} - \frac{3,7 \cdot 10^7 \cdot e^{0,048 \cdot 0}}{0,048} \\
&\approx 1,3636 \cdot 10^{10}
\end{aligned}$$

Um zu bestimmen, wie viel Prozent der bei der Herstellung von Zement freigesetzten CO_2-Menge im selben Zeitraum wieder absorbiert wurden, teilt man die absorbierte Menge durch die freigesetzte Menge:

$$\frac{1,3636 \cdot 10^{10}}{3 \cdot 10^{10}} \approx 0,4545$$

Somit wurden etwa $45,45\,\%$ der freigesetzten Menge wieder absorbiert.

Teil 2 Aufgabe 3

3 Es ist $f(t) = 0,06 \cdot e^{0,04 \cdot t}$; $t \geq 0$ (t in Monaten ab Beginn des Jahres 2021, $f(t)$: Marktanteil).

3.1 Den Marktanteil der E-Autos zu Beginn des Monats Februar 2023 erhält man, indem man $t = 25$ in $f(t)$ einsetzt:

$$f(25) = 0,06 \cdot e^{0,04 \cdot 25} \approx 0,1630 \approx \frac{1}{6}$$

Somit ist Aussage (1) wahr.

Den Marktanteil der E-Autos ab Beginn des Monats Januar 2025 erhält man, indem man eine Wertetabelle ab $t = 48$ erstellt:

t	48	49	50	51	52	53	54	55	56
$f(t)$	0,41	0,43	0,44	0,46	0,48	0,50	0,52	0,54	0,56

Die Funktion f ist streng monoton wachsend.

Somit ist Aussage (2) auch wahr, da zu Beginn des Monats Juli 2025 der Marktanteil von 50% erstmalig überstiegen wird.

3.2 Um zu begründen, dass der Marktanteil der neu zugelassenen E-Autos um mehr als 60% pro Jahr zunimmt, kann man aufgrund des exponentiellen Wachstums die Werte, die im Abstand von einem Jahr auftreten, bestimmen, z.B.:

$$f(1) = 0,06 \cdot e^{0,04 \cdot 1} \approx 0,0624$$
$$f(13) = 0,06 \cdot e^{0,04 \cdot 13} \approx 0,1009$$

Teilt man die beiden Werte durcheinander, so ergibt sich:

$$\frac{f(13)}{f(1)} = \frac{0,1009}{0,0624} \approx 1,62$$

Somit nimmt der Marktanteil der neu zugelassenen E-Autos um etwa 62%, also mehr als 60% pro Jahr zu.

3.3 Den durchschnittlichen Marktanteil $\overline{m}$ der E-Autos unter allen neu zugelassenen Autos von Beginn des Jahres 2021 bis einschließlich 2025 erhält man mithilfe eines Integrals:

$$\overline{m} = \frac{1}{60-0} \cdot \int_0^{60} f(t) \, dt$$
$$= \frac{1}{60} \cdot \int_0^{60} \left(0,06 \cdot e^{0,04 \cdot t}\right) dt$$

$$= \frac{1}{60} \cdot \left[\frac{0,06 \cdot e^{0,04 \cdot t}}{0,04}\right]_0^{60}$$

$$= \left[\frac{1}{40} \cdot e^{0,04 \cdot t}\right]_0^{60}$$

$$= \frac{1}{40} \cdot e^{0,04 \cdot 60} - \frac{1}{40} \cdot e^{0,04 \cdot 0}$$

$$\approx 0,2506$$

Somit beträgt der durchschnittliche Marktanteil der E-Autos unter allen neu zugelassenen Autos von Beginn des Jahres 2021 bis einschließlich 2025 etwa 25 %.

3.4 Da $f(t)$ den Marktanteil der E-Autos beschreibt und $g(t)$ die Anzahl der monatlich neu zugelassenen Autos zum Zeitpunkt t modelliert, beschreibt die Funktion $f(t) \cdot g(t)$ die Anzahl der monatlich neu zugelassenen E-Autos.

Der Zeitpunkt $t = 3$ entspricht dem Beginn des Monats April 2021, der Zeitpunkt $t = 39$ entspricht dem Beginn des Monats April 2024.

Damit kann durch die Bestimmung des Werts des Integrals $\int_3^{39} (f(t) \cdot g(t)) \, dt$ folgende Frage beantwortet werden:

«Wie viele E-Autos werden von Beginn des Monats April 2021 bis zu Beginn des Monats April 2024 neu zugelassen?».

Teil 2 Aufgabe 4

4 Es ist $f(x) = 0,014 \cdot x^3 - 0,2 \cdot x^2 + 0,625 \cdot x + 1,7$; $0 \leqslant x \leqslant 10$. Dabei entspricht eine Längeneinheit einem Dezimeter (dm) in der Realität.

4.1 Um den Wert des Flächeninhalts A des Bodens der Vase zu bestimmen, berechnet man zuerst den Radius r_1, indem man $x = 0$ in $f(x)$ einsetzt:

$$r_1 = f(0) = 0,014 \cdot 0^3 - 0,2 \cdot 0^2 + 0,625 \cdot 0 + 1,7 = 1,7$$

Den Flächeninhalt eines Kreises erhält man mit der Formel $A = \pi \cdot r^2$.
Damit ergibt sich:

$$A = \pi \cdot 1,7^2 \approx 9,08$$

Der Flächeninhalt des Bodens der Vase beträgt etwa $9,08\,\text{dm}^2$.
Der Vasenboden hat einen Durchmesser von $d_1 = 2 \cdot r_1 = 2 \cdot 1,7 = 3,4$.
Den Radius r_2 der Vasenöffnung erhält man, indem man $x = 10$ in $f(x)$ einsetzt:

$$r_2 = f(10) = 0,014 \cdot 10^3 - 0,2 \cdot 10^2 + 0,625 \cdot 10 + 1,7 = 1,95$$

Die Vasenöffnung hat einen Durchmesser von $d_2 = 2 \cdot r_2 = 2 \cdot 1,95 = 3,9$
Damit ergibt sich die Differenz d aus dem Durchmesser der Vasenöffnung und dem Durchmesser des Vasenbodens:

$$d = d_2 - d_1 = 3,9 - 3,4 = 0,5$$

Die Differenz beträgt $0,5\,\text{dm}$.

4.2 Den größten Radius r_{max} der Vase erhält man, indem man die Koordinaten des Hochpunkts des Schaubilds von f berechnet.
Dazu verwendet man die 1. und 2. Ableitung von f, die man mit der Potenzregel bestimmt:

$$f'(x) = 0,042 \cdot x^2 - 0,4 \cdot x + 0,625$$
$$f''(x) = 0,084 \cdot x - 0,4$$

Als notwendige Bedingung löst man die Gleichung $f'(x) = 0$ nach x auf:

$$0,042 \cdot x^2 - 0,4 \cdot x + 0,625 = 0$$

Mithilfe der *abc*-Formel erhält man die Lösungen $x_1 \approx 1,96$ und $x_2 \approx 7,55$.
Anhand der gegebenen Abbildung kommt nur $x \approx 1,96$ als Maximalstelle infrage.
Setzt man $x = 1,96$ in $f''(x)$ ein, ergibt sich:

$$f''(1,96) = 0,084 \cdot 1,96 - 0,4 \approx -0,24 < 0 \Rightarrow \text{Maximum}$$

Den zugehörigen y-Wert erhält man, indem man $x = 1{,}96$ in $f(x)$ einsetzt:

$$r_{max} = f(1{,}96) = 0{,}014 \cdot 1{,}96^3 - 0{,}2 \cdot 1{,}96^2 + 0{,}625 \cdot 1{,}96 + 1{,}7 \approx 2{,}26$$

Damit ergibt sich der größte Durchmesser d_{max} der Vase:

$$d_{max} = 2 \cdot r_{max} = 2 \cdot 2{,}26 = 4{,}52$$

Somit beträgt der größte Durchmesser der Vase etwa $4{,}52$ dm und ist damit größer als $4{,}4$ dm. Die Aussage ist also wahr.

4.3 Die Gleichung der Geraden (Tangente t), die sich knickfrei an das Schaubild von f bei $x = 5$ anschließt, erhält man mithilfe der Tangentengleichung $y = f'(u) \cdot (x - u) + f(u)$. Setzt man $x = 5$ in $f(x)$ ein, erhält man:

$$f(5) = 0{,}014 \cdot 5^3 - 0{,}2 \cdot 5^2 + 0{,}625 \cdot 5 + 1{,}7 = 1{,}575$$

Die Steigung von t erhält man, indem man $x = 5$ in $f'(x)$ einsetzt:

$$f'(5) = 0{,}042 \cdot 5^2 - 0{,}4 \cdot 5 + 0{,}625 = -0{,}325$$

Damit ergibt sich die Gleichung der Tangente t:

$$t: y = -0{,}325 \cdot (x - 5) + 1{,}575$$
$$t: y = -0{,}325 \cdot x + 3{,}2$$

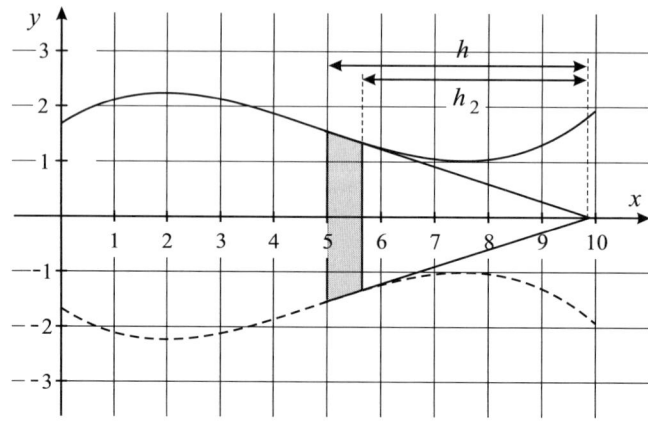

Wegen

$$\pi \cdot \int_0^5 (f(x)) \, \mathrm{d}x^2 \approx 65{,}57$$

und da die veränderte Vase ein Fassungsvermögen von 70 Liter haben soll, hat der ergänzte Kegelstumpf ein Volumen von $V_1 = 70 - 65{,}57 = 4{,}43$ Liter.

Das Volumen des gesamten Kegels erhält man mit der Formel $V = \frac{1}{3} \cdot \pi \cdot r^2 \cdot h$.
Der Radius r des gesamten Kegels beträgt $r = f(5) = 1{,}575$.
Die Höhe h des gesamten Kegels erhält man, indem man zuerst die Schnittstelle der Tangente t mit der x-Achse berechnet. Dazu löst man die Gleichung $y = 0$ nach x auf:

$$-0{,}325 \cdot x + 3{,}2 = 0$$
$$x = \frac{3{,}2}{0{,}325}$$
$$x \approx 9{,}85$$

Damit ergibt sich für die Höhe h des gesamten Kegels:

$$h \approx 9{,}85 - 5 = 4{,}85$$

Damit erhält man das Volumen V des gesamten Kegels:

$$V = \frac{1}{3} \cdot \pi \cdot 1{,}575^2 \cdot 4{,}85 \approx 12{,}60$$

Der gesamte Kegel hat ein Volumen von $12{,}60$ Liter.
Da der Kegelstumpf ein Volumen von $4{,}43$ Liter hat, ergibt sich für das Volumen V_2 des abgeschnittenen Kegels:
$$V_2 = 12{,}60 - 4{,}43 = 8{,}17$$

Die Höhe h_2 des abgeschnittenen Kegels erhält man mit der Formel $V = \frac{1}{3} \cdot \pi \cdot r_2^2 \cdot h_2$.
Mit $\frac{r_2}{r} = \frac{h_2}{h}$ erhält man $r_2 = \frac{r}{h} \cdot h_2 = \frac{1{,}575}{4{,}85} \cdot h_2$.
Damit ergibt sich:

$$8{,}17 = \frac{1}{3} \cdot \pi \cdot \left(\frac{1{,}575}{4{,}85} \cdot h_2\right)^2 \cdot h_2$$
$$\frac{8{,}17 \cdot 3 \cdot 4{,}85^2}{\pi \cdot 1{,}575^2} = h_2^3$$
$$\sqrt[3]{\frac{8{,}17 \cdot 3 \cdot 4{,}85^2}{\pi \cdot 1{,}575^2}} = h_2$$
$$h_2 \approx 4{,}20$$

Damit erhält man die Höhe h_v der veränderten Vase:

$$h_v = 9{,}85 - 4{,}20 = 5{,}65$$

Die Höhe der derart veränderten Vase beträgt etwa $5{,}65$ dm.

Teil 3 Aufgabe 1

1.1.1 Man bezeichnet mit J: Teilnehmer ist jugendlich und mit S: Teilnehmer nutzt einen Streamingdienst.

Durch Differenzen- und Summenbildung kann die Vierfeldertafel vervollständigt werden.

Die Wahrscheinlichkeit, dass ein Teilnehmer der Erhebung jugendlich ist und einen Streamingdienst nutzt, erhält man, indem man die entsprechende Anzahl durch die Gesamtanzahl der Teilnehmer teilt:

	S	$\overline{S}$	
J	450	50	500
$\overline{J}$	350	150	500
	800	200	1000

$$P(J \cap S) = \frac{450}{1000} = 0,45$$

Die Wahrscheinlichkeit beträgt 45 %.

Um zu beurteilen, ob die Ereignisse J und S stochastisch unabhängig sind, berechnet man $P(J \cap S)$, $P(J)$ und $P(S)$:

$$P(J \cap S) = \frac{450}{1000} = 0,45$$

$$P(J) = \frac{500}{1000} = 0,5$$

$$P(S) = \frac{800}{1000} = 0,8$$

Es gilt: $P(J) \cdot P(S) = 0,5 \cdot 0,8 = 0,4$.

Wegen $P(J) \cdot P(S) \neq P(J \cap S)$ sind die Ereignisse J und S nicht stochastisch unabhängig.

1.1.2 Der Wert $P_J(S)$ gibt die (bedingte) Wahrscheinlichkeit an, dass eine Person einen Streamingdienst nutzt, unter der Voraussetzung, dass sie jugendlich ist.

Alternativ kann man auch formulieren: Der Wert $P_J(S)$ gibt die (bedingte) Wahrscheinlichkeit an, dass ein Jugendlicher einen Streamingdienst nutzt.

1.2 Anhand der gegebenen Daten gilt: $P(A) = 0,7$, $P(B) = 0,4$ und $P(A \cap B) = 0,35$.

Durch Differenzen- und Summenbildung kann man damit eine Vierfeldertafel erstellen.

Die Wahrscheinlichkeit, dass ein Nutzer von Streamingdiensten keinen dieser beiden Anbieter verwendet, kann man anhand der Vierfeldertafel ablesen:

	B	$\overline{B}$	
A	0,35	0,35	0,7
$\overline{A}$	0,05	0,25	0,3
	0,4	0,6	1

$$P(\overline{A} \cap \overline{B}) = 0,25$$

Die Wahrscheinlichkeit beträgt 25%.

1.3.1 Legt man X als Zufallsgröße für die Anzahl der Personen, die an der Umfrage teilnehmen, fest, so ist X binomialverteilt mit den Parametern n = 5000 und p = $\frac{1}{5}$ = 0,2.
Den Erwartungswert μ von X erhält man mit der Formel $\mu = n \cdot p$:

$$\mu = n \cdot p = 5000 \cdot 0,2 = 1000$$

Die Standardabweichung σ von X erhält man mit der Formel $\sigma = \sqrt{n \cdot p \cdot (1-p)}$:

$$\sigma = \sqrt{n \cdot p \cdot (1-p)} = \sqrt{5000 \cdot 0,2 \cdot (1-0,2)} = 20\sqrt{2}$$

Die kleinste natürliche Zahl k, für die $P(\mu - k \leqslant X \leqslant \mu + k) \geqslant 0,9$ gilt, erhält man mithilfe der kumulierten Binomialverteilung.
Durch Ausprobieren mit dem Taschenrechner ergibt sich:

$$k = 46: \ P(954 \leqslant X \leqslant 1046) = P(X \leqslant 1046) - P(X \leqslant 953) \approx 0,8998$$
$$k = 47: \ P(953 \leqslant X \leqslant 1047) = P(X \leqslant 1047) - P(X \leqslant 9523) \approx 0,9069$$

Somit ist k = 47 die kleinste natürliche Zahl.

1.3.2 Um die Anzahl n der Personen, die mindestens angesprochen werden müssen, um mit einer Wahrscheinlichkeit von mindestens 95% mindestens 1000 Personen für die Umfrage zu gewinnen, zu ermitteln, löst man folgende Ungleichung mithilfe der kumulierten Binomialverteilung:

$$P(X \geqslant 1000) \geqslant 0,95$$
$$1 - P(X \leqslant 999) \geqslant 0,95$$
$$0,05 \geqslant P(X \leqslant 999)$$

Durch Ausprobieren mit dem Taschenrechner ergibt sich:

$$n = 5234: \ P(X \leqslant 999) \approx 0,05045$$
$$n = 5235: \ P(X \leqslant 999) \approx 0,04975$$

Somit müssen mindestens 5235 Personen angesprochen werden.

Teil 3 Aufgabe 2

2.1.1.1 Man bezeichnet mit r: rot, g: gelb und b: blau. Es wird dreimal ohne Zurücklegen gezogen. Die Wahrscheinlichkeit des Ereignisses A: «Die ersten beiden Kugeln sind blau und die dritte Kugel ist rot.» erhält man mithilfe der Pfadregeln:

$$P(A) = P(bbr) = \frac{50}{100} \cdot \frac{49}{99} \cdot \frac{20}{98} = \frac{5}{99}$$

Die Wahrscheinlichkeit für das Ereignis A beträgt $\frac{5}{99}$.

Man bezeichnet mit r: rot und mit $\bar{r}$: nicht rot.

Die Wahrscheinlichkeit des Ereignisses B: «Mindestens zwei Kugeln sind rot.» erhält man ebenfalls mithilfe der Pfadregeln:

$$P(B) = P(rr\bar{r}) + P(r\bar{r}r) + P(\bar{r}rr) + P(rrr)$$
$$= \frac{20}{100} \cdot \frac{19}{99} \cdot \frac{80}{98} + \frac{20}{100} \cdot \frac{80}{99} \cdot \frac{19}{98} + \frac{80}{100} \cdot \frac{20}{99} \cdot \frac{19}{98} + \frac{20}{100} \cdot \frac{19}{99} \cdot \frac{18}{98}$$
$$= \frac{817}{8085}$$

Die Wahrscheinlichkeit für das Ereignis B beträgt $\frac{817}{8085}$.

Man bezeichnet mit g: gelb und mit $\bar{g}$: nicht gelb.

Die Wahrscheinlichkeit des Ereignisses C: «Die dritte Kugel ist gelb.» erhält man ebenfalls mithilfe der Pfadregeln:

$$P(C) = P(ggg) + P(g\bar{g}g) + P(\bar{g}gg) + P(\bar{g}\bar{g}g)$$
$$= \frac{30}{100} \cdot \frac{29}{99} \cdot \frac{28}{98} + \frac{30}{100} \cdot \frac{70}{99} \cdot \frac{29}{98} + \frac{70}{100} \cdot \frac{30}{99} \cdot \frac{29}{98} + \frac{70}{100} \cdot \frac{69}{99} \cdot \frac{30}{98}$$
$$= \frac{3}{10}$$

Alternativ kann man sich überlegen, dass die Wahrscheinlichkeit, dass die dritte gezogene Kugel gelb ist, genau so groß ist wie die Wahrscheinlichkeit, dass die erste gezogene Kugel gelb ist. Damit gilt:

$$P(C) = \frac{30}{100} = \frac{3}{10}$$

Die Wahrscheinlichkeit für das Ereignis C beträgt $\frac{3}{10}$.

2.1.1.2 Wenn für die Wahrscheinlichkeit eines Ereignisses D gilt: $P(D) = 3! \cdot \frac{20}{100} \cdot \frac{30}{99} \cdot \frac{50}{98}$, so lautet das zughörige Ereignis D bei dreimaligem Ziehen ohne Zurücklegen:
D: «Die drei Kugeln haben unterschiedliche Farben.»

2.1.2 Da es sich um Ziehen ohne Zurücklegen handelt, kann die Wahrscheinlichkeit, dass beim Ziehen von sechs Kugeln genau vier rote gezogen werden, nicht mithilfe der Bernoulli-

Formel $\binom{6}{4} \cdot 0,2^4 \cdot 0,8^2$, die bei einer Binomialverteilung Anwendung findet, berechnet werden. Bei einer Binomialverteilung müsste die Wahrscheinlichkeit bei jedem Zug gleich groß sein und es nur zwei verschiedene Ausgänge des Experiments geben.

Wenn bei sechs Kugeln genau vier gleicher Farbe gezogen werden, so gibt es $\binom{6}{4}$ Möglichkeiten für die Reihenfolge der Ziehungen.

Legt man X als Zufallsgröße für die Anzahl der gezogenen roten Kugeln fest, so gilt damit richtigerweise:
$$P(X=4) = \binom{6}{4} \cdot \frac{20}{100} \cdot \frac{19}{99} \cdot \frac{18}{98} \cdot \frac{17}{97} \cdot \frac{80}{96} \cdot \frac{79}{95}$$

2.2 Legt man k jeweils für die Anzahl roter, gelber und blauer Kugeln fest, so sind in der Urne insgesamt n = 3k Kugeln. Es wird dreimal ohne Zurücklegen gezogen.

Die Wahrscheinlichkeit, dass bei dreimaligem Ziehen ohne Zurücklegen nur Kugeln gleicher Farbe gezogen werden, erhält man mithilfe der Pfadregeln in Abhängigkeit von k:

$$\begin{aligned} P(\text{gleiche Farbe}) &= P(rrr) + P(ggg) + P(bbb) \\ &= 3 \cdot \frac{k}{3k} \cdot \frac{k-1}{3k-1} \cdot \frac{k-2}{3k-2} \\ &= \frac{k-1}{3k-1} \cdot \frac{k-2}{3k-2} \end{aligned}$$

Da diese Wahrscheinlichkeit mindestens 10 % betragen soll, löst man die Ungleichung $P(\text{gleiche Farbe}) \geqslant 0,10$ nach k auf:

$$\begin{aligned} \frac{k-1}{3k-1} \cdot \frac{k-2}{3k-2} &\geqslant 0,10 \\ (k-1) \cdot (k-2) &\geqslant 0,1 \cdot (3k-1) \cdot (3k-2) \\ k^2 - 3k + 2 &\geqslant 0,1 \cdot (9k^2 - 9k + 2) \\ k^2 - 3k + 2 &\geqslant 0,9k^2 - 0,9k + 0,2 \\ 0,1k^2 - 2,1k + 1,8 &\geqslant 0 \\ k^2 - 21k + 18 &\geqslant 0 \end{aligned}$$

Die Lösungen der zugehörigen Gleichung $k^2 - 21k + 18 = 0$ erhält man mit der *pq*-Formel: $k_1 \approx 0,89$ und $k_2 \approx 20,10$.

Da k mindestens drei sein muss, kommt nur $k \geqslant 21$ als Lösung in Frage.

Damit gibt es von einer Farbe mindestens 21 Kugeln.

Somit müssen in dieser Urne insgesamt mindestens 63 Kugeln erhalten sein.

Teil 4 Lineare Algebra: Vektorgeometrie Aufgabe 1

1 Gegeben sind die beiden Punkte O(0|0|0) und (60|60|−8) sowie die Ebene
E: $x_1 + x_2 + 10 \cdot x_3 + 200 = 0$ für $x_3 \leqslant 0$.

1.1 Das U-Boot bewegt sich auf der Geraden g durch die Punkte O(0|0|0) und (60|60|−8).
Damit hat g folgende Gleichung:

$$g: \vec{x} = \begin{pmatrix} 0 \\ 0 \\ 0 \end{pmatrix} + t \cdot \begin{pmatrix} 60 \\ 60 \\ -8 \end{pmatrix}; \ (t \text{ in Minuten})$$

Die Koordinaten des Punktes P, an dem sich das U-Boot nach 2 Minuten befindet, erhält man, indem man $t = 2$ in g einsetzt:

$$\vec{p} = \begin{pmatrix} 0 \\ 0 \\ 0 \end{pmatrix} + 2 \cdot \begin{pmatrix} 60 \\ 60 \\ -8 \end{pmatrix} = \begin{pmatrix} 120 \\ 120 \\ -16 \end{pmatrix}$$

Somit hat der Punkt P die Koordinaten P(120|120|−16).

Wegen $x_3 = -16$ befindet sich das U-Boot nach zwei Minuten in einer Tiefe von 16 m.

Den Abstand von P zu O erhält man, indem man den Betrag des zugehörigen Verbindungsvektors berechnet:

$$d = |\overrightarrow{OP}| = \left| \begin{pmatrix} 120 \\ 120 \\ -16 \end{pmatrix} \right| = \sqrt{120^2 + 120^2 + (-16)^2} \approx 170{,}46$$

Somit beträgt der Abstand von P zu O etwa 170,46 m.

1.2 Da das U-Boot in 2 Minuten etwa 170,46 m zurücklegt, legt es in einer Stunde die 30-fache Strecke zurück:

$$30 \cdot 170{,}46 \, \text{m} = 5113{,}80 \, \text{m}$$

Somit würde das U-Boot in einer Stunde etwa 5,1 km zurücklegen.

1.3 Die Gleichung der Schnittgeraden s von E mit der $x_1 x_2$-Ebene ($x_3 = 0$) erhält man, indem man $x_3 = 0$ in die Gleichung von E einsetzt:

$$x_1 + x_2 + 10 \cdot 0 + 200 = 0$$

Wählt man $x_1 = t$, so ergibt sich: $x_2 = -200 - t$.

Damit hat die Schnittgerade s die Gleichung:

$$s: \vec{x} = \begin{pmatrix} 0 \\ -200 \\ 0 \end{pmatrix} + t \cdot \begin{pmatrix} 1 \\ -1 \\ 0 \end{pmatrix}$$

Die Schnittgerade s beschreibt die Grenzlinie zwischen der Meeresoberfläche und der Grenze zwischen dem Meer und dem unter Wasser liegenden Land, also die Küstenlinie.

1.4.1 Den Betrag v der Geschwindigkeit bis 120 m Tiefe erhält man, indem man die Länge des Richtungsvektors $\vec{u} = \begin{pmatrix} 60 \\ 60 \\ -8 \end{pmatrix}$ von g berechnet:

$$v = \left| \begin{pmatrix} 60 \\ 60 \\ -8 \end{pmatrix} \right| = \sqrt{60^2 + 60^2 + (-8)^2} \approx 85{,}23$$

Damit beträgt die Geschwindigkeit bis 120 m Tiefe etwa 85,23 Meter pro Minute.
Den Betrag v_1 der Geschwindigkeit ab 120 m Tiefe erhält man, indem man die Länge des Vektors $\vec{v_1} = \begin{pmatrix} 15 \\ 15 \\ -2 \end{pmatrix}$ berechnet:

$$v_1 = \left| \begin{pmatrix} 15 \\ 15 \\ -2 \end{pmatrix} \right| = \sqrt{15^2 + 15^2 + (-2)^2} \approx 21{,}31$$

Damit beträgt die Geschwindigkeit ab 120 m Tiefe etwa 21,31 Meter pro Minute.
Die Reduktion der Geschwindigkeit beträgt $85{,}23 - 21{,}31 = 63{,}92$ Meter pro Minute.
Teilt man die Reduktion der Geschwindigkeit durch die Geschwindigkeit v, so ergibt sich:

$$\frac{63{,}92}{85{,}23} \approx 0{,}75 = 75\%$$

Damit reduziert sich der Betrag der Geschwindigkeit ab 120 m Tiefe um 75%.
Somit ist Aussage (1) wahr.
Die Koordinaten des Punktes Q, an dem sich das U-Boot nach 15 Minuten befindet, erhält man, indem man $t = 15$ in g einsetzt:

$$\vec{q} = \begin{pmatrix} 0 \\ 0 \\ 0 \end{pmatrix} + 15 \cdot \begin{pmatrix} 60 \\ 60 \\ -8 \end{pmatrix} = \begin{pmatrix} 900 \\ 900 \\ -120 \end{pmatrix}$$

Damit hat der Punkt Q die Koordinaten $Q(900 \mid 900 \mid -120)$.
Also befindet sich Punkt Q nach 15 Minuten in einer Tiefe von 120 m.
Damit ändert sich die Geschwindigkeit 15 Minuten nach Beginn des Abtauchens.
Somit ist Aussage (2) wahr.

1.4.2 Um zu zeigen, dass sich der Abstand des U-Boots zu E mit zunehmender Tiefe vergrößert, kann man sich Folgendes überlegen: Das U-Boot bewegt sich in den ersten 15 Minuten auf der Geraden g mit der Gleichung

$$g: \vec{x} = \begin{pmatrix} 0 \\ 0 \\ 0 \end{pmatrix} + t \cdot \begin{pmatrix} 60 \\ 60 \\ -8 \end{pmatrix} \; ; \; 0 \leq t \leq 15$$

Den Schnittpunkt S von g mit E erhält man, indem man einen allgemeinen Punkt $P_t(60t \mid 60t \mid -8t)$ in die Gleichung von E einsetzt:

$$60t + 60t + 10 \cdot (-8t) + 200 = 0 \Rightarrow t = -5$$

Setzt man $t = -5$ in P_t ein, erhält man: $S(-300 \mid -300 \mid 40)$.

Wegen $t = -5$ oder da S einen positiven x_3-Wert hat, bewegt sich das U-Boot von der Ebene E weg.

Somit vergrößert sich der Abstand des U-Boots zu E mit zunehmender Tiefe.

1.4.3 Nach 15 Minuten befindet sich das U-Boot in einer Wassertiefe von 120 m im Punkt $Q(900 \mid 900 \mid -120)$.

Anschließend bewegt sich das U-Boot auf einer Geraden h mit der Gleichung:

$$h: \vec{x} = \begin{pmatrix} 900 \\ 900 \\ -120 \end{pmatrix} + r \cdot \begin{pmatrix} 15 \\ 15 \\ -2 \end{pmatrix} \; ; \; 0 \leq r \leq 60 \; (r \text{ in Minuten})$$

Die Koordinaten des Punktes Z am Ende des Abtauchens erhält man, indem man $r = 60$ in h einsetzt:

$$\vec{z} = \begin{pmatrix} 900 \\ 900 \\ -120 \end{pmatrix} + 60 \cdot \begin{pmatrix} 15 \\ 15 \\ -2 \end{pmatrix} = \begin{pmatrix} 1800 \\ 1800 \\ -240 \end{pmatrix}$$

Damit hat der Punkt Z am Ende des Abtauchens die Koordinaten $Z(1800 \mid 1800 \mid -240)$.

Um den mittleren Abstand des U-Boots zu der durch E modellierten Grenze während der letzten 60 Minuten des Abtauchens zu ermitteln, bestimmt man aufgrund der geradlinigen Bewegung des U-Boots zuerst den Mittelpunkt M von Q und Z:

$$M\left(\frac{900+1800}{2} \mid \frac{900+1800}{2} \mid \frac{-120+(-240)}{2}\right) = M(1350 \mid 1350 \mid -180)$$

Den Abstand d von M zu E: $x_1 + x_2 + 10 \cdot x_3 + 200 = 0$ erhält man mithilfe der Abstandsformel:

$$d = \left| \frac{1350 + 1350 + 10 \cdot (-180) + 200}{\sqrt{1^2 + 1^2 + 10^2}} \right| = \frac{1100}{\sqrt{102}} \approx 108{,}92$$

Somit beträgt der mittlere Abstand des U-Boots zu E während der letzten 60 Minuten etwa 108,9 m.

Teil 4 Lineare Algebra: Vektorgeometrie Aufgabe 2

2 Gegeben sind die Punkte A(2 | 0 | 0), B(2 | 2 | 0), C(0 | 2 | 0) und D(0 | 0 | 0) sowie E(2 | 0 | 6), F(2 | 2 | 6), G(0 | 2 | 6), H(0 | 0 | 6) und S(1 | 1 | 8). Eine Längeneinheit entspricht 10 Metern (m).

2.1 Anhand der gegebenen Punkte kann man das Modell des Kirchturmes in ein Koordinatensystem einzeichnen.

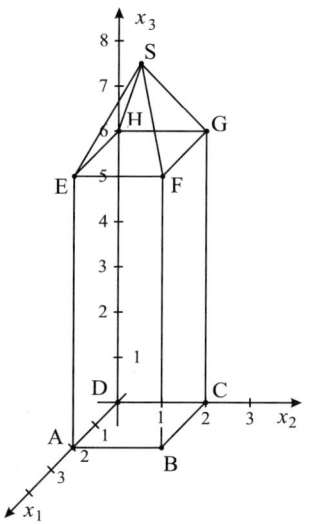

2.2 Den Flächeninhalt A_{Dach} der Dachfläche erhält man, indem man beispielsweise zuerst den Flächeninhalt A_{EFS} des vorderen Dreiecks EFS mithilfe des Vektorprodukts berechnet:

$$A_{EFS} = \frac{1}{2} \cdot |\vec{EF} \times \vec{ES}| = \frac{1}{2} \cdot \left| \begin{pmatrix} 0 \\ 2 \\ 0 \end{pmatrix} \times \begin{pmatrix} -1 \\ 1 \\ 2 \end{pmatrix} \right| = \frac{1}{2} \cdot \left| \begin{pmatrix} 4 \\ 0 \\ 2 \end{pmatrix} \right| = \frac{1}{2} \cdot \sqrt{4^2 + 0^2 + 2^2} = \sqrt{5}$$

Damit gilt:
$$A_{Dach} = 4 \cdot A_{EFS} = 4 \cdot \sqrt{5} \approx 8,94$$

Da einer Längeneinheit 10 Meter entsprechen, entsprechen einer Flächeneinheit 100 m². Damit hat die Dachfläche einen Flächeninhalt von etwa 894 m².
Da ein Ziegel 0,12 m² abdeckt, erhält man die Anzahl Z der Ziegel, indem man die Dachfläche durch die Abdeckungsfläche teilt:

$$Z = \frac{894}{0,12} = 7450$$

Man benötigt 7450 Ziegel.
Da auf einer Palette 200 Ziegel sind, erhält man die Anzahl P der Paletten, indem man die Anzahl der Ziegel durch 200 teilt:

$$P = \frac{7450}{200} = 37,25$$

Somit müssen mindestens 38 Paletten geliefert werden.

2.3.1 Den Winkel α, unter dem das Sonnenlicht auf den Boden (d.h. die x_1x_2-Ebene) trifft, erhält man, indem man den Winkel zwischen der x_1x_2-Ebene und der Richtung des Sonnenlichts mithilfe der Formel $\sin(\alpha) = \frac{|\vec{v}\cdot\vec{n}|}{|\vec{v}|\cdot|\vec{n}|}$ berechnet. Dabei ist $\vec{v} = \begin{pmatrix} 1 \\ 2 \\ -4 \end{pmatrix}$ der Richtungsvektor des Sonnenlichts und $\vec{n} = \begin{pmatrix} 0 \\ 0 \\ 1 \end{pmatrix}$ ein Normalenvektor der x_1x_2-Ebene. Damit ergibt sich:

$$\sin(\alpha) = \frac{\left|\begin{pmatrix} 1 \\ 2 \\ -4 \end{pmatrix} \cdot \begin{pmatrix} 0 \\ 0 \\ 1 \end{pmatrix}\right|}{\left|\begin{pmatrix} 1 \\ 2 \\ -4 \end{pmatrix}\right| \cdot \left|\begin{pmatrix} 0 \\ 0 \\ 1 \end{pmatrix}\right|} = \frac{|1\cdot 0 + 2\cdot 0 + (-4)\cdot 1|}{\sqrt{1^2 + 2^2 + (-4)^2} \cdot \sqrt{0^2 + 0^2 + 1^2}}$$

$$= \frac{4}{\sqrt{21}} \Rightarrow \alpha \approx 60{,}79°$$

Somit trifft das Sonnenlicht unter einem Winkel von etwa $60{,}79°$ auf dem Boden auf.

2.3.2 Der höchste Punkt des Kreuzes hat die Koordinaten $K(1\mid 1\mid 8+x)$.

Da der Schattenpunkt des höchsten Punktes $P(3{,}1\mid 5{,}2\mid 0)$ ist, liegt K auf der Geraden g durch P mit dem Richtungsvektor $\vec{v} = \begin{pmatrix} 1 \\ 2 \\ -4 \end{pmatrix}$.

Damit hat g die Gleichung:

$$g: \vec{x} = \begin{pmatrix} 3{,}1 \\ 5{,}2 \\ 0 \end{pmatrix} + t \cdot \begin{pmatrix} 1 \\ 2 \\ -4 \end{pmatrix}$$

Setzt man die Koordinaten von $K(1\mid 1\mid 8+h)$ in die Gleichung von g ein, ergibt sich:

$$\begin{pmatrix} 1 \\ 1 \\ 8+x \end{pmatrix} = \begin{pmatrix} 3{,}1 \\ 5{,}2 \\ 0 \end{pmatrix} + t \cdot \begin{pmatrix} 1 \\ 2 \\ -4 \end{pmatrix}$$

Dies führt zu folgendem linearen Gleichungssystem:

$$\begin{array}{rlrl} \text{I} & 1 & = & 3{,}1 + t \\ \text{II} & 1 & = & 5{,}2 + 2t \\ \text{III} & 8+x & = & -4t \end{array}$$

Aus Gleichung I und II ergibt sich jeweils $t = -2,1$.
Setzt man $t = -2,1$ in Gleichung III ein, ergibt sich:

$$8 + x = -4 \cdot (-2,1) \Rightarrow x = 0,4$$

Da eine Längeneinheit 10 m entspricht, beträgt die Höhe des Kreuzes $h = 4\,\text{m}$.

2.4 Da der Abstand von Q zu den Eckpunkten E, F, G und H des Daches jeweils gleich groß ist, hat Q die Koordinaten $Q(1 \mid 1 \mid z)$ mit $0 \leqslant z \leqslant 8$.
Den Abstand von Q zu H erhält man, indem man den Betrag des entsprechenden Verbindungsvektors berechnet:

$$\overline{HQ} = |\overrightarrow{HQ}| = \left| \begin{pmatrix} 1 \\ 1 \\ z-6 \end{pmatrix} \right| = \sqrt{1^2 + 1^2 + (z-6)^2} = \sqrt{2 + z^2 - 12z + 36} = \sqrt{z^2 - 12z + 38}$$

Den Abstand von Q zu S erhält man ebenfalls, indem man den Betrag des entsprechenden Verbindungsvektors berechnet:

$$\overline{SQ} = |\overrightarrow{SQ}| = \left| \begin{pmatrix} 0 \\ 0 \\ z-8 \end{pmatrix} \right| = \sqrt{0^2 + 0^2 + (z-8)^2} = \sqrt{z^2 - 16z + 64}$$

Da der Abstand von Q zu den Eckpunkten E, F, G und H des Daches jeweils dreimal so groß sein soll wie der Abstand von Q zur Turmspitze S, löst man die Gleichung $\overline{HQ} = 3 \cdot \overline{SQ}$ nach z auf:

$$\sqrt{z^2 - 12z + 38} = 3 \cdot \sqrt{z^2 - 16z + 64}$$
$$z^2 - 12z + 38 = 9 \cdot (z^2 - 16z + 64)$$
$$z^2 - 12z + 38 = 9z^2 - 144z + 576$$
$$0 = 8z^2 - 132z + 538$$
$$0 = z^2 - 16,5z + 67,25$$

Mithilfe der *pq*-Formel erhält man die Lösungen $z_1 \approx 9,15$ und $z_2 \approx 7,35$.
Wegen $0 \leqslant z \leqslant 8$ kommt nur $z \approx 7,35$ als Lösung in Frage.
Somit hat der Punkt Q die Koordinaten $Q(1 \mid 1 \mid 7,35)$.

Teil 4 Lineare Algebra: Matrizen Aufgabe 1

1 Es ist M = $\begin{pmatrix} 0{,}8 & 0{,}05 & 0 & 0{,}05 \\ 0{,}15 & 0{,}8 & 0{,}05 & 0 \\ 0 & 0{,}15 & 0{,}7 & 0{,}15 \\ 0{,}05 & 0 & 0{,}25 & 0{,}8 \end{pmatrix}$ und $\vec{v_n} = \begin{pmatrix} A \\ B \\ C \\ D \end{pmatrix}$ und $M \cdot \vec{v_n} = \vec{v_{n+1}}$.

1.1 Der Eintrag $0{,}25$ in der Matrix M bedeutet, dass 25% der Haushalte, die bei C einen Vertrag haben, innerhalb eines Jahres zu D wechseln.

Für die Paare (A,C) und (B,D) wechseln untereinander keinerlei Haushalte, da die Einträge von A zu C und C zu A sowie von B zu D und D zu B in der Matrix M jeweils Null sind.

Bei Stromanbieter C sind die vertraglich gebundenen Haushalte am wenigsten zufrieden, da nur 70% der Haushalte, die schon bei C sind, auch bei C bleiben, während es bei den anderen Anbietern jeweils 80% sind.

1.2 Im Jahr 2021 waren 3000 Haushalte an Stromanbieter A, 5000 Haushalte an B und 7000 Haushalte an C vertraglich gebunden, so dass $25200 - 3000 - 5000 - 7000 = 10200$ Haushalte an D gebunden waren.

Die für jeden Stromanbieter zu erwartende Anzahl von Haushalten, die im Jahr 2022 an den Anbieter gebunden sein werden, erhält man, indem man die Matrix M mit dem Zustandsvektor $\vec{v} = \begin{pmatrix} 3000 \\ 5000 \\ 7000 \\ 10200 \end{pmatrix}$ multipliziert:

$$M \cdot \vec{v} = \begin{pmatrix} 0{,}8 & 0{,}05 & 0 & 0{,}05 \\ 0{,}15 & 0{,}8 & 0{,}05 & 0 \\ 0 & 0{,}15 & 0{,}7 & 0{,}15 \\ 0{,}05 & 0 & 0{,}25 & 0{,}8 \end{pmatrix} \cdot \begin{pmatrix} 3000 \\ 5000 \\ 7000 \\ 10200 \end{pmatrix} = \begin{pmatrix} 3160 \\ 4800 \\ 7180 \\ 10060 \end{pmatrix}$$

Somit sind im Jahr 2022 folgende Haushaltszahlen zu erwarten:
A: 3160, B: 4800, C: 7180 und D: 10060.

1.3 Wenn der Stromanbieter C doppelt so viele Haushalte vertraglich an sich bindet wie der Anbieter A, gilt für den Zustandsvektor $\vec{v} = \begin{pmatrix} a \\ b \\ 2a \\ 25200 - 3a - b \end{pmatrix}$.

Wenn eine Verteilung $\vec{v}$ von einem auf das nächste Jahr unverändert bleibt, gilt: $M \cdot \vec{v} = \vec{v}$.

Damit erhält man:

$$\begin{pmatrix} 0,8 & 0,05 & 0 & 0,05 \\ 0,15 & 0,8 & 0,05 & 0 \\ 0 & 0,15 & 0,7 & 0,15 \\ 0,05 & 0 & 0,25 & 0,8 \end{pmatrix} \cdot \begin{pmatrix} a \\ b \\ 2a \\ 25200 - 3a - b \end{pmatrix} = \begin{pmatrix} a \\ b \\ 2a \\ 25200 - 3a - b \end{pmatrix}$$

bzw.

$$\begin{pmatrix} 0,8a + 0,05b + 0 \cdot 2a + 0,05 \cdot (25200 - 3a - b) \\ 0,15a + 0,8b + 0,05 \cdot 2a + 0 \cdot (25200 - 3a - b) \\ 0 \cdot a + 0,15 \cdot b + 0,7 \cdot 2a + 0,15 \cdot (25200 - 3a - b) \\ 0,05a + 0 \cdot b + 0,25 \cdot 2a + 0,8 \cdot (25200 - 3a - b) \end{pmatrix} = \begin{pmatrix} a \\ b \\ 2a \\ 25200 - 3a - b \end{pmatrix}$$

$$\begin{pmatrix} 0,65a + 1260 \\ 0,25a + 0,8b \\ 0,95a + 3780 \\ -1,85a - 0,8b + 20160 \end{pmatrix} = \begin{pmatrix} a \\ b \\ 2a \\ 25200 - 3a - b \end{pmatrix}$$

Durch Koeffizientenvergleich ergibt sich: $0,65a + 1260 = a \Rightarrow a = 3600$.

Setzt man $a = 3600$ in Zeile 2 ein, ergibt sich: $0,25 \cdot 3600 + 0,8b = b \Rightarrow b = 4500$.

Damit erhält man den Zustandsvektor $\vec{v} = \begin{pmatrix} 3600 \\ 4500 \\ 7200 \\ 9900 \end{pmatrix}$.

Somit erhält man folgende Haushaltsverteilung:
A: 3600, B: 4500, C: 7200 und D: 9900.

1.4 Da Anbieter B und C jeweils gleich viele Haushalte vertraglich an sich gebunden haben und Anbieter A ebensoviele Anbieter wie B und C an sich binden möchte, gilt für den Zustandsvektor $\vec{v} = \begin{pmatrix} a \\ a \\ a \\ 25200 - 3a \end{pmatrix}$.

Da der Anteil der alljährlichen Wechsel der Haushalte von B und D zu A um den selben Prozentsatz p erhöht werden soll und sich dann der Anteil der alljährlichen Wechsel von B und D zu C im selben Maße verringern soll, das Wechselverhalten ansonsten aber unverändert bleiben soll, gilt für die Wechselmatrix: $M = \begin{pmatrix} 0,8 & 0,05 + p & 0 & 0,05 + p \\ 0,15 & 0,8 & 0,05 & 0 \\ 0 & 0,15 - p & 0,7 & 0,15 - p \\ 0,05 & 0 & 0,25 & 0,8 \end{pmatrix}$.

Da langfristig die Verteilung $\vec{v}$ angestrebt wird, muss gelten: $M \cdot \vec{v} = \vec{v}$. Damit erhält man:

$$\begin{pmatrix} 0,8 & 0,05+p & 0 & 0,05+p \\ 0,15 & 0,8 & 0,05 & 0 \\ 0 & 0,15-p & 0,7 & 0,15-p \\ 0,05 & 0 & 0,25 & 0,8 \end{pmatrix} \cdot \begin{pmatrix} a \\ a \\ a \\ 25200-3a \end{pmatrix} = \begin{pmatrix} a \\ a \\ a \\ 25200-3a \end{pmatrix}$$

bzw.

$$\begin{pmatrix} 0,8a + (0,05+p) \cdot a + 0a + (0,05+p) \cdot (25200-3a) \\ 0,15a + 0,8a + 0,05a + 0 \cdot (25200-3a) \\ 0a + (0,15-p) \cdot a + 0,7a + (0,15-p) \cdot (25200-3a) \\ 0,05a + 0a + 0,25a + 0,8 \cdot (25200-3a) \end{pmatrix} = \begin{pmatrix} a \\ a \\ a \\ 25200-3a \end{pmatrix}$$

$$\begin{pmatrix} 0,7a - 2pa + 1260 + 25200p \\ a \\ 0,4a + 2pa + 3780 - 25200p \\ -2,1a + 20160 \end{pmatrix} = \begin{pmatrix} a \\ a \\ a \\ 25200-3a \end{pmatrix}$$

Durch Koeffizientenvergleich ergibt sich: $-2,1a + 20160 = 25200 - 3a \Rightarrow a = 5600$.
Setzt man $a = 5600$ in Zeile 1 ein, ergibt sich:

$$0,7 \cdot 5600 - 11200p + 1260 + 25200p = 5600$$
$$14000p = 420$$
$$p = 0,03$$

Setzt man $a = 5600$ in Zeile 3 ein, ergibt sich:

$$0,4 \cdot 5600 + 11200p + 3780 - 25200p = 5600$$
$$-14000p = -420$$
$$p = 0,03$$

Damit gibt es ein eindeutiges Ergebnis.
Somit ist eine solche langfristige Verteilung durch die Werbeaktion möglich.
Setzt man $p = 0,03$ in M ein, ergibt sich:

$$M = \begin{pmatrix} 0,8 & 0,05+0,03 & 0 & 0,05+0,03 \\ 0,15 & 0,8 & 0,05 & 0 \\ 0 & 0,15-0,03 & 0,7 & 0,15-0,03 \\ 0,05 & 0 & 0,25 & 0,8 \end{pmatrix} = \begin{pmatrix} 0,8 & 0,08 & 0 & 0,08 \\ 0,15 & 0,8 & 0,05 & 0 \\ 0 & 0,12 & 0,7 & 0,12 \\ 0,05 & 0 & 0,25 & 0,8 \end{pmatrix}$$

Somit würden dabei 12% der Haushalte von Anbieter B zu C wechseln.

Teil 4 Lineare Algebra: Matrizen Aufgabe 2

2 Anhand der Tabellen kann man die Zwischenprodukt-Endprodukte-Matrix A und die Rohstoff-Endprodukte-Matrix B ablesen:

$$A = \begin{pmatrix} 2 & 1 & 2 \\ 3 & 0 & 1 \\ 1 & 4 & 2 \end{pmatrix} \text{ und } B = \begin{pmatrix} 43 & 36 & 33 \\ 30 & 15 & 19 \\ 37 & 14 & 20 \end{pmatrix}$$

2.1.1 Um zu berechnen, wie viele ME der Rohstoffe benötigt werden, um 400 ME von E_1, 600 ME von E_2 und 500 ME von E_3 zu produzieren, verwendet man das Matrix-Vektor-Produkt. Ist $\vec{r}$ der Rohstoffvektor und $\vec{p}$ der Endproduktvektor, so gilt: $\vec{r} = B \cdot \vec{p}$.

Mit $\vec{p} = \begin{pmatrix} 400 \\ 600 \\ 500 \end{pmatrix}$ erhält man:

$$\vec{r} = B \cdot \vec{p} = \begin{pmatrix} 43 & 36 & 33 \\ 30 & 15 & 19 \\ 37 & 14 & 20 \end{pmatrix} \cdot \begin{pmatrix} 400 \\ 600 \\ 500 \end{pmatrix} = \begin{pmatrix} 43 \cdot 400 + 36 \cdot 600 + 33 \cdot 500 \\ 30 \cdot 400 + 15 \cdot 600 + 19 \cdot 500 \\ 37 \cdot 400 + 14 \cdot 600 + 20 \cdot 500 \end{pmatrix} = \begin{pmatrix} 55300 \\ 30500 \\ 33200 \end{pmatrix}$$

Somit werden 55300 ME von R_1, 30500 ME von R_2 und 33200 ME von R_3 benötigt.

2.1.2 Die gesamten Kosten K setzen sich für diesen Auftrag zusammen aus den Fixkosten von 2050 €, den gesamten Rohstoffkosten von 400 €, den gesamten Fertigungskosten der Endprodukte von 1850 € und den Fertigungskosten der Zwischenprodukte.

Um zu berechnen, wie viele ME der Zwischenprodukte benötigt werden, um 400 ME von E_1, 600 ME von E_2 und 500 ME von E_3 zu produzieren, verwendet man das Matrix-Vektor-Produkt. Ist $\vec{z}$ der Zwischenproduktvektor und $\vec{p}$ der Endproduktvektor, so gilt: $\vec{z} = A \cdot \vec{p}$.

Mit $\vec{p} = \begin{pmatrix} 400 \\ 600 \\ 500 \end{pmatrix}$ erhält man:

$$\vec{z} = A \cdot \vec{p} = \begin{pmatrix} 2 & 1 & 2 \\ 3 & 0 & 1 \\ 1 & 4 & 2 \end{pmatrix} \cdot \begin{pmatrix} 400 \\ 600 \\ 500 \end{pmatrix} = \begin{pmatrix} 2 \cdot 400 + 1 \cdot 600 + 2 \cdot 500 \\ 3 \cdot 400 + 0 \cdot 600 + 1 \cdot 500 \\ 1 \cdot 400 + 4 \cdot 600 + 2 \cdot 500 \end{pmatrix} = \begin{pmatrix} 2400 \\ 1700 \\ 3800 \end{pmatrix}$$

Somit werden für diesen Auftrag 2400 ME von Z_1, 1700 ME von Z_2 und 3800 ME von Z_3 benötigt.

Legt man x für die Fertigungskosten einer ME Z_1 fest, so sind aufgrund der Angaben $2,5 \cdot x$ die Fertigungskosten pro ME für Z_2 und $1,25 \cdot x$ die Fertigungskosten pro ME für Z_3. Damit erhält man die Kosten K_Z für die Zwischenprodukte in Abhängigkeit von x:

$$K_Z = 2400 \cdot x + 1700 \cdot 2,5x + 3800 \cdot 1,25x = 11400x$$

Daraus ergeben sich die gesamten Kosten K in Abhängigkeit von x:

$$K = 2050 + 400 + 1850 + 11400x = 4300 + 11400x$$

Die Einnahmen E erhält man, indem man die Mengen mit den entsprechenden Preisen multipliziert:

$$E = 400 \cdot 20 + 600 \cdot 35 + 500 \cdot 35 = 46500$$

Den Gewinn G erhält man, indem man die Kosten K von den Einnahmen E subtrahiert: $G = E - K$.

Da ein Gewinn von 8000 € erwirtschaftet wird, löst man die Gleichung $G = 8000$ nach x auf:

$$\begin{aligned} G &= E - K \\ 8000 &= 46500 - (4300 + 11400x) \\ 8000 &= 42200 - 11400x \\ 11400x &= 34200 \\ x &= 3 \end{aligned}$$

Somit betragen die Fertigungskosten 3 € pro ME Z_1, 7,5 € pro ME Z_2 und 3,75 € pro ME Z_3.

2.2 Da für einen weiteren Auftrag 4600 ME des Zwischenprodukts Z_1, 3800 ME von Z_2 und 6250 ME von Z_3 hergestellt werden, lautet der Zwischenproduktvektor: $\vec{z} = \begin{pmatrix} 4600 \\ 3800 \\ 6250 \end{pmatrix}$.

Da Zwischenprodukte für den Auftrag vollständig zu Endprodukten weiterverarbeitet und 950 ME von E_1 produziert werden sollen, lautet der Endproduktvektor: $\vec{p} = \begin{pmatrix} 950 \\ x \\ y \end{pmatrix}$.

Ist $\vec{z}$ der Zwischenproduktvektor und $\vec{p}$ der Endproduktvektor, so gilt: $\vec{z} = A \cdot \vec{p}$.
Damit erhält man:

$$\begin{pmatrix} 4600 \\ 3800 \\ 6250 \end{pmatrix} = \begin{pmatrix} 2 & 1 & 2 \\ 3 & 0 & 1 \\ 1 & 4 & 2 \end{pmatrix} \cdot \begin{pmatrix} 950 \\ x \\ y \end{pmatrix}$$

$$\begin{pmatrix} 4600 \\ 3800 \\ 6250 \end{pmatrix} = \begin{pmatrix} 2 \cdot 950 + 1x + 2y \\ 3 \cdot 950 + 0x + 1y \\ 1 \cdot 950 + 4x + 2y \end{pmatrix}$$

$$\begin{pmatrix} 4600 \\ 3800 \\ 6250 \end{pmatrix} = \begin{pmatrix} 1900 + x + 2y \\ 2850 + y \\ 950 + 4x + 2y \end{pmatrix}$$

Durch Koeffizientenvergleich ergibt sich aus Zeile 2: $3800 = 2850 + x \Rightarrow x = 950$.
Setzt man $x = 950$ in Zeile 1 ein, erhält man: $4600 = 1900 + 950 + 2y \Rightarrow y = 875$.
Setzt man $x = 950$ und $y = 875$ in Zeile 3 ein, ergibt sich: $6250 = 950 + 4 \cdot 950 + 2 \cdot 875$
$\Rightarrow 6250 = 6500$. Aufgrund des Widerspruchs ist dieser Auftrag nicht ausführbar.

2.3 Da das Endprodukt E_3 zukünftig nicht mehr produziert wird, lautet der Endproduktvektor:
$\vec{p} = \begin{pmatrix} x \\ y \\ 0 \end{pmatrix}$.

Da sich im Lager noch 30 000 ME des Rohstoffs R_2 befinden, die vollständig aufgebraucht werden müssen, lautet der Rohstoffvektor: $\vec{r} = \begin{pmatrix} a \\ 30000 \\ c \end{pmatrix}$.

Ist $\vec{r}$ der Rohstoffvektor und $\vec{p}$ der Endproduktvektor, so gilt: $\vec{r} = B \cdot \vec{p}$.
Damit erhält man:

$$\begin{pmatrix} a \\ 30000 \\ c \end{pmatrix} = \begin{pmatrix} 43 & 36 & 33 \\ 30 & 15 & 19 \\ 37 & 14 & 20 \end{pmatrix} \cdot \begin{pmatrix} x \\ y \\ 0 \end{pmatrix}$$

$$\begin{pmatrix} a \\ 30000 \\ c \end{pmatrix} = \begin{pmatrix} 43x + 36y \\ 30x + 15y \\ 37x + 14y \end{pmatrix}$$

Durch Koeffizientenvergleich ergibt sich aus Gleichung 2:

$$30000 = 30x + 15y \Rightarrow y = 2000 - 2x$$

Da nicht mehr als 1 000 ME von E_1 produziert werden sollen, gilt: $0 \leqslant x \leqslant 1000$.
Zunächst bestimmt man y für die Randwerte dieses Intervalls:
Für $x = 0$ ergibt sich $y = 2000 - 2 \cdot 0 = 2000$ und für $x = 1000$ ergibt sich

$$y = 2000 - 2 \cdot 1000 = 0$$

Damit kann man die Rohstoffmengen eingrenzen:
Setzt man $x = 0$ und $y = 2000$ in Gleichung 1 ein, ergibt sich:

$$a = 43 \cdot 0 + 36 \cdot 2000 = 72000$$

Setzt man $x = 1000$ und $y = 0$ in Gleichung 1 ein, ergibt sich:

$$a = 43 \cdot 1000 + 36 \cdot 0 = 43000$$

Damit erhält man:
$$43000 \leqslant a \leqslant 72000$$

Setzt man $x = 0$ und $y = 2000$ in Gleichung 3 ein, ergibt sich:

$$c = 37 \cdot 0 + 14 \cdot 2000 = 28000$$

Setzt man $x = 1000$ und $y = 0$ in Gleichung 3 ein, ergibt sich:

$$a = 37 \cdot 1000 + 14 \cdot 0 = 37000$$

Damit erhält man:
$$28000 \leqslant c \leqslant 37000$$

Somit müssen mindestens 43000 ME und höchstens 72000 ME von R_1 sowie mindestens 28000 ME und höchstens 37000 ME von R_3 im Lager vorhanden sein.

Stichwortverzeichnis

Übergangsmatrix, 39, 55, 56

Abstand
    Gerade-Gerade, 16
    Punkt zu Gerade, 20

Baumdiagramm, 19
Berührpunkt, 58

Dach, 14, 26, 37, 52, 71
Drehachse, 14, 26, 37, 52, 71
Drohne, 10

Einheitsmatrix, 20
Erlösfunktion, 24
Erwartungswert, 13, 14, 25, 26, 36, 37, 52, 71

Funktionsterm bestimmen, 18

Galton-Brett, 50, 69
Gesamtkosten, 24
Glücksrad, 26
Globus, 14, 26, 37, 52, 71

kleinster Abstand, 21
knickfreier Anschluss, 68

Lineares Gleichungssystem, 8

Mineralwasser, 14, 26, 37, 52, 71

Normale, 21

parallele Geraden, 20
Parkgebühr, 7

Rohstoffe, 28, 39, 55, 56

Seitenverhältnis, 61
Sigmaregel, 15
Stammfunktion, 18
stochastische Matrix, 63
stochastische Unabhängigkeit, 69

Übergangsdiagramm, 17
Übergangsmatrix, 17, 28
Umkehrfunktion, 65

Vektorprodukt, 76
Verschiebung von Schaubildern, 21
Vertrauensintervall, 13, 25, 36
Vierfeldertafel, 14, 26, 37, 52, 71

Wasserqualität, 28, 39, 55, 56
Wetterballon, 12

Zuschauerverhalten, 17

Stichwortverzeichnis